방송 화법

방송 화법

이 주 행

도서출판 역락

◆ 머리말

　현대는 방송 시대라 해도 과언이 아니다. 21세기는 디지털 방송과 위성 방송으로 말미암아 방송의 위력은 더욱 강해질 것이다. 여러 대중 매체 중에서 라디오와 텔레비전 방송은 우리의 정치·경제·사회·문화 등의 생활에 지대한 영향을 끼치고 있다. 따라서 날이 갈수록 방송인의 역할이 중시되며, 방송인에 대한 인기도도 높아지고 있다. 그런데 우리 나라의 방송인 중에는 선진국의 방송인에 비하여 자질이 뒤떨어지는 사람이 많다. 방송인이 갖추어야 할 자질 가운데 언어 구사 능력이 부족한 이가 많다. 방송인이 구사하는 언어는 불특정 다수의 수용자 —텔레비전 시청자, 라디오 청취자 —의 사고 방식과 가치 체계 형성뿐만 아니라 언어 생활에 영향을 끼친다.

　오늘날 우리 나라의 방송 기제를 살펴보면 방송 언어를 제외한 다른 것들은 눈부시게 발전하고 있는데, 방송인의 언어는 여러 면에서 문제가 많다. 이로 말미암아 방송인의 언어는 순기능보다 역기능을 많이 하고 있다. 방송 문화가 제대로 발전하려면 무엇보다도 방송인의 언어 구사 능력 —프로그램 성격, 상황, 목적, 대상 등에 맞게 의사 소통을 할 수 있는 능력—이 향상되어야 한다. 의사 소통 능력은 단기간에 습득할 수 있는 것이 아니다. 이 세상에 태어나 18세가 될 때까지 가정과 학교에서 철저히 언어 구사에 대하여 교육을 받아야 다양한 상황에서 효과적으로 의사 소통을 할 수 있다. 그런데 대부분의 사람은 가정과 학교에서 그러한 교육을 받지 못하고 성인이 된다.

방송사에 들어간 뒤에도 짧은 기간 연수를 받고 활동을 하기 때문에 보도 기자는 말할 것도 없고, 아나운서들 중에도 바른 말을 제대로 구사하지 못하는 이가 있다.

이 책은 앞으로 방송인이 되고자 하는 사람들에게 방송 활동을 할 때 필요한 글을 모아 엮은 것이다. 따라서 '방송 화법'을 강의하는 데 도움을 주는 교재가 될 것이다. 우수한 운동 선수가 되려면 운동 요령에 따라 끊임없이 연습을 하여야 하듯이 말을 효과적으로 할 수 있는 방송인이 되려면 방송 화법의 원리를 이해하고, 부단히 그것에 따라 다양한 상황에서 의사 소통을 적극적으로 하여야 한다. 독자 여러분은 이 책에 제시된 화법의 원리를 이해한 뒤에 다양한 상황에서 적극적으로 말해 봄으로써 훌륭한 화자(話者)와 방송인이 되길 바란다.

이 책에 실린 여러 저자분과, 출판계의 어려운 사정에도 불구하고 이 책을 발간해 준 역락 출판사 이대현 사장님께 감사의 뜻을 전한다.

1999. 8. 5.

이 주 행

차 례

1. 화법의 본질

이 주 행

1.1 화법의 개념

모든 인간은 말하기·듣기·읽기·쓰기 중에서 듣기와 말하기를 주로 하면서 일상 생활을 영위해 간다. 언어의 네 언어 행위 중에서 일생 동안 가장 많이 하는 것은 '듣기'이다. '듣기'는 태아 때부터 죽는 날까지 계속하는 언어 행위이다. 그 다음으로는 말하기이다. 인간은 세상에 태어나 만 1년이 지나면 생존에 필요한 어휘를 사용하여 말을 하기 시작한다. 이렇듯 듣기와 말하기는 읽기와 쓰기에 비하여 오랫동안 더욱 많이 하게 된다. 그런데 우리 나라의 성인 가운데는 효과적으로 듣고 말할 수 있는 능력을 지닌 사람이 많지 않은 실정이다. 그 요인은 가정에서나 학교에서 듣기와 말하기 교육을 철저히 하지 않는 데 있다.

'화법(話法)'은 'Speech'를 번역한 말이다. 이것을 '화술(話術)'이라고 일컫는 이도 있다. 화법이란 화자(話者)가 일정한 목적—새로운 정보를 전달하기 위하여, 설득하기 위하여, 즐겁게 하기 위하여, 사귀기 위하여—에 도달하기 위하여 일정한 상황에서 자신의 사고(思考)를 청자(聽者) 혹은 청중에게 음성 언어·몸말(body language)·사물 언어(object language) 등으로써 표현하는 것이다. 음성 언어는 음성으로 표현되는 언어이며, 몸말은

2 방송 화법

신체의 한 부분 즉 얼굴·눈·입·손·팔·다리·엉덩이 등으로 표현되는 언어로, '신체 언어'라고 일컫기도 한다. 사물 언어란 의사 소통에 영향을 끼치는 화자의 의상, 머리 모양, 화장 상태, 액세서리 등을 뜻하는 것이다.

방송 화법이란 화자가 텔레비전과 라디오를 통해 불특정 청취자나 시청자를 대상으로 하는 의사 소통의 한 형태이다. 방송 화법은 일반 화법과 공통되는 점도 있지만, 다음과 같이 다른 점도 있다.

첫째, 라디오와 텔레비전의 화자는 대개 스튜디오(studio)라는 특수한 곳에서 말한다는 점이다. 라디오와 텔레비전 방송에 출연한 사람은 스튜디오나 텔레비전 카메라 앞에서 제작자의 지시에 따라 마이크로 말을 하게 된다. 처음으로 라디오나 텔레비전 방송에 출연하는 사람은 사전에 이와 같은 특수한 상황에서 말한다는 사실을 알고 충분히 준비를 한 뒤에 방송에 출연하여야 효과적으로 말할 수 있다.

둘째, 마이크로 말한다는 점이다. 마이크는 화자의 입과 마이크의 거리, 말의 속도·강약·발음·음색에 민감한 반응을 보인다. 따라서 방송 출연자는 마이크 사용법을 익혀 마이크를 효과적으로 이용할 줄 알아야 한다.

셋째, 방송 출연자는 자기에게 배당된 시간을 반드시 지켜야 한다. 라디오와 텔레비전의 모든 프로그램은 일정한 시간이 할당되어 있다. 따라서 방송 화자는 자신에게 배당된 시간에 맞춰서 말을 하여야 한다.

넷째, 제작자(PD)의 지시에 따라야 한다.

다섯째, 공개 방송을 제외한 나머지 방송의 경우에 화자는 청중의 반응을 이내 알 수 없다.

의사 소통의 과정을 도시(圖示)하면 다음의 〈그림 1〉과 같다

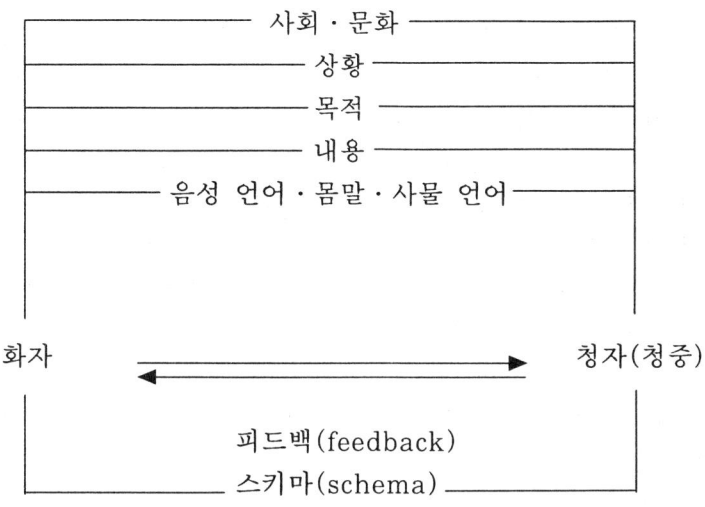

<그림 1> 의사 소통의 과정

　화자와 청자 간에 의사 소통이 잘 이루어지려면, 무엇보다도 화
자와 청자의 스키마(Schema)—총체적인 지식과 경험—가 유사하
여야 한다. 이런 경우는 드물기 때문에 말하고 듣는 활동이 이루
어지기 전에 화자는 청자보다 말할 목적을 분명히 하고, 상황—
곳, 때, 기온, 불쾌지수, 분위기—을 정확히 파악하여야 한다. 말
할 목적이 분명하지 않으면, 목적지를 정하지 않고 가는 것처럼
횡설수설(橫說竪說)을 하게 된다. 동일한 의미를 지닌 말이라 하
더라도 언제 어디서 말하느냐에 따라 그 결과가 달리 나타난다.
　말을 유창하게 잘 할 수 있는 사람이 되려면, 무엇보다도 잘 들
을 수 있는 사람이 되어야 한다. '관음(觀音)'이라는 말이 있듯이
남의 말을 듣는 것으로 그치지 않고 볼 수 있어야 한다. '聖[성
：]'字는 '耳＋口＋王' 등 세 字로 이루어진 것이다. 이것은 잘 듣
고 말할 줄 알아야 왕이 될 수 있다는 뜻이다. 이 글자는 지도자

가 되려면 무엇보다도 먼저 듣기를 통하여 가치 있는 지식을 골고루 많이 갖추어야 함을 함축하고 있는 것이다. 또한 평소에 독서를 많이 하여 다양한 지식을 갖추고, 여러 경험을 해 보아야 한다. 그래야 어떤 상황에서나 어려움 없이 알맞은 내용을 선정하고 조직하여 말할 수 있다. 훌륭한 화자가 되려면 평소에 부단히 훌륭한 인격을 갖추기 위해서 힘써야 한다. 늘 측은지심(惻隱之心)을 가지고 가엾은 사람을 진심으로 사랑하고, '수오지심(羞惡之心)'을 가지고 부끄러운 짓을 했을 경우에는 부끄러워하고 남이 나쁜 짓을 할 때에는 미워하고 그런 짓을 못하게 하며, '사양지심(辭讓之心)'을 가지고 양보하며 예의를 지키면서 살고, '시비지심(是非之心)'을 지니고 사물의 옳고 그름을 가릴 줄 알아야 한다. 부정확한 발음이나 부적절한 성량·속도·어조 등으로 말을 하여도 메시지를 효과적으로 전달하지 못한다. '표준 발음법(1988)'에 따라 정확히 발음하고, 메시지 표현에 알맞은 성량·속도·어조로 말할 수 있도록 평소에 연습을 많이 할 필요가 있다. 몸말은 음성 언어와 함께 의사 소통의 매체로서 중요한 구실을 한다. '이심전심(以心傳心)', '불립문자(不立文字)'라는 말이 있듯이 우리는 음성 언어를 한 마디도 주고받지 않고 상대방의 몸짓이나 표정만 보고도 상대방이 전달하고자 하는 바를 이해하는 경우가 있다. 상대방이 전달하고자 하는 사상과 감정을 표정이나 손짓·발짓 등으로 나타내기 때문이다. 어떤 경우에는 음성 언어와 몸말을 함께 사용하여야 의사 소통이 더 원활히 이루어지기도 한다. 따라서 화자는 메시지 전달에 적절한 음성 언어와 몸말을 구사할 수 있도록 노력하여야 한다.

지피지기(知彼知己)면 백전불태(百戰不殆)라는 말이 있듯이 화자가 말을 하기 전에 청자에 대해서 알고 말하여야 소기의 성과를 거둘 수 있다. 교육 정도·직업·경제 사정·성격·사고 방식·인격·인생관·성(性)·연령·친숙도·출생지·종교 등과 청자의 육체적·정서적 상태 등에 따라 청자가 말을 이해하는 정도나 말을 듣는 태도가 달라진다. 초등 학교를 졸업한 사람에게 대학교를 졸업한 사람이나 이해할 수 있는 언어로 말을 하면, 상대방이 그 말의 내용을 완전히 이해하기가 어려울 것이다. 오늘날 10대 소년과 소녀에게 어려운 고사성어(古事成語)를 섞어 말을 하면 그 내용을 이해하는 이가 많지 않을 것이다. 평소에 친하게 지내는 이웃 사람이라고 하더라도 그가 부부 싸움을 하고 있을 때 찾아가서 상대방의 기분을 살피지 않고 어떤 물건을 빌려 달라고 하면 빌려 주지 않을 것이다. 따라서 말을 효과적으로 하려면 말을 하기 전에 상대방의 여러 가지에 대하여 알 필요가 있다.

1.2 화법의 중요성

사람은 이 세상에 태어나서 죽을 때까지 주로 말로써 인간 관계를 맺으면서, 정치·경제·사회·문화 생활을 영위한다. 이렇듯 말은 인간이 생활하는 데 대단히 중요한 구실을 한다. 우리 나라의 속담에 "말 한 마디에 천 냥 빚도 갚는다."라는 것이 있다. 이것은 말만 잘하면 어려운 일이나 불가능한 일도 해결됨을 뜻하는 것이다. 동양과 서양에서는 오랜 옛날부터 화법을 중요하게 인식하여 왔다. 공자는 일찍이 말에 대하여 다음과 같이 말한 바가 있다.

不知命 無以爲君子也. 不知禮 無以立也. 不知言 無以知人也 (論語, 堯曰篇)

이것은 "하늘이 부여한 사명을 모르면 군자가 될 수 없고, 예의를 모르면 사회 생활을 할 수 없고, 말을 모르면 다른 사람을 알 수 없다."는 것이다. 즉 사람은 천명, 예의, 말 등 세 가지를 알아야 한다는 것이다. 사람다운 사람이 되려면 의사 소통의 도구인

말에 대해서 알아야 하고, 인간 관계에서 매우 중요한 비중을 차지하는 예의를 알아야 하며, 나아가서 천명(天命)을 알아 그것을 몸소 실천하여야 한다는 것이다. 공자는 말에 대하여 아는 것을 군자의 첫걸음으로 본 것이다. 인간은 주로 자신의 사상과 감정을 말로써 표현하기 때문에 어떤 사람에 대하여 알려면 그가 표현하는 말의 의미를 정확히 알아야 하는 것이다.

서양에서는 기원전 470년경부터 화법에 대한 연구를 하여 'Speech Communication'이 중요한 학문의 하나로 정착하였다. 그리하여 대부분의 사람들은 말하는 목적·상황·대상 등에 맞게 효과적으로 말을 할 수 있게 되었다. 그런데 우리 나라에서는 말의 기교를 경시하는 중국 문화의 영향을 받아 화법에 대한 연구와 교육을 소홀히 하여 왔다. 그래서 오늘날 고등 학교 이상을 졸업하고도 효과적인 담화를 하지 못하는 이가 많은 실정이다.

현대는 디지털 시대이고, 방송의 시대이다. 현대는 사람들의 의식의 급격한 변화와 시청각 매체의 발달과 보급으로 문자 언어보다 음성 언어에 의존하는 경우가 더욱 많아져 가고 있다. 현대인은 다양한 사람을 만나서 새로운 지식이나 정보를 전달하거나 설득시켜야 할 상황에 처하는 경우가 많다. 인생을 인생답게 영위하려면 화법의 본질과 원리를 분명히 알아서 효과적으로 말할 수 있는 능력을 갖출 필요가 있는 것이다.

말하기 능력은 하루아침에 신장되는 것이 아니다. 탁월한 화자가 되려면, 스키마를 풍부히 하고, 인격 수양에 심혈을 기울이며, 화법의 원리를 익혀 운동 선수처럼 부단히 여러 상황에서 말하기 연습을 해 보아야 한다. 그리고 각자의 언어 습관을 되돌아보고 잘못 형성된 언어 습관을 고치도록 힘써야 한다.

2. 방송과 언어

2.1 방송 언어의 특성과 조건

오늘날 방송은 '제2의 신(the second God)'처럼 현대인의 우상이자 제왕이 되어 현대인의 사고와 행동 양식을 결정하고 있다. 조지 오웰의 "1984년"에 나오는 '대형(大兄, Big Brother)'은 오늘날 방송이 그에 해당한다고 해도 과언이 아니다. 특히 바벨탑, 바보상자, 알라딘의 램프, 외눈박이 괴물, 제5의 벽(가정의 네 벽 외에 외계를 연결하는 창과 같은 벽이란 뜻)이라는 별명으로도 불리는 텔레비전의 영향력은 엄청난데 이러한 텔레비전에 대해서는 "텔레비전은 인간 상상력의 확장이다."라고 보는 긍정적 평가가 있는가 하면 '폭력과 범죄의 교실'로 보기도 하는 상반된 평가가 있다.

방송의 역사를 돌아보면 1920년에 미국에서 라디오 방송이 시작되고 우리 나라도 1927년에 경성방송국이 생겨 한일 양국어로 혼합 방송을 하였다. 텔레비전 방송은 독일에서 1935년, 미국에서 1936년에 시작되고 제2차 세계 대전 이후 1950년대부터 본격화하였는데 우리 나라에서도 1961년에 KBS-TV, 1969년에 MBC-TV가 개국한 이래 텔레비전의 영향은 막강하다.

청소년들이 가장 되고 싶어하는 대상, 모방하고 싶은 대상도 방송에 출연하는 연예인이란 점에서 방송은 대통령보다 더 영향력이 크다. 성인들의 텔레비전 시청도 1995년 전국 소비자 매체 접촉 빈도 조사에 따르면 평일에는 평균 3시간 28분, 토요일에는 4시간 57분, 일요일에는 5시간 38분 동안 시청을 하며 여성, 저학력자, 고령자가 더 시청한다고 하는데(박소웅 1998: 197) 이는 결국 60~70년 인생에 평균 8~10년을 텔레비전 시청에 소비하는 것이 되어 사람의 일생에 얼마나 깊은 영향을 끼치는지 그 영향력은 우리가 아는 것 이상이다.

이처럼 방송이 절대적으로 지배하는 시대에 방송 언어를 어떻게 정의할 것인가? 우리는 방송 언어를 넓게 볼 때 텔레비전 방송의 경우 ①영상 언어, ②음향 언어, ③음성 언어, ④문자 언어(자막), ⑤신체 언어로 나눌 수 있다고 본다. 라디오 방송은 이 중에 ②, ③만이 해당한다.

①의 영상 언어(picture language, screen 1., image 1.)는 라디오를 제외한 텔레비전에만 해당하는 것으로 텔레비전의 모든 프로그램의 배경 장면이 보여 주고 전하는 언어를 말한다. 가령 아름다운 영상은 시 한 편을 읽듯이 감동을 줄 것이지만 살인과 같은 잔악한 장면, 도덕적으로 해로운 장면 등은 잔인한 욕설 이상으로 시청자의 뇌리에 부정적 이미지를 남길 것이다.

②의 음향 언어(sound language = 음악 언어, music 1.)는 전파로 나가는 방송의 음향으로 대개는 음악을 가리키므로 음악 언어라고 해도 된다. 음악 언어도 고전 음악에서 대중 음악에 이르기까지 다양하게 감동을 주고 영향을 끼치므로 음악 언어도 방송언어에서 다룰 수 있다. 라디오 방송에서는 음성 언어와 함께 쌍벽으로 중요하게 다루는 영역이다. 그런데 음악 언어에 노랫말(가사)을 포함할 것인가가 문제인데 노랫말의 문제를 음악 언어에서 다루어도 되지만 발음, 가사 내용 등은 음성 언어의 영역에서

다루는 내용과 거의 같으므로 음성 언어 영역에서 다루어도 좋다.

③의 음성 언어(입말, spoken language)는 방송에 출연하는 방송 전문인이나 비전문인을 막론하고 출연자들이 발성하는 언어를 가리킨다. 흔히 방송 언어라 하면 이것을 가리킨다. 음성 언어에 속하는 또 다른 방송 언어 영역으로는 '노랫말'과 '광고 방송'이라는 두 영역이 존재한다.

④의 문자 언어(written language = 영상 문자 video letter, 자막 caption)는 자막으로 나가는 언어를 말하며, 라디오에는 해당되지 않는다. 자막은 과다하지 않고 적절한 분량의 내용을 정확한 표기로 처리하는 것이 중요하다. 문자 언어는 음성 언어 다음으로 방송 언어에서 중요한 요소이다.

⑤의 신체 언어(몸짓 언어, body language)는 출연자의 표정, 외모, 몸짓, 손짓, 발짓 등의 태도가 전하는 언어로 라디오에는 해당하지 않는다. 방송의 모든 프로그램과 장면 하나하나, 음성 하나하나는 어떤 전달 의미(메시지)를 가지고 있듯이 신체 동작 하나하나도 영상 언어와 음성 언어 이상으로 메시지를 가지고 있다. 방송에서 출연자가 외모, 몸짓, 표정 등에 신경 쓰는 것은 그 때문이다.

이상과 같은 5대 언어에서 영상, 음악을 빼면 대부분 방송은 출연자를 중심으로 음성 언어, 문자 언어, 신체 언어를 통해 이루어진다. 그 중에서도 음성 언어의 비중이 가장 크다. 사람은 방송에서 나가는 음성 언어의 마술 앞에서 희로애락을 표현하며 감정을 조작당하며 자기의 의식을 결정해 간다. 그래서 방송에서 음성 언어는 생명이다. 라디오 방송만 해도 음성 언어의 효과는 절대적이다.

라디오가 쇠퇴하고 텔레비전이 등장하면서 텔레비전에서는 음성 언어보다는 텔레비전의 영상이 생명력을 더 갖는 것처럼 보이기도 한다. 백문(百聞)이 불여일견(不如一見)이란 말처럼 한 장면의 영상이 백 마디 말 이상의 효과를 보여 준다. 그래서 영상 언어라는 말도 쓰이는 것이다. 이처럼 영상 매체 시대가 되어서는 문자 언어, 음성 언어보다 영상 언어라고도 하는 영상이 더욱 중요한 기능을 하는 것처럼 보인다.

그러나 영상 언어가 아무리 중요하게 비친다 해도 음성 언어와 자막을 이용하는 문자 언어의 역할이 축소되었다고 볼 수는 없다. 아무리 영상 언어의 기능이 중요하다고 해도 음성 언어와 문자 언어의 역할은 여전히 유효하며 오히려 영상 언어가 전하지 못하는 정보를 보완하여 더욱 생생하게 의미 전달을 극대화할 수 있어 그 가치는 여전히 창조적으로 활용할 수 있을 만큼 중요하다고 하겠다.

가령 화재 현장을 보도할 때 영상으로 전하지 못하는 화재 현장의 냄새를 구체적으로 보도 기자가 묘사하는 것은 언어만의 특권인 것이다. 더욱이 라디오의 경우는 아직도 그 가치가 있어 영상을 보지 못하는 애청자에게 영상감 있도록 텔레비전보다 더 생생한 묘사로 현장을 묘사하고 개성 있는 진행을 해야 하므로 음성 언어의 매력과 기술은 여전히 중요하다.

결국 방송 언어(broadcast language)란 넓은 의미로 방송에서 나가는 모든 영상, 음향(음악), 음성, 문자, 신체 등의 언어를 말하며 좁은 의미로는 출연자를 중심으로 한 음성 언어, 문자 언어, 신체 언어를 가리킨다. 그러나 본고에서는 지면 제약상 신체 언어 문제는 다루지 않겠다.

방송 언어에 관여하는 사람은 방송 언어의 행위자에 따라 방송 전면에 항상 정기적으로 출연하는 아나운서, 보도자(리포터: 보도 기자와 일반 프로의 취재 보도자, 지방·해외·교통 통신원 등을 포함), 사회자(MC, Master of Ceremonies), 음악 진행자(DJ, Disk Jockey), 드라마 탤런트, 방송 해설위원과 비정기적으로 출연하는 일반 출연자들이다.

그러나 이들 방송 출연자 뒤에서 일반 방송 대본이나 드라마 대본을 작성하는 작가, 프로그램의 내용과 표현 하나까지 꼼꼼히 따지고 결정하는 연출자(PD, Program Director, Planning Director, Producer Director), 그래픽(CG: Computer Graphic) 처리 요원, 방송 논설 위원, 방송 편성 책임자의 언어 의식도 방송 언어에 영향을 끼친다는 점에서 방송 언어란 '종합적으로 방송인이 만들어 내는 언어'라고 정의할 수도 있다.

방송 언어는 일반적으로 광파성(廣播性—널리 전파되는 점), 동시성(同時性—동시에 시청되는 점), 공공성(公共性—방송의 공공성에 따르는 점), 교육성(教育性—교육 효과가 있다는 점), 규범성(規範性—표준 어법으로 해야 한다는 점), 품위성(品位性—품위 있고 윤리적인 내용이어야 한다는 점), 정확성(正確性—사실을 정확히 담아야 하는 점), 자연성(自然性—인위 조작적이지 않고 자연스러워야 하는 점) 등을 특성으로 한다(이응백, 1988).

따라서 방송 언어가 갖추어야 할 조건도 이러한 특성에 따라 공공성, 규범성, 교육성, 품위성, 정확성 따위를 갖추어야 한다. 우리는 이러한 방송 언어의 조건을 구체적으로 살펴보고자 한다. 보도, 교양, 오락, 음악, 어린이 방송을 비롯하여 광고 방송에 이르기까지 모든 방송 언어는 어떤 특성과 조건을 갖추어야 하며 출연하는 모든 방송인의 언어 태도는 어떠해야 하는가의 문제를 살펴보려는 것이다.

이미 방송 언어에 대한 논저로는 이응백(1988), 박갑수(1996), 이주행(1995,1997), KBS 한국어연구회(1987,1991), 서정섭(1999) 등이 있고, 방송인의 경험이 녹아 있는 전영우(1997, 1998), 김상준(1986,1992), 서재원(1992) 등이 좋은 안내서로 유용하며 직종별 안내서로도 방송인으르 쓴 김성길(1998), 박소웅(1998) 등이 있어 참고된다.

2.2 방송 언어의 내용 조건

방송 언어가 갖추어야 할 조건으로는 흔히 표준어, 구어〔입말〕, 쉬운 말, 순화어이어야 한다는 점을 든다(박갑수 1996: 17). 우리도 대체로 이러한 기준에 동의하되 이 글에서는 이것을 방송의 내용과 형식에 따라 세분하여 살펴보도록 한다.

먼저 방송 언어의 내용 조건은 프로그램의 성격에 따라 다소 다른 점이 있어 보도 프로라면 '객관성, 정확성, 사실성'이 요구되며, 교양·음악·어린이 프로라면 '교양성, 지식성'이 요구되고, 오락 프로그램이라면 '건전성'이 요구되며, 광고 방송이라면 과장 광고를 막기 위해 '사실성, 건전성' 따위가 내용 조건으로 요구된다.

그런데 이들 내용 조건을 관통하고 통합하는 상위 공통 조건을 단 하나로 표현한다면 고도의 '윤리성'이라 하겠다. 그래서 모든 나라들이 방송 윤리에 관한 규정들을 갖추고 자율적 통제를 하고 있고[1] 우리 나라도 '방송법'이라든가 '방송 심의에 관한 규정'을 두고 있으며, 방송사별로 자체 강령과 내규를 만들어 두고 있다.

---

1) 외국의 방송 규제 기관과 관련 둥지(홈페이지)를 소개하면 다음과 같다.
미   국: 연방통신위원회(FCC) http://www.fcc.gov
영   국: 독립규제위원회(ITC) http://www.itc.org.uk
프 랑 스: 시청각최고 평의회(CSA) http://www.csa.fr
　　　　　통신규제청(ART) http://www.art-telecom.fr
캐 나 다: 방송통신위원회(CRTC) http://www.crtc.gc.ca
　　　　　방송심의위원회(CBSC) http://www.cbsc.ca
호   주: 방송위원회(ABA) http://www.aba.gov.au
뉴질랜드: 방송기준위원회(BSA) http://www.bsa.govt.nz
일   본: 우정성 http://www.mpt.go.jp
싱가포르: 방송위원회(SBA) http://www.sba.gov.sg
중국(홍콩): 방송위원회(BA) http://www.hkba.org.hk
남 아 공: 독립방송위원회(IBA) http://www.apc.org/iba

또한 방송 직능인별로 친목 연구 단체(방송기자협회, 아나운서협회, 프로듀서연합회 등)를 만들어서 자체 윤리 규정들을 갖고 있다. 따라서 우리도 방송 언어 내용 조건의 기본 조건으로 윤리성을 설정하고 이를 객관성, 사실성, 정확성, 지식성, 교양성, 건전성으로 세분하여 살펴보도록 한다.

2.2.1 객관성, 정확성, 사실성

저널리즘의 본질을 '지금 전하지 않으면 안 되는 것을 지금 전하고, 지금 말하지 않으면 안 되는 것을 지금 말하는 것'이라고 하는데, 이는 방송 언어가 객관성, 사실성, 정확성을 띠어야 함을 조건으로 한다. 가령 뉴스 앵커의 과장된 추측 표현이 시청자에게는 사실로 오해될 수 있고 연예 프로의 사소한 이야기 한 마디라도 유언비어나 헛소문을 만들어 낼 수가 있다.

지금 전하고 지금 말해야 할 것에 대한 판단도 사람이 하는 것이므로 고도의 윤리와 가치 판단이 요구된다. 따라서 지금 말하고 전해야 한다고 해도 국익이나 인권에 위배되면 삼가야 하는 면도 있을 것인데, 이러한 예외적인 경우를 제외하면 방송 언어의 객관성, 정확성, 사실성 등은 아무리 강조해도 지나친 것은 아니다.

방송 언어 내용의 객관성, 정확성, 사실성 조건에는 공익성, 공공성, 공정성, 균형성, 중립성(또는 불편부당성), 민주주의성, 인권성, 견해의 다양성, 권력과의 비타협성 등도 포함할 수 있다.

최근에 많이 문제가 되는 인권 침해 표현이나 성 차별적 언어 표현을 삼가야 한다는 것도 인권 침해 보도나 성 차별적 표현들이 객관성을 어기는 것이므로 당연히 요구되는 것이다.[2] 가령 보도 프로에서 '김 모 여인…'이란 표현을 자주 듣는데 '여인'은 긍정 가

---

[2] 언론과 여성의 문제는 Ammu Joseph, and Kalpana Sharma ed.(1994)의 실태 참고. 국어의 성차별 언어 표현의 실상에 대해서는 민현식(1995.1997)참고.

치보다는 부정 가치가 나타나고 피의자에게 쓰는 경향이 있으며 남자에게는 이에 해당하는 표현이 없다는 점에서 '김 모 여인…'이란 표현은 성 차별적 표현이므로 남성에게처럼 '김 모 씨'로 해야 한다.

일반적으로 객관성, 정확성, 사실성은 보도 프로그램에서 특히 요구된다. 그러나 보도 프로라도 새로운 식품 안전에 관한 지식이라든가 경제 정보를 전할 수 있어 교양성과 지식성의 조건도 갖추어야 한다. 또한 범죄나 성 관련 뉴스만을 지나치게 자세하게 보도하는 식의 선정적 보도 태도는 버려야 하므로 뉴스 보도의 건전성도 요구받는다. 따라서 보도 프로라 해도 정도의 차이가 있을 뿐 객관성, 정확성, 사실성 외에 후술할 교양성, 지식성, 건전성의 조건도 골고루 요구된다고 하겠다.

2.2.2 지식성, 교양성

모든 방송 프로는 그 자체가 새로운 언어적 창조이므로 지식적 성격을 띤다. 더욱이 정보화 시대에 각종 방송 내용은 정보 전달체 역할을 한다. 그래서 교육 방송(EBS)과 같은 경우는 이러한 교양 지식만을 전문으로 방송한다. 설령 교육 방송이 아니더라도 모든 방송은 교육 매체 역할을 하므로 그 자체가 교육적이다. 교양 프로만이 아니라 음악, 드라마, 오락 프로조차도 일정한 감화와 영향을 끼치므로 교육적이다.

연예인을 모방하려는 청소년의 심리나 위인을 모방하려는 심리는 동일하다. 모든 방송이 순간 순간 청취자에게 감동을 주고, 영향을 주며, 지식을 전하므로 방송의 교육성은 아무리 강조해도 지나치지 않다. 심지어 학생들의 글을 보면 방송에서 쓰는 표현이 늘 상투적으로 되풀이되는 것을 볼 수 있어 방송이 작문 교육까지 시키고 있다고 할 수 있다.

그런데 교양성과 지식성을 위주로 한 프로그램이라도 교양성,

지식성 외에 객관성, 사실성, 정확성도 요구된다. 가령 역사 교양물이나 과학 교양물을 방송하면서 학계의 여러 학설을 무시하고 어느 일방만 내보낸다든가 아직 부정확한 정보를 사실인 양 방송한다면 청취자에게는 편향되고 잘못된 지식을 전하는 것이 되기 때문이다.

2.2.3 건전성

방송이 중립성을 추구한다고 하지만 정작 선악 윤리의 가치를 판단할 상황에서까지 중립적이라면 비윤리적, 몰가치적 태도라 하겠다. 아무리 가치가 혼란스러운 세상이 되었더라도 절대 윤리, 절대선을 추구할 사명이 방송에는 있기 때문이다. 가령 우리 사회에 극심한 사이비 종교 집단의 문제를 파헤칠 때 종교의 자유가 보장되었다고 사이비 집단의 문제를 배제한다면 방송의 공공성을 포기한 것이라 하겠다. 사이비 집단에 희생된 사람들의 인권과 공익성을 생각할 때 절대악과의 싸움을 선언해야 하기 때문이다.

방송은 국민의 미풍양속을 계도하고 가정을 보호하며 국가와 국민의 편에 서서 봉사해야 한다. 미풍 양속을 지키는 것은 문화적 자주성과 전통성을 살리는 방향으로 방송 기획이 되어야 함을 뜻한다. 따라서 일본인의 사고와 풍속과 가치관이 반영된 프로그램, 드라마를 표절하는 관행도 반성해야 한다. 일본 정부가 우리의 만화 복제, 영화 비디오, 방송 복제를 방관, 방치하는 것도 우리 국민이 일본 문화에 맛들이기 곧 중독뇌기를 기다리기 때문이다. 일본 대중 문화 개방 이후에 저작권료를 요구해도 된다고 판단하기 때문이다. 이러한 문화 전쟁 시대에 우리의 방송도 주체적 한국 문화를 반영한 방송이 되어야 함은 당연하다.

최근의 쇼 프로들을 보면 소위 구미의 음악이나 힙합, 댄스 뮤직이 범람하고 있는데 사회자, 출연진의 복장, 외모(화려하고 낭비적인 긴 옷, 펑크 머리, 가슴 파인 옷, 속옷 패션 등), 진행 언어, 노랫말 등이 미국 로스앤젤레스의 한국인 이민자나 혹인 청소년의 뒷골목 문화를 옮겨 놓은 듯한 분위기로 진행하고 있어 문제가 많다. 특히 진행자들의 언어는 한국어 대파괴 작전을 수행하는 듯 국적 불명의 언어 표현, 잡담으로 일관한다.

다음으로 방송이 물질 만능, 학벌 만능, 외모 지상주의, 지방색 조장, 여성 차별의 가치관을 심어 준다면 해악이 지대하다. 또한 별거, 혼전 동거, 낙태, 이혼, 혼외 정사, 삼각 관계 등의 퇴폐적, 선정적 내용의 드라마나 영화를 표현의 자유를 빙자하여 방송할 것인가 아니면 고도의 윤리성을 내세워 방송을 금지시킬 것인가의 논란이 있기는 하지만 퇴폐적, 선정적 프로그램 때문에 청소년의 모방과 타락은 물론 성인 문화의 타락, 국민 정신의 쇠락이 우려됨을 생각할 때 그런 내용들의 방송은 백해무익함을 깨달아야 한다. 심야 포르노 방송 같은 것이 비윤리적인 이유도 포르노의 방영이 표현의 자유를 넘어서서 청소년층과 국민 일반에게 심대한 정신적 파멸을 초래할 뿐만 아니라 한 국가의 미풍양속, 국민의 정신 건강을 파괴하여 가정 파괴와 망국으로 치닫게 하기 때문이다. 이런 저질 방송의 모습이야말로 방송과 방송인이 '가정 파괴 사범'의 역할을 하고 있다는 비판을 받게 한다.

밀착 취재 보도를 빙자해 탈선 주부, 미성년자 윤락, 인신 매매, 학교 폭력, 가정 폭력, 성폭력 사건 등의 취재물을 경쟁적으로 마구 내보내는 것도 범죄 예방을 목적으로 경각심을 불러일으키기 위한 목적이라지만 모방 범죄를 불러일으키고 있어 재고해야 한다. 특히 요즘 뉴스에서는 범행 장면의 재연 장면까지 자주 넣고 있는데 이는 범죄를 극화하여 시청자로 하여금 범죄를 즐기게 하는 것이 되므로 인성 파괴적이며 비교육적이다.

방송에서 패륜적이고 부도덕한 이야기가 담긴 드라마나 노래, 황당무계한 미신(무당 굿, 점 보기, 귀신 이야기 류)의 프로그램들을 앞다투어 내보내는 것이라든가 사회자나 음악 방송의 DJ가 그런 이야기를 방송하는 것도 미풍양속을 지키라는 방송 심의 규정을 어기는 것이므로 규제해야 한다.

방송위원회에 접수된 시청자의 불만 접수 내용 중에 가장 많은 것도 국민 정서 위배와 비교육적 내용이며 명예 훼손·초상권·인권 침해, 진행자와 출연자의 부주의한 행동, 선정적, 비윤리적, 비속한 내용 방송 등의 순서란 점에서(방송위원회, 1997) 방송에 대한 국민의 기대는 건전성이 가장 크다고 하겠다.

그런데 건전성은 쇼, 드라마, 영화, 음악 방송과 같은 연예, 오락 프로에서만 요구되는 것이 아니다. 보도, 교양 프로에서도 건전성은 요구되기 때문이다. 또한 오락 프로는 건전성만 목적으로 하는 것이 아니다. 건전한 오락 지도를 통해 유익하고 건전한 놀이 문화의 지식을 알릴 수 있고 정확한 오락, 연예 정보 따위를 편견 없이 알림으로써 교양성, 지식성, 정확성, 사실성, 객관성도 띠어야 하기 때문이다.

최근에 과학 지식이나 중고 교과목 수준의 지식을 이용한 퀴즈 프로(SBS의 '호기심 천국', '머리가 좋아지는 TV' 따위)가 지식성과 오락성을 공유하는 프로로 방송되고 있어 오히려 지식성 있는 오락 프로가 유행하고 있다. 물론 지식의 오락화 현상이 가져올 폐단도 있을 것이지만 이런 프로의 긍정적 가치를 개발하는 것도 필요하다.

끝으로 우리는 방송 언어의 내용면의 윤리성을 다루면서 광고 언어와 노랫말 영역에 대해서는 같이 논하지 않았다. 이들도 방송을 통해 전파된다는 점에서는 방송 언어의 테두리에서 같이 다루어야 한다. 그러나 지면 제약상 이들에 대해서는 본격적으로 다루지는 않겠고 간단히 언급하는 정도로 하겠다. 가령 노랫말의 경우도 반사회, 반교육, 외설, 동성애 예찬 등의 문제 가요들도 많이 있는데 이 역시 방송 언어 차원에서 순화 또는 정화시키거나 문제 가요는 방송 금지시켜야 한다. 또한 광고 언어의 경우 다음과 같은 내용이 문제점으로 지적된다(박갑수 1993 참고).

◎광고 언어 내용의 문제 유형

① 허위 기만 표현: 80%가 과장 광고로 지적되고 있다.
    1000만원 투자 300만원 고정 수입/ 최첨단.../ 완전 제거.../
    무방부제 완제품.../ 천연...
② 외설적 표현: 대개의 영화 광고.
    본능, 고감도, 충격, 사돈이라고 사랑하지 말라는 법 있어? 감
    당할 수 없는 여자, 서울○○○○...
③ 사대주의 표현
    해외 직수입품/ 패션의 본고장/ 프랑스 정통의.../ 미국○○○
    이 공인한.../○○○와 기술 제휴
④ 성 차별 표현
    그이는 내게 살며시.../날씬한 몸매.../ 수영복을 입고 뽐내던
    날 / 날씬해야 스타
⑤ 과소비 조장 표현
    정상의 시계/ 기회는 한 번 밖에 안 남았다/ 출간 즉시 주문
    쇄도
⑥ 배타적 표현
    ○○○만이 실시하는 숙성 검사/ 이것이 진짜 ○○○ 어떤 상
    품도 따라올 수 없는 상품
⑦ 반도덕적, 반국민적 정서 표현
    오렌지족의 불문율: 구애는 눈짓만 사랑은 몸짓만, 이별은 손
    짓만/ 이 세상에 어른들만 뽀뽀하란 법은 없다/ 선생님을 연인
    으로 만나고픈 풋풋한 우리 이야기...
⑧ 상식 오도의 표현
    침대는 가구가 아닙니다. 과학입니다./ 뉴욕 곰탕이 한국에 왔
    다./ 당신의 미래 운세...

이상으로 방송 언어의 내용 조건으로 객관성, 사실성, 정확성, 교양성, 지식성, 건전성을 들면서 모든 프로가 이들 조건을 요구한다는 점을 강조하였고 이들 조건은 윤리성이라는 상위 개념으로 통합됨을 지적하였다.

2.3 방송 언어의 형식 조건

방송 언어는 내용의 윤리성 못지 않게 방송 언어로서 국어의 이상적 화법에 맞도록 일정한 어법적 형식을 갖추어야 한다.

첫째, 방송은 언어의 표준 화법을 실천, 선도하는 것으로 자리잡아야 한다. 따라서 방송은 표준어 교과서가 되어야 하며, 외국인들의 한국어 학습에도 가장 이상적 교과서 구실을 해야 한다. 그러기 위해 방송인은 교양인으로서 인격을 수련하고 (계층성 조건), 지역적으로는 서울말을 사용할 수 있어야 하며(지역성 조건), 문법적 오류가 없는 어법(문법성 조건)을 사용할 수 있어야 한다.

둘째, 방송은 어색함이나 인위성이 드러나지 않도록 자연스런 입말체를 구사할 수 있어야 한다. 즉 표현된 언어가 인위성(가식성, 조작성)을 띠지 않고 평범한 국민 누구나가 꾸밈없이 발표할 수 있는 자연성 조건을 만족해야 한다. 자연스런 표현을 위해서는 글말체인 문어체보다는 자연스런 입말체가 상대적으로 요구된다. 그렇다고 글말체가 다 무시되는 것도 아니다.

셋째, 방송은 방송 내용의 효율적 전달을 위해 언어 논리성의 기준을 충족하여야 한다. 즉 발화자나 청취자나 의사 소통에 어려움이 없도록 하여야 한다. 표준어를 자연스레 입말체로 전한다고 해도 언어 표현이 간결하고도 쉬우면서 논리성을 갖추어야 전달에 어려움이 없기 때문이다.

이제 이상의 형식 조건을 정리하면 다음과 같다.
(1) 표준어를 써야 한다. ················· ((표준성 조건)) ⇒ 표준 어법
    ㄱ.현대 서울말을 써야 한다. ·········· (지역성 조건)
    ㄴ.교양 어법을 써야 한다. ·············· (계층성 조건)
    ㄷ.표준 어법을 써야 한다. ·············· (문법성 조건)
(2) 자연스런 입말체(구어체)를 써야 한다. ((자연성 조건)) ⇒ 입말법
(3) 간략하고, 쉽고, 논리적인 어법을 써야 한다. ((논리성 조건)) ⇒ 논리 어법

이제 이상의 조건을 구체적으로 살펴보자.

2.3.1. 표준어를 써야 한다

방송 언어가 표준어를 써야 한다는 것은 가장 중요한 조건이다. 흔히 표준어를 써야 한다고 말하는데 표준어라고 하면 방언과 대비되는 개념으로 이해하지만 표준어의 개념은 그 이상의 넓은 개념으로도 쓰인다. 즉 방송 언어는 발음, 어휘, 어법에 이르기까지 모든 언어 단위에서 표준성을 요구받기 때문에 '표준 어법'이라는 용어를 쓰는 것이 더 정확하다. 그런데 '표준어'라는 용어에 표준 어법, 표준 발음법 따위의 개념도 포함하는 것으로 간주하면 '표준어'라는 용어로도 유효하게 쓸 수 있다. 이러한 표준어 사용 요구는 방송 언어의 제1 조건으로 과거부터 늘 요구되어 온 것이다.

표준어의 개념은 여러 가지로 규정할 수 있지만 1988년에 공포된 표준어 규정에서 표준어를 '교양 있는 사람들이 쓰는 현대 서울말'이라고 규정한 것에서 찾을 수 있다. 이 규정은 표준어를 쓴다는 것이 두 가지 개념을 내포함을 보여 준다.

첫째, 표준어를 쓴다는 것은 정치, 경제, 사회, 문화의 중심지인 현대 서울말 곧 중앙 방언을 쓴다는 것을 뜻하며 지방 방언을 쓰는 것이 아님을 보여 준다. 즉 지역 방언과 대비한 개념으로서의 표준어 개념을 보여 주고 있다.

둘째, 표준어란 교양인이 쓰는 어법임을 말하고 있다. 바꿔 말해 교양인은 비교양 어법, 곧 하층 방언의 비속어법을 삼가야 한다는 것으로 이는 품위 있는 어법을 사용해야 함을 뜻한다. 즉 이 경우의 표준어 개념은 비속어법의 제조 계층인 하층 방언에 대비한 개념이다.

따라서 방송 언어를 표준어로 해야 한다는 것은 서울말 사용과 교양 어법 사용이라는 두 가지 실천을 요구하는 것이라 하겠다.

이처럼 표준어 규정(1988)은 문법적 차원의 표준 어법 문제는 다루지 않고 지역 방언이나 하층 방언과 대비한 어휘 문제에만 초점을 맞춘 규정이지만 표준어란 문법적으로 바른 어법에 맞는 언어라는 뜻도 가져야 한다고 본다. 따라서 우리는 표준어 교육이란 표준어뿐만 아니라 표준 어법까지 포함하는 뜻에서 표준 어법 교육이어야 하므로 우리는 표준어 개념에 표준 어법 차원까지 포함하는 것으로 다루도록 하여 표준어를 쓴다는 것은 〔1〕현대 서울말, 〔2〕교양 어법, 〔3〕표준 어법이라는 세 가지 실천을 요구하는 것으로 처리하도록 하겠다.

〔1〕현대 서울말을 사용하여야 한다.

표준어는 국민 공통어로 서울말을3) 공적 상황에서 쓰도록 명시적으로 권장한 것이므로 공교육에서도 표준어 교육이 이루어져야 하고 방송도 표준어 보급 차원에서 이를 의무화하여야 한다. 따라

---

3) 서울말의 특성에 대한 정확한 기술이 아직 완벽하지는 않다. 서울말에 대한 전면적 연구서가 아직 이루어지지 않았기 때문이다. 서울 인구 1000만이라지만 지방 출신이 대부분이고 순수 서울 출신자로 3대 이상 거주한 사람은 극소수로서 강북 사대문 안 거주자가 도시 개발로 흩어져 서울말 조사가 쉽지 않다. 또한 서울 출신이라 해도 사대문 안 거주자냐 사대문 밖 거주자냐에 따른 차이도 있다. 다행히 최근 국립 국어 연구원(1997,1998)에서는 서울말 토박이 화자들을 수소문하여 음운, 어휘, 문법 등에 걸친 조사를 시작하였으므로 이 연구 결과가 서울말 이해에 도움을 줄 것이다.

서 전문 방송인, 비전문 방송인(일반 출연자)을 막론하고 방송 언어는 표준 한국어인 서울말을 송출해야 할 의무를 지닌다. 심지어 방언을 기반으로 한 지역 방송의 경우도 그 지방 출신들이 방송을 운영할지라도 표준어인 서울말을 사용한 방송을 해야 하며 이것이 실제는 쉽지 않으므로 지역 방송인들은 표준어 연마를 하여 준비된 사람들만 출연하도록 해야 한다.

단지 불가피하게 지역 주민을 출연시키거나 인터뷰할 수밖에 없는 경우라든가, 드라마에서 향토색을 보이기 위해 토속적 배경의 방언 화자가 등장하는 경우에는 지역 방언의 사용을 허용할 수밖에 없다. 그러나 그 경우도 방언 사용 최소화의 원칙이 요구되며 특히 심한 사투리 사용자는 최대한 삼가야 할 것이다.

그런데 이것은 자칫 방언을 과소 평가하는 것으로 오해해서는 안 된다. 일상 생활에서 주민들이 쓰는 방언 문화는 무형문화재로서의 가치가 있는 것이기에 추방 대상으로 보는 시각은 고쳐야 한다. 또한 방언 화자들은 열등감까지 느끼는 것이 되어서는 곤란하다.

대체로 방원권 지역 학교에서의 국어 교육은 표준어 교육을 제공하여 공적 상황에서는 어느 정도의 표준어 사용을 할 수 있도록 유도하고 사적 일상 생활에서는 자연스런 방언 사용을 인정해야 할 것이다. 즉 이중언어 사용자(bilinguist)처럼 표준어와 방언을 바꿔 가며 사용할 수 있도록 해야 한다. 이는 불가능한 일이 아니며 가정 교육과 초등, 중등 학교 교육에서의 학부모, 교사, 학생 당사자의 관심과 의지에 좌우된다. 특히 지방의 경우 초·중등 교육의 현장 교사들이 표준어를 사용하여 교육하려는 노력을 기울여야 할 것이다. 최근 국립국어연구원에서 전국 교사를 대상으로 표준어 사용 실태 조사(1997)를 발표했는데, 교사들의 표준어 능력이 매우 빈약한 것으로 드러났거니와 교사 임용시 표준어 능력을 어느 정도 반영할 필요가 있다. 이는 우리 나라의 부정적 지방색 인식을 타파하는 데도 필요하다.

특히 우리 나라에서 자주 문제가 되는 것은 코미디나 드라마에 서 '-여?, -노, -유, 아따, 우째, 앵겨 보드라고잉, 엄니 좋지유, 무서버라, 하랑께, 이 자슥아, 그러니깐 두루, 어서 옵쇼' 등 방언 을 마구 써서 시청률을 높이려는 것이 문제이다. 코미디 프로에서 코미디언들이 특정 방언을 마구 써서 시청률을 높이려는 것이 문 제이다. 코미디 프로에서 코미디언들이 특정 방언을 자기의 특기 로 활용하는 경우가 종종 있고, 모 방송의 노인 출연 퀴즈 프로는 등장 노인들의 비속어가 뒤섞인 토속 사투리가 방송의 시청률을 높이는 요인으로도 작용한다. 그런데 이는 사투리에 대한 혐오감 을 조장하고 지방색을 조장하는 것이 되므로 강력히 제지되어야 한다.

그런 점에서 드라마 등에서의 방언 사용은 '향토색'이냐 아니면 '지방색'이냐에 따라 향토색 표현의 경우에만 제한해 허용해야 한 다. 그런데 이런 지적이 숱하게 있어 옴에도 시정되지 않는 이유 는 시청률 경쟁에만 몰두하는 경영주와 제작자, 작가들의 무관심 탓이다. 따라서 방송용 각종 대본에 대한 '언어 지도제(언어 교정 제)'와 같은 것을 두어 대본 교정을 의무화하고, 교정 여부를 감독 자가 점검하는 결재 제도를 두어야 한다.

[2] 교양 어법을 써야 한다.

표준어 규정에도 나왔듯이 표준어는 교양인이 쓰는 말이므로 표 준어를 쓴다는 것은 품위 있는 서울말을 교양 어법으로 쓴다는 것 을 뜻한다. 이를 달리 말하면 지역 방언을 비롯하여 품위 없는 비 속 언어 표현을 삼가야 한다는 것을 뜻한다.

품위 있는 표현은 보도, 교양, 오락 방송에서는 절대적으로 요 구된다. 그런데 오락, 드라마, 광고 프로그램에서는 이러한 언어 의 품위를 지키지 않는 경우가 많아 비판의 대상이 된다. 이러한 품위 없는 언어 표현에는 다음과 같은 것이 있다.

① 욕설, 비속어

욕설과 비속어는 방송 금기어 제1호이다. 그런데 90년대 들어 '씨, 자식, 이 계집애가, 이 인간아, 야 임마, 새끼, 미련 곰탱이, 난쟁이 똥자루, 웬수, 지○하고 자빠졌네'와 같은 욕설, '여편네, 마누라, 싸가지, 밥맛, 개뿔, 멋대가리, 개기다, 까불다, 씹어대다, 작살내다, 화끈하다, 끝내주다, 뻥까다, 방방 뜨다, 꼬부치다, 꼬시다, 왕창, 맛 죽여준다, 열 받는다, 골 때린다'와 같은 비속어 표현을 들 수 있다. 어느 방송 프로에서는 욕쟁이 할머니가 등장하여 마구 욕을 하는 경우도 있다.

과격한 표현으로 욕설이 난무하는 폭력 드라마도 문제이거니와 음악 방송 진행자들 중에 '그 사람 랩으로 팍 씌워 버려야겠네'와 같이 섬뜩한 표현을 쓰는 MC도 있어 언어 공해가 살인적 심성을 퍼뜨리고 있다.

'이, 치아' 대신 비어인 '이빨'을 쓰거나 '노인, 소변 보다, 먹다' 대신 '늙은이, 오줌 누다, 처먹다'를 쓰는 것도 품위 없는 표현이다. '곰보, 애꾸눈, 병신, 외팔이, 절뚝발이' 등과 같은 장애자 표현도 '얼굴에 마마자국이 있는 분, 한 쪽 눈이 먼 분, 몸이 성치 않은 분, 한 팔이 없는 분, 한 쪽 다리가 성치 않은 분'과 같은 완곡어법으로 바꿔 써야 한다. '광부, 간호부, 청소부' 등도 '광원, 간호사, 미화원' 등으로 바꿔 쓰고 '돼지새끼, 토끼새끼'도 '새끼돼지, 새끼토끼'처럼 말하는 것이 좋다.

② 은어, 유행어, 신조어

쇼, 연예, 음악 방송 따위에서 '짱이다, 캡이다, 당근이지, 왕따, 따봉, 오 마이 갓, 오 예, 잘 돼야 할 텐데, 잘 먹고 잘 살아, 왜 사니 왜 살아, 싹쓸이, 푼수, 빠떼루 먹이다, 어쭈그리, 앗사르비아, 롱다리, 숏다리, 뽕 가다, 니 맘대로 하세요'와 같은 비속어적, 비규범적, 언어 파괴적 유행어를 여과 없이 사용하는 것도 강력히 경고해야 한다.

영어 회화 방송 진행자가 '당근이지' 같은 표현을 써 가며 진행하자 시청자들의 비난이 방송사(홈페이지)에 즉각 오르는 경우도 있을 만큼 시청자들의 언어 의식도 높다는 점을 방송인들은 깨달아야 한다. 점잖지 못한 표현으로 웃기면서 불안한 인기를 목표로 하지 말고 품위 있는 언어로 오래 장수하는 방송인이 되어야 할 것이다.

'왕따'라는 말도 방송에서 앵커가 '이른바 왕따 운운'하면서 뉴스에서 자주 쓰지만 오히려 전국적으로 그 유행어와 따돌림 현상만 퍼뜨리는 데 기여할 뿐이다. 그 뉴스를 보는 따돌림 가해자들은 자기만 그런 것이 아니라 전국적 현상임을 확인하면서 죄 의식보다도 동지 의식을 느낄지도 모르기 때문이다. 따라서 '왕따' 같은 유행어나 비속어는 결코 쓰지 않고, '따돌림'과 같은 순화 표현만을 쓰겠다는 철저한 언어 의식이 방송인에게 요구된다.

③ 향토색이 아닌 지방색의 방언

방송에 문제가 되는 것은 드라마, 코미디 프로그램 등에서 특정 방언형들을 지나치게 희화화하는 일이다. 즉 방언 표현에서 향토색이 아닌 지방색을 조장하여 모 방언은 무뚝뚝하게 비치고, 모 방언은 느린 행동형을 조장하고, 모 방언은 부정적으로 비치는 것과 같은 부정적 이미지를 심어 주는 것은 삼가야 한다. '건덕지(건더기), 구녁(구멍), 깨구락지, 오마니...' 등과 같은 방언형을 쓰는 일도 막아야 하며 '돌리 도(돌려 줘.) 우째 이런 일이'와 같은 유행 방언도 삼가야 한다.

특정 지역 방언이 방송 때문에 전국화하는 현상도 있다. 가령 의문 종결형어미 '-냐?'는 호남 방언이 방송에서 퍼진 것으로 본다 (박갑수 1996: 142).

④ 비규범적, 비언어 예절 표현

남편을 '자기, 오빠, 아빠. 아저씨'라고 하거나 주부를 '어머니, 어머님'이라고 부르는 것, 자식이 부모에게 반말로 버릇없이 구는 화법, 부부끼리 '야, 자'하면서 반말하는 것도 비교육적이므로 이런 언어 예절 파괴적 표현은 삼가야 한다.

'그랬었지, 떨떨떨지 마세요, 니 맘대로 하세요' 등과 같은 비규범어를 FM 방송 음악 진행자들이나 사회자들이 쓰는 것도 반성해야 한다.

⑤ 선정적 표현

감정을 자극하는 선정적, 선동적 표현과 태도는 고쳐야 한다. 이는 범죄, 재난 사고, 성 관련 보도, 광고 방송에서 두드러진다. '흔들어 주세요. 먹어 보라고, 살짝 들춰 보세요, 원초적 본능'과 같은 광고 문구가 그런 예인데 일반 프로에서도 선정적 표현들이 난무하고 있다. 가령 과거에는 들리지 않던 '섹시하다'와 같은 표현이 흔하게 나타나고 있다.

'아름다운 세상(MBC), 서세원의 좋은 세상 만들기(SBS), 파워 100세'(KBS2 TV)' 등과 같은 노인용 프로들이 많아졌는데 선정성을 띤 내용들이 많다는 지적이 있다. 가령 미니스커트 입은 할머니가 탱고춤, 캉캉춤을 추는데 "할머니 좀더 섹시하게 해 보세요.", "첫날밤은 어땠나요?" 등과 같은 질문을 던지고, 화면 밑의 자막에는 '오색찬란한 몸부림, 내 엉덩이 어때?' 등과 같은 자막이 나오는 것은 비속성과 선정성의 극치라 하겠다. 또한 "신체 중 이곳이 두꺼우면 애정이 넘치고 정력이 세다고 하는데 어디일까요?"와 같은 퀴즈를 노인들에게 묻고, 대답도 '간통죄, 정관 수술' 따위를 유도하는 문제를 내며 젊어서 외도한 이야기, 여성 비하적 표현을 마구 허용하여 노인들을 배려하는 프로가 아니라 노인 타락을 부추기는 프로로 비친다. 노인들의 원숙한 삶의 지혜와 연륜을 알리고 지역 특산물을 알리는 프로가 되지 못하고 농촌 노인들의 솔직함을 쉬운 외래어도 모르는 무식한 노인네, 비속어와 음담패설이나 하는 노인네로 왜곡시키고 있다고 한다.4)

과거 정권들에서 방송 보도가 어용 보도를 하거나 특정 정파를 비난하는 보도를 함으로써 정치 선동과 여론 조작적 기능을 가져오는 폐단이 있었음을 생각할 때 전문 방송인이나 출연자가 국민을 상대로 특정 정파를 비판하거나 유언비어를 퍼뜨려 모략하는 것과 같은 선동적 표현들은 삼가야 한다.

⑥ 고성(高聲), 신경질(神經質) 어법

한국인의 어조가 고조(高調)라는 지적이 많거니와 방송조차도 고성과 신경질투가 빈번하다. 특히 드라마나 코미디 프로에 그런 어조가 횡행하여 국민 언어 교육상 좋지 않은데, 이는 음주나 흡연 장면이 많은 것과 함께 시급히 시정해야 할 사항이다.

⑦ 비교양적 신체 언어

방송 언어는 음성 언어만 가리키는 것이 아니며 출연자의 손짓, 몸짓 등의 신체 언어(body language)도 시청자에게 큰 영향을 끼친다. 연예인의 웃기는 표정이나 몸짓이 순식간에 장안의 화제가 되고 청소년에게 유행되는 것도 마찬가지다.

사치스런 복장, 선정적 옷차림이라든가 남성이 여성 말투로 연기하거나 여성 복장을 하고 출연하는 일도 혐오감을 주므로 그런 출연자의 출연도 삼가도록 해야 한다.

한편 교양 어법은 방언, 비속어 사용 금지만을 뜻하지 않으며

---

4) 노인 프로의 선정성은 조선일보, 1999. 7.10일자 25면에 실린 'YMCA 시청자 논단'의 토론 내용 참고.

교양 어법은 음성적 차원으로도 나타난다. 즉 곱고 우아한 음색으로 발성하는 것도 교양 어법의 조건으로 볼 수 있다. 따라서 선천적으로 음색, 음량, 음질이 좋은 사람도 있지만 후천적 연습으로도 교양인의 음성을 갖출 수 있으므로 훈련이 필요하다. 다음은 특별히 바람직한 발성을 위한 기준들과 관련한 사항들이다(민현식 1996ㄴ).

① 분명한 발음 여부

'으스대다(으시대다*), 재떨이(재털이*)'와 같은 혼동 자음, 모음의 사례들은 대개 표준어의 발음을 익히기 전에 오용된 발음을 습득한 때문에 교정이 어려운 경우다. 그 밖에 불분명한 발음을 하는 경우도 많으니 가령 오락 프로 사회자나 코미디 프로 출연자들의 숨 넘어가는 말투라든가, 빠른 속도의 말투가 그렇다. 요즘은 '왠지'의 ㅈ음을 [Z]로 쓰는 희극인도 있으니 이런 변형된 발음이 인기를 위해 의도적으로 이루어진다. '록카페' 화재 사건을 보도하는 보도자가 '카페'를 한글 음가대로 읽어야 하는데 '까훼'라고 발음하는 것도 외래어와 외국어의 개념을 모르는 데서 생긴다.

② 분위기에 알맞고 어울리는 어조 여부

의도적인 괴성이나 돌발적으로 삽입되는 뜻 모를 말들(코맹맹이 소리, 응애, 오 예, 짜샤, 천만에 말씀 만만의 말씀…)이 더 인기 있는 것이 현실이다. 오늘날 코미디 프로는 분위기에 어울리지 않는 어법을 해야 인기 있는 것으로 인식되는 프로가 되어 버렸다. 또한 아동용 만화 프로의 코맹맹이 소리, 성인 성우에 의한 이상한 아동 음성들이 학교의 국어 교육 목표와는 어긋난다.

드라마에는 인물 배역에 따라 오랫동안 정형화된 음성 유형이 있다. 비천한 인물, 영웅, 간신, 겁쟁이, 저능자 등의 유형과 음성이 있고, 우리의 음성과 음색도 어느 상황에서고 동일한 것이 아니며 분위기, 주제, 상대에 따라 음성과 음색이 달라지게 마련이다. 따라서 말은 인격이라고 할 때 우리는 말은 내용만 생각하여 품위 있는 어휘만 사용하면 되는 것으로 생각하기 쉬우나 어조, 음색, 음량, 속도 등과 같은 음성 요소가 내용 요소 외에 절대적으로 영향을 끼친다는 점을 생각할 때 이것을 고려한 발음 기법의 학습은 매우 중요함에도 불구하고 소홀한 것이 우리의 현실이다.

③ 알맞은 길이나 속도 여부

전반적으로 방송에 빠른 어조가 많고 차분함이 없는 진행이 많다. 말의 속도는 알기 어렵거나 낯선 말은 느리게, 쉬운 말은 빠르게 하여 전체적으로는 느린 듯하면서도 많은 양을 말하는 것이 이상적인데, 같은 퀴즈 프로라고 해도 코미디언이 진행하는 주부 대상의 프로와 아동 대상 퀴즈 프로는 요란하며, 아나운서가 진행하는 중고생 퀴즈 프로는 비교적 차분하여 대조적이다. 속도 문제도 30년 전에는 뉴스가 1분간 300자라 했는데 요즘은 우리 나라의 경우 350자 안팎으로 보아 발화 속도가 빨라졌다고 한다5). 그러다 보니 뉴스 진행자들조차 같이 흥분하고 차분함이 떨어진다.

④ 성량 조절 여부

외국에 나가 보면 식당에서 한국인의 목소리가 크다는 지적이 많고 아이들도 소란스럽다고 하는 지적이 많은데, 방송 출연자들의 성량도 비례직으로 그린 세태를 반영한다. 차분한 방송 진행자보다는 수다스런 진행자들이 많은 게 현실이다. 아동 만화 프로도 시종 요란한 고음의 대사나 파괴음이 난무하고 쇼 프로도 소란스런 프로가 너무 많다. 서구인들과 달리 한국인의 발화에는 몸짓언어가 적어 의사 전달을 목소리에만 의존하다 보니 음이 높거나 세

---

5) 김상준(1992:267~312)에서는 1분당 음절수가 낭독형 뉴스는 345
   음절, 설명형 뉴스는 364음절이라고 한다.

게 되어 자연히 발음이 부드럽지 못하고 딱딱하다.

⑤ 표준어와 방언의 억양 여부

　특정 사투리의 인물이 고정 출연한다든가 코미디 프로에서 특정 방언 화자를 바보 취급하거나 조롱하는 대상으로 만들어 은연중 그 지방 방언에 대한 부정적 인상을 초래하는 일이 아직도 자행되고 있어 비교육적이다. 정감 있는 방언의 사용은 방송에서도 필요하지만 특정 지방을 모욕하는 식의 방언 희롱은 사라져야 한다. 현재 진행중인 청소년 프로에서 방언을 심하게 쓰는 아이를 등장시키는 것도 재고할 일이다.

⑥ 자연스럽고 생동감 있는 표현 여부

　아나운서의 보도는 자칫 딱딱하고 인공음의 느낌을 주어 소리의 자연미가 떨어지기 쉽다. 반면 앵커의 목소리는 긴장하여 전 국민을 긴장시킨다. 보도 기자들은 생동감은 주지만 실감나게 한다고 해서 차분함이 떨어지고 흥분하기 쉽다. 생동감과 흥분을 구별하는 일이야말로 방송인의 노력이 필요하다. 연속극 등장 인물의 말투도 일상 대화라서 자연스런 말투의 본이 되어야 하는데 빠른 발음, 괴성, 높은 목소리, 품위 없거나 신경질적 음조가 지배하여 역시 발음 교육상으로도 비교육적이다.

　품위 있는 교양 어법은 방송의 내용 조건인 윤리성과도 통하므로 품위 있는 교양 어법이란 조건은 방송 언어의 내용 조건에서 다룰 수 도 있다. 그만큼 언어란 내용과 형식이 엄밀히 구별되기 어려운 점이 있기 때문이다. 가령 비속어, 선정적 표현 따위를 쓴다는 것은 그것이 교양 어법이 아니므로 표준어 규정에 관계되고 따라서 형식적 조건과 관계되는 것이다.

　또한 비속어 사용이 내용상 품위 있는 윤리적 언어 행위에 관계

된다는 점에서는 내용적 조건에 관계된다고도 하겠다. 윤리적인 것은 품위 있는 것이고 품위 있는 것은 윤리적이라고 보는 명제도 가능하기 때문이다. 이처럼 윤리성과 품위성은 밀접한 사항이기는 하지만 품위 있는 교양 어법 문제를 표준어 규정(1988)에서 다루고 있으므로 방송 언어의 품위성 문제도 표준어를 다루는 방송 언어의 형식적 조건에서 다루어 본 것이다.

끝으로 이러한 품위 있는 교양 어법은 어린이들이 보는 어린이 방송, 만화, 코미디 방송에서는 더욱 철저히 지켜져야 한다는 것을 강조하고자 한다.

[3] 표준 어법을 써야 한다.

표준어 사용은 흔히 표준 어휘 사용 차원으로만 보는 경향이 있으나 표준어 사용이란 음운, 형태, 문법 등의 모든 문법 단위별 언어 사용법에서 표준 어법을 사용하는 것을 뜻하는 것이어야 한다. 즉 표준어란 표준 어휘만 뜻하는 것이 아니라 표준 국어를 뜻하는 것으로 보아 표준 발음, 표준 어휘, 표준 문법, 표준 언어 예절을 구사하는 것으로 넓게 보아야 한다.

따라서 방송인은 특히 아나운서나 보도 기자, 전문 사회자들은 표준 국어 훈련을 받고 표준어 사용을 위해 연구하고 부지런히 연마하는 언어 전문가가 되어야 한다. 다행히 KBS, MBC 방송사에서는 아나운서실을 중심으로 한국어 연구 모임을 운영하고 학술지 발간, 자체 연수회, 일반인 대상의 국어 상담, 순회 계몽 강연을 하는 등 활발한 노력을 기울이고 있으나, PD·드라마 작가·대본 작가(스크립터)·자막 처리 요원 등의 국어 사용 능력(표준 어법 이해도, 맞춤법, 외래어 표기 능력 등)은 아나운서들만큼의 노력이 보이지 않으며 자체 연수 교육도 부실한 것으로 보인다.

여기서 표준 어법이 포함해야 할 세부 사항을 넓게 포괄하여 정리하면 다음과 같다.

① 정확한 '표준 발음법'에 따른 발음을 해야 한다: 표준어 규정 2부에 나오는 표준 발음법이나마 정확히 익혀 지켜야 한다.

② 정확한 표준 문법을 지키는 문장을 써야 한다: 국어 문법에 맞는 문장만을 생성해야 한다. 이를 위해서는 소략한 수준의 학교 문법을 심화시킨 표준 문법의 전범이 확립되어야 한다.

③ 정확한 표준 어휘를 사용해야 한다: 발음과 문법을 아무리 바르게 갖추었다고 해도 사용 어휘가 부적절하면 잘못된 문장이 되므로 정확한 어휘를 사용하여야 하며 어려운 어휘를 쓰면 시청자에게 의사 소통에 장애를 주므로 쉬운 어휘를 써야 한다.

④ 정확한 표기법을 지켜야 한다: 자막 방송에서는 바른 표기를 해야 한다. 그런데 자막 방송시에 표기법의 오류가 많이 나타나고 있어 자막 방송 요원에 대한 지속적인 표기법 교육이 필요하다.

특히 방송에서 내보내는 노랫말, 광고, 영화의 언어는 방송 제작자들이 직접 제작하지 않고 외부에서 작사자와 광고 제작자, 외화 번역가들이 작성하여 가져온 것을 그대로 내보내는 경우가 많다 보니 맞춤법, 표준어 등의 어문 규정과 바른 어법과 같은 표준 어법을 어긴 것이 걸러지지 않고 나가는 경우가 있다.

<pre>
촛불을 키셨나요 〉 촛불을 켜셨나요
녹슬은 삼팔선   〉 녹슨 삼팔선
낯설은 타향   〉 낯선 타향
헤매이는 밤길   〉 헤매는 밤길
옛부터 건강은… 〉 예로부터 건강은…
잔병치레가 잦은 〉 잔병치레하는, 잔병이 많은
타이타닉   〉 타이태닉
잡숴 봐   〉 잡숴 보(시)오, 잡숴 보세요.
</pre>

```
골 때리는        〉 골치 아픈
관객 폭발        〉 관객 열광
디자인으로 승부한다 〉 디자인으로 승부를 건다
침대는 가구가 아닙니다. 과학입니다.(상식 파괴)
시원한 여자가 좋다. 아내가 여자보다 좋다.(여자와 아내
분리. 상식 파괴)
```

따라서 가요, 광고, 영화를 방송할 때는 방송사에서 다시 한번 언어적으로 걸러 내는 권리와 의무를 가지고 실천해야 한다.

2.3.2 자연스런 입말체(구어체)를 써야 한다.

방송에서는 자연스런 입말체를 쓴다. 그래서 '하여, 되어'는 '해, 돼'와 같이 준말로 하고 '김정호입니다'는 '김정홉니다'처럼 말해야 한다. 자기 소개시 '김정호입니다'처럼 모음으로 끝나는 이름들 뒤에 '입니다' 형식으로 하는 것이 꽤 광범위하게 퍼져 있는데 초등 교육에서부터 바르게 지도하지 않은 탓이다.

그런데 방송 관련 서적들에서 방송 언어는 입말체를 써야 한다고 언급하지만 이는 항상 옳은 표현이라 할 수 없다. 입말체가 반드시 좋은 것은 아니기 때문이다. 가령, 입말체는 '에, 그, 저, 음,...말이예요...'등의 군말이 잦고 '니, 걔, 쟤'와 같은 준말 속어 형테기 많은데 방송 언어를 입말체로 쓰라면 군말, 준말을 많이 써도 되는 것으로 오해를 줄 수 있기 때문에 옳은 가르침이 아니다.

실제는 뉴스나 교양 프로그램에서 이런 입말체를 쓰면 오히려 품위가 없어 보이므로 글말체(문어체)를 쓰는 경우가 있다. 가령 '장관에게 보고했다'도 '에게'는 글말체 조사이지만 입말체인 '한테'를 써서 '장관한테'로 하면 품위가 떨어져 보인다.

'김 총리하고 프랑스 총리는 공동 성명에 서명하였습니다'의 경

우도 '하고'가 입말체 조사이므로 '김 총리와 프랑스 총리…'처럼 글말체의 '와'를 쓰는 것이 품위 있다. 따라서 입말체라도 품위 없어 보이면 글말체를 써서 품위를 유지하는 것이 중요하다. 그런데 글말체라도 '및'은 지나치게 글말체 어투라 '와/과'를 써야 한다.

대체로 입말체는 드라마나 코미디 프로그램 따위에서나 자연스레 나오는 말투이므로 보도, 교양 프로에서는 품위 있는 글말체의 장점도 살려 써야 한다. 실제로 방송 언어는 입말체만으로 이루어지지 않고 준비된 대본이나 보도 원고를 읽는 경우도 많아 모두 입말체로만 이루어지지도 않는다.

그러다 보니 방송 언어에서 구어체와 문어체가 혼효되는 현상도 나타난다. 이런 예로 글말체에서 나타나는 '-라고'의 경우를 들 수 있다. 즉 방송 진행자나 출연자들은 문자 발생기(프롬프터)를 보고 읽는 경우가 많은데 그 경우 대본에 쓴 〈'……'라고 하였다〉 방식의 직접 인용을 적은 경우를 그대로 보고 읽게 되다 보니 간접 인용에도 '-라고'가 나오는 형식이 되는 경우가 많다.

ㄱ. '남녀는 평등하다'라고 말하는 여권론자들이 많습니다.(대본체, 글말)
ㄴ. 남녀는 평등하다라고 말하는 여권론자들이 많습니다.(프롬프터 읽을 때)
ㄷ. 남녀는 평등하다고 말하는 여권론자들이 많습니다.(바른 입말체)

(ㄱ)과 같은 직접 화법 형식으로 대본을 썼더라도 (ㄱ)을 읽으면 (ㄴ)이 되는데 읽은 것은 입말 형식이 되어 송출되므로 '라고'가 그대로 입말체에도 쓰여 오용 어법이 된다. 그런데 이 어법이 방송에서 너무 일반화하여 오늘날 일반인들도 입말체에서 자주 쓴다. 그러나 입말로 말을 할 때는 (ㄷ)처럼 간접 화법으로 해야 바른 어법이다.

글말체의 경우는 격식체가 되어 방송 언어의 생동감을 감소시키기 쉽다. 가령 어떤 교수가 방송 대학 강좌를 진행하면서 교재를 단순히 읽는 식으로 한다면 그 강의는 글말체 방송이 될 수밖에 없어 지루할 것이다. 반면에 글말체로 된 교재를 보지 않고 입말체로 변환하여 강의한다면 그 강의는 입말체 강의가 되어 대화하듯 진행함으로써 지루하지 않은 강의가 될 것이다. 이처럼 같은 방송도 입말체와 글말체로 쓰느냐의 차이가 크다.

여기서 입말과 글말의 차이를 좀더 자세히 살펴보자. 입말은 시간 의존적(time-bound), 동적(dynamic), 일시적(transient)이지만, 글말은 공간 의존적(space-bound), 정적(static), 영구적(permanent)이다. 입말은 화자와 청자가 대화 현장 속에 같이 있어 발화에 대한 반응의 순환(feedback)이 즉각적이고 대면적, 의존적 관계에 있으며 현장 상황 의존적 의미 해독이 중요하지만 글말은 즉각적 반응이 나오지 않아 장기간 지연될 수 있으며 대체로 대화 현장에 발신자와 수신자가 함께 있을 필요가 없어 발신자 일방적이므로 발신자와 수신자가 비대면적, 일방적 관계에 놓이고 현장 상황이 아닌 문맥을 주의 깊게 해독해야 하므로 문맥 의존적이다.

그런데 방송의 경우 방송 순간은 입말체를 쓰지만 카메라를 매개로 한 비대면적, 간접 대면적, 일방 대면적 대화 행위라 직접 대면적, 쌍방 대면적 대화를 특징으로 하는 일반 대화 상황에서의 입말체와 다른 면이 있다. 이런 점에서도 방송 언어의 입말체는 일반 대화상의 입말체와 분명 다른 특성이 있다.

다음으로 입말은 문장이나 단락보다 1, 2개 단어로만 구성된 단어문이나 소형문이 많고, 자유롭고 산만한 통사적 구성, 군말의 첨가, 준말 형태(그애>걔, 이야기>얘기), 되어>돼, 바다입니다>바답니다 등), 반복 수법, 손짓과 같은 신체 언어(body language)의 보충 등이 흔하지만 글말은 문장이나 단락 구성이 일반적이며 조직적이고도 세심한 통사적 구성, 엄밀하고도 주의 깊은 세밀한 표현이 특징이고 동작 언어 대신 구두점, 띄어쓰기, 대문자 쓰기(인구어의 경우)가 사용된다.

문법적으로도 입말과 글말은 차이가 있어 국어의 경우 '니, 개, 쟤'와 같은 대명사는 글말에서는 기피되며 반대로 '그, 그녀'는 입말에서는 쓰이지 않는다. '어서, 얼른, 아까, 이랑, 한테, 더러, -거들랑, -길래'와 같은 특정 형태도 글말에서는 기피한다.

이상과 같은 글말과 입말의 특성은 방송 언어에서 모두 나타난다. 우선 방송에서는 미리 대본들이 준비되어 아무리 대화체 대본이라도 글로 쓰이는 과정에서 살아 있는 순수한 입말체가 되지 못하고 글말체 요소가 가미된다. 이에 따라 진행자나 출연자는 입말체와 글말체가 혼합된 대본을 자신의 방식대로 재빨리 입말체로 전환해서 하게 된다. 따라서 방송 언어는 순수한 입말체도 아니고 순수한 글말체도 아닌 것으로 글말과 입말이 혼합된 양상을 띤다. 즉 전달할 내용(대본)이 글말체와 입말체로 섞인 것을 자신의 자연스러운 입말체로 재변환한 개성적 문체로 전달하는 것이 방송 언어의 특성임을 깨달아야 한다. 중요한 것은 입말체인가 글말체인가가 아니라 품위 있고 자연스러운 말체인가이다.

2.3.3 간결하고, 쉽고, 논리적인 언어를 써야 한다

뉴스 앵커, 리포터, 사회자, 일발 출연자 등 모든 출연자의 방송 언어는 방송이 일반 대중을 상대로 하므로 방송인의 눈높이에 맞추지 말고 가급적 눈높이를 낮추어 방송 언어를 간결하고 쉽게 해야 한다. 구체적으로는 다음과 같다.

(1) 방송 발화문의 길이가 짧고(단문) 논리적이어야 한다. 그래야 시청자들의 이해가 빠르며 필름 편집시에도 필름 자르기가 편하다. 특히 방송에 처음 출연하는 사람일수록 긴장하고 당황하여

장황한 말을 하기 쉬운데 사전에 주의를 주어서 요점적으로 짧게 구조화하도록 해야 한다.

출연자들 중에는 조리 정연하게 요약해 온 내용도 카메라 공포 때문에 횡설수설하게 되거나 제대로 다 말하지 못하는 경우가 흔하다. 이는 출연자의 철저한 사전 연습이 얼마나 중요한가를 보여 준다. 시간에 쫓긴 출연자 섭외, 방송 시간 전 충분한 연습 시간 부족 등이 이런 현상을 초래한다.

수식어를 많이 쓰거나 장황하게 긴 표현은 논리성이 떨어지므로 삼가야 한다. 도치법 등의 기교도 불필요하다. 특히 뉴스 보도에서는 그러하다.

영상과 음성 언어 내용도 당연히 일치해야 한다. 음성과 일치하지 않는 영상은 시청자에게 짜증을 주기 때문이다.

강조하는 표현들을 지나치게 남용하는 것도 비논리적 표현의 한 예다. 가령, 여러 가지 사항을 열거할 경우에 첫째, 둘째, ...와 같이 논리적으로 열거해야 하는데 '가장 중요한 것 중의 하나는, 제일 중요한 것은, 무엇보다도 중요한 것은, 우선, 먼저...'와 같은 표현들을 한 번의 발언 내용 중에 자꾸 반복하다 보면 모두 강조하는 것이 되어 시청자로 하여금 이해에 어려움과 혼란을 주므로 강조 표현의 남용은 삼가야 한다.

(2) 두괄식이나 양괄식 내용 전달이 논리적 전달에 좋다. 내용 전달은 가급적 결론부터 미리 밝혀 하는 것이 좋고 끝 무렵에 시간 여유가 있으면 다시 한번 결론을 반복해 수면 된다. 즉 두괄식 구성이나 양괄식 구성으로 해야 한다.

내용 전달은 긍정 표현으로 하는 것이 좋다. 부정 표현이 많으면 짜증을 내기 쉬우므로 '안 된다'보다는 '...하는 편이 더 좋습니다'식으로 함이 좋다(김성길, 1998:147).

(3) 어려운 한자어는 가급적 쉬운 고유어로 바꾸어 표현해야 한다.

노력을 傾注하다 〉 …기울이다   懸案 문제 〉 걸린 문제

賂物授受 〉 뇌물 주고 받음　　　　賣渡하다 〉 팔아 넘기다

輪禍 〉 차 사고　　　　　　　　…… 露呈하다 〉 드러내다

受注하다 〉 주문받다　　의견을 披瀝하다 〉의견을 털어놓다

隔意 없이 〉 터놓고　　　　　　……關鍵 〉 열쇠

歲暮 〉 설밑　　　　　　　　　　領收證 〉 받음 標

米穀商 〉 쌀집, 싸전　　　　　　假縫 〉 시침질

裸垈地 〉 빈집터　　　　　　　　品切 〉 동남

乳母車 〉 아기차　　　　　　　　邂逅하다 〉 만나다

追窮하다 〉 따지다　　　　　　　未知數이며 〉 모르며

對峙하고 〉 맞서고　　　　　　　撫摩하다 〉 달래다

剔抉해 〉 도려내

(4) 전문어, 외래어, 약어, 동음이의어의 사용은 자제해야 한다. 특히 프로그램, 광고 상품 명칭의 외래어투 남용이 심한 것이 우리 방송 프로의 현주소다. 우선 프로그램 명칭, 광고 상품명부터 '뉴스 데스크, 뉴스 헤드라인, 나이트 라인, 스포츠 파노라마, 청춘 시트콤, 머니 센스, 테마게임, 드라마 게임…' 등 부지기수로서 외래어 명칭이 2/3를 넘어 대대적 자각과 의식 개혁이 필요하다. 그러나 '아침마당, 그것이 알고 싶다, 뽀뽀뽀, 좋은 세상 만들기, 세상 체험 아빠와 함께, 대추나무 사랑 걸렸네, 도전 지구 탐험…' 등 고유어와 한자어만의 제목들도 있어 방송은 두 얼굴의 사나이 모습을 보여 주고 있다고도 하겠다.

특히 국어의 외래어 남용은 국어를 고유어와 한자어, 서구계 외래어, 일본계 외래어 등이 범벅이 된 국제 잡탕말(잡종어, 혼종어)로 만들어 가고 있는데 방송 언어도 이를 조장하고 있다. 전문 방송인, 지도층, 관료 지식층, 서민층을 불문하고 모든 방송 출연자들이 그런 잡종어를 토해 내고 퍼뜨리고 있다.

방송에서 잘 쓰이는 외래어들을 보면 '하이라이트, 프로필, 베스

트 오브 베스트, 루머, 디스카운트, 플러스 마이너스, 투 캅스, 와이프, 히프, 볼륨, 커플, 메인(…대결), 솔로(…탈출), 포인트, 오디션, 하드웨어, 리더, 이슈, 테마, 이니셜, 룰, 카리스마, (경영)마인드, 빅딜, 셋업, 업그레이드, 비아그라, 워크아웃, M&A, 해피하다, 서포트하다, 유머러스하다, 타이트하다, 쇼킹하다' 등 부지기수다.

특히 10대 교포 가수, 팝송 세대 청소년층의 영향으로 가수명과 노래명이 외국어 투성이라서 연예 프로의 방송 언어 오염은 무질서 그대로다. 그러다 보니 'Yes, sir; Oh my God; Oh, Yeah; one more time…' 등 영어 표현도 흔히 들리며 '썰렁맨, 숏다리, 개폼' 등 혼종 외래어도 생긴다.

외래어, 외국어가 많은 스포츠 중계 방송, 음악 방송이나 뉴스에서는 외래어 전문어를 순화어로 말하든가 친절한 해설을 해 주어야 한다. 뉴스의 외래어는 국어 순화를 막는 독소이므로 국립국어연구원에서 발행하는 '국어순화자료집'이라든가 정부 언론 외래어 공동심의회 발행 자료집을 참조하여 외래어 순화에 적극 앞장서야 한다.

각종 기구의 약어 명칭이나 동음이의어 사용은 의미 혼동을 일으키지 않도록 자제해야 한다. 가령 '연패'(連敗, 連覇)는 정반대의 뜻으로 쓰이므로 한자 표시를 하지 않는 한 방송에서는 피해야 한다. 이런 동음이의 한자어로 '매도(賣渡, 罵倒), 방화(防火, 放火), 사의(謝意, 辭意), 정상(頂上, 正常)' 등도 있다.

(5) 용어의 통일도 중요하다. 가령 한국의 국무총리에 해당하는 영국, 캐나다 등의 총리를 언론사에 따라 수상 혹은 '총리'라고 불러 혼란을 보여 직급의 격에서 국민의 판단력을 흐리게 하는 일이 과거에 많았다. 일본에 대해서도 '일본 외상과 방위청 장관, 관방 장관'처럼 '-상'과 '-장관'을 뒤섞어 쓰는 것도 고쳐야 한다.

(6) 어린이 방송의 언어는 아동들의 눈높이에 맞추어야 한다. 어

른보다도 방송의 영향을 많이 받는 아동들에게 특히 표준어 방송을 해야 하며 난해어나 전문어가 쓰이지 않도록 주의해야 한다.

(7) 방송 언어 표현에 상투적 표현들이 매우 많으므로 뉴스 앵커, 기자, 사회자 등은 상투적 표현을 참신하게 바꾸는 노력을 해야 한다. 다음은 방송에 흔한 상투적 표현들인데 이들은 조금만 생각해 보면 다양한 새 표현들로 바꿀 수 있을 것이다. 가령 뉴스에서는 '실시, 나서다…' 따위와 같은 상투적 용어들이 습관적으로 반복되는 경우가 많은데 참신한 표현을 찾는 노력이 필요하다(김상준 1988, 김성길 1998, 박소웅 1998 등 참고). 다음에 부분적으로 고친 표현은 〉 다음에 제시하였다.

구조적 부조리, 뼈를 깎는 반성, 전향적 검토, 열악한 시설, 전격 구속, 조속 행정
소나기 골, 소나기 안타, 불볕더위, 가마솥 더위, 살인적 더위
공포의 순간, 비참한 모습, 아수라장, 전쟁터 같습니다.
중계차 연결해서 현장 상황 알아보겠습니다.
…이 아닌가 싶습니다.
다사다난했던 한 해가 지나가고 있습니다.
전형적인 봄 날씨를 보이고 있습니다.
입추의 여지가 없이 꽉 찼습니다.
귀추가 주목됩니다.
연휴 첫날인 오늘 가족 동반의 나들이가 줄을 이어 평온한 하루를 즐기고 있습니다.
꺾고, 눌러 이기고, 격파하고, 차세대 주자, 시종 손에 땀을 쥐게 하는 열전 끝에…, 우승을 거머쥐었다.
(이번 개각을 앞두고 정가에서는) 촉각을 곤두세우고 있습니다.
입을 모아 말하고 있습니다.
목소리를 높여 주장하고 있습니다.

100만 귀성객이 서울을 빠져 나갔습니다(구멍을 빠져 나간 동물에 비유한 느낌을 준다)

금품을 뜯었다.

제멋대로 값을 올려 받았다.

조사 과정에서 엉뚱한 말을 늘어놓았다.

곧바로…〉곧, 바로

선물꾸러미를 든 귀성객 〉손에 손에 선물을 든 귀성객

타당성 조사를 실시하고 있습니다 〉타당성을 조사하고 있습니다.

직업 훈련을 실시했습니다 〉직업 훈련을 했습니다.

전국으로 확대 실시할 방침입니다 〉…확대합니다.

화재 진화에 나섰습니다 〉화재 진화를 했습니다.

피해 보상을 요구하고 나섰습니다 〉…요구하고 있습니다.

쟁점 사항에 대한 검토 〉쟁점에 대한 검토

이를 실력 저지할 방침이다 〉이를 저지할 방침이다.

점검해 주기로 했습니다 〉점검하기로 했습니다.

신중을 기하기로 했다 〉신중하기로 했다.

믿어 의심치 않는다 〉확실히 믿는다.

2.4 방송인의 언어 자질6)

빙송인의 자질은 여러 각도로 이야기 할 수 있는데 신언서판(身言書判) 즉 호감 있는 용모, 정확한 표준어 말씨, 고급 언어 표현을 쓸 수 있는 문필력, 상황을 잘 판단하고 방송의 어떤 돌발 상황에도 능숙하고 침착하게 대처 할 수 있는 판단력을 갖추면 가장 이상적이라 할 수 있다. 이제 이런 자질을 분야별로 자세히 살펴보자.

---

6) 이 부분에 대한 참고 자료로는 김성길(1988)이 참고되는데 본고도 이에 많이 의존하였다.

2.4.1 뉴스 보도자7)

뉴스의 영향력은 크다. 가령 세계 최강의 군사력을 자랑하는 미국이 60년대부터 참전했던 월남전에서 1975년에 결국 패하고 철수한 것은 방송 뉴스 때문으로 보기도 한다. 정글 속에서 베트콩과 싸우는 미국 병사들의 피투성이 모습이 텔레비전 화면에 생생하게 전달되어 반전 분위기가 전 미국을 휩쓸게 되었다는 것이다. 이처럼 국민에 대한 방송 보도의 영향력은 막대하기 때문에 보도기자의 사명과 역할은 더욱 중요할 수밖에 없다.8)

보도 뉴스는 객관성, 정확성, 사실성, 간결성, 논리성이 생명인데 방송 뉴스는 신문 뉴스와 달리 전세계 동시성, 일방적 제시성, 행동 유발성의 효과가 크다. 이러한 방송 뉴스는 앵커나 아나운서가 진행한다. 미국에서 1952년부터 대앵커인 월트 크롱카이트와 함께 생겨났다는 '앵커맨'이라는 용어는 일본식 영어로는 캐스터라고 하는데 이는 뉴스캐스터(newscaster) 또는 브로드캐스터의 생략형이다. 영국에서는 뉴스 리더(newsreader)라고 한다. 황금 시간대의 뉴스 진행자는 아나운서와 기자의 꽃이다. 음성, 용모, 태도에서 호감은 일반 아나운서의 기본 자질이지만 앵커에게는 특히 더욱 요구되며 언어적으로 다음 능력이 요구된다.

(1) 뉴스의 모든 말은 짧고 논리적이며 알기 쉽게 진행해야 한다. 이를 위해서는 문장이 짧고 주어와 술어의 거리가 가깝고(주술 근접 원칙), 군말을 제거하며, 수식어는 가급적 한 개 이상 넘지 않아야 한다. 가령 '부상을 입었다'처럼 구로 표현하기보다는 '부상당했다'로 표현함이 더 짧다.

보도문은 수차 다듬고 다듬어 완벽한 한국어를 실현해야 한다.

---

7) 뉴스 보도자에 대한 실무 안내서로는 앤드루 보이드 저, 이경자·이인희 역(1997), 김성길(1998)을 참고하고 각국 TV 뉴스의 비교는 부경희(1995)를 참고 할 수 있다.
8) 한국 전쟁과 언론의 관계를 다룬 것으로 Bruce Cumings(1992)가 참고 된다.

뉴스문은 완벽한 한국어 교본이 되어야 함을 명심해야 한다. 특히 뉴스를 시작할 때의 도입 부분(소위 첫 멘트를 말함. 리드 인 Lead Ins이라고도 함)에서 우리 나라 앵커의 평균 단어 수가 미국, 영국 앵커나 일본 앵커들의 간단한 도입보다 길고 장황하여 전달력이 부족하다는 연구 보고도 있다(부경희, 1995).

수동형보다는 능동형으로 표현하고 '성공하지 못했다'와 같은 부정문보다는 '실패했다'라는 간결한 긍정문이 좋다. 준말을 쓰는 것은 당연하지만 약어는 가급적 쓰지 말아야 한다.

어떤 단어를 빼도 의미 전달에 문제가 없으면 그 단어를 빼는 것이 좋다. 어빙 팽(Irving E.Fang)은 시청자에게 편안한 청취의 정도를 측정하는 청취 공식(Easy Listening Formula)을 만들었는데 이 공식은 문장 안에 있는 모든 음절수를 합한 후 이것에서 단어의 수를 빼는 것이다. 이렇게 해서 얻은 수가 20을 넘으면 이 문장은 길거나 추상적 단어가 많아 이해하기 어려운 문장에 속하므로 그 수를 줄여야 한다고 한다(이경자·이인희 역 1997).

앵커의 말이 길어지는 이유는 앵커들이 사건의 원인, 전개, 결과까지 무리하게 한 문장에 압축하여 전달하려다 보니 그렇다. 따라서 시청자가 궁금해하는 부분만 슬쩍 건드리는 정도로 하고 중요한 내용은 기자가 말하도록 남겨야 한다(김성길 1998: 39).

(2) 항상 침착한 어조로 정확한 사실 보도만 해야 한다. 뉴스는 방송 중에 가장 공공성이 강하다. '-다고, -라고'처럼 인용법이 들어가는 간접 화법이 많기 때문에 출처 표현이 분명해야 한다. 단독, 독점 운운하면서 과장 표현하려는 유혹을 버리고 차분한 진행을 통해 사실 보도의 중심이 되어야 한다. 오직 정확한 보도만이 법의 보호를 받을 수 있다.

뉴스의 공정성을 위해서는 기자의 편견이 개입되었는지, 내용이 정확한지, 보도 후에 특정인이나 특정 집단이 이익을 보는지, 타인의 명예를 훼손할 가능성은 없는지 점검해야 한다.

범죄 보도시 범죄의 구체적 내용 보도는 모방 범죄를 일으킬 수 있으므로 신중해야 하며 범죄의 과정 보도나 정당화도 삼가야 한다. 특히 범죄자와의 인터뷰는 범죄자의 자기 주장을 여과 없이 보냄으로써 자기 변호와 범죄 미화를 초래할 수 있어 삼가야 한다.

한국 텔레비전의 뉴스는 외국 텔레비전에 비해 요약성 글씨의 과다한 삽입으로 자막 사용 빈도가 높고, 컴퓨터 그래픽을 이용한 재연 장면도 월등히 많은데(부경희, 1995: 164) 이는 친절함으로도 볼 수 있지만 역으로 화면만의 사실적 보도에 자신 없어 그러하다고 볼 수 있다.

(3) 전달력, 요약력, 임기응변 능력, 탁월한 인터뷰 능력, 유머 감각이 요구된다. 이는 갑자기 갖추어질 능력이 아니므로 평소 독서와 작문, 토론 훈련을 통해 갖추어져야 한다. 특히 방송 사고 대비시 임기응변으로 대처할 내용을 준비해 두어야 한다.

(4) 용모나 태도에서 신뢰감, 자신감, 호감을 주어야 하며 개인의 주관을 개입시키려는 교만을 자제할 수 있는 자제력 등이 있어야 한다. 국민의 알 권리를 충족시켜 주는 명예로운 전문직이라는 청지기 의식, 서민을 대변하는 고독한 저널리스트 정신이 요구된다(김성길, 1998: 35).

(5) 뉴스의 숲(전체)과 나무(세부 사항)를 동시에 보는 능력을 갖추고 발음의 정확성, 뉴스의 세련된 진행, 국어의 운율성을 조화시키도록 해야 한다(서재원, 1991: 189).

(6) 숫자를 읽을 때는 다소 천천히 분명하게 읽어야 한다. 만 단위 이하에서는 '일만'도 '만'으로 읽는 것이 정상이지만(13,456: 만 삼천사백오십육) '일만 이천봉'의 경우는 '일만'이 굳어져 있다. 그런데 억이 넘으면 '일억'은 '억'으로 하면 안 되고 '일억'으로 해야 한다(123,456,789): 일억 이천삼백사십오만 육천칠백팔십

구). 나이의 경우 57세는 '쉰일곱살, 오십칠세'가 맞으며 '오십일
곱살'로 하면 잘못이다. 7시 반보다는 7시 30분이 정확한 표현이
다. '반'은 정확성에서 다소 떨어진다. 형량 표현 중에서 '징역 3
월'이라고 하는 경우가 많은데 '징역 3개월'이라 함이 적합하다.
25-2의 경우 '-'(dash)는 '다시/대시'로 하지 말고 '의'로 읽음이
좋다. 775-0407의 0은 '공'이 아닌 '영'으로 즉 '영사영칠'로 읽는
다. ⅔와 같은 분수는 '삼분지 이'가 아닌 '삼분의 이'로 함이 좋다.
주식 지수 표시 따위에 '1005.7 포인트'처럼 '포인트'를 쓰는 경우
가 많은데 '천오 점 칠'로 하면 된다.

2.4.2 보도자(리포터)

  보도자는 현장 취재 보도 기자, 현장 탐방 리포터, 지방이나 해
외 통신원, 교통 통신원 등 흔히 리포터라고 부르는 이들을 가리
키는데, 발로 기사를 써야 살아 있는 보도가 되는 이들의 언어 주
의 사항은 다음과 같다.
(1) 논리적 요약 전달 능력이 필요하다. 리포터도 앵커와 같은 언
어적 능력을 갖추어야 하는데 특히 2분 미만의 짧은 시간에 내용
을 보도해야 하는 보도 기자의 경우 신문 기사를 베껴 기사를 보
면서 하거나 자기가 쓴 기사라도 외워 하는 것은 바람직하지 않
다. 내용을 완전히 이해하고 자기화하여 정확히 인과 원리에 따라
요약 전달할 수 있는 논리적 요약 능력과 임기응변 능력이 중요하
며 원고 없이 하는 즉석 설명(애드립, adlib) 능력을 갖추도록 평
소 훈련해야 한다. 또한 추측 보도를 하지 말고 사실 보도 원칙에
충실해야 한다.
(2) 개성 있는 보도 능력이 요구된다. 다른 기자들과 똑같은 보도
방식보다는 자기만의 개성을 지닌 보도가 될 수 있도록 태도, 용
모, 표정, 억양, 보도 기법, 사용 언어 표현을 독창적으로 연마해
야 한다.

(3) 현장 생동감을 최대한 보여야 한다. 흔히 현장 보도를 한다면서 보도 기자들이 서두와 끝 부분만 현장에서 녹화하고 방송국에 와서 녹음 처리를 하는 관행은 100% 현장 보도라 할 수 없으므로 개선되어야 한다. 따라서 생동감이 넘치는 보도를 위해 사실적 현장 분위기 묘사 표현 능력을 갖추어야 한다. 화면에 나가는 부분을 묘사하는 것은 불필요하므로 화면으로 알 수 없는 사항을 전달하는 데 보도 초점을 모아야 한다. 특히 라디오 리포터는 영상 카메라 역할을 대신해야 하므로 텔레비전 리포터보다 상세히 묘사하여 생동감 있는 보도를 해야 한다.

(4) 스포츠 중계의 경우

현장 리포터 중에 스포츠 중계 방송 아나운서(스포츠 캐스터)는 운동 종목들에 대한 해박한 전문 지식을 갖추어야 하며 긴 시간 동안 지루하지 않도록 시종 박진감 있게 현장감 있는 생생한 중계(play-by-play)를 해야 한다. 특히 라디오 중계일 때는 더욱 그렇다. 캐스터의 고음(high-pitched voice)이나 비음(nasal voice)이 섞인 중계는 청취자로 하여금 짜증을 내게 하므로 삼가야 한다. 분명하고 간결한 단어와 문장(simple words and sentences)으로 된 중계가 가장 효과적이며 청취자를 즐겁게 한다. 장시간 방송을 하므로 그에 대비해 화장실을 다녀와야 하고 탄산수를 마시면 가스와 트림을 일으키기 쉬우므로 중계 두 시간 전에는 마시지 않는 것이 좋다. 자신에 대한 생각은 말고 경기에 대해서만 생각하고 말해야 할 것만 생각하고 그 말을 하라.

시종 활기를 유지하도록 하고 가령 '긴 패스(long pass)'를 '기--ㄴ 패스(loong pass)'처럼 발음하듯 단어 강조와 변화를 주는 것도 좋다. 때로는 '한국 팀 볼 패스...아...그러나...뺏겼습니다.' 의 ...처럼 적절히 휴지(pauses)를 두는 것도 극적 효과를 준다. 동작 변환이 심한 운동 중계시에는 운동 선수들의 동작 변화를 박진감 있게 중계하고 억양의 고저를 변화시켜 단조롭지 않게 해야 한다. 열광적 중계는 때로 필요하지만 아나운서가 소리치는 것은 목에도 안 좋으며 미숙한 아나운서로 비치므로 삼가야 한다. 중계 시에 상투적으로 쓰기 쉬운 형용사나 부사(너무, 굉장히 등)의 동의어를 많이 조사, 기억해 두어 여러 강조 표현시에도 활용할 수 있도록 해야 한다.

운동 규칙서를 휴대할 뿐 아니라 전설적 축구 아나운서인 커른 팁스(Kern Tipps)가 그랬듯이 방송에서 자주 쓰는 동의어 카드 뭉치를 휴대하고 다양한 표현을 구사하는 성의가 필요하다 (Catsis, 1996: 224-232).

체조나 피겨스케이팅, 수영 등에서 승리한 경우도 '눌러 이겼다, 꺾고 이겼다'라고 쓰는 것은 부적절하며 '신기록을 깨뜨렸다'라는 표현도 상투적으로 쓰므로 대치할 필요가 있다(김상준, 1988: 31).

외국 팀과의 경기를 중계할 때는 외국 운동 선수, 코치, 감독의 이름을 미리 정확한 발음으로 익혀 두고, 자기 기억을 믿지 말며 반드시 메모해 두어야 한다. UPI, AP 등 통신사의 정보나 일간 스포츠지들의 정보 등을 활용하고 중계 지역이 외국이면 지명에 대해서도 정확히 미리 알아두어야 한다(Catsis 1996: 212-5).

또한 스포츠캐스터는 해설자에게 주도권을 넘기면 안 되며 일정한 역할 분담을 하며 진행해야 한다. 캐스터는 화면에 충실하고 해설자는 경기 규칙이나 이론으로 상황을 뒷받침하도록 해야 한다9).

2.4.3 면접 취재자

사람을 설득하여 진실을 말하게 하는 것이 인터뷰의 목적이라 할 때 면접 취재(인터뷰)도 고도의 기술을 요구한다. 대체로 방송

---

9) 스포츠 중계에 대해서는 John R. Catsis(1996), 김성길(1998: 134~180)

에서는 현장 보도자(리포터)들이 겸하며 보도 특성상 짧은 인터뷰가 나가게 된다.

　그러나 일반 신문, 잡지의 인터뷰 기사 중에는 장시간 인터뷰하면서 대담식으로 기록을 남기는 경우도 많아 인터뷰 전문 기자나 작가도 나타나게 된다. 짧은 시간 만나서 누군가를 소개하거나 보도한다는 것은 늘 시간적 한계를 지니므로 완전한 소개에는 미치지 못하기 때문에 이런 면접 취재 전문가가 필요하다.[10] 이계진(1991), 김성길(1998), 박소웅(1998)을 보면 면접 취재자(인터뷰어, interviewer)의 자질과 주의할 사항으로 다음 여러 가지를 들었다.

① 강한 호기심이 있고, 사람 사귐을 좋아하는 성격이 좋다.
② 풍부한 독서를 해야 한다.
③ 작가 자신이 주연이 아니라 조역자임을 자각하고, 취조관의 자세를 가지지 말아야 한다.
④ 취재자는 인터뷰 주제를 명확히 하고 누구나 알아들을 구체적, 직선적 질문을 하라.
⑤ 인터뷰 대상을 철저히 분석하고 사전 자료를 충분히 준비하여 점검해야 한다.
⑥ 상대의 의견을 무시하거나 묵살하지 말라.
⑦ 예상 질문을 미리 수십 개 확보하며 때로는 기습 질문도 필요할 수 있다.
⑧ 자기 관점보다는 시청자의 입장에서 물어야 한다.
⑨ 출연자를 편하게 해 주어야 하며 출연자의 말을 잘 들어야 한다.
⑩ 한 번에 한 가지씩만 질문하고, 유도 질문은 피하며 논쟁도

---

10) 최근 나온 황경신(1999)의 ‘나는 정말 그를 만난 것일까?’라는 책은 짧은 만남을 전하는 인터뷰의 한계를 지적하면서 대화체 전문 인터뷰의 한계를 지적하면서 대화체 전문 인터뷰를 개척한 기법을 보여 주고 있다.

피하라.

⑪ 이야기가 길어지면 완곡히 차단하라.

⑫ 맞장구치기 표현도 연구하여 다양화한다.

⑬ 인터뷰 기자는 자기의 명석함을 과시하면 안 되며 끝까지 겸손해야 한다.

⑭ 박력 있게 마감을 해야 한다. 단순히 '감사합니다'로는 약하다.

⑮ '그럼 끝으로...'라는 표현은 반드시 피하라. 왜냐하면 더 질문할 사항이 또 생길 수 있기 때문이다.

김주환(1991)에 따르면 ① 두 항목 동시 질문, ② 동시 대칭 질문(옳은 것과 그른 것을 동시에 묻거나 좋은 것과 나쁜 것을 동시에 질문하는 방식), ③ 택일식 질문(이것입니까 저것입니까 방식),④ 세 문장이 넘는 질문, ⑤ 양해나 변명(좀 어려운 질문이 되겠습니다만...따위)을 앞세우는 질문, ⑥ 진부하고 상투적인 질문(그 동안 어떻게 지내셨습니까, 소감은 어떠십니까...따위), ⑦ 예-아니오 유도식 질문 방식은 피해야 할 질문 방식이라 한다.

인터뷰할 때에 답변자가 답변이라고 말은 하고 있지만 실상 그 내용은 답변으로 볼 수 없는 그런 알맹이 없는 답변을 하는 사람들이 있다는 점에서 적절한 질문법의 선택은 매우 중요하다. 이를 위해서는 어느 한 가지씩만 답변을 요구하면서 순차적으로 내용을 좁혀 가는 폐쇄형 질문, 광범위하게 자유롭게 답변을 구하는 개방형 질문, 쉬운 질문부터 처음에 하다가 어려운 질문을 나중에 하는 깔때기형 질문, 핵심부터 먼저 파고 들어가는 역깔때기형 질문, 동일 항목을 명료한 답변이 나올 때까지 추척하는 방식의 보충 질문(follow-up question), 편안한 태도로 진행하는 자유 방담식의 무궤도 자유형 질문, 추적 심층 프로에서 쓰는 탐문형 질문 등이 유용할 수 있다(김주환, 1991).

50년대에 이탈리아의 유명한 전문 취재기자였던 올리아나 팔라치(Oliana Fallaci)라는 여성은 "하느님이 존재하고 그를 인터뷰할 수 있다면 나는 하느님을 겁내지 않을 것이다. 나는 수많은 질문을 할 것이다. 우리가 무엇 때문에 죽는지? 그런 것을 묻겠다."라고 했다는데 인터뷰 기자들도 이러한 전문가 정신이 필요하다고 하겠다(박소웅, 1998: 113).

2.4.4 사회자

방송 사회자들에게도 다음과 같은 여러 가지의 자질이 요구된다.

(1) 방송 사회자(MC, Master of Ceremonies)는 만찬 주재자와 비슷하여 자신이 만찬을 먹는 데 열심을 내서는 안 되며 손님들이 열심히 만찬을 즐기도록 해야 한다. 따라서 방송 사회자는 진행자의 역할에 충실해야 하며 주관을 개입하여서는 안 된다. 구체적으로 말하면 출연자를 안심시키고 예측하고 통합하는 능력, 융통성 있는 진행, 참석자의 고른 참여를 위한 공평의 원칙, 시간 운용 능력 등이 필요하다.

(2) 체험적 MC론을 밝힌 이계진(1991)에 따르면, 철저한 준비, 반복된 리허설 참여, 프로그램의 정확한 목표 파악, 돌발 상황에 대비한 강심장과 위기 대비, 냉정한 마음과 따뜻한 마음의 조화, 끊임없는 변신, 노련한 즉흥 대사(애드립) 능력, 다른 MC의 성공과 실패에 대한 사례 연구, 군림하지 않는 겸손한 자세가 필요하다고 한다(김성길, 1998: 103~9).

(3) 좌담 및 토론 사회와 달리 시청자와 관객을 동시에 의식해야 하는 오락 사회는 관객과 동화되는 자세로 시청자들을 흥겹게 하며 재치, 유머를 갖고 거침없는 말투이면서 예절 바른 언어 진행이 필요하다.

(4) 단순한 말 장난, 사적 잡담, 선정적 언어 표현, 비속어, 외래어 사용, 외모 등 신상 비난성 잡담, 비표준어 사용, 방송에 부적절한 내용, 방송 사고, 간접 광고성 표현, 반말 등이 방송 사회자

들의 언어 진행의 문제점으로 지적된다.

(5) 단순한 진행자로 머물면 개성 없는 사회자가 되므로 자기만의 개성 있는 진행자가 되도록 해야 한다. 이정숙(1998)에서 강남구 모 은행 고객과 은행원 120명을 상대로 사회자 인기 조사를 한 자료에 따르면 1위의 이상벽 씨는 초대 손님이 편안하게 자기 이야기를 하도록 말몰이를 잘한다고 한다. 2위의 코미디언 이홍렬 씨는 공부하는 자세로 뼈대 있고 재치 있는 말이 특징이라 한다. 3위의 손범수 아나운서는 아나운서답게 정확한 발음, 어휘, 문장 구사, 부드러운 위트가 특징이라 한다. 4위에는 방송인 강 석 씨, 지적 이미지의 전 연대 총장 송 자씨, 명확하고 간결한 스피치를 보이는 방송 영어 강사 오성식 씨, 이웃집 아저씨 같은 푸근함에 재치를 겸비한 가수 이문세 씨 등 4명이 동률이고, 8위의 영화배우 문성근 씨는 논리적, 지적 이미지가 특징이고, 역시 8위의 한 선교 아나운서도 정확한 발음과 부드러운 분위기 때문에 명사회자로 뽑혔다고 한다. 또한 남성들은 추가로 하일성, 민병철 씨 등을 뽑기도 했는데 여성 응답자들은 오숙희, 엄앵란, 정은아, 최유라, 허수경, 노영심, 손 숙 씨 등을 뽑는 경향을 보이기도 했다고 한다(이정숙, 1998).

2.5 방송인의 사명과 역할

방송에서 쓰이는 오용 언어는 어린이, 학생들을 비롯한 대중의 어법에 영향을 주기에 방송의 책임이 크다. 방송은 학교 언어 교육의 보조자가 아니라 일정한 곳에서 제한된 시간에 가르치는 학교 교육보다 앞서서 언제나 광범위하게 무차별로 언어 교육을 하고 있다는 점을 자각해야 한다. 국어 교사의 언어보다 사회자나 아나운서나 희극인의 언어가 더 언어 교본으로 영향을 끼친다는 점에서 전파 교사로서의 자각이 있어야 한다. 이제 우리는 이러한 현실에 비추어 방송과 방송인의 사명과 역할을 다음과 같이 생각해 보고자 한다.

(1) 방송인은 전파 국어 교사다.

　인간의 언어 습득에 영향을 주는 사람으로 부모가 우선이지만 학령기에는 교사의 영향이 그 다음이다. 그런데 방송이 생기면서는 방송인의 언어가 가족과 교사의 영향을 앞지르고 있다. 가족의 언어나 교사의 언어는 일부의 제한된 공간과 시기에 국한되지만 방송 언어는 전 국민을 대상으로 광범위하게 평생 동안 영향을 끼치므로 그 범위에서 비교가 되지 않는다.

　아동들은 1세만 넘으면 텔레비전을 가까이 하여 텔레비전이 아동들의 언어 교사 노릇을 하므로 학교의 언어 교육보다 앞선다. 비록 부모가 언어 영향에서는 텔레비전보다 시기적으로 다소 앞서지만 맞벌이 생활 속에 아동들과의 대화가 갈수록 줄어드는 오늘의 부모들이고 보면 유아기에도 텔레비전의 언어는 부모보다 더 큰 영향을 끼치고 있으며 학교 교육이 끝난 중년, 노년에도 텔레비전이 유일한 낙이고 보면 텔레비전은 한 개인에게 가장 오랜 시간 언어적 영향을 끼치는 매체이다.

　또한 한 개인의 언어 생활에 영향을 끼치는 가족과 교사는 한정된 수효이지만 유아기부터 노년기까지 영향을 끼치는 방송 언어는 그 출연자가 무한대이기에 다양한 발음 및 언어 방식을 보여 준다. 내용 제재에서도 국어 교과서들은 한정된 제재를 제시하지만 방송 매체는 다양한 언어 교재를 제공한다. 그런 점에서는 교과서의 한계를 보조하는 역할 이상으로 이들을 활용할 수 있다. 요즘 시대를 다중 매체(멀티미디어) 교육 시대라고 하지만 이미 전 국민이 오래 전부터 라디오나 텔레비전을 통해 싼 수업료(시청료)를 지불하며 다중 매체 국어 교육을 받고 있는 것이다.

학습량에서도 국어 교재를 통한 학습량보다도 매체를 통한 국어 학습량이 엄청나다. 즉, 아동들이나 성인이나 텔레비전의 평균 시청이 1~2 시간 이상이므로 우리가 쉴 새 없이 하루에 한 사람과 1~2 시간 이상 대화하는 경우가 드물고, 또 학생들도 매일 1시간 이상 국어 과목 학습을 하는 학생이 드물다는 점에서 방송 학습은 일방적 대화 학습으로서 그 영향은 위력적이다. 또한 과거에는 일부 아나운서, 성우, 코미디언의 음색이 향수를 불러일으킬 정도로 방송인 일부의 영향만 나타났지만 요즘은 어느 레슬링 중계자의 '빠떼루'라는 말의 유행이라든가, 성씨가 특이한 어느 고교생이 방송 출연했다가 발탁되는 등 텔레비전 출연진 모두가 무차별로 영향을 일으킨다. 이러한 전파의 위력으로 미루어 부모를 가정의 국어 교사, 교사를 학교의 국어 교사라고 한다면 방송인은 모두 전파 국어 교사로서 또한 평생 국어 교사로서의 위치를 자각하여야 한다. 혹자는 방송인을 제2의 국어 교사라고 하지만 그 영향력이 인간의 일생에서 가장 이르고 가장 늦게까지 무차별로, 그야말로 방송 언어가 '요람에서 무덤까지' 인간의 언어와 사고를 가장 강력하게 영향을 끼친다는 점에서는 방송인이야말로 제1의 국어 교사라고 해야 할 것이다. 따라서 방송인은 늘 전파 국어 교사로서의 자각을 가지고 방송에 임해야 하며, 학교의 국어 교사가 일정한 자격을 가져야 하고 발령 후에도 연수 등의 재교육을 받아야 하듯이 전파 국어 교사도 음성 언어에 대한 전문 교육을 받고 재교육 과정에서도 그러한 연수를 쉬지 말아야 할 것이다. 이러한 전파 국어 교사들은 아나운서, 연출자(프로듀서), 취재 보도자(리포터), 연예인, 사회자, 광고인, 희극인 등 다양한 구성을 보여 준다. 흔히 아나운서만이 모범적이어야 한다는 당위성이 거론되지만 나머지 출연자들도 모두 품위 있는 방송을 유지하려면 전 방송인에게 전파 국어 교사의 소양이 강조되어야 한다.

(2) 방송은 살아 있는 국어 교과서다.

　방송인에 의해 제작되는 각종 방송 프로는 모두가 살아 있는 한 국어 교과서이다. 교과서의 장르는 동시, 극본, 설명문, 논설문 등 의 제한된 장르만 다루지만 방송은 동요, 드라마, 만화 영화, 퀴 즈, 코미디, 뉴스, 쇼 프로, 기록 영화(다큐멘터리) 등 다양한 장 르를 시청각적으로 다루기에 방송은 다중 매체 국어 교과서인 것이 다.

　일반 교과서가 수년 동안 각종 검인정 제도를 통해 다듬어지고 편찬되는 것을 생각하면 프로그램들도 그런 정성이 필요하다. 그 런데 오늘날 방송에서 문제가 되는 영역은 박갑수(1996: 21)에 서 분류한 방송 유형인 (1)보도 방송, (2)교육 교양 방송, (3)연 예 오락 방송, (4) 음악 방송, (5)어린이 방송, (6)광고 방송 등 6대 유형을 보더라도 (3)연예 오락 방송, (5)어린이 방송, (6)광 고 방송의 문제가 크므로 이들에 대해서만이라도 프로그램에 대한 언어 지도제(언어 교정제)라든가 출연자에 대한 언어 교양 안내제 가 시행되면 좋을 것이다.

　가령 아나운서와 성우, 보도 기자, 탤런트와 같은 전문 출연자 에게는 방송국 안에 표준어부(표준 발음부, 표준어 연구실 등)라 는 공식 부서가 있어 표준어 교육을 하고, 일반 출연자는 출연 요 청시 언어 문제에 주의하도록 안내서를 동봉하여 마음의 준비를 시키거나 출연자 대기실이나 분장실에서 간단한 사전 집단 소양 교육이나 언어 주의 사항이 적힌 유인물을 배포하거나 언어 관련 문화 영화 상영 등을 할 수 있다.

　우선적으로 어린이 방송(만화, 인형극, 기타)과 연예 오락 프로 에 대해서만은 내부적으로 언어 지도제를 도입해서 각본이나 대본 의 발음 문제를 포함한 언어 지도를 거치도록 의무화할 일이다. 광고 방송도 유아기 아동에서 노년에 이르기까지 전국민에게 영향 을 끼치므로 광고 출연자들의 언어 검열도 강화해야 한다.

(3) 방송 프로는 표준어 교본이어야 한다.

　방송이 살아 있는 국어 교과서라는 뜻은 곧 방송 프로가 표준어 교본의 역할을 해야 함을 뜻한다. 방송 언어가 표준어를 기반으로 함이 곧 표준 발음을 기반으로 하는 것을 뜻하기 때문이다. 또한 표준어 개념은 '추녀-처마, 파면-경질, 행여-혹시...'와 같은 어휘를 정확히 구별하고 사용할 줄 아는 표준 어휘 사용 능력을 비롯하여 '재떨이-재털이, 상추-상치, 멋장이-멋쟁이...'와 같은 발음의 혼동이 없도록 정확한 표준어 발음 능력이 중요하다.

　따라서 지방색을 없애고 언어 생활에서 공생활은 표준어로, 사생활은 방언으로 생활할 수 있는 이중언어 생활을 국어 교육에서 기본 목표로 한다면, 공영 방송은 그런 공생활과 사생활의 절제된 언어 모습을 보여 주어야 한다. 특히 해외 교포 2세들의 한국어 교육을 위해서나 외국인을 위한 한국어 교육의 수요를 생각할 때 위성 방송 시대의 공영 방송은 표준 발음 교본으로서 역할을 수행하여 흩어져 있는 한민족을 통합하는 사명도 수행해야 할 것이다.

　오늘의 한국 방송은 언어 교육에 관한 한 두 가지 모순을 보이고 있다. 표준어 지향적인 방송인들과 속어 지향적인 방송인들이 이질적 언어 자료를 동시에 제공하는 있는 것이다. 즉, 오늘의 방송 현장은 언어의 모순축인 보존축(보수세)과 변화축(개신세)이라는 두 축이 극단으로 만나는 현장이다. 전자는 뉴스 프로, 교양 프로를 중심으로 한 출연진이고, 후자는 드라마·쇼·코미디 프로의 출연진이다. 물론 후자의 프로가 모두 그런 것은 아니니 같은 쇼 프로라고 해도 일부 음악 프로(빅쇼, 열린 음악회 등)의 출연진과 사회자는 언어의 절제가 보인다. 반면 청소년 상대의 쇼 프로는 언어의 절제가 보이지 않는다. 우리는 이러한 방송 언어의 이원화 현상이 가급적 표준 발음 우위의 방송 문화로 변화하여 쇼, 코미디, 드라마들도 표준 발음을 통한 고급화를 추구해야 한다고 본다.

(4) 방송의 언어 교육적 역할을 적극적으로 모색해야 한다.

 방송은 오늘날 그 막대한 영향력 때문에 각종 시민 운동의 중심에 서거나(계몽 운동, 모금 운동 등), 고발 프로를 통해 사회 정의를 세우기도 한다. 따라서 방송은 언어 교육적 영향을 생각할 때 학교 국어 교육을 위해 국어 교과서의 낭독 교본을 발행한다거나 '오용 발음 사례집'을 발행, 배포하여 계몽한다거나 각급 학교 국어 교사, 특히 지방 방언권 교사들의 발음 연수를 기획한다거나 하여 학교 국어 교육과 손잡고 나가는 방안도 모색해야 한다.

 나아가 국어 교육의 일익을 담당하는 기관으로서 국어 오용의 백화점이 아니라 적극적으로 한국어 문화를 보존, 창조, 계도하는 표준어 연구 및 국어 순화 전문 기관의 모습을 추구해야 할 것이다. 그리하여 국어 교사들로부터 아무개 아나운서, 아무개 희극인, 아무개 사회자처럼 말하라는 추천을 학생들에게 할 수 있을 정도로 모범 표준어 사용자를 많이 배출하는 방송이 되어야 할 것이다.

 아울러 국어 교육 담당자들이나 부모들도 학생들에게 텔레비전 시청 금지와 같은 수동적, 소극적 논리로 임하기보다는 텔레비전 방송 언어의 문제점을 발견하고 비판할 수 있는 안목을 학생들이 갖출 수 있도록 적극적 지도법을 개발해야 한다. 그런 점에서는 앞으로의 제7차 국어 교육 과정에는 각급 학교 국어 교과서에서 방송 언어의 발음, 어휘, 어법 등의 특성을 정식 단원으로 다루도록 편성해야 하며 교육 과정에도 이를 명시해 뒷받침해야 할 것이다. 앞으로 학생들이 방송 언어의 수준 높은 감시자, 비판자로 나설 수 있게 지도할 때 학교 국어 교육과 방송의 역할은 더욱 동반자 관계에 서게 될 것이다.

3. 마이크 사용법

손 정 호

3.1 개 론

마이크는 음향 신호를 전기 신호로 바꾸는 전기 기구로서, 용도와 기능에 따라서 여러 종류가 있다.

때로는 마이크를 노출시키지 않고 꽃 속에, 책상에, 옷깃 뒤쪽에 등등 우리가 생각할 수 있는 여러 가지 물체들을 이용하여 숨겨서 사용할 때가 있고, 일반적으로 화면이나 시청자의 눈에 노출되어 사용하는 붐마이크, 탁상용 마이크, 목걸이형 마이크, 핀마이크,

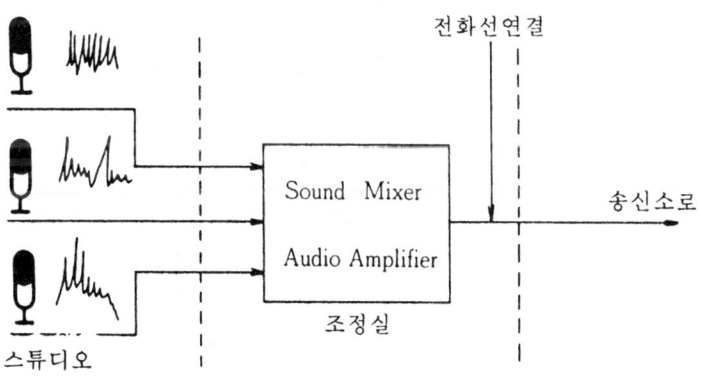

〈그림 1〉 Audio 신호의 전달도

핸드 마이크, 파라보라 마이크, 스튜디오 마이크, 무선 마이크, 지향성 마이크 등이 있다. 이러한 마이크를 사용자가 그 특성별로 잘 사용할 경우에는 더욱 효과적이고 원음에 가까운 오디오(audio) 신호를 시청자에게 전해 줄 수 있다. 방송국에서 아나운서나 사회자(MC)가 마이크를 잘 사용한다는 것은 마이크의 특성별로 마이크와 음원의 위치를 정확히 정하여 사용하는 것이다. 즉, 마이크가 음원과 어떤 위치에 있느냐 하는 문제로, 마이크가 고정되어 있으면 음원이 움직여서 마이크와 일정한 위치를 계속 유지하도록 해 주고, 그와는 반대로 음원이 고정되어 있다면 마이크를 움직여서 음원과 마이크와의 간격을 일정하도록 유지해 주어야 한다.

3.2 마이크 사용의 실제

(1) 일반적인 음성의 녹음

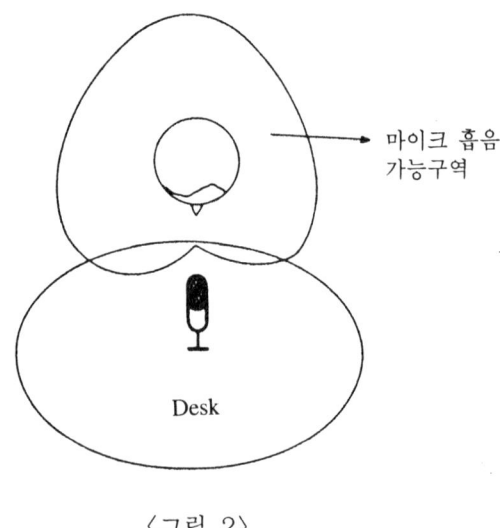

〈그림 2〉

  테이블 위에 1개의 마이크를 설치하고 아나운서나 사회자(MC)
는 마이크의 정면에 앉아서 녹음을 할 경우 음원은 마이크의 정면
으로 하트(심장) 모양으로 하는 공간에서 잘 녹음되고 그 외의 부
분에서는 잘 녹음되지 않는다. 잘 녹음된다는 것은 마이크를 잘
사용한다는 뜻이다.

(2) 인터뷰

① 실내 인터뷰

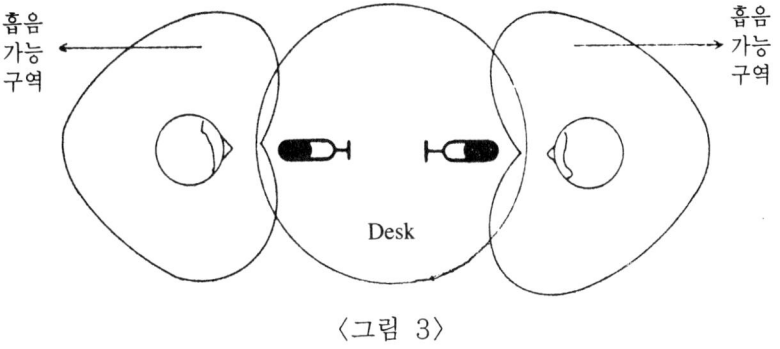

흡음
가능
구역

흡음
가능
구역

Desk

〈그림 3〉

  테이블 위에 2개의 마이크를 설치하는 것이 일반적인 방법이다.
이때도 마이크의 녹음 특성은 마이크의 정면으로부터 심장 모양으
로 된 공간 내에서 녹음이 잘 되고 그 외의 부분에서는 살 안 된다.
  스튜디오는 대개 에어 컨디셔너가 작동되고 있기 때문에 많은
소음이 녹음될 수 있다. 그래서 아나운서나 연사는 마이크를 끌어
당겨서 접근할 수 있는 데까지 가까이 가는 것이 훨씬 좋다.
② 옥외 인터뷰
  옥외에서 녹음 또는 생방송시는 외부의 잡음보다는 바람 소리에
유의해야 한다. 특히 공항 같은 곳에서 인터뷰시는 스탠드에 마이

크를 설치해 놓고 사용할 경우가 있다. 이때 아나운서와 연사는 마이크에 바싹 입을 대어서 인터뷰를 해야 한다. 이때는 마이크에 바람막이(wind shield)를 꼭 씌우고 사용해야 한다.

③ 2명이 1개의 마이크 사용

1개의 마이크로 2명의 화자의 말을 녹음해야 할 경우—이 경우는 오디오(audio) 콘솔의 마이크 입력을 1개밖에 사용할 수 없는 경우나 또는 마이크가 1개밖에 없는 경우—는 양 방향 지향성 마이크를 사용하면 되는데 이때의 마이크 녹음 특성은 양 방향의 특성이다. 마이크 사용시 주의할 점은 마이크의 방향을 잘 확인하는 것이다.

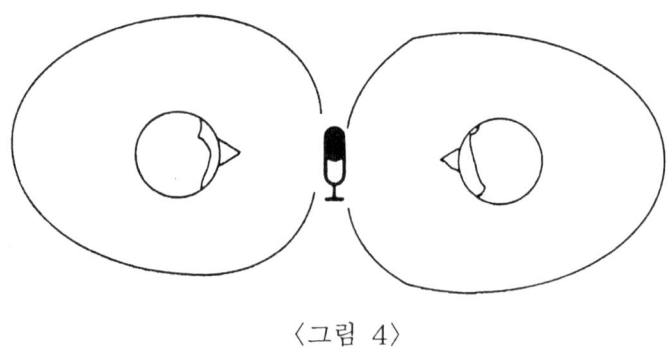

〈그림 4〉

(3) 토론 녹음

둥근 원탁에서 토론이 벌어질 때 마이크의 사용법은 각 토론자마다 마이크가 한 개씩 주어지면 가장 좋은 음질의 녹음이 될 수 있으나 오디오 기사(audio engineer)가 믹서(mixer)를 조정하기가 어려워진다.

오디오 기사의 가장 쉬운 믹싱(mixing) 방법은 2개의 마이크만 사용하는 것이다. 이때 마이크의 설치 방법은 의장이나 사회자의 방향을 축으로 하여 설치해야 한다.

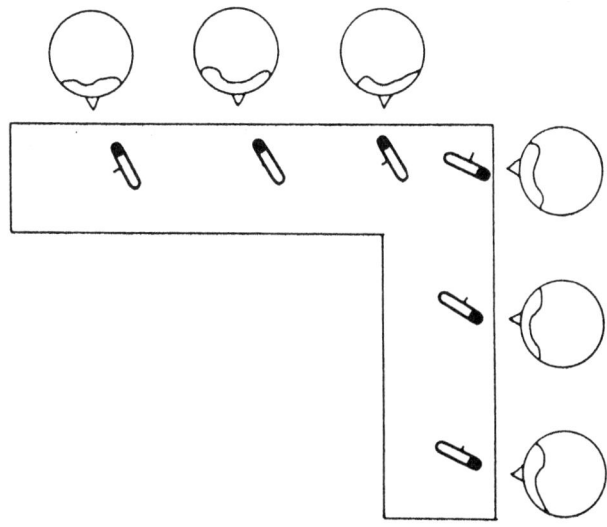

〈그림 5〉

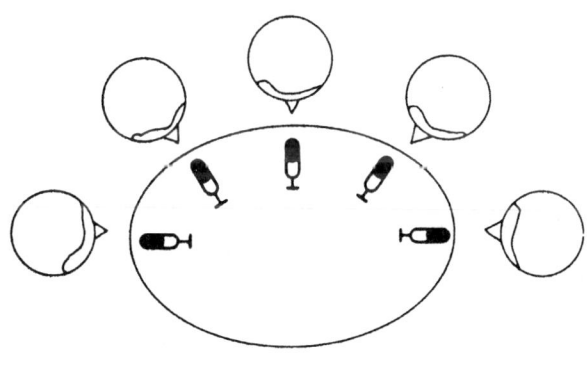

〈그림 6〉

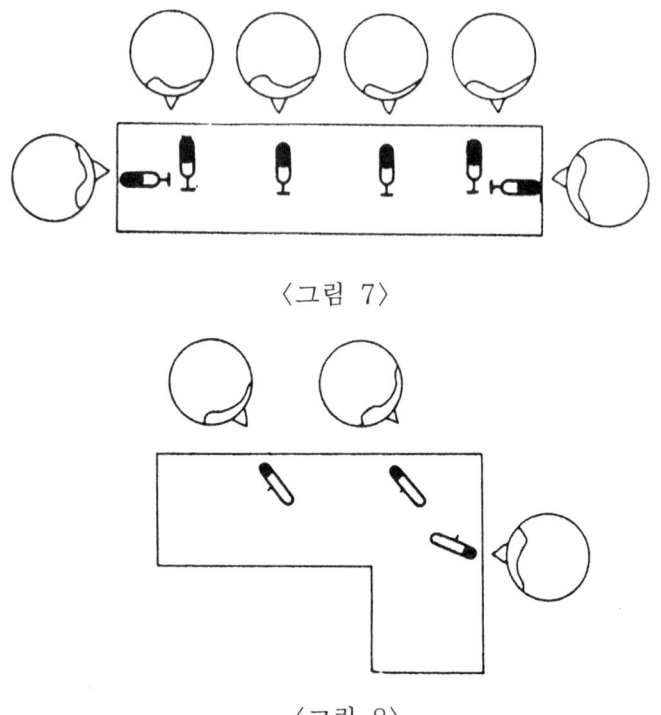

〈그림 7〉

〈그림 8〉

(4) 대중과 토론시

　예를 들면 많은 청중과 몇몇 토론자들을 앞에 두고 토론을 할 때 청중 가운데 어떤 사람이 토론에 직접 가담할 경우 마이크 사용법은 매우 까다롭다.

　첫째로, 많은 청중 가운데 어떤 마이크를 접근시키는가 하는 문제이다.

　둘째로, 강당 내에서 하울링(howling)[11]이 생기는 문제가 발생한다. 이때 하울링을 방지하기 위해서는 화자가 가능한 한 마이

11) 하울링(howling)은 윙윙 울리는 소음을 뜻함.

크에 바싹 접근해야 한다.

① 주제 발표자와 토론자가 각각 테이블 위의 마이크를 사용하고 청중을 위해서는 청중 가까이 몇 개의 스탠드 마이크를 설치해 두어 청중 가운데 말하는 사람은 스탠드 마이크 앞으로 나와서 말하도록 하는 방법이 있다.
- 단점: 청중 가운데 발표자가 스탠드 마이크 앞으로 나오는 과정에서 토론의 분위기가 좀 흐트러질 수 있다.
- 장점: 방송을 진행하는 측에서 볼 때 이 방법은 마이크가 항상 고정되어 있기 때문에 편리하고 또한 하울링이 생기는 것을 방지할 수 있다.

② 주제 발표자와 토론자가 각각 테이블 위의 마이크를 사용하고 청중을 위해서는 여러 개의 핸드 마이크에 바람막이를 씌워서 발표할 사람들에게 돌려가며 교대로 사용하는 방법이 있다.
- 단점: 대개 청중은 마이크의 사용에 익숙하지 않으므로 잡음이 날 수 있고, 오디오 기사(audio engineer)가 어느 마이크를 사용하는지 혼동이 생길 수 있다.
- 장점: 마이크의 접근이 용이하다.

③ 주제 발표자와 토론자들은 테이블 위의 마이크를 사용하고 청중의 발표를 위해서는 스튜디오에 2개의 붐마이크를(7개 정도) 좌측과 우측에 설치해 놓고 사용한다(그림 9)
- 단점: 붐마이크의 사용시는 마이크의 위치가 계속적으로 변화되므로 마이크와 스튜디오 스피커와의 관계에서 하울링이 생길 염려가 있으므로 오디오 믹싱(audio mixing)이 어렵다. 그래서 붐마이크로 사용되는 것은 지향성 마이크로 해야 한다.
- 장점: 이 경우에는 텔레비전 스튜디오에서 일어나는 audio pick-up이 항상 가능하므로 대표적인 방법이다.

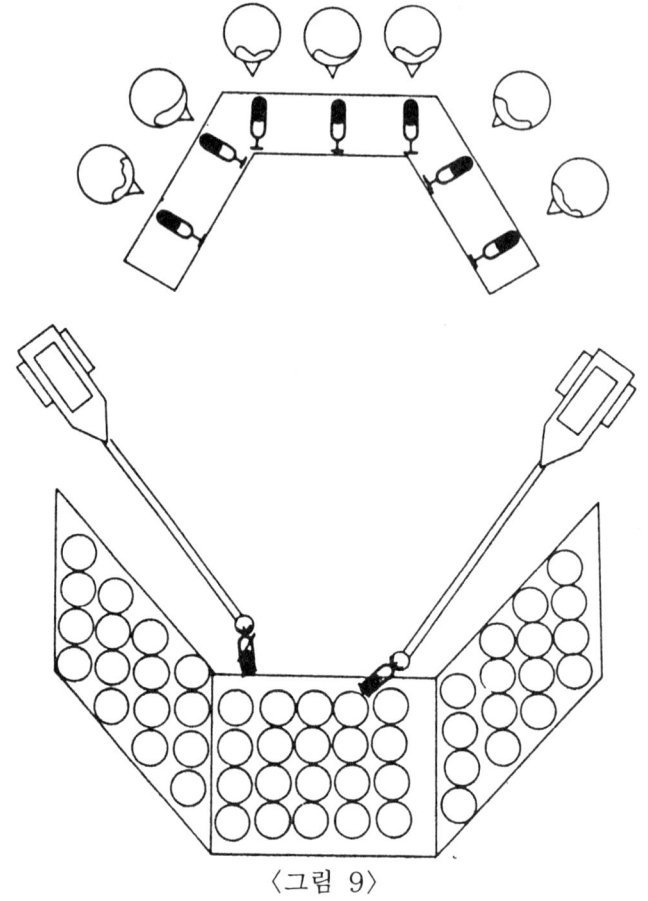

〈그림 9〉

(5) 기자 회견(Press Conference)

　200여 명 정도 참가하는 기자 회견 장소에서 많은 텔레비전, 라디오, 신문사의 기자들이 질문을 할 때에는 회견장의 크기에 따라서 오디오 처리 기술자들을 많이 투입하여 붐마이크로 처리하는데, 붐마이크는 가운데와 가장자리를 처리할 수 있도록 설치하고 오디오 믹서(audio mixer)나 진행자가 붐마이크의 판별을 쉽게 하기 위해서는 붐마이크에다가 색깔이 있는 라벨을 달아 놓으면 편리하다.

(6) 뉴스 읽기, 행사장 연설문 읽기

　뉴스를 읽거나 연설문을 읽는 사람에게는 항상 2개의 마이크가 제공된다. 이 2개의 마이크는 하트(♥) 모양의 특성으로 음원을 픽업(pick-up)하는데12), 이들 마이크는 또한 뉴스와 연설문을 읽는 사람의 정면에 설치하면 다음과 같은 2가지의 단점이 있다.

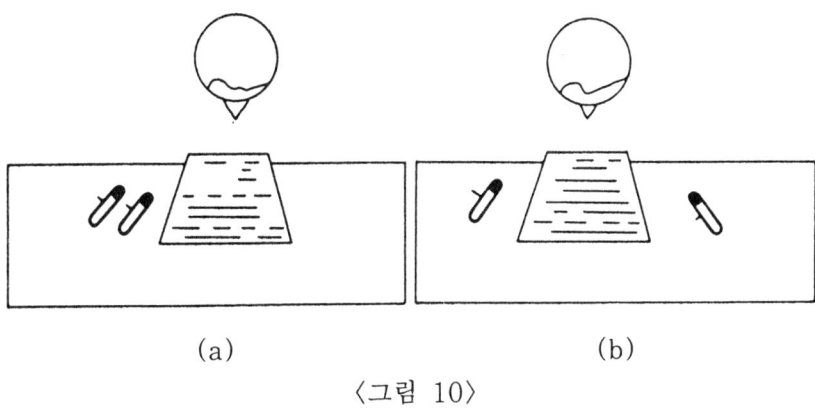

　　　　　(a)　　　　　　　　　　(b)

〈그림 10〉

①뉴스를 읽는 사람이나 연설문을 읽는 사람은 원고를 항상 보고 읽기 때문에 원고가 마이크를 가리는 경우가 발생할 수 있다.
　이때는 음성의 높은 주파수 부분이 없어지게 되어 뉴스를 읽는 사람이나 연설문을 읽는 사람의 목소리는 아주 낮은 소리만 나오고 높은 소리는 없어지므로 소리의 맵시가 좋지 않게 된다.
②두 번째 단점은 원고를 넘길 때마다 생기는 잡음이 마이크로 직접 들어오게 되는 점이다.

---

12) pick-up : 소리를 전파로 바꾸는 것.

4. 표정과 몸짓의 자기 연출

정 병 식

'텔레비전'이라는 매체를 흔히 클로즈업의 매체, 디테일의 매체, 또는 리얼리티의 매체라고 한다. 텔레비전이라는 매체의 특성을 이해한다면 텔레비전 화면에 등장하는 모든 출연자에게 요구되는 것은 '자연스러움'이란 점을 쉽게 이해할 것이다. 결론부터 말한다면 텔레비전에 등장하는 아나운서, 리포터, 사회자(MC), 탤런트는 그 표정과 몸짓이 '자연스러움'을 지녀야 한다는 점이다.

청각과 함께 시각을 수반하는 텔레비전 출연 행위는 청각에만 의존하는 라디오의 경우와 달라야 할 것은 물론이며, 특히 시청자의 안방에 들어가서 가족의 일원으로서 구성되기도 한다는 점을 고려할 때 '자연스러움'은 더욱 강조될 수밖에 없다. 그러면 왜 부자연스러워지는가? 자연스러울 수 있는 방법은 무엇인가?

불안감, 지나친 욕심, 내용에 대한 무지 또는 무식이 자연스러움을 저해하는 요인일 것이다. 자연스러움의 반대는 결국 과장된 표정, 몸짓으로 나타난다. 스포츠 분야에서, 또는 드라마 제작의 현장에서 흔히 금과옥조처럼 외치는 말이 있다. "연습은 실제 상황처럼, 실제(방송)는 연습처럼!" 쉽게 얘기해서 긴장(어깨, 목, 속마음)을 풀라는 주문이다.

미디어 자체가 곧 메시지라는 방송 이론도 있지만, 시청자 가족의 일원으로까지 구성되기도 하는 텔레비전 출연자에게는 자연스런 친밀감, 매력적인 개성이 요구된다. 출연자는 뉴스(또는 프로그램)의 존재 이유와 기획 목적을 달성케 하기 위해서는 기획(목적) 의도에 부합되는 내용을 정확하게 표현하는 것이 필요하다.

일상적인 어조와 표정으로 표현하고 전달하여야 한다. 그리고 인간미 넘치는 개성을 갖추어야 한다. 개성은 표출되는 것이 아니라 스며 나와야 하고, 개성은 생생하고 활기 있는 매력적인 개성이어야 한다. 이런 매력적인 개성은 프로그램 내용에 접근하는 열의와 생활 자세로부터 생성될 것이다.

(1) 집중력

텔레비전 스튜디오는 매우 번잡스런 곳이다. 카메라, 마이크, 조명 등 잡다한 방송 기재와 스태프(staff)[13]들이 부산하게 움직이는 가운데 마음을 빼앗기고 산만해지기 쉽다. 신경질적인 사람에게는 부적당한 작업이다. 반면에 무신경한 사람에게도 불가능한 작업이다. 즉 모질게 열중하는 정신력과 대단히 섬세한 주의력이 동시에 요구된다. 대담이나 좌담의 경우를 포함해서 텔레비전에서의 출연 행위는 텔레비전 카메라를 중요 상대로 하고 있다는 점을 이해하여야 한다. 카메라가 어느 각도에서 포착해도 무관하도록 온몸으로 빈틈없는 표현을 해야 한다. 화면은 순간 순간 다양한 크기로 비약하고 변화되기 때문에.

(2) 제스처

부동 자세는 자연스러움에 역행한다. 오랜 유교적 전통 탓이지만 지나치게 많은 제스처는 경박스럽게 보인다. 생활 관습이 전혀

---

13) 스태프(staff)란 영화·연극·방송 등에서 배우나 연기자를 제외한 제작진을 뜻한다. 즉 감독·연출·촬영·조명·음악 따위를 맡은 사람을 뜻한다.

다른 서구적 제스처는 때에 따라서는 거부감까지도 유발한다.

손짓을 할 때 카메라 렌즈를 향하여 곧바로 들면 손끝이 크게 과장되어 볼썽사나워지는 경우가 있다. 특별한 경우가 아니면 카메라와 반대쪽 손을 카메라 렌즈(화면)와 평행으로 내미는 것이 무난하다. 상대방에게 물건을 주는 경우도 마찬가지이다. 전화기 사용의 경우도 똑같이 적용된다.

(3) 좌석을 이용할 때

의자에 앉을 때 의자를 봐서는 안 된다. 의자에 신경을 쓰면 시청자도 동시에 의자에 관심을 쏟기 때문이다. 의자에 어떤 의미가 있는 듯 착각을 일으키게 한다. 발을 꼬고 앉는 자세는 깊이 생각해서 처리할 문제이다. 일반적으로 한 쪽 발을 조금 앞에다 놓는 것이 보기 좋다. 물론 앉기 직전에 바지나 치마를 치켜올린다든지 해서는 안 된다.

의자에서 일어설 때에는 한 쪽 발을 먼저 앞에다 옮겨 놓고 몸을 세운다. 그리고 앞발에 체중을 싣는다. 일어섬과 동시에 뒷발을 앞발 옆으로 놓는다. 이런 순서로 일어서면 모양이 좋아 보인다. 일어서는 순간 걷기 시작할 때는 뒷발부터 앞으로 내민다. 이것은 전신을 카메라가 잡았을 경우이지만 몸 전체가 잡히지 않는 경우일지라도 이런 방법으로 일어서면 균형 있는 자세를 취할 수 있다. 두 사람이 마주서서 대담하거나 인터뷰할 때 실제 생활 감각보다는 조금 가까이 다가선 위치를 잡는 게 화면 구도로 볼 때 멀리 떨어져 선 모양보다도 보기 좋다. 탤런트들은 러브신을 할 때 만원 버스 속에서 마주선 기분으로 가까이 서서 연기하도록 강요받고 있다.

(4) 손의 처리

드라마에 출연하는 탤런트들이 가장 고심하는 것 중에 하나가

손의 처리이다. 팔을 뚝 잘라 버렸으면 싶을 정도로 어색하고 난처한 것이 손이다. 어색한 손을 적절히 활용하기 위해서는 소품을 적극 이용하고 개발해야 한다. 물론 지나치면 산만해질 위험이 있다. 취재 수첩 또는 필기구, 메모 용지, 물 컵, 기타 방송 자료를 이용하여 적절히 표정을 증폭시키는 수단으로 쓸 수 있다.

  적당히 손수건으로 땀을 닦을 수도 있고, 안경을 바로잡아 볼 수도 있고, 흘러내린 머리카락을 가다듬을 수도 있다. 콧잔등을 만져본다 한들 자연스럽게만 표현할 수 있다면 뻣뻣한 부동 자세보다는 훨씬 친근감을 줄 것이다. 다만 상투적으로 자주 써먹는 것은 오히려 효과를 반감시킬 것이다.

(5) 시선 처리

  표정에서 가장 중요한 것이 눈이다. 눈을 지나치게 껌벅거린다든지 상대를 똑바로 보지 못하고 두리번거린다면 시청자가 불안해한다. 카메라를 상대로 할 경우 카메라 렌즈와 좌측 또는 우측 가장자리를 바라보는 게 가장 자연스러운 시선이다. 좌담이나 대담의 경우는 물론 대화 당사자를 정중하게 바라보아야 하고 말하는 쪽에 시선을 주는 것이 예의일 것이다. 말을 시켜만 놓고 딴짓을 하고 있는 것은 당사자에게도 시청자에게도 불쾌한 일이다. 말을 하는 것도 중요하지만 듣는 표정과 자세도 매우 중요하다. 침묵하는 가운데의 표정은 예상보다 어렵다. 내 얘기만 끝나면 그만이라는 태도는 곧 리얼리티(자연스러움)를 상실케 한다.

  카메라의 각도에 따라 어떤 시선 방향이 강약을 표현하는가?

① 정면 ·······························가장 강한 자세(시선)
② 좌·우 45° 측면 ······························ 비교적 더욱 강하다
③ 90° 프로필 ····································강하다
④ 135° 반쯤 뒷모습 ····························비교적 약하다

⑤ 180˚ 뒷모습 ·· 약하다

(6) 강조법

말과 동작·표정을 통하여 특별히 강조해야 할 때 프로그램 제작자(PD)는 물론 출연자에게도 기교가 필요하다. 여러 가지 방법이 있겠지만 몇 가지 열거하면 다음과 같다.

① 중요한 내용 바로 직전에 '사이(pause)'를 둔다.
② 멘트 사이 또는 멘트가 끝난 직후에 어떤 제스처를 보인다.
③ 중요한 멘트 바로 직전에 일어서거나 앉는다.
④ 움직이면서 사이(pause)를 둔다.
⑤ 중요한 말이 몇 번 반복되는 경우 같은 제스처 또는 표정을 멘트와 함께 계속 반복한다 .
⑥ 목소리를 크게 하거나 작게 한다.
⑦ 멘트의 속도를 느리게 한다.
⑧ 중요한 말을 스타카토(staccato)식으로 처리한다
⑨ 카메라의 정면 또는 클로즈업된 상태에서 강조해야 할 멘트를 한다.
⑩ 중요한 멘트 직전에 어세(語勢)를 바꾼다.

(7) 준비 과정

채널을 선택해 준 시청자에게 우리의 책임을 자각하지 않으면 안 된다.

방송 직전에 허둥지둥 뉴스 내용과 큐 시트를 체크하는 일은 없는가? 방송을 시작하기보다 훨씬 앞서 스튜디오를 점검해 볼 필요가 있다. 물론 머리, 복장, 분장 상태를 확인하는 것도 빼놓을 수 없는 준비 과정이다.

스튜디오에서는 앉아야 할 의자의 위치 확인, 움직여야 할 동선

(動線)에서의 연습 동작, 등장과 퇴장할 곳, 출입문의 상태, 마이크, 그리고 중요한 위치에서의 조명 상태 등을 스스로 점검하고 타협해 두어야 자신 있는 몸짓과 표정을 연출해 낼 수 있을 것이다.

(8) 자기 연출

텔레비전 출연자는 무엇보다 먼저 친근하고 개성적인 매력을 만들어 내지 않으면 안 된다. 출연자는 가정의 응접실을 예고 없이 방문하는 사람이다. 그는 갑자기 시청자의 가정에 모습을 나타내는 초대받지 않은 방문객이다. 시청자 입장에서는 그와 더불어 친해져야 할 하등의 의무나 이유는 없다. 그가 매력 있고 재미있는 인물이라면 언제까지나 그의 얘기를 들으려고 할 것이고 재미가 없으면 언제라도 채널을 돌리고 말 것이다.

텔레비전 출연자는 가정에 있는 시청자에게 말을 건다. 그것도 마치 백년지기(百年知己)와 같이 수작을 건다. 이런 점에서 텔레비전 출연자의 자격 요건으로서 친근감이라는 것이 문제가 된다.

여하한 절세의 미녀, 미남이라고 할지라도 친근감이 없는 사람은 텔레비전 출연자로서는 성공하기 어렵다. 매력이란 친근감의 중요한 요소이며 핵심이다. 그러나 친근감을 보이기 위해 너무 지나친 애교(표정)를 부리면 시청자는 거부감을 느낀다. 매력은 아첨하는 것이 아니기 때문이다.

물론 텔레비전 출연자에게는 자질과 능력이 가장 중요하다. 그러나 과장됨이 없이 극히 자연스러워야 한다. 자기 자신의 소양과 자질을 극대화하는 것이 훌륭한 방송 출연자이다.

일상 속에서는 별로 매력이 없는 사람이 일단 카메라 앞에서는 대단한 매력을 발산한다. 텔레비전 출연자는 바로 여기에 있는 것이 아닐까. 이와 반대로 평소에는 매력적이던 사람이 방송을 맡아 카메라 앞에 서면 전혀 매력을 상실하고 마는 경우가 많다. 한마디로 능력이 없기 때문이다. 자신의 매력을 밖으로 표현할 기초와 소양이 없기 때문이다.

텔레비전을 보고 있노라면, 이 사람이라면 매일같이 만나고 싶다고 생각되는 유형과 처음에는 흥미가 있었지만 몇 번 대하고 보면 싫증나는 유형이 있다. 텔레비전에 출연하는 사람은 반드시 매일 만나고 싶은 사람이어야 한다. 매력이란 그 속에 생기(生氣)를 수반한다. 텔레비전 출연자는 항상 생기가 넘쳐야 한다. 인생에 대한 아무런 느낌도 없는 사람들—이 사람들을 가리켜 우리는 산 송장이라고 일컫는다.

인생에 대해서 끊임없이 절망하고 괴로워하고 때로는 두려워하는 것은 바로 인생을 성실하고 진솔하게 살아 가려고 하는 인간의 에너지가 가슴 속에서 용솟음치고 있기 때문일 것이다. 이 에너지가 바로 생기(生氣)가 되고 매력이 되는 원천이다.

(9) 자기 관리

프로그램 제작은 끝나고, 불은 꺼지고! 일단 출연은 끝났지만 방송인으로서의 작업은 끝없이 시작과 끝을 반복한다. 만족이란 있을 수 없는 법, 그래서 후회도 많다. 후회와 반성이 가장 소중한 것 아닌가. 시청자들에게서 솔직한 비판을 받을 뿐이다. 이것이 방송 출연자에게 귀중한 자산이다. 그리고 무엇보다 중요한 것은 방송에 대해서 지녔던 순수한 열정을 지니고 노력을 계속하는 일이다. 이것이 좋은 텔레비전 방송인이 되는 유일한 길이기 때문에….

크고 높은 이상과 정열을 가지고 텔레비전 방송이라는 골리앗과 싸워 보겠다고 나섰던 많은 사람 중에서 끝내 빛을 보지 못하고 탈락해 버린 사람들을 보아 왔다. 그 중에서 우수한 자질과 소양을 가졌던 사람도 적지 않다.

개중에는 순간적인 인기에 매혹되어 진지한 노력을 망각했던 사람도 있을 것이다. 혹은 순간적인 실수 때문에 좌절해 버린 사람도 있다. 방송인이라는 어떤 특권적 선민 의식에 빠져 혼란한 개인 생활을 계속하다가 탈락해 간 사람들도 더러는 있다.

발전한다는 것은 어려움이 따른다. 반드시 고통스러운 노력을 수반한다. 그러나 탈락하기는 쉬운 일이다.

수많은 인재가 "훌륭한 방송인의 길"을 목표로 실력을 연마하고 경쟁하는 냉엄한 실력 대결의 세계 속에서 잠깐 나태한 것은 그것만으로도 탈락의 길로 접어들게 되는 것이다. 진실하게 현실 속에서 생각하고 행동하며, 지성과 감성을 풍부히 하면서 더욱 나은 방송인이 되려는 노력만이 필요한 것이다.

숙취가 남아 있는 얼굴, 피곤이 가시지 않은 모습, 잠이 덜 깬 몰골은 보는 사람을 괴롭힌다. 건강하고 활기에 넘치는 모습으로 최종 심판자인 시청자 앞에 나타나야 할 것이다.

방송 출연자의 유일한 자산은 건강한 몸과 생각이다. 누구에게 맡길 수도, 대행시킬 수도 없는 것이 방송 출연 행위이다.

방송인, 방송 출연 행위! 시청자 가정에 '초대받은 오랜 친구'로 살아 남아야 한다.

5. 방송과 의상

박 정 식

5.1 일반적인 의상

의상은 제2의 피부이며, 인체 위에 표현되는 예술이다.

의상은 예기치 못하는 재해로부터 신체를 보호하고, 수치심을 가리기 위한 목적만이 아니라 개인의 인격·사상·생활 등을 여러 가지 디자인으로 표현함과 동시에 인간 관계를 풍요롭게 하며 사회 생활을 활성화하는 큰 힘이 되고 있어, 우리 자신에게서 무엇보다도 분리될 수 없는 문화 요소 중의 하나로 시대 흐름에 따라 변천되어 왔다.

사람의 첫인상은 그 사람이 옷을 어떻게 갖추어 입었는지에 따라서 결정된다. 사람들이 처음으로 만나는 사람과 무의식적인 접촉을 하는 동안에 형성되는 정보에 대한 인지이며, 신체적 외모를 기초로 하여 전달된 신호와 밀접한 관계가 있다. 이와 같은 첫인상은 개인들 사이에서 후천적 상호 작용에 중요한 역할을 하기 때문에 첫 반응에 있어 의상의 비중은 큰 것이며, 또한 모르는 사람 사이에서 사회적, 경제적 신분을 평가하는 요인으로서 그 사람과 친교를 맺고 싶은가 아닌가의 여부를 결정하는 데도 큰 역할을 한다.

우리가 매일 옷을 갈아입을 때 다른 사람들에게 나 자신의 감정과 어떤 일부를 보여 주는 것이며, 인간 내면에 감춰진 바람이나 추구하는 가치를 나타내는 것이기도 하다.

머리 모양, 걸음걸이, 말하는 버릇, 얼굴 표정, 몸의 움직임 등이 한 개인을 나타내는 것처럼 옷을 착용하는 습관도 그와 같이 다른 사람이나 자기 자신에 대한 태도, 철학 등이 그 착장 모습에서 느낌으로 나타난다.

의상의 아름다움은 질서, 선, 형, 색, 질감의 균형과 조화의 비례가 잘 이루어질 때 느끼는 감정으로 직접 눈으로 느낄 수 있는 외면 세계와 볼 수 없는 무형의 내면적인 것이 통합되어 이루어지는 것이다. 또 자연적으로 부여받은 산물이라기보다 아름다워지려는 노력에 의해 가능한 것으로 아리스토텔레스는 어떤 추천서보다 더 강한 힘을 가진 추천서라 하였다.

우리가 좋은 의상을 택하려 할 때 의상 구성의 일반적인 요소는 다음과 같다.

첫째, 의상과 신체와의 관계
둘째, 의상과 주위 공간과의 관계
셋째, 의상 구성상의 형태, 색채, 모양
넷째, 연령과의 관계
다섯째, 신체의 결점 및 장애의 보완 등을 고려하여야 한다.

각계 각층의 복잡한 대인 관계로 영위되는 현대 생활 속에서 시간과 장소, 문화의 제약을 받으며 의상에 관한 개념도 변화하여 의상에 대한 역할의 기대치는 점점 더 커지고 있는 추세이다.

5.2 텔레비전 의상

각종 매스 미디어 중 텔레비전은 메시지를 직접적이고도 시청각적으로 전달하는 매체이며, 사회적으로 가장 큰 위력을 지닌 영상 매체로서 다양한 프로그램을 통하여 현대인의 의식 구조 및 정신 문화에 지대한 영향을 미치고 있다.

텔레비전의 출연자 의상은 텔레비전의 특성과 프로그램의 목적에 따라서 달라져야 할 것이다. 텔레비전은 4:3 비율의 작은 브라운관을 통해 이미지를 영상시각화하는 특성을 갖고 있다.

영상색의 기본은 얼굴색을 중심으로 ① 주색 ② 주변색(의상색) ③ 외주색(배경 즉 세트색)으로 구분된다.

그 중에서 주변색에 해당하는 의상색이 텔레비전에서 어떻게 재현되는가를 알아보는 것은 텔레비전 의상 연출의 기본이 되므로 1982년 KBS 미술부에서 텔레비전에 재현되는 의상색을 분석한 자료를 제시한다.

(1) 한복류

(가) 백색류는 대부분 아주 연한 청색과 적색이 가미되었고, 노랑 계통의 색채는 적색이 약간씩 살아나는 경향이다

(나) 채도가 높고 진한 색(적색 등)일수록 색깔이 번지는 현상이 일어난다.

(다) 녹색 계열은 대체적으로 실제의 색보다 밝은 경향이나 파랑이 섞인 저채도의 녹색은 사실과 흡사하게 재현된다.

(라) 기본색들은 육안보다 강하게 나타난다.

(마) 녹과 청의 혼색류는 청색의 색채가 더 적게 나타난다.

(바) 반사되는 검정색은 적색이 섞인 듯한 색채로 변한다.

(2) 노랑(yellow) 계열

(가) 주황이 섞인 강도와 채도가 높은 색은 눈이 부시는 듯한 느낌이 들며, 일반적으로는 약간 붉은 색조가 나타나 보인다.

(나) 탁한 주황색 계열의 색채와 밝은 노랑 중에서도 흰빛이 섞

인 배합색은 사실과 유사한 재현 상태가 나타난다.

(다) 차츰 진한 갈색 계통색으로 갈수록 실제의 색보다 약간 밝게 나타나는 경향이 있다.

(3) 적색(red) 계열

(가) 일반적으로 적색 계열색은 실제보다 약간 밝게 나타나는 경향이 있다.

(나) 연한 분홍에 가까운 색들은 실제의 색과 유사하게 나타나고, 핑크 쪽에 가까운 색 중 빨강이 진하게 섞인 고채도의 것은 눈이 부시게 자극적이다.

(다) 육안으로 보아 매끄러운 질감이 나는 것은 대부분 빛을 반사하는 현상이 나타난다.

(4) 청색(blue) 계열

(가) 연한 청색이 가장 안정되고 가라앉은 색군으로 나타난다.

(나) 회색이 약간 배색된 청색은 실제의 색채를 거의 그대로 재현한다.

(다) 진한 청색일수록 실제보다는 약간 밝은 느낌으로 나타나고, 명도(明度) 3미만의 청색은 약간의 적색이 섞여 나타난다.

(5) 녹색(green) 계열

(가) 공통적으로 나타나는 현상은 연한 회색이 가미된 색채일 때 대부분 안정감이 있다.

(나) 녹색과 흑색이 섞인 것이면 검은 쪽으로 더 어둡게 보이며, 청색이 약간이라도 배색이 돼 있으면 실제보다는 청색이 더 강하게 나타나 녹색은 녹색과 배색했을 경우 강해지는 인상이다.

(다) 세 가지 이상이 배색이 되면 불유쾌한 불안한 색조를 나타
낸다.

(6) 주색(yellow red) 계열

(가) 농도가 높고 채도가 낮은 색채는 무관하게 사실을 재현시키
며, 거기다가 아주 약간의 회색이 섞인 것은 더욱 안정감
있게 나타난다.

(나) 특히 빛을 흡수하지 않는 옷감은 실제의 색보다는 가볍고
밝으며 기본 색채가 더욱 선명하게 보인다.

(다) 명도가 낮고 흑색이 섞인 색채는 실제의 색보다는 약간 밝
은 듯하나 불안한 색채로 비친다.

(7) 자주(purple) 계열

(가) 명도가 높고 채도가 낮은 색채는 실제의 우수하고 고운 색
채를 그대로 살려 준다.

(나) 적색이 많은 자주색보다는 청색이 많은 자주색이 훨씬 좋은
상태이며, 적색과 흑색이 섞인 자주색계의 색채는 혐오감을
줄 정도로 거부 반응이 나타난다.

(다) 자주색계의 색채는 전반적으로 실제보다는 약간 밝은 톤으
로 나타난다.

(8) 무채색 계열

(가) 흰색은 약간의 청색과 더 적은 적색이 가미된 색채로 변화
한다.

(나) 회색 계열의 색들은 전반적으로 무리 없이 색채를 그대로
재현하나 0.5 정도 밝은 명도비로 밝아 보인다.

이상은 20×30 ㎝ 정도 크기의 사물을 화면에 가득 잡아 조정
한 것이나 특수한 경우를 제외하고는 컬러보드지나 그 외 물체의

색채도 거의 비슷한 양상으로 나타나는 것을 알 수 있다.

이 연구 결과의 결론은 파스텔 색조가 텔레비전에서 가장 안정되게 재현된다는 것을 보여 주고 있다. 그러나 직물의 종류별로 분석되어 있지 않은 점이 보완되어야 할 문제점으로 텔레비전 출연시는 케이스별로 최종적인 카메라 리허설을 거치는 것이 바람직하다.

5.3 프로그램에 따른 의상

오늘날과 같이 방송 시간이 증가하고 프로그램의 수가 적지 않은 상황에서 진행자의 의상은 단지 착용이라는 의미를 넘어 프로그램이 지향하는 목적과 부합되는 의상의 선택이 고려되어야 한다.

프로그램의 성격별로 분류해 보면 뉴스 대담, 교양 프로그램(강좌, 오락, 음악 및 좌담 등), 드라마 프로그램, 쇼, 스포츠 중계 등으로 크게 나눌 수 있다.

(1) 뉴스 대담 및 교양 프로그램

일정한 시간대와 거의 변동 없는 배경을 가진 고정 프로그램의 진행자의 의상은 시청자와 유사한 경우에 상호 동질성의 작용으로 친말감을 더해 줄 수 있다.

뉴스 대담과 교양 프로그램의 목적은 대담, 강좌, 토론 내용을 정확하게 전달하는 데 있으므로 너무 눈에 띄는 의상이나 유행성에 민감한 의상은 친밀감보다는 오히려 동성간의 경쟁심 유발로 거부감을 불러일으키게 된다. 의상이 단순하고 단정하게 보이면 보는 사람으로 하여금 정리된 느낌을 받게 하기 때문에 안정감이 있어 그 효과가 더 크다.

어깨를 보충하여 강조해 주고, 목이 굵거나 짧은 경우에는 목 둘레선을 V형으로 해 주는 등 신체적 결함을 보완하여 돋보이게 하는 것이 중요하다. 격자(check) 무늬와 줄무늬가 작은 것은 눈을 피로하게 하고, 복잡한 무늬의 양복과 넥타이는 전달 내용보다 신경을 더 쓰게 하므로 피하는 것이 좋다. 주변 출연자들과의 상황은 의상 연출 효과가 상대적이므로 항상 출연 전 점검하여 서로의 조화를 생각하여야 한다.

(2) 드라마 프로그램

드라마는 고전 드라마와 현대 드라마로 구분할 수 있다.

드라마에 출연하는 연기자는 평소 개인의 개성과 이미지를 떠나서 드라마 내용이 의도하는 인물로 시대적 배경, 계층별 지위, 직업의 종류, 연령 등을 파악하고 소화하여 의상과 분장으로 드라마에서 원하는 인물로 변신하여야 한다.

시대 드라마인 경우 시대별로 생활상, 의상, 머리 모양, 장신구 등이 다르므로 철저한 고증에 충실히 임하는 것이 그 시대를 모르는 시청자들에게 우리의 전통 문화 계승에 일역이 될 수 있는 좋은 기회라고 생각한다. 현대 드라마는 우리들의 현실 생활에 이모저모로써 가슴에 와 닿는 것으로 자연스럽게 사실적으로 표현됨이 좋다고 생각한다.

(3) 쇼 프로그램

쇼는 대부분 노래와 율동이 동시에 이루어지며 무대 배경이 조명의 현란한 색상 변화를 다양하게 받았을 때 여러 형태로 표현될 수 있는 재질과 색상이 고려되어야 하며 다른 프로그램보다 조명의 스포트라이트를 받았을 때 상징적이고 미적이며 화려한 면에 디테일한 장식으로 디자인된 의상이 바람직하다.

(4) 스포츠 중계 및 야외 프로그램

스포츠는 인간 생활과 문화 변천에 따라 절대적으로 필요한 것으로 높은 경제 성장과 생활 패턴(pattern)의 변화로 여가를 즐기게 되자 레저 및 스포츠 웨어는 필수적이 되었다.

스포츠 웨어는 움직이는 데 자유롭고 몸에 안락감이 느껴져야 하며, 외적 여러 요인에 적응할 수 있는 여건을 갖춰야 한다. 따라서 스포츠 중계가 급증한 관계로 중계에 출연한 출연자의 의상도 경쾌하고 캐주얼한 의상으로 스포츠 관람자와 유사한 의상이 친근감을 느끼게 하는 데 영향이 큰 점을 고려하여야 한다.

6. 분장

김 유 정

6.1 분장의 유래

화장(化粧)을 한다는 것은 인간이 가지고 있는 미적 본능에 의한 표현 수단의 하나이다. 화장을 한다는 것과 분장(扮裝)을 한다는 것은 근본적으로 상이한 점이 없지 않다. 그런데 분장의 유래는 미루어 짐작할 뿐이다. 약 6천 년 전 아직 인류가 야만 시대를 벗어나지 못한 나일강 연안 지방에서는 그 당시 안료(顔料)를 사용하여 화장을 하였다는 기록이 남아 있다.

그 당시 사용했던 색료(色料)는 풀과 나무, 그리고 열매들, 열대 식물에서 얻어진 자연 색료를 사용했던 것으로 추측할 수 있으며, 주로 녹색과 홈색을 사용하여 눈의 표정을 변화시키는 궁리까지 하였던 것으로 알려지고 있다.

원시적이긴 하지만 인간이 본능적으로 자신의 아름다움을 치장하여 남에게 더욱 아름답게 보이기 위해서 여러 가지 방법으로 색료를 사용하여 얼굴이나 몸에 바르기 시작한 것이 화장의 기원이 될 것이다. 이러한 방법으로 연륜이 쌓임에 따라 기교나 사용 색료도 다양해졌으리라고 믿어진다.

석기 시대 사람들의 몸을 장식하는 방법은 극히 원시적인 것이었고 몸을 꾸미는 도구도 대단하지 않았을 것이지만 지혜가 발달

함에 따라 여러 가지 화장 도구도 발달하였을 것이다.

삼국 시대의 고분에서 출토된 부장품(副葬品) 중에는 분명히 치장을 하는 데 사용하였던 것으로 보이는 예쁜 토기(土器)들이 있었고, 화사한 여러 가지 장식 방법에 상당한 신경을 썼을 것으로 생각된다. 그러나 삼국 시대에 걸쳐 화장하는 데 사용하였던 도구들이 그다지 많지 않아 자료의 뒷받침이 충분치 못한 실정이다. 청동기 시대부터 사용하였던 것으로 믿어지는 동경(銅鏡)이 삼국 시대나 통일 신라 시대에는 극히 드물게 발견됐으나 고려 시대에 와서는 각종 화장구(化粧具)들이 선을 보였다.

조선조 시대에 와서는 더욱 많은 유물들이 전해져 여인들의 화장구를 통한 화장 발달 과정의 변모를 찾아볼 수 있다. 당시에는 목공예가 발달한 탓도 있겠으나 섬세하고 아름답게 만들어진 각종 경대에 거울을 사용하여 한층 화장에 신경을 썼던 것을 알 수 있다.

화장구를 사용하는 데도 편리하게 사용되었음을 엿볼 수 있다. 화장의 용도에 따라 빗, 분합 등이 새롭게 만들어졌으며 화장구 자체도 아름답게 꾸며 만들어 사용하였던 것이다. 빗에는 화각으로 장식한 빗, 정화의 분접시, 대리석 무늬를 기교 있게 활용한 화장품함, 나전 칠기(螺鈿漆器) 수법의 경대(鏡臺) 등이 그 예이다.

여인들이 몸을 단장하는 것은 자기를 남에게 예쁘게 보이게 하기 위함도 있지만, 이웃과 집안을 더욱 아름답게 꾸며 나가는 데 한 몫을 했을 것으로 보인다.

화장구들은 여인의 화장을 돕는 데 결정적인 요소가 된다. 옥비녀, 산호비녀, 삼각노리개, 각향노리개 등의 장신구 역시 여인의 화장을 돋보이게 하는 데 역할을 하게 되었다.

조선조 시대의 풍속화 중에서 혜원 신윤복, 단원 김홍도 등의 작품을 통해서도 여인들의 몸치장이며 화장한 단면을 엿볼 수가 있다.

화장이 언제부터 무대에 사용되었는지는 분명하지 않으나 기원 1천년에 들어서면서 가면극이 등장하였기 때문에 그 이후부터 화장이라는 것에서 분장으로 변천되어 무대(舞台)에 사용되지 않았는가 추측할 수 있다.

무대 화장이나 영화 또는 텔레비전에서도 기본 화장으로 사용되고 있는 도란은 1850년경 프랑스 도란(Prance Dohran)이란 사람이 처음으로 백색, 흑색, 적색의 건조성 안료의 지방질을 용해하여 지방 안료 (脂肪顔料)14)를 만들어 사용한 데서 유래하였다. 이것이 오늘날 사용하고 있는 도란15)인 것이다.

통설에 의하면 1920년경에 프랑스 고전극을 모범적으로 개혁한 사람(조한 그리스터고네시)이 최초로 지방성 안료를 사용하였다는 설도 있다.

우리 나라에 그리스 페인트(grease paint)가 들어오게 된 것은 정확히 알 수 없으나 일제 때 신파극이 생기면서 사용하였던 것이 아니었나 생각된다.

6.2 얼굴의 구조

인간의 얼굴 구조는 몇 가지 기본점을 드러내는 것이 필요하다.
뼈의 구조가 피부, 연골, 지방 조직 등으로부터 이루어지는 얼굴 전체의 형과 크기를 지배하고 있다. 이들 요소가 얼굴의 개성을 나타내고, 인종이나 연령의 일반적 특징을 결정하고 있다.

---

14) 그리스 페인트
15) 도란(Dohran)이란 화장 및 입체 화장에 사용되는 유성분(油性粉)을 뜻한다. 이것은 독일어 계통의 외래어이다. '도란'을 '도랑'이라고 일컫기도 하는데, '도랑'은 비표준어이다.

6.3 얼굴의 촌법

사람은 나이가 들어감에 따라 안면의 피부가 조이기 때문에 뼈 구조가 점점 눈에 띄어 그에 따라 얼굴에 살붙기가 좋은 부분은 부드러워져 주름이 가고 쭈그러진다. 메이크업 아티스트(artist) 는 가장 중요한 근육학, 골상학을 알아야 될 것이다.

촌법(寸法) 측정을 하기 위해서 얼굴의 길이(종)를 횡폭의 약 3등분씩 나눌 수가 있다. 인물의 정면 사진을 이 목적에 쓴다.

① 헤어라인부터 눈썹선 ② 그 곳부터 코가 끝나는 곳 ③ 그 곳 부터 턱까지를 측정한다. 횡폭은 세로선의 수직에서 두 눈동자를 따라 양분하는 선에 의해 나누어진다. 횡폭의 중앙 부분은 외측 (外側)의 부분보다 보통 약간 넓어져 있다. 완전한 얼굴형(形) 즉 난형(卵形)의 얼굴은 거의 이 촌법(寸法)에 들어 있다.

6.4 분장의 분류

텔레비전 프로그램의 분장에서는 프로그램 내용에 따라서 그 목 적이 달라지고 있어 담당자는 대본의 내용이나 프로그램의 성격에 따라 기술적으로 가장 효과적인 분장을 할 수 있도록 하여야 한 다.

분장을 텔레비전 프로그램의 내용에 따라 다음과 같이 대별할 수 있다.

① 대담자, 해설자, 퀴즈 프로의 출연자, 아나운서 등의 출연자 에 대한 분장
② 클래식 음악 프로 출연자, 국악 프로, 고전 무용, 발레 프로 출연자, 유사한 프로 출연자 분장
③ 드라마(사극, 현대물, 코미디물), 쇼 프로의 출연자, 유사한

프로그램 출연자 분장

메이크업 아티스트들은 위와 같이 분류하고 있는 출연자 분장의 특성을 살리는 데 다음과 같은 점을 조심하여야 한다.

① 대담자, 해설자, 퀴즈 프로의 출연자, 아나운서 등에 대한 분장은 인상을 더욱 명확히 살려 주고 개성을 뚜렷이 하여 주는 것이 이들에 대한 분장의 생명이라고 본다. 특히 분장에 산뜻함과 청결감이 결여되지 않도록 주력하여야 한다.

② 클래식, 국악, 고전 무용, 발레리나 등의 출연자에게는 위에서 말한 바와 같이 산뜻한 맛, 청결한 맛은 물론이며 더욱 아름답게 표현하기 위한 매력적인 면을 강조해 분장이 돋보이게 하는 데 주력해야 한다. 즉 출연자의 개성과 매력의 포인트와 특징을 최대한 살려 강조하여 아름다움이 생생하게 돋보일 수 있도록 분장하여야 한다.

③ 드라마, 쇼 프로 등의 출연자에 대한 분장은 어느 출연자의 분장보다 기술적인 전문성이 짙은 분장술이 요구된다.

④ 스트레이트 메이크업(straight make-up), 여자 스트레이트 메이크업은 얼굴의 원살결 바탕에 결점만을 수정하고 본얼굴을 그대로 살려 자연스럽게 그 얼굴이 지니고 있는 매력을 살리는 분장이다. 아나운서, 해설자, 교육 프로 교사, 좌담 프로 출연자 등에 해당하는 분장이다.

본인의 얼굴 약점이나 결점을 잘 알지 못하고 있는 일반 출연자는 메이크업 아티스트의 손을 빌리지 않으면 안 되며, 일반 출연자가 아닐지라도 자신의 얼굴의 결점을 잘 알지 못하는 아나운서, 앵커맨, 해설자가 있다면 빨리 자신을 찾는 데 노력하여야 한다. 즉 깨끗한 맨살결의 피부에 알맞은 베이스(base) 컬러를 선정하는 것은 중요한 일이다.

베이스 컬러는 고르게 바르면서 기미, 주근깨 등은 발라 지우게 된다. 베이스 컬러를 바르는 솜씨도 익숙해 있어야 한다. 베이스 컬러를 바르면서 어느 한 부분이 두껍게 또는 얇게 발라지게 되면 기본 분장부터 곤란해진다. 깨끗이 하고 고르게 바르지 않게 되면 얼굴의 살결색이 전체적인 밸런스를 잃기 쉽다. 얇게 바른 부분은 얼굴 살결색이 윤기가 없고 생명력을 잃게 된다.

컬러 영상에 있어서는 얼굴 살결색의 윤기가 있고 없고에 따라 살결색이 다르게 나타나며 그 느낌 역시 차이가 있어 보이게 마련이다.

베이스 컬러를 바르는 기교도 중요하지만 파우더를 바르는 기교도 중요하다고 보겠다. 베이스 컬러가 두껍게 발라진 부분은 파우더 역시 두껍게 묻게 되며 자연히 얼굴에 얼룩이 지게 된다.

비전문가 입장에서는 육안으로 골고루 먹은 분장의 심도(深度)를 쉽게 측정하기 어렵겠지만 카메라의 렌즈는 용납하지 않는다. 따라서 분장사의 손을 빌리지 않는 스트레이트 메이크업의 경우는 처음부터 골고루 바르는 연습을 하여야 한다. 자신의 얼굴을 입체적으로 보이게 하여 더욱 매력적인 얼굴형과 뚜렷한 윤곽으로 나타내기를 원할 때에는 섀도와 하이라이트를 사용하여야 한다.

작품에서 요구하는 배역과 인물이나, 뉴스에 출연하는 아나운서의 이상적인 얼굴형과 매력을 더욱 돋보이게 하는 것도 섀도 (shadow, high light)를 기교 있게 효과적으로 사용함으로써 가능한데 얼굴형을 변형시켜 주게 된다.

섀도의 명도는 3, 4번 정도 밝은 명도차의 색을 사용함으로써 가능하다. 더욱 하이라이트와 섀도가 연결되는 부분에 정성을 들여야 한다. 골고루 문질러 퍼지게 하고, 어느 한 색이 유별나게 튀어나와 보이지 않도록 하여야 한다.

다음은 표준적인 눈썹을 생각하여야 한다. 눈썹은 눈, 머리 바로 위에서 코와 눈꼬리를 잇는 연장선까지 외길이로 정하는 것이 표준형의 눈썹이라 말할 수 있다.

다음 눈썹의 곡선 흐름은 눈썹을 3등분하여 2/3의 위치를 높게 하는 것이 표준형의 정상이며 붓 또는 뾰족한 연필로 눈썹 하나하나가 나 있는 것처럼 디테일하게 그려 주어서 사실적인 표현의 눈썹 효과가 가능하게 된다. 눈썹형 또는 색 농도가 얼굴 전체의 밸런스를 유지하는 데 중요한 역할을 하고 있기 때문에 눈썹의 색이 진하거나 두터우면 무거운 감을 주게 되며 이러한 눈썹일수록 일직선과 같은 본눈썹같이 보이지 않도록 세심한 주의를 기울여야 한다. 얼굴 전체에서 눈썹의 역할은 무시할 수 없다. 감정 표현에 있어서나 새로운 인물 창조에 있어서나 눈썹의 한 몫은 얼굴 전체에서 빼놓을 수 없는 조역 역할을 하고 있는 것이다. 눈은 마음의 창이란 말이 있다. 눈은 얼굴의 전체이다. 정사진은 포커스를 눈동자에 맞추어 생명력이 정사진에 붙어 있는 것과 같이 눈은 얼굴 전체를 집약한 것이나 다를 바 없다.

특히 영상 매체인 텔레비전 화면에 피사체의 인물의 눈 분장은 어느 부분보다 중요하다. 눈 하나로 작품 속의 역할, 인물의 성품, 인격 등을 모두 말하고 있을 정도로 그 배역의 역할 전체를 주는 것이 눈 분장이다.

사회자의 눈 분장은 그 사람의 인격과 매력 그리고 그 사회자의 모든 것을 설명해 주고 있다고 해도 과언은 아니다. 눈의 분장은 검은 연필 또는 아이라인으로 눈꺼풀의 눈머리부터 눈꼬리까지 1~2㎜ 폭으로 선을 그리고 눈의 길이가 길게 보이도록 눈꼬리에서 2~3㎜ 정도 상승하게 그려 주면 된다. 이러한 눈은 표준형 여자의 눈 분장이 되겠지만, 극중인물 캐릭터(character) 분장은 이런 기본형에서 변형 창조하게 되는 것이 대부분이다. 출연 배우의 성격이나 역할에 따라 다르겠지만 굵은 눈썹이나 너무 긴 눈썹 또는 재료를 잘못 사용하여 번쩍번쩍하게 광택이 나는 눈썹들은 꼴불견이다. 아이섀도는 목적이나 장소에 따라 색채를 사용하는 경우가 있다. 이러한 경우에는 윗속눈썹 또는 아이라인 위로 문질러 퍼뜨려 눈에 깊이를 주고 분위기와 음영을 내게 한다.

마스카라(mascara)는 윗속눈썹의 붙인 곳에서부터 눈썹 끝을 밀어 올리는 것처럼 붙이고 아래 속눈썹은 적은 양을 사용하면 좋은 분장을 할 수 있다. 지나치게 많은 양의 눈썹을 붙이게 되면 눈썹이 서로 엉켜 자연스러움과 산뜻한 맛을 잃게 된다.

얼굴에서 제일 높은 부분인 코에는 매부리코, 사자코, 들창코 등과 같이 균형을 잃은 코, 즉 지나치게 돌출된 부분에는 섀도와 하이라이트의 명암이 접하게 되는 부분을 곱게 펼쳐서 거칠고 강한 터치의 분장을 피하는 것이 좋다. 다음은 입술의 모양이다. 입술 모양에도 여러 가지가 있겠지만 가장 이상적인 모양의 입술은 적당한 부풀음이 있고 아랫입술이 윗입술보다 조금 두터운 느낌의 입술이 이상적인 입술이라 하겠다. 그리고 입술에는 그 모양에 따라 어떤 느낌이나 감정 표현을 나타내게 한다. 이지적이고 차가운 감정을 주는 입술은 꼭 다문 듯한 얇은 모양의 입술이며, 따뜻하고 정열적인 입술은 두껍고 부풀음이 아래위로 많은 느낌을 주는 모양의 입술이다. 입술의 양끝이 위로 올라간 모양의 입술은 명랑하고 쾌활한 느낌을 주게 되고, 윗입술이 가운데가 얇으면서 양끝이 두터운 듯한 느낌의 입술은 창부의 인상을 주게 하는 입술 모양이다. 입술 분장에 있어서 루즈를 바를 경우는 우선 입술의 습기를 제거하고 윤곽선을 붓으로 그린 다음 입술에 루즈를 칠한다.

입술 부분에 얇은 종이로 가볍게 눌러 주면 얼룩이 없어진다. 컬러 방송에 있어서의 입술색 루즈는 엷은 핑크색이 가장 이상적이며, 영상에 자연색과 같은 입술색으로 선명하게 나타나 보이므로 가장 많이 사용한다. 자칫 잘못 생각하여 입술색을 더욱 아름답게 표현해 보려고 붉은색 루즈를 사용한다면 입술 분장은 실패하게 된다. 어떤 목적을 위해 붉은색 루즈를 사용하는 것은 예외지만 아나운서, 사회자, 해설자 등의 입술 분장은 유의하지 않으면 안 된다. 입술 분장에 많이 사용되는 루즈색은 낮은 채도의 색으로 만들어진 오렌지색, 핑크색, 밝은 붉은색이다. 이와 같은 루즈색이라 할지라도 주의하여야 하는 것은 입술 분장을 한 후 입술에서 광택이 나는 루즈를 피하는 것이다.

입술 분장에 못지않게 특히 여성들에게 연지 화장은 중요한 분장으로서 여러 가지 의미를 지니게 되는 분장이다. 현대물 여성 출연자의 연지 분장, 사극물 여성의 연지 화장은 굳이 나눌 필요 없이 각기 역할에 따라 여러 가지 특성 있는 연지 분장이 가해지며, 아나운서 연지 화장도 여성의 매력을 더 한층 돋보이게 하는 데 큰 역할을 하게 된다. 일반적으로 연지 화장은 협곡을 중심으로 관자놀이의 아랫부분에서부터 뺨의 선을 따라 펴 나간다. 연지는 살결의 혈색을 살려 주고 싱싱한 젊음을 살려 줌과 동시에 얼굴의 윤곽을 명확히 살려 준다. 연지를 바르는 농도나 위치는 얼굴 모양에 따라서 다르게 분장되어야 한다. 광대뼈가 많이 나온 여성과 그 반대의 여성과의 연지 화장 대비는 연지색 농도에 차이를 두어야 한다. 그리고 광대뼈가 눈 바로 아랫부분이냐 다소 아랫부분이냐 하는 차이가 있다면 연지 화장 위치 역시 달라지게 마련이다. 여성의 스트레이트 분장은 이상과 같은 순서로 행해진다.

남자의 경우에는 여성의 경우에 비해서 간단하고 가벼운 베이스를 바른 다음 새도, 하이라이트로써 얼굴 윤곽을 선명하게 나타내도록 히고 있다. 또한 콧진등 부분에 광대이 없도록 파우녀를 눌러 주어야 한다. 그리고 수염의 면도 자리가 가능한 한 나타나지 않도록 커버하여야 하며, 얼굴 부분의 가벼운 상처일지라도 영상에 나타나지 않도록 분장으로 감춰야 한다. 눈썹 색이 엷거나 적어 선명치 않은 눈썹은 수정하여 선명도를 높여야 하고, 선명히 나타나는 입술과 가라앉은 색의 입술인 경우에는 베이스색을 엷게 발라 흉한 것이 나타나지 않을 정도로 분장하여야 한다.

특히 유의할 것은 분장한 것이 영상을 통해 느껴지지 않을 정도의 테크닉이 필요하며, 가벼운 분장으로도 본인의 개성을 충분히 나타낼 수 있도록 하는 기교를 익혀야 할 것이다. 스트레이트 분장은 여자의 경우도 마찬가지겠지만 얼굴의 매력을 어떻게 하면 충분히 살릴 수 있을 것인가 하는 기교가 그 비결이 된다.

아나운서, 해설자, 교양 프로의 출연자 등의 얼굴은 육안으로 판별하기 어려운 가벼운 흉터, 검은 점 등이 컬러 영상에서 상상외로 선명히 나타나 보이므로 연출자는 출연자에게 이러한 점을 이해시켜 출연자의 흉한 얼굴 약점이 영상에 돌출되지 않도록 조심하여야 한다. 고정 출연자의 얼굴 약점을 빨리 정확히 파악하여 방송 전 실례가 되지 않는 범위 내에서 분장으로 안면의 약점을 감추어 주는 것이 급선무라 하겠다.

7. 표준 발음법

제1장 총칙

제1항 표준 발음법은 표준어의 실제 발음을 따르되, 국어의 전통성과 합리성을 고려하여 정함을 원칙으로 한다.

제2장 자음과 모음

제2항 표준어의 자음은 다음 19개로 한다.

ㄱ ㄲ ㄴ ㄷ ㄸ ㄹ ㅁ ㅂ ㅃ ㅅ ㅆ ㅇ ㅈ ㅉ ㅊ ㅋ ㅌ ㅍ ㅎ

제3항 표준어의 모음은 다음 21개로 한다.

ㅏ ㅐ ㅑ ㅒ ㅓ ㅔ ㅕ ㅖ ㅗ ㅘ ㅙ ㅚ ㅛ ㅜ ㅝ ㅞ ㅟ ㅠ
ㅡ ㅢ ㅣ

제4항 'ㅏ ㅐ ㅓ ㅔ ㅗ ㅚ ㅜ ㅟ ㅡ ㅣ'는 단모음(單母音)으로 발음한다.

〔붙임〕 'ㅚ, ㅟ'는 이중모음으로 발음할 수 있다.

제5항 'ㅑ ㅒ ㅕ ㅖ ㅘ ㅙ ㅛ ㅝ ㅞ ㅠ ㅢ'는 이중모음으로 발음한다.

　다만1. 용언의 활용형에 나타나는 '겨, 쪄 쳐'는 〔저,쩌 처〕로 발음한다.

　　　가지어→가져〔가저〕 찌어→쪄〔쩌〕 다치어→다쳐〔다처〕

　다만2. '예,례' 이외의 'ㅖ'는 〔ㅔ〕로도 발음한다.

　　　계집〔계 : 집/게 : 집〕　　　계시다〔계 : 시다/게 : 시다〕

시계〔시계/시게〕(時計)　　연계〔연계/연게〕(連繫)

메별〔메별/메별〕(袂別)　　개폐〔개폐/개페〕(開閉)

혜택〔혜 : 택/헤 : 택〕(惠澤)　지혜〔지혜/지혜〕(知慧)

다만3. 자음을 첫소리로 가지고 있는 음절의 '늬'는 〔ㅣ〕로
발음한다.

늴리리, 닁큼, 무늬, 띄어쓰기, 씌어, 틔어, 희어, 희
떱다, 희망, 유희

다만4. 단어의 첫 음절 이외의 '의'는 〔ㅣ〕로, 조사 '의'는
〔ㅔ〕로 발음함도 허용한다.

주의〔주의/주이〕 협의〔혀븨/혀비〕 우리의〔우리의/우리에〕
강의의〔강 : 의의/강 : 이에〕

제3장 소리의 길이

제6항 모음의 장단을 구별하여 발음하되, 단어의 첫 음절에서만
긴소리가 나타나는 것을 원칙으로 한다.

(1) 눈보라〔눈 : 보라〕 말씨〔말 : 씨〕 밤나무〔밤 : 나무〕 많다〔만 : 타〕
멀리〔멀 : 리〕　　벌리다〔벌 : 리다〕

(2) 첫눈〔천눈〕　　참말〔참말〕 쌍동밤〔쌍동밤〕 수많이〔수:마니〕
눈멀다〔눈멀다〕 떠벌리다〔떠벌리다〕

다만, 합성어의 경우에는 둘째 음절 이하에서도 분명한 긴소리
를 인정한다.

반신반의〔 반 : 신 바 : 늬/반 : 신 바 : 니〕 재삼재사〔재 :
삼 재 : 사〕

〔붙임〕 용언의 단음절 어간에 어미 '- 아/- 어'가 결합되어 한
음절로 축약되는 경우에도 긴소리로 발음한다.

보아 →봐〔봐 : 〕 기어→겨〔겨 : 〕　되어→돼〔돼 : 〕
두어 →둬〔둬 : 〕 하여→해〔해 : 〕

다만, '오아→와, 지어→져, 치어→쳐' 등은 긴소리로 발음하지

않는다.

제7항 긴소리를 가진 음절이라도, 다음과 같은 경우에는 짧게
발음한다.

　1.단음절인 용언 어간에 모음으로 시작된 어미가 결합되는
경우

감다[감 : 따]-감으니[가므니]　밟다[밥 : 따]-밟으면[발브면]

신다[신 : 따]-신어[시너]　　　알다[알 : 다]-알아[아라]

다만, 다음과 같은 경우에는 예외적이다.

끌다[끌 : 다]-끌어[끄 : 러]　　떫다[떨 : 따]-떫은[떨 : 븐]

벌다[벌 : 다]-벌어[버 : 러]　　썰다[쌀 : 다]-썰어[써 : 러]

　2. 용언 어간에 피동, 사동의 접미사가 결합되는 경우

감다[감 : 따]-감기다[감기다]　　꼬다[꼬 : 다]-꼬이다[꼬이다]

밟다[밥 : 따]-밟히다[발피다]

다만, 다음과 같은 경우에는 예외적이다.

끌리다[끌 : 리다] 벌리다[벌 : 리다] 없애다[업 : 쌔다]

[붙임] 다음과 같은 합성어에서는 본디의 길이에 관계없이 짧
게 발음한다.

밀-물　썰-물　쏜-살-같이　작은-아버지

제4장 받침의 발음

제8항 받침소리로는 'ㄱ, ㄴ, ㄷ, ㄹ, ㅁ, ㅂ, ㅇ'의 7개
자음만 발음한다.

제9항 받침 'ㄲ, ㅋ', 'ㅅ, ㅆ, ㅈ, ㅊ, ㅌ', 'ㅍ'은 어말 또는
자음 앞에서 각각 대표음 [ㄱ, ㄷ, ㅂ]으로 발음한다.

닦다[닥따]　키읔[키윽]　기윽과[키윽꽈]　옷[옫]

웃다[욷 : 따] 있다[읻따] 젖[젇]　　빚다[빋따]

꽃[꼳]　　　쫓다[쫃따] 솥[솓]　　뱉다[밷 : 따]

　　　　앞[압]　　　　덮다[덥따]

제10항 겹받침 'ㄳ', 'ㄵ', 'ㄼ', 'ㄽ', 'ㄾ', 'ㅄ'은 어말 또는 자음
　　　앞에서 각각 [ㄱ, ㄴ, ㄹ, ㅂ]으로 발음한다.

　　　넋[넉]　　　넋과[넉꽈]　앉다[안따]　여덟[여덜]

　　　넓다[널따]　외곬[외골]　핥다[할따]　값[갑]

　　　없다[업ː따]

　다만, '밟-'은 자음 앞에서 [밥]으로 발음하고, '넓 -'은 다음과
　　　같은 경우에 [넙]으로 발음한다.

　　(1) 밟다[밥ː따]　밟소[밥ː쏘] 밟지[밥ː찌] 밟는[밥ː는→밤ː는]

　　　밟게[밥ː께] 밟고[밥ː꼬]

　　(2) 넓-죽하다[넙쭈카다]　넓-둥글다[넙뚱글다]

제11항 겹받침 'ㄺ, ㄻ, ㄿ'은 어말 또는 자음 앞에서 각각[ㄱ,
　　　ㅁ, ㅂ]으로 발음한다.

　　　닭[닥]　흙과[흑꽈]　　맑다[막따]　늙지[늑찌]

　　　삶[삼ː] 젊다[점ː따]　읊고[읍꼬]　읊다[읍따]

　다만, 용언의 어간 말음 'ㄺ'은 'ㄱ' 앞에서 [ㄹ]로 발음한다.

　　　맑게[말께]　묽고[물꼬]　얽거나[얼꺼나]

제12항 받침 'ㅎ'의 발음은 다음과 같다.

　1. 'ㅎ(ㄶ, ㅀ)' 뒤에 'ㄱ, ㄷ, ㅈ'이 결합되는 경우에는, 뒤 음
　　절 첫소리와 합쳐서 [ㅋ, ㅌ, ㅊ]으로 발음한다.

　　　놓고[노코]　좋던[조ː턴]　쌓지[싸치]　많고[만ː코]

　　　않던[안턴]　닳지[달치]

[붙임1] 받침 'ㄱ(ㄺ), ㄷ, ㅂ(ㄼ), ㅈ(ㄵ)'이 뒤 음절 첫소리
　　'ㅎ'과 결합되는 경우에도, 역시 두 소리를 합쳐서 [ㅋ, ㅌ,
　　ㅍ, ㅊ]으로 발음한다.

　　　각하[가카]　먹히다[머키다]　밝히다[발키다]　맏형[마텽]

　　　좁히다[조피다] 넓히다[널피다] 꽂히다[꼬치다] 앉히다[안치다]

[붙임2] 규정에 따라 'ㄷ'으로 발음되는 'ㅅ, ㅈ, ㅊ, ㅌ'의 경

우에도 이에 준한다.

　　옷 한 벌〔오탄벌〕　낮 한때〔나탄때〕　꽃 한 송이〔꼬탄송이〕

　　숱하다〔수타다〕

2. 'ㅎ(ㄶ,ㅀ)' 뒤에 'ㅅ'이 결합되는 경우에는, 'ㅅ'을 〔ㅆ〕
으로 발음한다.

　　닿소〔다쏘〕　　많소〔만 : 쏘〕　　싫소〔실쏘〕

3. 'ㅎ' 뒤에 'ㄴ'이 결합되는 경우에는 〔ㄴ〕으로 발음한다.

　　놓는〔논는〕　　쌓네〔싼네〕

〔붙임〕 'ㄶ,ㅀ' 뒤에 'ㄴ'이 결합되는 경우에는,'ㅎ'을 발음하지
않는다.

　　않네〔안네〕　않는〔안는〕　뚫네〔뚤네→뚤레〕　뚫는〔뚤는→뚤른〕

　* '뚫네〔뚤네→뚤레〕, 뚫는〔뚤는→뚤른〕'에 대해서는 제 20항 참조

4. 'ㅎ (ㄶ,ㅀ)' 뒤에 모음으로 시작된 어미나 접미사가 결합
되는 경우에는 'ㅎ'을 발음하지 않는다.

　　낳은〔나은〕　놓아〔노아〕　쌓이다〔싸이다〕　많아〔마 : 나〕

　　않은〔아는〕　닳아〔다라〕　싫어도〔시러도〕

제13항 홑받침이나 쌍받침이 모음으로 시작된 조사나 어미, 접
미사와 결합되는 경우에는, 제 음가대로 뒤 음절 첫소리
로 옮겨 발음한다.

　　깎아〔까까〕　옷이〔오시〕　있어〔이써〕　낮이〔나지〕

　　꽂아〔꼬자〕　꽃을〔꼬츨〕　쫓아〔쪼차〕　밭에〔바테〕

　　앞으로〔아프로〕　　덮이다〔더피다〕

제14항 겹받침이 모음으로 시작된 조사나 어미, 접미사와 결합
되는 경우에는, 뒤의 것만을 뒤 음절 첫소리로 옮겨 발음
한다. (이 경우, 'ㅅ'은 된소리로 발음함.)

　　넋이〔넉씨〕　앉아〔안자〕　닭을〔달글〕　젊어〔절머〕

　　곬이〔골씨〕　핥아〔할타〕　읊어〔을퍼〕　값을〔갑쓸〕

　　없어〔업 : 써〕

제15항 받침 뒤에 모음 'ㅏ,ㅓ,ㅗ,ㅜ,ㅟ'들로 시작되는 실질형태
소가 연결되는 경우에는, 대표음으로 바꾸어서 뒤 음절 첫
소리로 옮겨 발음한다.

밭 아래〔바다래〕 늪 앞〔느밥〕 젖어미〔저더미〕 맛없다〔마덥따〕
겉옷〔거돋〕   헛웃음〔허두슴〕 꽃 위〔꼬 뒤〕

다만, '맛있다, 멋있다'는 〔마신따〕, 〔머신따〕로도 발음할 수 있다.

〔붙임〕 겹받침의 경우에는, 그 중 하나만을 옮겨 발음한다.

넋 없다〔너겁따〕 닭 앞에〔다가페〕 값어치〔가버치〕
값있는〔가빈는〕

제16항 한글 자모의 이름은 그 받침 소리를 연음하되, 'ㄷ,ㅈ,ㅊ,
ㅋ,ㅌ,ㅍ,ㅎ'의 경우에는 특별히 다음과 같이 발음한다.

디귿이〔디그시〕   디귿을〔디그슬〕   디귿에〔디그세〕
지읒이〔지으시〕   지읒을〔지으슬〕   지읒에〔지으세〕
치읓이〔치으시〕   치읓을〔치으슬〕   치읓에〔치으세〕
키읔이〔키으기〕   키읔을〔키으글〕   키읔에〔키으게〕
티읕이〔티으시〕   티읕을〔티으슬〕   티읕에〔티으세〕
피읖이〔피으비〕   피읖을〔피으블〕   피읖에〔피으베〕
히읗이〔히으시〕   히읗을〔히으슬〕   히읗에〔히으세〕

제5장 소리의 동화

제17항 받침 'ㄷ,ㅌ(ㄾ)'이 조사나 접미사의 모음 'ㅣ'와 결합되
는 경우에는, 〔ㅈ,ㅊ〕으로 바꾸어서 뒤 음절 첫소리로 옮
겨 발음한다.

곧이듣다〔고지듣따〕 굳이〔구지〕 미닫이〔미다지〕
땀받이〔땀바지〕   밭이〔바치〕 벼훑이〔벼훌치〕

〔붙임〕 'ㄷ' 뒤에 접미사 '히'가 결합되어 '티'를 이루는 것은 〔치〕
로 발음한다.

굳히다〔구치다〕 닫히다〔다치다〕 묻히다〔무치다〕

제18항 받침 'ㄱ(ㄲ, ㅋ, ㄳ, ㄺ), ㄷ(ㅅ, ㅆ, ㅈ, ㅊ, ㅌ, ㅎ), ㅂ(ㅍ, ㄼ, ㄿ, ㅄ)'은 'ㄴ, ㅁ' 앞에서 〔ㅇ, ㄴ, ㅁ〕으로 발음한다.

먹는〔멍는〕　　국물〔궁물〕　　깎는〔깡는〕　　키읔만〔키응만〕
몫몫이〔몽목씨〕 긁는〔긍는〕　 흙만〔흥만〕　 닫는〔단는〕
짓는〔진 : 는〕 옷맵시〔온맵씨〕 있는〔인는〕 맞는〔만는〕
젖멍울〔전멍울〕 쫓는〔쫀는〕 꽃망울〔꼰망울〕 붙는〔분는〕
놓는〔논는〕　 잡는〔잠는〕　 밥물〔밤물〕　 앞마당〔암마당〕
밟는〔밤 : 는〕 읊는〔음는〕 없는〔엄 : 는〕 값매다〔감매다〕

〔붙임〕 두 단어를 이어서 한 마디로 발음하는 경우에도 이와 같다.

책 넣는다〔챙넌는다〕 흙 말리다〔홍말리다〕 옷 맞추다〔온마추다〕
밥 먹는다〔밤멍는다〕 값 매기다〔감매기다〕

제19항 받침 'ㅁ, ㅇ' 뒤에 연결되는 'ㄹ'은 〔ㄴ〕으로 발음한다.

담력〔담 : 녁〕　 침략〔침냑〕　 강릉〔강능〕　 항로〔항 : 노〕
대통령 〔대 : 통녕〕

〔붙임〕 받침 'ㄱ, ㅂ' 뒤에 연결되는 'ㄹ'도 〔ㄴ〕으로 발음한다.

막론〔막논→망논〕 백리〔백니→뱅니〕 협력〔협녁→혐녁〕
십리 〔십니→심니〕

제20항 'ㄴ'은 'ㄹ'의 앞이나 뒤에서 〔ㄹ〕로 발음한다.

(1) 난로〔날 : 로〕　 신라〔실라〕　 천리〔철리〕　 광한루〔광 : 할루〕 대관령〔대 : 괄령〕

(2) 칼날〔칼랄〕 물난리〔물랄리〕 줄넘기〔줄럼끼〕 할는지〔할른지〕

〔붙임〕 첫소리 'ㄴ'이 'ㅀ', 'ㄾ' 뒤에 연결되는 경우에도 이에 준한다.

닳는〔달른〕　 뚫는〔뚤른〕　 핥네〔할레〕

다만, 다음과 같은 단어들은 'ㄹ'을 〔ㄴ〕으로 발음한다.

의견란〔의 : 견난〕 임진란〔임 : 진난〕 생산량〔생산냥〕
결단력〔결딴녁〕　 공권력〔공꿘녁〕　 동원령〔동 : 원녕〕

　　　상견례[상견녜]　　　횡단로[횡단노]　　　이원론[이 : 원논]
　　　입원료[이붼뇨]　　　구근류[구근뉴]

제21항 위에서 지적한 이외의 자음 동화는 인정하지 않는다.

　　　감기[감 : 기](×[강 : 기])　　　옷감[옫깜](×[옥깜])
　　　있고[읻꼬](×[익꼬])　　　꽃길[꼳낄](×[꼭낄])
　　　젖먹이[전머기](×[점머기])　　　문법[문뻡](×[뭄뻡])
　　　꽃밭[꼳빧](×[꼽빧])

제22항 다음과 같은 용언의 어미는 [어]로 발음함을 원칙으로
　　　하되, [여]로 발음함도 허용한다.

　　　되어[되어/되여], 피어[피어/피여]

[붙임] '이오, 아니오'도 이에 준하여 [이요,아니요]로 발음함
　　　을 허용한다.

제6장　된소리되기

제23항 받침 'ㄱ(ㄲ,ㅋ, ㄳ, ㄺ), ㄷ(ㅅ, ㅆ, ㅈ, ㅊ, ㅌ), ㅂ
　　　(ㅍ, ㄼ, ㄿ, ㅄ)' 뒤에 연결되는 'ㄱ, ㄷ, ㅂ, ㅅ, ㅈ'은 된
　　　소리로 발음한다.

　　　국밥[국빱]　　깎다[깍따]　　넋받이[넉빠지]　　삯돈[삭똔]
　　　닭장[닥짱]　　칡범[칙뻠]　　뻗대다[뻗때다]　　옷고름[옫꼬름]
　　　있던[읻떤]　　꽂고[꼳꼬]　　꽃다발[꼳따발]　　낯설다[낟썰다]
　　　밭갈이[받까리]　솥전[솓쩐]　　곱돌[곱똘]　　　덮개[덥깨]
　　　옆집[엽찝]　　넓죽하다[넙쭈카다]　　　읊조리다 [읍쪼리다]
　　　값지다[갑찌다]

제24항 어간 받침 'ㄴ(ㄵ), ㅁ(ㄻ)' 뒤에 결합되는 어미의 첫소
　　　리 'ㄱ, ㄷ, ㅅ, ㅈ'은 된소리로 발음한다.

　　　신고[신 : 꼬]　껴안다[껴안따]　안고[안꼬]　없다[업따]
　　　삼고[삼 : 꼬]　더듬지[더듬찌]　닮고[담 : 꼬]　젊지[점 : 찌]

다만, 피동, 사동의 접미사 '-기-'는 된소리로 발음하지 않는다.

안기다,   감기다,   굶기다,   옮기다

제25항 어간 받침 'ㄹ, ㄾ' 뒤에 결합되는 어미의 첫소리 'ㄱ, ㄷ, ㅅ, ㅈ'은 된소리로 발음한다.

넓게〔널께〕   핥다〔할따〕   훑소〔훌쏘〕   떫지〔떨 : 찌〕

제26항 한자어에서, 'ㄹ' 받침 뒤에 연결되는 'ㄷ, ㅅ, ㅈ'은 된소리로 발음한다.

갈등〔갈뜽〕   발동〔발똥〕   절도〔절또〕   말살〔말쌀〕

불소〔불쏘〕(弗素)일시〔일씨〕 갈증〔갈쯩〕   물질〔물찔〕

발전〔발쩐〕   몰상식〔몰쌍식〕 불세출〔불쎄출〕

다만, 같은 한자가 겹쳐진 단어의 경우에는 된소리로 발음하지 않는다.

허허실실(虛虛實實)〔허허실실〕 절절-하다(切切-)〔절절하다〕

제27항 관형사형 '-(으)ㄹ' 뒤에 연결되는 'ㄱ, ㄷ, ㅂ, ㅅ, ㅈ'은 된소리로 발음한다.

할 것을〔할꺼슬〕   갈 데가〔갈떼가〕   할 바를〔할빠를〕

할 수는〔할쑤는〕   할 적에〔할쩌게〕   갈 곳〔갈꼳〕

할 도리〔할또리〕   만날 사람〔만날싸람〕

다만, 끊어서 말할 적에는 예사소리로 발음한다.

〔붙임〕'-(으)ㄹ'로 시작되는 어미의 경우에도 이에 준한다.

할걸〔할껄〕   할밖에〔할빠께〕   할세라〔할쎄라〕

할수록〔할쑤록〕 할지라도〔할찌라도〕 할지언정〔할찌언정〕

할진대〔할찐대〕

제28항 표기상으로는 사이시옷이 없더라도, 관형격 기능을 지니는 사이시옷이 있어야 할(휴지가 성립되는) 합성어의 경우에는, 뒤 단어의 첫소리 'ㄱ, ㄷ, ㅂ, ㅅ, ㅈ'을 된소리로 발음한다.

문-고리〔문꼬리〕   눈-동자〔눈똥자〕   신-바람〔신빠람〕

산-새〔산쌔〕   손-재주〔손째주〕   길-가〔길까〕
물-동이〔물똥이〕   발-바닥〔발빠닥〕   굴-속〔굴 : 쏙〕
술-잔〔술짠〕   바람-결〔바람껼〕   그믐-달〔그믐딸〕
아침-밥〔아침빱〕   잠-자리〔잠짜리〕   강-가〔강까〕
초승-달〔초승딸〕   등-불〔등뿔〕   창-살〔창쌀〕
강-줄기〔강쭐기〕

제7장 소리의 첨가

제29항 합성어 및 파생어에서, 앞 단어나 접두사의 끝이 자음
이고 뒤 단어나 접미사의 첫음절이 '이, 야, 여, 요, 유'인
경우에는, 'ㄴ'음을 첨가하여 〔니, 냐, 녀, 뇨 뉴〕로 발음한다.
솜-이불〔솜 : 니불〕 홑-이불〔혼니불〕   막-일〔망닐〕
삯-일〔상닐〕   맨-입〔맨닙〕   꽃-잎〔꼰닙〕
내복-약〔내 : 봉냑〕 한-여름〔한녀름〕   남존-여비〔남존녀비〕
신-여성〔신녀성〕   색-연필〔생년필〕   직행-열차〔지캥녈차〕
늑막-염〔능망념〕   콩-엿〔콩녇〕   담-요〔담 : 뇨〕
눈-요기〔눈뇨기〕   영업-용〔영엄뇽〕   식용-유〔시굥뉴〕
국민-윤리〔궁민뉼리〕   밤-윷〔밤 : 뉻〕
다만, 다음과 같은 말들은 'ㄴ' 소리를 첨가하여 발음하되, 표
기대로 발음할 수 있다.
이죽-이죽〔이중니죽/이주기죽〕 야금-야금〔야금냐금/야그먀금〕
검열〔검 : 녈거 : 멸〕   욜랑-욜랑〔욜랑뇰랑/욜랑욜랑〕
금융〔금늉/그뮹〕
〔붙임 1〕 'ㄹ' 받침 뒤에 첨가되는 'ㄴ' 소리는 〔ㄹ〕로 발음한다.
들-일〔들 : 릴〕   솔-잎〔솔립〕   설-익다〔설릭따〕
물-약〔물략〕   불-여우〔불려우〕 서울-역〔서울력〕
물-엿〔물렫〕   휘발-유〔휘발류〕 유들-유들〔유들류들〕

〔붙임 2〕 두 단어를 이어서 한 마디로 발음하는 경우에도 이에 준한다.

　　한 일〔한닐〕　　옷 입다〔온닙따〕　　서른 여섯〔서른녀섣〕
　　3연대〔삼년대〕　　먹은 엿〔머근녇〕
　　할 일〔할릴〕　　질 입다〔질립따〕　　스물 여섯〔스물려섣〕
　　1연대〔일련대〕　　먹을 엿〔머글렫〕

다만, 다음과 같은 단어에서는 'ㄴ(ㄹ)' 소리를 첨가하여 발음하지 않는다.

　　6 · 25〔유기오〕　　3 · 1절〔사밀쩔〕　　송별-연〔송 : 벼련〕
　　등용-문〔등용문〕

제30항 사이시옷이 붙은 단어는 다음과 같이 발음한다.

　1. 'ㄱ, ㄷ, ㅂ, ㅅ, ㅈ'으로 시작하는 단어 앞에 사이시옷이 올 때는 이들 자음만을 된소리로 발음하는 것을 원칙으로 하되, 사이시옷을 〔ㄷ〕으로 발음하는 것도 허용한다.

　　냇가〔내 : 까/낻 : 까〕　샛길〔새 : 낄/샏 : 낄〕　빨랫돌〔빨래똘/빨랟똘〕
　　콧등〔코뜽/콛뜽〕　깃발〔기빨/긷빨〕　대팻밥〔대 : 패빱/대 : 팯빱〕
　　햇살〔해쌀/핻쌀〕　뱃속〔배쏙/밷쏙〕　뱃전〔배쩐/밷쩐〕
　　고갯짓〔고개찓/고갣찓〕

　2. 사이시옷 뒤에 'ㄴ, ㅁ'이 결합되는 경우에는 〔ㄴ〕으로 발음한다.

　　콧날〔콛날→콘날〕　　　　아랫니〔아랟니→아랜니〕
　　툇마루〔퇻 : 마루→퇸 : 마루〕　뱃머리〔밷머리→밴머리〕

　3. 사이시옷 뒤에 '이' 소리가 결합되는 경우에는 〔ㄴㄴ〕으로 발음한다.

　　베갯잇〔베갣닏→베갠닏〕　깻잎〔깯닙→깬닙〕　나뭇잎〔나묻닙→나문닙〕
　　도리깻열〔도리깯녈→도리깬녈〕　　　뒷윷〔뒫 : 뉻→뒨 : 뉻〕

8. 수의 표현[1]

8.1 수사와 수관형사

양수사 (기본수)	정수	하나·둘·셋·열·스물…, 一·二·三·百·千…
	부정수	두셋·서넛·너덧·너더덧·대여섯·예닐곱·여남은·몇·여럿
서수사 (순서수)	정수	첫째·둘째·셋째·넷째·열째·열두째·스무째….第一·第二·第三…
	부정수	한두째·두셋째·서넛째·너덧째·대여섯째·여남은째·몇째
수관형사	정수	한·두·세(서·석)·네(너·넉)·다섯(닷·대)·여섯(여·예)·일곱·여덟·아홉·열·스무…, 첫째·둘째·스무째…
	부정수	한두·두어·두세·서너·너덧·너더댓·댓·대여섯·예닐곱·여남은·여러·모든·몇…, 한두째·몇째

일반적으로 수라고 하는 말 중에는 수사(數詞)가 있고, 수관형사(數冠形詞)가 있지만, 그것을 구분하지 않고 수사라고 하는 경우

---

[1] 이 장은 "길라잡이 KBS한국어(한국방송공사 아나운서실, 1995 : 41-47)"에서 발췌하여 첨삭한 것임.

가 많다.

수사는 수나 차례를 나타내는 품사를 말하는데 비록 수를 나타냈어도, 그것이 명사를 수식하는 자리에 위치하면 수관형사가 된다.

8.2 선택적으로 쓰이는 수관형사

세, 네	個, 살〔歲〕, 해(年), 時, 名, 길·발〔丈〕, 뼘, 치〔寸〕, 필〔匹〕, 마리〔頭, 匹, 首〕, 채〔棟〕, 층〔層〕, 그루〔株〕, 쌈〔바늘〕, 닢〔葉〕, 쾌(북어), 두름(생선), 축(오징어), 켤레〔足〕, 瓶, 가지〔種〕, 番, 부대(負袋), 자리〔席〕, 사람〔人〕, 척(雙)
석, 넉	달〔月〕, 대, 대(臺), 장(張), 자〔尺〕, 단·동, 접(100개), 죽(20개), 자루(本), 냥(兩), 섬〔石〕, 되〔升〕
서, 너	돈〔錢〕, 근(斤), 말〔斗〕, 홉〔合〕, 마지기〔斗落〕, 푼〔分〕
닷, 엿	냥(兩), 돈〔錢〕, 섬〔石〕, 근(斤), 말〔斗〕, 되〔升〕, 마지기〔斗落〕, 푼〔分〕
대, 예	자〔尺〕

대(臺) → 석대·넉 대·다섯 대(자동차·갈비)

장(張) → 석 장·넉 장· 다섯 장(종이·표)

자〔尺〕 → 석 자·녁자·다섯 자〈닷자〉(비단·배)

돈(돈쭝)→ 서 돈·너 돈·다섯돈〈닷 돈〉(금·은·약재)

섬〔石〕 → 석 섬·넉섬·다섯 섬〈닷 섬〉(벼)

근(斤) → 서 근·너 근·다섯 근〈닷근〉(고기)

말〔斗〕 → 서 말·너 말·다섯 말〈닷 말〉(쌀·콩)

홉〔合〕 → 서 홉·너 홉·다섯 홉(쌀·깨)

되〔升〕 → 석되·넉 되·다섯 되〈닷되〉(쌀·조)

8.3 수관형사의 발음

수관형사를 고유어로 발음할 것인지 한자어로 발음으로 할 것인지 망설여질 때가 있다. 이럴 대는 꼭 정해진 원칙이 있는 것은 아니지만 고유어와 한자어의 구분이 어려운 것은 1부터 10까지의 수는 고유어로 발음하고, 11이 넘어가면 한자어로 발음함도 좋을 것 같다. 예를 들면 명(名)이나 개(個)와 같은 단위 명사가 쓰인 '25명', '35개'일 경우 '이십오 명', '삼십오 개'로 발음함도 무방하다. 그러나 이때도 가능하면 '스물다섯 명', '서른다섯 개'로 하는 것이 듣기에 좋다.

이외에 단위 명사가 고유어이면 수관형사도 하나·둘·세·네 등으로 하고, 한자어이면 일·이·삼·사로 하는 것이 원칙이다.

자동차 153대 → 백쉰석 대
사람 153명 → 백쉰세 명, 혹은 백오십삼 명
벼 153섬 → 백쉰석 섬(공양미 300석은 한번 굳어진 말이어서 '삼백섬'으로 하면 어색해진다)
비단 153자 → 백쉰석 자
집 153채 → 백쉰세 채
아파트 153가구 → 백쉰세 가구, 혹은 백오십삼 가구
사과 153개 → 백쉰세 개
관광지 153개소 → 백쉰세 군데, 혹은 백오십삼 개소
나무 153 그루〔株〕 → 백쉰세 그루이지 백오십삼 주는 곤란하다.
종이 153장 → 백쉰석 장이지 백오십삼 장은 안 된다.
소 153 마리 → 백쉰세 마리이지 백오십삼 마리는 안 된다.

공산품 153 가지〔種〕 → 백쉰세 가지이지 백오십삼 가지는 안 된다.
그러나 백오십삼 개 '품목'은 가능하다

8.4 방송에서의 수의 표현

가. 숫자의 보도

방송은 일과성이므로 수의 표현은 일간지, 주·월간지의 기록에
서와는 다른 면이 있어야 한다. 기록에서는 아무리 복잡하고 긴
수라도 끝까지 나타낼 수 있다. 그러나 방송에서는 세 자리나 네
자리 숫자는 상세히 보도해도 시청자가 쉽게 파악할 수 있겠으나,
그 이상은 개략적으로 하는 것이 효과적이다. 가령 15만 3천
675원과 같은 것에서 자릿수가 아무리 복잡해도 끝가지 다 보도
할 필요가 있다. 그런데 국가의 예산 결산 등 방대한 숫자를 다룰
때에서는 만 단위 또는 백만 단위에서 끊어서 좋을 경우도 있다.

나. 숫자는 천천히, 분명하게 읽을 것

일반적인 내용에서도 생소한 말은 천천히 발음을 해서 알아듣기
쉽게 해야 하지만, 숫자의 경우는 더욱 그렇다. 숫자는 천천히,
그리고 분명하게 읽어야 한다. 전화 번호 같은 것은 한번 더 되풀
이하는 것이 필요한 이에게 도움이 된다.

다. 수의 발음

0~9까지의 수에서 한자어 계통의 긴소리〔長音〕는 '이(二), 사
(四), 오(五)'이며, 그 나머지는 모두 짧은소리〔短音〕이다.

그 밖에 '십(十), 백(百), 천(千), 만(萬), 억(億), 조(兆)' 등
에서는 '만(萬)'이 긴소리이고 나머지는 짧은소리이다.

하나, 둘, 셋, 넷, 다섯, 여섯, 일곱, 여덟, 아홉, 열 등으로 발
음하는 고유어에서는 '둘, 셋, 넷, 열'이 긴소리이고, 그 나머지는 짧

은 소리이다.

20 : 스물(○) 스믈(×)　　30 : 서른(○) 설흔(×)

40 : 마흔(○) 마은(×)　50 : 쉰(○) 쉬은(×) 쉬흔(×)

라. 만 단위 이하에서는 1을 읽지 않는다.

13,928 → 만 삼천구백이십팔표(○), 일만~(×)

1989년 → 천구백팔십구년(○), 일천~(×)

1,000m → 천미터(○), 일천미터(×)

135원 → 백삼십오원(○), 일백~(×)

10원 → 십원(○), 일십원(×)

만이 넘으면 1을 붙여 읽는다.

137,834,000원 → 일억 삼천칠백팔십삼만 사천원

'일억원'을 '1억만원'으로 읽는 것은 잘못이다. 단 '억만장자', '억만년을 산다'는 관용어로서 그대로 쓴다. 금강산 '일만이천봉'도 관용어다. 그러나 억이나 조에도 백이나 천이 붙으면 일백억, 일천억이 아니라 백억, 천억이 된다.

마. 나이의 표현

나이는 단위 명사의 종류에 따라 고유어 또는 한자어로 쓸 수 있다.

36세 → 삼십육세 〔삼심뉵세〕

36살 → 서른 여섯 살 〔서른녀섣쌀〕

이것을 '삼십여섯살'과 같이 한자어계와 고유어계를 섞어서 발음해서는 안 된다. 다방 같은 데서 좌석번호 '13번'을 '열삼번'이라고 발음해도 안 된다. '십삼번'이라고 발음해야 한다.

방송에서는 '오십팔세 김 모 씨'보다는 일반적인 경우에는 '쉰 여덟살 김 모 씨'로 표현해야 하는 것이다. 그러나 여기에는 예외가

있어서 사회 저명 인사나 연세가 많은 분이 사고가 아닌 다른 이유로 사망했을 때는 "향년 58세를 일기로 별세했습니다."라는 표현을 쓸 수도 있다.

바. 시각의 표현
　　6시 35분 → 여섯시 삼십 오분(○), 육시 삼십 오분(×)
　　8시 30분 → 여덟시 삼십분(○), 여덟시 반(×)
　　13시, 14시 → 오후 한시, 오후 두시
　　낮 열두시, 밤 열두시 → 정오, 자정
　　낮 12시 5분 → 오후 열두시 오분
　　밤 12시 5분 → 영시 오분

사. 의미를 가진 연, 월, 일의 발음
　　3·1절 → 〔사밀쩔〕
　　6·25(전쟁) → 〔유기오〕(○) 〔육니오〕(×)
　　8·15(광복) → 〔파리오〕(○) 〔팔닐오〕(×)
　　10·26(사태) → 〔시비류〕
　　5·16 → 〔오일류〕
　　1·12(제의) → 〔이릴니〕(○) 〔이리리〕(×)
　　1·21(사태) → 〔일니일〕(○) 〔이리일〕(×)
　　음력 날짜는 다음과 같이 일컫는다.
　　1일→초하루, 2일→초이틀, 3일→초사흘, 4일→초나흘, 10일→초열흘, 11일→ 열하루, 15일 →열닷새(보름)
　　음력달은 다음과 같이 일컫는다.
　　1월―정월, 11월―동짓달, 12월―섣달
　　1·2월―정이월, 5·6월 ―오뉴월, 9·10월―구시월,
　　11·12월―동지섣달

아. 미터법 단위의 읽기

척관법은 한자어로 돼 있어서 읽는 데 어려움은 없으나, 미터법의 경우는 서구어계에서 들어온 외래어이기 때문에 잘못 발음하거나 일본식으로 발음하는 일이 많아서 조심해야 한다.

m : 미터법의 경우 m(미터)의 발음이 많이 틀린다. '메타, 메다'등은 피하고 '미터'로 읽어야 한다.

㎝ : 원칙은 센티미터이지만 구개음화의 일부를 인정해서 '센치미터'도 가능하다.

㎞ : '킬로미터'가 옳은 말이다. '미터'를 생략하고 '킬로'로 할 경우도 있는데 인정해야 한다. 그러나 '킬로메타, 키로메타' 등은 쓰지 않아야 한다. '킬로'만으로 읽을 때는 ㎏과 혼동되지 않도록 조심해야 한다.

㎜ : '밀리, 밀리미터'로 발음해야 한다. 이 경우에 '밀리'만으로 생략하여 읽으면 ㎎(밀리그램)과 혼동될 염려가 있기 때문에 길이의 단위라는 것을 알 수 있을 때에만 가능하다.

g : '그램'으로 발음해야 한다. '그람'으로 발음해서는 안 된다.

㎏ : '킬로, 킬로그램'은 무방하다. 그러나 '키로그라무'는 피해야 한다.

㎎ : '밀리, 밀리그램'은 가능하다. ㎜와 혼동하지 않게 하려면 무게의 단위라는 것을 확실히 알 수 있을 때 '밀리'로 줄여 발음할 수 있다.

사. 각종 번호의 읽기

· 차량 번호 : 서울 3버 2200번 → 서울 삼의 버 이천이백번(호)
노선버스 10 - 1 → 십의 일(○), 십다시 일(×)

· 전화번호 : 781 - 3811 → 칠백팔십일 국의 삼천팔백십일번(○)
칠백팔십일 국의 삼팔일일(○)

781 - 3800 → 칠백팔십일 국의 삼천팔백번(○)
칠백팔십일 국의 삼팔공공(○)

· 분수의 경우 : ⅓, ¼ → 삼분의 일, 사분의 일(○)

　　　　　　　　　　　　삼분지일, 사분지일(×)

· 징역 6월, 10월 → 징역 6개월, 10개월

· 세거리, 네거리 → 삼거리, 사거리

9. 방송 문장2)

　　방송 문장은 전파의 위력과 더불어 중요성이 나날이 높아지고 있다. 더구나 말과 글이 일치한다는 점에서 가장 바람직한 형태의 문장으로 볼 수 있다. 그런데 아직도 신문투의 문장, 번역체의 문장, 복잡하고 불명확한 문장 등이 눈에 띈다. 방송 뉴스 문장이 방송 문장 중에서 대표적인 문장이다. 방송 뉴스 문장은 독해만을 위해 쓰인 일반 문장이나 신문 문장과는 다른 많은 특성을 가진다. 왜냐하면 방송 문장은 음성 표현을 전제로 한 문장이기 때문이다. 방송 뉴스 문장은 같은 의미를 담고 있는 문장일지라도 진행자가 음성으로 표현하기가 쉬운 문장, 청취자가 쉽게 듣고 이해할 수 있는 문장에 익어 온 사람에게 훌륭하게 보이는 문장이 진행자와 청취자에게는 나쁜 문장이 되는 경우가 많다.

　　방송 문장을 구사할 때 유의할 점을 들어 보면 다음과 같다.

1. 피동형을 멀리한다.

나쁜 문장	고친 문장
·A가 경찰에 의해 붙잡혔다.	·경찰이 A를 붙잡았다.
·한국어선이 일본 경비정에 의해 나포되다.	·일본 경비정이 한국어선을 나포하다.
·세계화는 갑자기 되어지는 것이 아니고 일보일보 실현시키지 않으면 안 된다.	·세계화는 갑자기 되는 것이 아니고 한 발 한 발 실현해 나가야 합니다.

---

2) 이 장은 "길라잡이 KBS 한국어(한국방송공사 아나운서실, 1995 : 48-53)"의 '방송 문장'을 첨삭한 것임.

2. 불필요하게 용언의 어근인 명사를 분리하여 표현하지 않는다.

나쁜 문장	고친 문장
· A가 우승을 하다.	· A가 우승하다.
· 말을 하다.	· 말하다.
· 선언을 하다.	· 선언하다
· 소개를 하다.	· 소개하다
· 구조 작업이 계속이 되고 있다.	· 구조 작업이 계속되고 있다.

3. 가급적 부정 표현을 쓰지 않는다.

나쁜 문장	고친 문장
· 어제 부산 시내에서 교통 사고로 1명이 숨지고 23명이 다쳤으나 별로 큰 인명 피해는 없었습니다.	· 어제 부산 시내에서는 교통 사고로 1명이 숨지고 23명이 다쳤습니다.

4. 숫자를 앞세우지 않는다.

나쁜 문장	고친 문장
· 총 2천 4백 50명의 미 지상군과 독일 육군 병력이 오는 9월 독일 북부 뤼겐지방에서 3주 동안 대규모 합동전투훈련을 실시할 예정이라고 독일 국방부가 어제 밝혔습니다.	· 미국 지상군과 독일 육군 병력이 오는 10월 독일 북부의 뤼겐 지방에서 합동전투훈련을 실시할 예정입니다. · 독일과 미국의 병력 2천 4백여 명이 참가하는 대규모 합동훈련이 3주일 동안 실시된다고 독일 국방부는 어제 밝혔습니다.

5. 서양의 외국인은 성(姓)만을 사용한다.

나쁜 문장	고친 문장
· 부트로스 부트로스 갈리 유엔 사무총장은 워런 크리스토포 미 국무장관이 오늘밤 워싱턴의 기자클럽에서 연설할 것이라고 말했습니다.	· 갈리 유엔 사무총장은 크리스토퍼 미 국무장관이 오늘밤 워싱턴의 기자클럽에서 연설할 것이라고 말했습니다.

6. '누가'로 문장을 시작한다.

나쁜 문장	고친 문장
· 러시아가 군사력을 계속 증강하고 있다는 견지에서, 콜 수상은 오늘 NATO, 즉 북대서양 조약군을 재건할 필요성을 역설했습니다.	· 콜 수상은 오늘 러시아의 계속적인 군사력강화에 대응하기 위해 NATO, 즉 북대서양 조약군을 개전할 필요가 있다고 역설했습니다.
	· 콜 수상은 오늘 NATO, 즉 북대서양 조약군을 재건해야 한다고 역설했습니다. 콜 수상은 러시아가 계속 군사력을 증강하고 있기 때문에 NATO군의 재건이 필요하다고 말했습니다.

7. 영어식의 복잡한 표현을 삼간다.

나쁜 문장	고친 문장
· …할 가능성을 배제하지 않았다.	· 가능하다
· …하는 불합리성을 인정할 수 없다.	· 합리적이다
· 화재로부터의 위험에 직면한다.	· 위험하다.

8. 전문(傳文)형을 피한다.

나쁜 문장	고친 문장
·…했다고 합니다.	· 합니다.
·…했다는 소문도 있는 것으로 알려졌습니다.	· 했습니다.
· 경찰에 따르면	· 경찰은
· 소식통에 의하면	· 소식통은

9. '○○적'을 남용하지 않는다.

나쁜 문장	고친 문장
· 정치적 외교적 경제적 사회적 중요성	· 정치, 외교, 경제, 사회의 중요성
· 강제적	· 무리하게, 강제로
· 우선적	· 우선
· 마음적(×), 믿음적(×), 기 분적(×)	
· 거리적	· 거리(상)
· 내용적으로	· 내용이(충실하다)
· 자진적으로	· 스스로(돈을 내서)
· 참고적으로	· 참고로, 참고삼아
· 시간적으로 늦다	· 시간이 늦다

10. 낭독의 기초

전 영 우

10.1 낭독의 정의

통독(通讀), 묵독(默讀), 정독(精讀), 숙독(熟讀) 등의 관념을 모두 포함한 것이 낭독(朗讀)이라 할 수 있다. 음성을 내서 읽어 나가는 것 일반을 말하기도 하고, 남에게 들려 줄 목적으로 음성을 내서 읽어 나가는 것을 말하기도 한다. 전자는 낭독과 동일 의미가 되나 대개의 경우 후자의 의미가 낭독으로 통한다.

요컨대 음성을 내서 읽어 나가는 것 일반을 넓은 의미의 음독으로 보고, 음독 중에서 특히 남에게 들려 줄 목적으로 읽어 나가는 경우를 낭독, 자기 자신이 듣기 위해 읽어 나가는 경우를 미음독(微音讀), 학습자가 지도자의 지명을 받고 이해의 정도를 판정받는 목적으로 읽어 나가는 경우를 좁은 뜻의 음독이라 한다. 각각의 읽기 목적을 분명히 하면, 들려 주는 읽기, 입을 길들이는 읽기, 확인을 받기 위한 읽기 등으로 구분지을 수 있다.

미음독, 길들이는 읽기라는 명칭의 적부는 차치하고 낭독 문제를 취급함에 있어 넓은 의미의 음독에 최소한 세 유형의 구별이 있음을 명백히 해 둘 필요가 있다. 만약에 그렇지 않으면 낭독의 실천이나 지도에 혼란이 야기될 우려가 있다.

읽기에서 묵독은 계속 글자를 보아 나가는 것으로, 의미의 파악이 일차적 임무인데 반해, 음독은 시종일관 글자를 충실하게 음성화하는 일을 기본으로 삼는다. 묵독은 독해(讀解)이고, 음독은 표현이다. 묵독과 음독은 다같이 읽기의 뜻을 지니나 양자의 특징은 어느 정도 차이를 드러낸다.

음독에 관계 있는 것이 바로 낭독이다. 낭독이 음독의 일종이라 보는 견해가 있는가 하면, 음독과 대립되는 개념으로 생각하는 견해도 있다. 그것은 정의를 어떻게 내리느냐에 따라 달라지는 것이므로 일단 가능한 대로 넓은 의미로 파악해 음독에 어떤 종류의 것이 있는가를 살펴 정리해 보는 편이 보다 적절하다.

이 같은 시각에서 보면, 음독은 우선 세 종류로 나누어 볼 수 있다.

㉮ 자기 자신의 독해를 주목적으로 함.
㉯ 남의 평가받기를 주목적으로 함.
㉰ 남에게 들려 주기를 주목적으로 함.

다시 ㉮에도 여러 유형이 있다.

① 새로운 재료를 대하고 처음 보는 어구의 읽기에 익숙해지기 위해 홀로 구두 연습을 하는 경우이다. 외국어 학습 때 반드시 행하게 된다. 다만 구두 연습에 작품의 분위기 창출을 위한 차원 높은 연습이 있다.

② 근래에 와서 별로 접하기 어려우나 대개의 경우 노인층에서 신문을 읽을 때 독특하게 일종의 가락을 붙여 읽는 일이 있다. 이것은 남에게 들려 주려는 의도가 아니고 단순히 자기 자신의 청각을 통해 의미를 파악하기 위함이다.

③ 회심의 역작인 문장이나 시가 등을 접할 때 남에게 들려 줄 의사가 없이 무의식적으로 소리를 내는 것이다.

①은 학습의 수단 또는 연습이 되나 ②와 ③은 일상 생활의 한

단면이다.

㉣ 학습 혹은 연습시에 지도자나 동년배들 앞에서 소리내 읽고, 들은 사람으로부터 이해 정도와 그밖의 것을 평가 받는 경우이다. 학교에서 개인이 지명받고 읽는 것이되 때로 자진해 자발적으로 시험받는 경우도 있고, 집단이나 학급에서 일제히 소리를 내 읽는 경우가 있다. 어떻든 지도자의 평가를 받게 되니 이른바 학습 전용의 읽기라 할 수 있다.

낭독이라면 흔히 문예 작품의 낭독을 떠올리나 그 밖에 축사·조사·답사 따위와 보도·성명 따위의 유형이 있다. 크게 나누면 문예 낭독과 비문예 낭독이다. 낭독이라면 현재 문예 낭독을 위주로 하고 비문예 낭독은 부수적인 것으로 들리기 쉬운데 기실 양자에 어느 정도 차이가 있어 동일시할 수 없다.

그리고 비문예 낭독에 또 하나 문제가 있다. 라디오의 뉴스·기상통보·방송 순서의 예고 등은 모두 "낭독하는 것인가" 아니면 "말하고 있는 것인가"하는 문제이다.

좌담회나 토론회 등은 물론 낭독하는 것이 아니고 말하는 것이다. 실제 방송 역시 말하는 것임에 틀림없다. 뉴스 해설은 글로 쓴 초고를 앞에 놓고 혼자 말하는 형식으로 보는 것이 좋다. 그런데 뉴스 방송은 기사를 읽는 것이다. 혼자 말하는 형식같이 들리나 읽는 것이다. 그것은 어조에 나타난다. 뉴스 방송은 혼자 말하는 어조와 확실히 다르나. 그렇다면 이것 역시 비문예 낭독에 포함된다. 라디오 방송이 이처럼 독특한 비문예 낭독의 형식과 어조를 창출한다.

앞서 말한 대로 확인을 위한 읽기는 학교와 같은 교육 기관에서 행해지는 것으로 성인의 세계에 맞지 않는다. 학교에서 먼저 입을 길들이는 읽기를 하고, 다음에 확인을 위한 읽기, 그리고 들려 주는 읽기 등의 3단계를 포함하나 성인 세계는 확인 단계를 생략한 채 길들이는 읽기에서 곧바로 들려 주는 단계 즉, 낭독으로 옮겨

지는 것이 보통이다.

10.2 낭독의 전통

두 가지 문제가 있다. 하나는 오늘의 낭독에 바람직하지 못한 전통이 얽혀 있는 것이고, 또 하나는 입을 길들이는 읽기가 부당하게 경시되고 있는 점이다.

첫째, 낭독에 얽혀 있는 바람직하지 못한 전통은 한 마디로 말하면 나쁜 의미로 지적된다. 꼭 꼬집어 말할 수 없다. 듣기 싫은 낭독조이다. 라디오 방송을 통한 연예인의 문예물 낭독은 다소 비판의 여지가 있더라도 대체적 경향은 이미 나쁜 의미의 낭독조에서 벗어나 있는데 일반의 경우 어른 아이 할 것 없이 여전히 구태의연하다.

초등학교 어린이의 낭독 습관에 두 가지 큰 경향이 있다. 하나는 현실과 너무 거리가 먼 묘한 어조로, 글자를 음성화한 읽기이다. 일종의 가락이 있으나 단조롭고 기계적이고 무의식적인 까닭에 억양 및 어조에 대한 고려가 전혀 없고 어떤 내용의 문장이든 거의 동일하게 낭독한다. 학교 교실을 떠나면 전혀 들어볼 수 없는 음조이다. 매우 부자연스러운 낭독이다. 어떤 어린이도 말하거나 이야기할 때 그와 같은 음조로 소리내지 않는다. 그럼에도 불구하고 글을 대하면 읽을 때 꼭 묘한 음조로 소리내되 이 점을 조금도 개의치 않는다.

또 하나, 글을 읽어 나가되 '끊어 읽기'와 '이어 읽기'에 매우 서툴러 부당하게 끊고 부당하게 잇는 나쁜 버릇이 있다. 이 같은 현상은 요컨대 낭독이 글의 의미 내용을 음성으로 표현하는 것이라 생각하지 않고, 단순히 글자의 음성화와 그 암기에 주력하는 방식을 별로 이상하게 생각하지 않고 낭독이 이 같은 어조의 것이겠거니 하고 그대로 답습하고 있는 것이다. 바람직하지 못한 낭독조에 구태의연한 전통적인 것이 있고, 최대한 리얼한 표현을 의도하는 것 등 두 종류가 있다.

둘째, '입 길들이기'를 부당하게 경시하는 점이다. 이것을 뒤집어 말하면 낭독을 일반적으로 지극히 간단히 생각하고 있는 것과 관계가 있다. 그러나 낭독은 내용이 본인의 글이든 남의 글이든 낭독자 자신이 내용을 충분히 이해한 뒤에 자신의 전적인 책임하에 소리내 읽는 형식으로 발표하는 것이다. 따라서 낭독하기 위해 먼저 낭독할 재료의 의미 내용이나 정서 등을 가능한 대로 깊이 이해하지 않으면 안 된다. 대강 이해한 정도로 소리내 읽는다면 낭독에 부합되지 않는 일이다. 자신이 이해한 극한점에서 서서 발표하는 활동이야말로 비로소 낭독이라 할 수 있다. 이처럼 낭독이 갖는 엄격한 성질이 일반에게 잘 이해되어 있지 않다. 원래 학교에서 입 길들이기는 읽기에 시간을 할당하기 어려우므로 교사가 학생에게 예습의 일부로 집에서 읽어 오라고 이르고 학교에서 읽기 확인에 그치는 것이 당연한 일로 관행돼 왔다.

교사가 범독의 형식으로 길들이는 읽기는 일단 기준을 새워 준 뒤, 다시 가정 학습을 주는 것이 아니므로 학생은 각자 임의로 과장된 감정으로 자기류의 읽기 연습을 하게 된다. 그리고 교사는 그것을 간단히 확인하고 적당히 통과시키는 형편이므로 언제까지나 애매 모호한 낭독조가 바로 잡혀지지 않는 것이다. 특히 국어 교육계서 음독 일반이 부당하게 경시되는 까닭에 오늘날 일정한 낭독 체계가 잡혀 있지 못한 것이다. 이 같은 현상에서 벗어나기 위해 무엇보다 먼저 입 길들이는 읽기 시간을 충분히 주어야 한다. 낭독의 우열은 길들이는 읽기에 크게 관련을 갖는다. 길들이는 읽기는 일자 일구를 정확히 음성화하는 것에서 문장의 구절 구절에 어울리는 적합한 음성 표현 방법을 연구하기까지 여러 단계가 있으나 일단 자신이 생길 때까지 충분히 연습한다. 이때 중요한 사항은 다음과 같다.

(1) 먼저 교사 자신이 범독에 의해 기준을 보인다

이것은 학생의 읽기를 속박하는 것이 아니라 어디까지나 일종의 본보기를 보일 뿐이다. 이 때 일자 일구(一字一句)의 올바른 발음과 '띄어읽기'의 정확한 양식을 구체적으로 보이고, 부자연스러운 어조와 극단적인 감정 표출의 어조를 미연에 방지하게 된다. 국어 발음과 음성 표현의 문제도 지도 방법에 따라 어느 정도까지 효과를 기대할 수 있다. 특히 무엇보다 좋은 것은 범독에 의해 문장 전체의 가락을 구체적으로 들려 줄 수 있다는 사실이다.

(2) 학생 각자에게 자유 읽기의 형식으로 충분히 입을 길들이는 읽기를 시킨다.

제독을 시키면 기묘한 낭독조가 생기므로 제독을 시키지 않고, 각자 자기 자신의 기초 위에서 자유 읽기를 시킨다. 이 때 가능한 대로 개인 지도를 한다.

(3) 능력이 떨어지는 학생에 대해 다시 '따라읽기'를 시킨다

'따라읽기'를 시대 착오적인 것처럼 생각하는 것은 잘못이다. 능력이 떨어지는 학생 지도에 매우 가치 있는 효과적 방법이다. 따라 읽기를 시킬 때 띄고 읽는 일정의 기준을 설정하는 것이 매우 중요하고, '따라읽기'를 끝낸 뒤, 반드시 각자에게 자유읽기를 시켜야 함을 잊지 않는다.

(4) 입을 익히는 읽기에서 자신이 생겼다고 판단될 때 비로소 확인하는 읽기를 시킨다. 입을 익히는 읽기에 부족함이 없도록 시간을 할애할 필요가 있다.

(5) 확인하는 읽기를 시킨 결과 여전히 불충분하다고 판단되면 재차 입을 익히는 읽기를 시킨다.

이 같은 처리는 당연하다. 수준 미달을 그대로 방치하면 지도가 아니다. 어떻게 해서든 수준에 도달하게끔 즉각적 지도로 바로잡아 주지 않으면 안 된다. 상기한 절차를 밟아 확인하는 읽기에 일단 통과될 때, 비로소 낭독할 자격을 주도록 한다. 그렇게 하면

낭독의 단계에 이르러 중심 없이 방황하는 일이 없게 된다.

성인이 스스로 입을 익히는 읽기를 할 때는 이와 동일하게 행하지 않으나 낭독할 때 먼저 충분히 입을 익히는 읽기를 해야 하는 점은 동일하다. 낭독 연습 전에 먼저 상기한 절차를 꼭 염두에 둘 필요가 있다.

10.3 낭독의 기초

그러므로 낭독에 대해 바람직하지 못한 전통에서 빨리 벗어나야 하는 동시에 근본적으로 생각을 바꾸지 않으면 안 된다.

방송국에서 건네주는 대본에는 두 종류가 있다. 마땅히 적힌 대로 읽어야 하는 대본과 자기 자신이 신경을 써서 약간 손질해 고쳐야 할 대본이 있다. 후자는 엄밀히 말해 대본이라 하기보다 방향을 지시하는 지시본이라 하는 편이 낫다. 이 경우가 매우 많다. 그대로 읽어야 하는 대본은 전혀 손질하지 않아도 좋으나, 대본 자체가 완벽하지 못한 경우 낭독자가 제아무리 능력을 발휘해도 방송 효과가 오르지 않으므로 곤란하다. 대다수 청취자는 작가가 누구든 상관하지 않고 방송이 흥미있지 않으면 모두 낭독자의 책임으로 돌리게 된다. 오히려 작가의 평판이 좋지 않은 경우에도 낭독자가 서투르다는 평을 들을 수 있다. 이와 반대로 훌륭한 대본이 주어진 경우, 방송 또한 좋았을 때 호평을 받게 된다.

그러나 전술한 대로 청취자의 대다수는 작가를 크게 의식하지 않을 때가 많으므로 낭독자는 자신의 낭독법 이상의 수확을 얻기 위해 노력하게 된다. 스스로 신경을 써 가며 여러 가지 손질하는 경우, 귀찮기도 하나 오히려 환영받는 경우가 있다. 물론 원작이 존중되어야 하나 방송을 염두에 두고 쓴 것이 아니므로 그것을 방송용으로 바꾸는 일은 자유롭다. 요컨대, 눈으로 읽는 문장을 귀로 듣는 문장으로 바꾸어 가는 것이다.

지문이든 대화이든 가성은 안 된다. 자신이 갖고 있는 생래의 음성을 살려 쓰는 편이 좋다. 특별히 지문을 읽을 때는 일상 본인이 쓰는 음성이 가장 적합하다. 가성은 들을 때 과장을 느끼게 된다. 가성을 쓰면 점차 힘들게 된다. 무엇보다 자유분방한 변화가 가성의 경우 크게 아쉬워진다.대화의 장면은 어느 정도의 가성이 인물의 상위를 표현하고 성격을 규정하는 데 불가피한 때가 있다. 그러나 그것도 정도 문제로 성대에 무리를 가해 소위 성색을 사용할 필요는 없다. 그렇다면 어느 정도일까? 본인의 생래 음성이 3 내지 5할 정도 남겨진 정도라 할 수 있다.

방송의 산문 낭독에서 낭독자가 청취층을 가장 싫증나게 만드는 것이 지문을 읽을 때이다. 대사 쪽은 곧 모양이 잡히기 쉬우나 좀처럼 지문 쪽은 시종여일하지 않다. 비록 배우가 방송 산문을 낭독할 때라도 대사는 즉시 소화할 수 있으나, 지문을 읽을 때는 경우가 다르다. 반대로 아나운서가 방송 산문을 담당할 때 지문은 잘 소화할 수 있으나 대사의 경우 아무래도 비교 열세에 놓이기 쉽다.

대체로 지문이 그렇듯, 성격과 정경 등의 설명이 어렵다. 이것을 싫증내지 않게 배려하고 흥미를 유지시키면서 읽어 나가는 일이 용이하지 않다. 때문에 언제나 지문은 연기자에게 자신을 주지 않는다. 때문에 가능한 대로 짧게 줄이게 된다. 원작자에게 미안한 일이나 원작 의도에 크게 벗어나지 않는 범위 안에서 처리할 일이다. 왜 그렇게 어려운가 하면 단조롭게 되기 쉽기 때문이다. 청취층은 단조로움을 가장 싫어한다. 물론 방송 연기자 처지 역시 동일한 상황이다. 그러므로 가능한 대로 단조로움을 피하고자 고심하게 된다. 그래서 일종의 가락을 붙이든가 고저를 붙여 청취자의 관심을 끌어가게 된다. 그런데 바로 이것이 계속 반복되면 역시 단조로운 감각만을 자극하게 된다.

읽을거리로 쓰인 재료는 수정 없이 낭독 재료가 되기 어렵다.

긴 지문은 낭독할 때 단조로움에 빠지기 쉽고 듣는 이의 관심을 모으기 어렵다. 지문이란 제아무리 낭독법을 연구해 보아도 단조로운 것이고, 듣는 이에게 싫증을 안겨 주기 쉽다. 기실 지문은 본래 단조로운 것이다. 단지 연습만 잘 하면 어떤 재료를 써도 훌륭한 낭독이 된다고 잘라 말할 수 없다. 요컨대, 낭독을 잘 하려면 이에 부합되는 표현이 필요하다. 따라서 원작의 수정이 필요에 따라 허용되어야 할 경우가 생긴다.

낭독 음성은 어디까지나 자신이 본래 갖고 태어난 자연스러운 음성을 토대로 하고, 대화의 경우라 하더라도 무리하게 가성을 쓸 필요가 없다. 결국 낭독의 리얼리티에 한계가 있음을 솔직히 인정해야 한다. 요컨대, 원작 그대로의 재료를 써서 자기 본연의 음성으로 리얼하게 감정을 내서 지문마저도 가능한 대로 변화를 주는 것이 최선의 낭독이라는 견해에 엄격한 반성을 구하게 된다.

상기와 같은 낭독관은 과거 초등학교의 국어교육과 깊은 관계가 없지 않다. 그런 까닭에 국정교과서가 나오고 이 교재의 문장은 고쳐서 바꿔 쓴다는 등의 일을 전혀 고려할 수 없고, 모든 문장이 모범적인 문장으로 읽혀진다. 문장의 내용이나 분위기에 공감하든 안 하든 상관없이 낭독된다. 문장에의 공감 없이 낭독하려는 의욕이 생기지 않음은 물론이다.

낭독은 기성 문장을 바르게 또 정취 있게 읽어 나가는 것이므로 낭독하기 앞서 반드시 먼저 문장의 내용이 되는 사상과 감정을 잘 파악하고 이것을 낭독자 자신의 것으로 소화하여야 한다. 사상과 감정을 이해하지 못한 형편에서 문장을 무리하게 낭독하든가 낭독시키는 것은 금물이다. 그러므로 정도에 알맞은 적당한 문장을 뽑아 이것을 이해하고 또는 이해시킨 뒤에 낭독한다.

그런데 낭독자 자신이 납득이 되게끔 원문을 숙지하고 읽는다는 것이 간단한 문제는 아니다. 만약 수정되면 시시비비가 일어날 것이 분명하다.

(1) 낭독에 들어가기 전 단계의 읽기

① 내용을 개관한다.
   묵독이 시작된다. 새로 나온 한자나 난해한 어구를 잘 살피면서 동시에 내용을 개관한다.
② 문장의 중심에 관계되는 말을 연구한다.
   각자의 정감이 표현된 말을 찾아본다. 문장의 구두점 바로 앞의 말에 밑줄을 긋고 주의해 본다.

(2) 낭독의 연습에 들어간다.

① 문장의 내용이 듣는 이에게 잘 이해되게 읽어 본다.
② '띄어읽기'에 유의해야 듣는 이에게 내용 전달이 일층 효과를 거둔다.

문장의 이해는 주로 묵독 형식으로 실시되나 이해한 것을 남에게 들려 주기 위해 낭독 형식으로 발표하는 단계에 이르면 묵독에서 별로 주의하지 않던 내용에 어울리고 걸맞은 읽기에 저절로 관심을 쏟게 된다. 결국 묵독의 단계에서 대체적으로 이해한 것을 더욱 분명히 이해하게 된다. 대체적인 이해로 적절한 음성 표현을 결정할 수 없다. 주의 깊게 낭독하려 하면 필연적으로 우선 묵독에서 깊이를 더하게 된다.

원래 성인의 낭독이나 학교에서의 학생 낭독에 아무런 차이가 없는 것이나, 여러 사정으로 인해 지금까지 일치하지 않았다. 이것이 시정되어 묵독 및 미음독의 연관에 있어 각각의 위치가 바르게 잡혀 가고 있다. 이 일은 무엇보다 반가운 현상이고, 새로운 낭독의 지도와 연습은 종래의 전통을 벗어나 구각을 떨쳐 버린 처지에서 이제부터 새 출발을 서둘러야 하리라고 믿는다.

10.4 낭독의 연습 단계

낭독 연습시의 단계는 다음과 같이 정리된다.

(1) 먼저 낭독 재료인 문장의 의미와 분위기를 이해한다.

재료는 축사·식사·성명서·선서문 등 비문예 작품이 있고, 문예 작품도 있으며, 각각 자작의 재료와 타작의 재료가 있다. 어느 경우에도 이 작업이 필요하다. 특히 타작인 문예 작품의 경우 더욱 중요하다.

(2) 낭독하는 처지에서 미음독을 하고, 작품의 의미와 분위기를 깊이 이해함과 동시에 재료의 표현에 결함이 있으면 수정한다.

자작의 재료에 퇴고한 형식으로 수정이 가해진다. 타작인 경우 듣는 이에의 전달 효과란 관점에서 약간의 수정이 가해진다. 자작인 경우, 어느 정도 수정을 가해도 상관없으나 타작인 경우 크게 수정을 가하면 문제가 야기된다. 대수정을 가하지 않으면 도저히 낭독자로서 만족할 수 없고 또 수정할 때 원작자의 양해가 반드시 필요한 것이면, 차라리 그 문장은 낭독을 피하는 편이 낫다. 낭독자 자신이 만족하지 못하는 재료를 갖고 듣는 이를 만족시킬 수 없다. 다만 타작으로 아무리 해도 수정이 허락되지 않는 경우가 있다. 재료 자체를 있는 그대로 듣는 이에게 전해야 하는 경우, 이 때는 연습할 여유조차 주어지지 않고 곧바로 즉석에서 낭독하지 않으면 안 된다. 몇 사람이 모여서 하는 회의에서 규칙의 몇 가지 조항을 일동이 꼭 알아둘 필요가 생겨 회의 참석자 중의 한 사람이 서둘러 그것을 읽어 주는 때 같은 경우이다. 이때의 낭독은 사실 낭독의 형식을 취한 제일차의 미음독이므로 한 자 한 구의 바른 음성화 이상의 것은 요구되지 않는다.

(3) 발성과 발음을 정확히 하고, 동시에 내용에 부합된 음성 표현법을 연구한다.

　구체적으로 호흡 조절, 발성, 조음, 음성 표현 등에 걸쳐 각각 내용에 맞는 낭독을 한다. 이것은 낭독의 경우만으로 국한되지 않고 말하는 모든 경우에 공통된 중요 문제이므로 낭독 연습을 할 때만 아니라 말하기 연습을 하는 경우에도 꼭 염두에 두어야 한다.

10.5 방송의 낭독

　'읽는다'는 것은 읽는 동작이 목적인 것이 아니라, 글 내용의 진솔한 표현, 즉 의미를 풀어 제 것으로 하고 제 것이 된 글의 내용을 남에게 진술하게 읽어 준다는 것이다. 그러므로 읽기 목적에 따라 읽는 태도가 바뀌는 것은 당연하다. 그리고 태도에 따라 읽는 법이 달라진다. 예컨대, 남에게 무엇을 들려 줄 때는 아무쪼록 남이 잘 알아듣게끔 읽어야 한다. 알아듣기 좋은 성조가 읽기에서 환영받는다. 무작정 높은 고성이 좋지 않은 것도 하나의 좋은 예이다. 따라서 목소리를 가다듬어 세련되고 개성 있는 음성으로 어조를 높였다 낮추었다 하며 누가 듣든 쾌감을 느끼고, 어떤 정감을 갖게 하여야 한다. 이것이 낭독이다.

　읽기는 항상 바르게 읽어야 한다. 우선 읽게 된 글의 내용을 확실히 파악하고, 모르는 말이나 어려운 말은 가능한 대로 쉽게 바꾸고 글쓴이의 의도가 살아나도록 실감나게 읽어야 한다.

　읽기는 먼저 묵독의 과정을 거치게 된다. 묵독은 눈의 움직임을 주고 하는 읽기이기 때문에 글을 처음 대할 때나 글을 속히 보아 내려갈 때 묵독을 한다. 이 때는 온 정신이 완전히 글의 내용에 집중되므로 글의 내용을 자세히 파악할 수 있고 어구를 구체적으로 파악할 수 있다. 그러므로 묵독에서 글의 내용을 파악하고 글쓴이의 이미지와 정감을 쉽게 이해할 수 있다.

　다음이 음독이다. 소리를 내서 읽어 보는 것이니, 예스페르센(Jespersen)도 일찍이 발음 연습을 위해 글은 음독하여야 한다고 했듯이 특수한 어구라든가 발음하기 어려운 어구는 실제로 구두 연습하기 위해 음독이 필요하고, 어디서 띄고, 어디서 붙이고, 어디를 강조하고, 어디를 빨리 하고, 어디를 천천히 하고, 어조는 어떻게 유지하고, 어떤 소리로 읽어야 글쓴이의 뜻에 가장 가깝게 접근할 수 있을 것인가를 확실히 하기 위해 음독은 중요하다. 묵독과 음독의 단계를 거쳐야 비로소 낭독의 단계에 이른다.

음독을 좀더 구체적으로 설명하면 음독은 남에게 어떤 내용을 들려 주기 위해 필요하고, 낭독의 전제 조건으로 꼭 거쳐야 한다. 실제 문장 내용대로 발음이 나오나 안 나오나, 또 글을 틀리거나 더듬지 않고 잘 읽을 수 있는가 어떤가를 확인할 때, 또 작가의 호흡과 감정을 체험하고, 어감에 맞게 표현하려 할 때 낭독에 앞서 이 음독을 반드시 거치게 된다.

그런데 음독은 정작 발음 기관의 활동을 연마하여 청각에 통하므로 음성 내는 데만 정신이 쏠려 글의 내용과 괴리되기 쉽다. 그래서 음독에 앞서 묵독이 꼭 필요한 것이다. 더욱이 소리를 내 빠르게 읽으면 읽을수록 글의 내용은 자칫 잊혀지기 쉽다.

음독의 일종으로 제독이 있다. 제독은 여럿이 일제히 소리내 읽는 것을 말한다. 초등학교 어린이들이 비교적 초급 학년에서 교사를 따라 교과서를 읽는 '따라읽기'는 분명히 제독인데, 이에는 일종의 특이한 음조가 생기기 쉽고, 또 각 어구의 고저 장단이 문란해져 음성 언어로서의 정상적인 형식이 아주 자취를 감춰 버릴 우려가 없지 않다. 다만 난삽한 발음의 연습과 난삽한 어구의 음독에만 제독이 따라야 한다. 이 때 난삽한 발음은 여럿이 어울려 음독할 때 바르게 교정되기 때문이다.

이어서 낭독이다. 소리내 읽는다는 점에서 낭독과 음독이 구별되기 어려우나 낭독은 미독(味讀)을 뜻한다. 문체를 따라 읽는 투가 달라야 하는 까닭도 실은 낭독이 미독이기 때문이다. 낭독은 발음, 발성, 고저, 장단, 강약, 속도, 호흡 조절, 띄어읽기, 어조의 변화, 어감 등의 표현 기교로써 글의 내용을 되도록 바르게 나타내는 것이다. 글의 내용을 음성의 기교로 표출하는 것이 낭독이다. 그래서 필자는 언어 표현 중 낭독법을 마장술에 비유해 말한다. 말은 각각 성질이 다르기 때문에 전문 기수가 아니면 좀처럼 다루기 힘들다. 글도 동일하게 각 글의 내용이 다르기 때문에 모든 문장을 똑같이 낭독할 수 없다. 낭독도 주어진 글의 성격에 따라 다르다고 하겠다. 그리고 낭독자는 말을 다루는 기수와 같아서 기수가 어느 경우에 말을 빠르게 몰고, 어느 경우 속도를 늦추고, 또 어떤 장애물을 넘을 때는 일단 시간적 사이를 약간 두다가, 가볍게 뛰어넘는다든가 하는 따위의 기교는 말을 다루는 기수가 말의 호흡과, 성질을 완전히 파악하고 기수와 말이 혼연일체가 되어 뛰는 것으로 표현된다. 이처럼 어떤 글을 읽는 사람은 읽혀지는 글과 완전히 조화되어야 한다. 읽는 사람과 읽혀지는 글이 온전하게 조화된 뒤에 비로소 낭독의 표현 기교가 운위될 수 있다.

이 낭독법을 글로 서술하는 일만큼 어려운 것이 없다. 다만 여기서 낭독의 표현 기교만 간단히 설명하고자 한다. 표현 기교는 말하자면 화법의 그것과 대동소이하나 오직 읽는 투가 소설 낭독에서 두 가지 이상으로 나타나는 차이가 있다. 소설에 지문과 함께 등장인물의 대사가 나온다. 따라서 음성 표현의 기교에 차이를 두게 된다. 표현 기교에 고저, 장단, 강약, 명암, 속도, 억양, 띄어읽기, 어조 변화 등이 있다. 고저는 음계의 고저 차이인데 고저를 어떻게 잡아 나가야 말의 표정을 사실대로 표현할 수 있게 될까 하는 문제가 생긴다. 또, 음의 고저가 반복되므로 당연히 해조(諧調)14)가 생긴다.

글의 어느 부분을 강조하려고 할 때 강약의 현상이 일어난다. 프랑스 낭독법은 특히 음성으로 말의 의미를 한층 효과적으로 표현하기를 중시하고 있다. 프랑스말의 아름다움은 말 자체에 있고

---

14) 해조(諧調)란 '즐거운 가락'을 뜻함.

또 글 내용을 음성으로 어떻게 표현해야 더 아름다우냐는 프랑스인의 전통적 노력에 있다.

글 읽는 속도는 글의 의미와 내용에 의해 결정된다. 한 개 글월이 동일 속도로 읽힐 때, 듣는 이는 내용을 파악하기 힘들다. 단어 자체가 부각되어야 할 필요가 있는 데서 자연 속도가 느려지고, 또 글월에서 단어의 종결어미 같은 것이 빨라지는 일은 당연하지만 전체적으로 글의 의미 파악이 어려울 때 차분하게 읽어 나가고, 의미 파악이 비교적 쉬운 부분은 속도를 내 듣는 이의 생리에 어떤 저항을 주지 않게 연습할 필요가 있다.

한 마디의 말뜻은 잘 알겠으나 전체 글 뜻이나 분위기가 파악되기 어려울 때나, 한 마디의 말 속도는 빠르지 않으나 전체 속도가 빠르게 느껴지는 이유는 글 내용 중에 빨라야 할 부분과 느려야 할 부분의 조화가 잘 이루어지지 않은 까닭이다.

구나 절의 억양이 어조이다. 어구마다 갖는 고저 관계를 뜻한다. 어조는 결국 높고 낮은 음의 흐름이므로 음악의 멜로디와 같은 것이다. 국어에 수평조·상승조·하강조 등의 어조가 있다.

띄어읽기(pause)는 음성 표현법에서 빼놓고 생각할 수 없는 중요한 요소이다. 포즈는 낭독을 듣는 이가 말을 정리하고 이해하고 정감을 맛보고 다음 내용을 예비케 하기 위해 필요한 낭독상 시간의 일시적 공백이다.

말 뜻이나 앞의 어구에 의해 또는 낭독자의 호흡이나 해석에 의해 변화가 다양하게 일어나므로 포즈를 개괄해 설명할 수 없다. 어느 때든 포즈는 듣는 이의 심리적 반응을 고려하지 않고 결정할 수 없다. 요컨대, 포즈는 낭독자의 글 내용에 따른 감각적 해석이 먼저 손꼽히나 듣는 이의 처지를 고려해 결정되는 문제이다.

낭독 상태의 변화를 페이스(pace)의 변화라 한다. 음성 표현에서 포즈와 함께 중요한 요소이다. 포즈의 효과를 돕기도 하고 말하기 속도 및 어조에도 영향을 주어 결국 네 가지 요소가 조화를 이루어 낭독법이 형성된다. 페이스의 변화는 대사나 담화에서부터 또는 화제의 전환, 때로 설명에서 묘사, 지문에서 대사의 전환에 이르기까지 낭독의 어투에 변화를 준다. 그리고 낭독의 표현 기교는 개인적 감각의 차이와 음성 혹은 음색의 차이에 따라 조화되는 모양이 각각 다르다는 사실에 주목할 필요가 있다.

11. 뉴스 낭독의 실제

김 상 준

11.1 머리말

방송의 뉴스는 그 어떤 형태의 방송보다 표준어의 사용이 필수적이다. 표준적인 어휘와 표준적인 발음으로 방송하여야 한다.

방송 뉴스, 즉 보도 방송은 그 형태가 다양하다. 가장 오랜 형태의 뉴스는 라디오에서 정시에 방송하는 5분 내지 20분 내외로 아나운서들이 하는 낭독형 뉴스이다. 이외에 진행자가 전체 뉴스를 관장하면서 취재 기자들이 출연하여 역시 낭독형으로 전달하거나 진행자와 함께 하는 문답형 뉴스가 있고, 현장에서 전달하는 설명형 뉴스 등 다양한 뉴스의 형태가 있다.

그 어떤 형태의 뉴스이든지 가장 기본적인 뉴스의 요건은 정확한 언어에 의한 정확한 전달이다. 여기에 전달하는 사람에 대한 신뢰감과 인간적인 매력을 곁들인다면 더 좋은 뉴스가 될 것이다.

뉴스 낭독의 실제는 낭독 연습용 교재로 만들었다. 지금까지 방송 언어에 대한 이론이나 순화에 관한 자료는 많이 나왔다. 그러나 아나운서나 기자들이 신입사원 시절에 배울 만한 낭독용 교재가 거의 없는 실정이었다.

이론적인 교육을 위한 교재는 달리 마련되리라 믿고 이 글은 발음 연습을 중심으로 하면서 엮어 본다.

발음에 신경을 쓰면서 종합적인 뉴스 낭독자, 즉 유능한 아나운서나 기자, 리포터가 되기 위해서는 '음성의 효과적인 사용'을 위해 다음의 사항을 주의하여야 한다15).

※음성의 효과적인 사용
  (1)발화의 메카니즘(mechanism)
    ①호흡(respiration)
    ②발성
    ③공명
    ④조음

  (2)음성의 특색
    ①소리의 크기
    ②소리의 길이〈音長〉
    ③소리의 높낮이
    ④휴지

  (3)정확한 발음과 틀린 발음

  (4)효과적인 발음

11.2 스튜디오 낭독에서 주의할 사항

듣는 사람이 편하게 듣게 하기 위해서는 우선 말하는 사람이 편하게 낭독하도록 하는 것이 중요하다. 그러기 위해서는 주변 환경

---

15) 이주행,"방송국에서의 효과적인 화법 교육", 방송 언어 변천사, KBS 한국어 연구회, 1987, pp. 338-339.

과 몸과 마음의 자세가 편안하여야 한다. 그래서 스튜디오의 환경과 낭독시의 주의할 점에 대해서 다음의 사항을 유의하여야 한다.

(1) 스튜디오(studio)에서의 점검

① 출입문의 개폐 여부를 확인한다.
② 잡음이 나는 기기(器機)가 있는지 확인한다.
③ 낭독에 알맞은 조명인지 확인한다.
④ 앉아서 방송할 경우 좌석의 높이를 조절한다.
⑤ 기술 담당자나 연출자와의 시야를 확보한다.
⑥ 움직일 때 잡음이 나는 옷이나 장신구는 피한다.
⑦ 마이크와 원고, 낭독자가 일직선이 되게 배치한다.
⑧ 원고는 넘기기 좋게 정리한다.
⑨ 마이크는 약 30 센티미터 내외의 거리를 유지한다.
⑩ 담배나 음료수, 특히 신맛의 음료수는 피한다.

(2) 낭독시 주의할 점

① 등을 펴서 자세를 바로 한다
② 목과 어깨 등 온몸의 힘을 뺀다.
③ 정확한 발음을 위해 가능하면 개구도를 크게 한다.
④ 가능하면 평소보다 빨리 혀를 움직인다.
⑤ 입술을 부드럽게 유지한다.
⑥ 호흡은 편안하게 유지한다.
⑦ 적당한 크기의 음량을 유지한다.
⑧ 가성(假聲)이 아닌 지성(地聲)을 사용한다.
⑨ 불필요한 콧소리나 숨소리, 혓소리에 조심한다.
⑩ 원고지를 넘기는 소리가 들리지 않도록 조심한다.

11.3 낭독의 실제

앞에서는 낭독의 준비를 위한 기초이론을 제시했다. 이제 낭독 연습용 문장을 몇 개 제시한다.

낭독의 적합성 여부를 떠나 많이 알려진 문장으로 국민교육헌장과 페이터의 산문, 기미독립선언문을 택했으며, 다큐멘터리 형태의 방송인 내레이션용 문장, 방송 뉴스 문장 등을 연습용 문장으로 선정하였다.이 연습용 문장에서는 악센트나 억양을 정확하게 도표화할 수 없기 때문에 장·단음의 구분, 호흡과 속도만 제시하여 낭독 연습에 참고하도록 하였다.

예문의 띄어쓰기 표시(v)는 호흡이 필요 없는 순간적인 쉼(pause)으로 의미를 명확하게 하기 위한 숨이다. 이 부분에서는 순간적인 쉼에 바로 이어 첫 음절에 힘을 주어 의미를 분명하게 해 주는 것이 좋다. 그리고 사선(/) 표시는 숨을 쉬기 위한 것이다. 이 쉼은 문장 중간에서는 짧게 숨을 쉬고, 문장의 끝 마침표에서는 충분히 숨을 쉬어 다음의 낭독에 대비한다.

모든 장음에는 장음부호(:)를 했는데, 장음은 단음의 2배 정도로 길게 발음한다.

속도는 문장의 종류나 낭독 현장의 분위기 또는 낭독자의 개인차에 따라 조절이 되겠으나, 예문㉣ 방송 내레이션은 1분에 280음절 내외로 측정 됐으며, 예문㉮는 290 음절, ㉯는 300 음절, ㉰는 270 음절 내외가 적절한 속도이며, ㉱ ㉲ 뉴스는 345음절이고, 1분의 길이 표시는 ※ 표시를 하였다. 발성, 성량, 음질, 호흡, 억양, 표준 발음 등에 유념하면서 낭독하여야 한다.

㉮ 선언문: 국민 교육 헌장

우리는 민족 중흥의 역사적 사 : 명을 띠고V 이 땅에 태어났다.(23) 조상의 빛난 얼 : 을 오늘에 되살려, /안으로 자주 독립의

자 : 세를 확립하고, /밖으로 인류 공 : 영에 이바지할 때다./(42,
65) 이에, 우리의 나아갈 바를 밝혀 교 : 육의 지표로 삼 : 는다./
(21,86)

　성실한 마음과 튼튼한 몸으로, V학문과 기술을 배우고 익히며,
/타고난 저마다의 소질을 계 : 발하고,/ 우리의 처 : 지를 약진의
발판으로 삼아, V창 : 조의 힘과 개척의 정신을 기른다./(67,151)공
익과 질서를 앞세우며 능률과 실질을 숭상하고, /경 : 애와 신 : 의
에 뿌리박은 상부 상조의 전통을 이어받아, /명랑하고 따뜻한 협
동 정신을 북돋운다./(58,209) 우리의 창 : 의와 협력을 바탕으로
나라가 발전하며, / 나라의 융성이 나의 발전의 근본임을 깨달아, /
자유와 권리에 따르는 책임과 의 : 무를 다하며, / 스스로 국가 건 :
설에 참여하고 봉 : 사하는 V국민 정신을 드높인다./(81,※1분 290)

　반 : 공 민주 정신에 투철한 애국 애족이V 우리의 삶 : 의 길이
며, /자유 세 : 계의 이 : 상을 실현하는 기반이다./(39,329) 길이
후 : 손에 물려줄V영광된 통 : 일 조국의 앞날을 내 : 다보며, /신
: 념과 긍 : 지를 지닌 근 : 면한 국민으로서,/ 민족의 슬기를 모아
V줄기찬 노력으로, V새 역사를 창 : 조하자./(62,391) 〈국민
교육 헌장, 1968〉

㉯ 수필 : 페이터의 산문
　만 : 일 너를 괴롭히는 것이 있다면,/ 그것은 네 마음이 그렇게
생각하는 때문이니까,/ 너는 그것을 쉬 : 물리칠 수 있을 것이
다./(47) 죽음이란 무엇인가?(8,55) 만 : 일 죽음에 부 : 수되는
여러 가지 外 : 觀과 관념을 사리(捨離)하고,/ 죽음 자체를 직시
한다면, V 죽음이란 자연의 한 理 : 法에 지나지 아니하고,/ 사 :
람은 그 이 : 법 앞에 겁을 집어먹는/어린애에 지나지 못하다는 것
을 알 : 것이다./(81,136) 아니, 죽음은 자연의 이 : 법이요 작용
일 뿐 아니라,/ 자연을 돕 : 고 이 : 롭게 하는 것이다./ (38,147)

철인이나 법학자나 장군이 우러러보이면,/ 이러한 사 : 람으로 이미 죽은 사 : 람을 생각하라/(35,209) 네 얼굴을 거울에 비추어 볼 때에는 조상 중의 한 사 : 람 V옛 : 날의 로 : 마 황제의 한 사 : 람으로 이미 죽은 사 : 람을 생각하라./ (40,249) 그러면 너는 도 : 처에 네 現 : 身을 볼 수 있을 것이다./ (19,268) 그리고는 이러한 것을 생각하여 보라./ 그들이 지금 어디 있는가? V대 : 체 어디 있을 수 있는가?/ 그리고, 네 자신 얼마나 오래 머물러 있을 수 있는가? (33,※1분 301) 너는 네 생명이 속절없고/ 너의 직무, 경영이 허무하다는 것을 알 : 지 못 : 하느냐?/ (38,339) 그러나, 머물러 있으라./ 적 : 어도 치열한 불길이 그 가운데 던져지는 모 : 든 것을 /열과 빛으로 변 : 화시키는 것과 같이,/ 이러한 세 : 상의 俗事나마 V그것을 네 본성을 맞도록 동 : 화시키기까지는./ (72,411) 〈 李敭河, 페이터의 산문〉

㉰ 선언문 : 기미 독립 선언문

吾等은 玆에 我 : 조선의 독립국임과 V조선인의 자주민임을 선언 하노라./ (29) 此로써 세 : 계 만 : 방에 告 : 하여 V 인류 평등의 대 : 의를 克明하며,/ 차로써 자손 만 : 대에 고(告) : 하여 V 민족 자존의 正 : 權을 영유ㅎ게(케) 하노라./ (48,76)

반 : 만 년 역사의 권위를 장(仗) : 하여 V차를 선언함이며,/이 : 천만 민중의 誠忠을 합하여 V차를 표명함이며,/ 민족의 항구 여일한 자유 발전을 위하여 차를 주장함이며, 인류적 양심의 발로에 기인한 세 : 계 개 : 조의 대 : 기운에 순 : 응 병 : 진하기 위 : 하여 V차를 제기함이니,/ 是 : 천의 明命이며, 시대의 대 : 세이며,/ 전 인류 공 : 존 동 : 생권의 정 : 당한 발동이라,/ 천하 何物이든지 차를 저 : 지 억제ㅎ지(치) 못 : 할지니라.(147,223)

구:시대의 유물인 침략주의, 강권주의의 희생을 作하여/ 유:사 이:래 누:천년에 처음으로/ 이:민족 겸제의 통 : 고(痛苦)를 상한

지V금에 십 년을 과:한지라/(55. ※1분 278) 아: 생존권의 박탈
됨이 무릇 幾何이며,/ 심령상 발전의 장애됨이 무릇 기하이며,/
민족적 존영의 훼:손됨이 무릇 기하이며,/ 新銳와 독창으로써V
세:계 문화의 대:조류에 기여 보:비할/ 기연(機緣)을 유실(遺失)
함이 무릇 기하이뇨? (82. 360)〈崔南善, 己未獨立宣言文〉

㉱ 다큐멘터리 : 한국의 미

　예:부터 인간들은 고기잡이와 농사에 필요한/ 강이나 바닷가에
모여 살았다./(30) 그러나 물은 언:제나 V 또 하나의 거:대한 장
애물이기도 했:고,/ 그래서 물 위에 놓인 다리는 V 인류가 존재
하기 시:작한 시기와 함께,/ 필연적으로 탄:생하기에 이르렀
다./(63. 93)

　다리의 가장 원시적인 형태로/외나무다리를 들 수가 있다./(23. 116)

　어디서든 손쉽게 구할 수 있었더 통나무 하나/ 그것이 물 위를
가로질러 놓이면서/ 인간에게는 V 편리라는 쾌적함 하나가 더 늘
어나게 됐:다/(54. 170)

　외나무다리는 V 한:국인에게도 독특한 감:흥을 불러일으키면
서,/ 많:은 얘:기와 까닭을 전해 준다./(37. 207) 나무판 하나
가 위태롭게 놓여진다./(14. 221)

　그러나 그나마 이것마저 없:으면 /십여 리가 넘:는 멀:고 먼:길
을 돌아가야 하는데/산골마을 깊은 곳에서 사:는 사:람들에게는/
더 할 나위 없:이 편리한 것이기도 했:다.(63. ※1분 284)

　〈한국의 美. '옛다리'. KBS-1 TV. 91. 5. 6〉

　이상의 설명형이나 선언형 문장에 이어 방송 뉴스 문장으로 낭
독 예문을 제시한다.

　뉴스 문장은 1분간 표현 속도인 345음절에 맞추었다. 이 속도
는 우리 나라 방송의 라디오와 텔레비전 뉴스의 평균 속도이다.

정규 방송은 이외의 일반 회사나 학교 방송에서는 300 음절 내외의 속도도 그렇게 저속으로 들리지 않을 것이다.

여기에도 역시 호흡이 필요 없는 휴지(pause)인 끊어읽기표(V)와 숨을 쉬는 호흡 유지표(/)를 넣었으며, 모든 장음에는 장음 부호(:)를 넣었다.

ⓜ 방송 뉴스 : 수학 능력 시험 실험 평가

대:학 수학 능력 시험 도:입을 위:한 제:오 차 실험 평가가/ 오늘 전국 삼백열세:개 고등학교에서 V오:만여 명을 대:상으로 실시됐습니다./(51, 51)

이번 실험평가에 참여한 학생은 V현:재 고등학교 이:학년 학생들로 /구십사:학년도부터 도:입되는 새 대:학입시 제:도에 따라/ 실제로 대:학 수학 능력 시험을 치러야 하는 학생들입니다.(71,122)

이번 실험 평가에서는 지난 사:차 평가 때에 이어 /언어와 영어영역에서 듣기 평가가 실시됐습니다.

국립 교:육 평가원은 단편적 지식을 암:기하는 학습보다 /각교:과에 충실하면서 토:의와 관찰에 충실하고 /실험 중심의 탐구 학습과 생활 외:국어에 대:한 교:육 /그리고 보다 많:은 독서 경험을 쌓은 학생이면/누구나 쉽:게 풀 수 있는 문:제를 / 비:중 있게 다뤘다고 밝혔습니다./ (104, 265)

이번 제:오 차 실험 평가 문:제의 각 문:항은 오:지 선:다형 객관식으로 하고 /한 문:항에 정:답이 두:개 이:상 있는 다답형 문:항도 포함됐으며 /출제 범:위는 고등학교 이:학년 교:육과정의 범:위내에서 출제됐습니다. (80, ※1분 345)

12. 방송 보도

이 주 행

12.1 머리말

　30여 년 전에 미국에 이민을 간 사람이 최근에 귀국하여 우리 나라의 텔레비전 뉴스를 시청하고 우리말이 예전에 비해 매우 거칠어졌다고 흥분해서 말하는 것을 들은 적이 있다. 소음을 듣는 것과 같았다는 것이다. 매우 높은 소리로 말가락을 무시한 채 쉼 없이 보도하여 무슨 말을 하는지 이해하기가 어렵더라는 것이다. 보도(報道)란 국내외에서 생긴 일을 전하여 알리어 주는 것이다.[15] 컴퓨터와 디지털 시대에 시청자에게서 사랑을 받는 보도 방송이 되기 위해서는 보도자는 현실에 만족해서는 안 되고 수용자의 입 장에서 각고의 노력을 하여야 한다. 수용자인 라디오의 청취자와 텔레비전의 시청자는 사회 계층·연령이 다양하다. 동일한 남성과 여성이더라도 어느 사회 계층에 속하고 어느 세대에 속하는지에 따라 뉴스의 이해 정도와 선호도가 다르다. 대학 졸업 이상의 고 학력자가 날이 갈수록 많아지고 있으며, 수용자 중에는 비평가의 입장에서 라디오를 청취하거나 텔레비전을 시청하는 사람이 날로

---

15) 김원용(1993 : 78)에서는 '방송 보도'란 "방송 제작상의 제약으로, 방송사 혹은 방송 기자들이 뉴스 선택 기준에 따라 주변에서 일어나 는 사건을 종합적이면서도, 최대한 객관적인 내용과 형식의 음성과 영상 신호로 바꾸어 수용자에게 전달하는 행위"라고 정의하고 있다.

증가하고 있다. 1990년대에 접어들면서 컴퓨터와 디지털의 발달과 더불어 방송 보도 기술도 발달되어 가고 있다.

그런데 아무리 방송 보도 기술이 발달한다고 하더라도 메시지를 언어로 표현하는 일을 보도자 이외에 다른 존재가 대신하기는 어려울 것이다. 인간 언어와 동일한 합성 언어가 개발되기 전까지는 합성 언어로 메시지를 표현하는 것보다 인간의 자연스러운 언어로 표현하는 것이 더욱 효과가 있을 것이다.

보도의 내용과 형식이 모두 충분 조건을 갖추어야 보도가 제 기능을 다 할 수 있는 법이다. 우리 나라의 방송 보도에 관여하는 사람들은 아직도 형식보다는 내용을 중시하는 경향이 농후하다. 형식이야 어떻든 내용만 대충 전달하면 된다고 생각하는 이도 많다. 이런 사람들이 있는 한 방송 보도 수준이 획기적으로 향상될 수 없다.

이 글에서는 보도의 형식과 관련이 있는 여러 문제 중에서 보도문을 어떻게 작성하여[16] 어떻게 보도하여야 하는지에 대하여 살펴보고자 한다.

12.2 방송 보도문 작성 방법

방송 보도문을 작성할 때에는 5대 뉴스 가치 기준인 시의성(時宜性)·보편성(普遍性)·근접성(近接性)·영향성(影響性)·인간적 흥미성 등과, 뉴스의 기본 특성인 정확성(正確性)·공정성(公正性)·객관성(客觀性)·완전성(完全性) 등과 용이성을 고려하여야 한다.

뉴스의 5대 가치 기준은 기자가 수많은 뉴스 중에서 수용자에게 보도할 것을 선정할 때 반드시 고려하여야 할 준거이다. 시의

---

16) 이재경(1996 : 91)에서는 미국의 경우 기자 대상 교육을 할 때에 문장 교육을 중시한다고 한다.

성이란 어떤 뉴스가 그것을 보도할 때의 사정과 맞는 것이어야 한다는 것이다. 어떤 사건이 발생하였을 경우에는 즉시 그것을 보도하여야 그것이 뉴스로서 가치가 있다는 것이다. 사건이 발생한 지 며칠이 지나서 보도하면 그것은 뉴스로서 가치가 없다는 것이다. 뉴스의 시의성은 뉴스의 집단화 혹은 연속화를 촉진시켜 뉴스가 중첩되는 경향을 보인다.

보편성이란 뉴스가 모든 청취자나 시청자에게 두루 미치는 것이어야 뉴스로서 가치가 있다는 것이다. 불특정 다수의 수용자가 이해할 수 있는 뉴스이어야 뉴스로서 가치가 있는 것이다.

근접성이란 수용자의 뉴스에 대한 지역적·심리적인 거리감을 뜻한다. 대다수의 수용자에게 거리감을 주지 않는 뉴스가 더욱 가치가 있는 것이다. 방송 보도에 관여하고 있는 사람들은 뉴스의 취재·편집·보도 과정에서 해당 뉴스가 소속 사회와 수용자들게 대하여 지니고 있는 근접성을 반드시 고려하여야 한다.

영향성이란 되도록 많은 수용자에게 영향을 끼치는 뉴스가 뉴스로서 가치가 있다는 것이다. 소수 집단에게만 영향을 끼치는 뉴스는 그만큼 뉴스의 가치가 떨어지는 법이다.

인간적 흥미성은 뉴스가 수용자에게 흥미를 주는 것이어야 가치가 있음을 뜻하는 것이다. 뉴스가 정보 전달에만 치중하여 구성될 경우 수용자의 주목을 지속적으로 받을 수 없다. 텔레비전 방송 보도의 경우에는 화면의 생동감과 감정에 대한 호소력이 강한 매체이기 때문에 인간적인 흥미를 유발할 수 있는 것이 뉴스로서 높은 가치를 지니게 된다(김원용, 1993 : 79).

방송 뉴스 보도문의 구조도 신문 뉴스 기사문과 같다. 방송 뉴스 보도문은 대개 역피라미드형(inverted Pyramid form)으로 조직한다. 이것은 뉴스의 핵심이 되는 것을 서두에 요약하여 제시하고, 그 다음에 중요한 보충 사실과 흥미있는 사실의 세부 내용으로 이루어지는 본문이 뒤따르는 것이다. 뉴스 보도문은 제목

(headline),전문(lead)[17], 본문(body) 등으로 구성된다.

제목을 달 때에는 다음 몇 가지 사항에 유의하여야 한다.

첫째, 제목은 전문이나 본문을 압축하여 단다. 특히 텔레비전 방송 보도의 경우 시청자의 시선을 덮어놓고 사로잡으면 된다는 강박 관념에 빠져서 전문이나 본문의 내용과 무관한 것을 제목으로 달아서는 안 된다. 수용자가 뉴스의 핵심 내용을 알 수 있도록 전문이나 본문을 압축하여 제목을 붙여야 한다.

(1) 금융기관 매각 의뢰 부동산 폭등세
(2) 한전, 에디슨 대상 수상

(1)은 "올들어 경기침체와 부도 사태가 계속되면서 금융 기관들의 담보 물건 가운데 팔려고 내놓는 부동산이 크게 늘고 있습니다."라는 보도문의 전문을 압축하여 붙인 제목이다. 제목 (2)는 "한국전력이 오늘 전력 산업 발전에 이바지한 공로를 인정받아 세계전기 사업자 협회인 에디슨전기협회가 수여하는 에디슨 대상을 수상했습니다."라는 보도문의 전문을 압축해서 붙인 것이다.

둘째, 제목은 정확하고, 명료하며, 간결하고, 평이하게 작성한다. 이러한 성질을 띤 제목을 작성할 수 있으려면, 보도문 작성자는 단어 감각(word sense), 문법 감각(grammar sense), 의미 감각(meaning sense) 등을 갖추어야 한다.

단어 감각은 단어의 동의성(同意性), 반의성(反義性), 다의성(多義性), 하의성(下義性) 등에 대한 예리한 분별력을 뜻한다. '생각, 사고(思考), 사색(思索), 사유(思惟), 사변(思辨)…' 등의 동의어를 문맥이나 상황에 따라 알맞게 사용할 수 있는 능력이 그 보기에 해당한다. 단어 감각은 어휘력과 불가분의 관계를 지니고 있다. 문법 감각이란 문장 성분간의 호응 관계—주어와 서술어의

---

17) '전문(lead)'을 '리드' 혹은 '요약문'이라고 일컫기도 한다.

호응, 목적어와 서술어의 호응, 보어와 서술어의 호응, 부사어와 서술어의 호응—를 바탕으로 문법에 맞게 문장을 작성하는 능력을 뜻한다. 의미 감각이란 수사법(修辭法)을 참신하고 적절하게 구사하는 능력을 뜻한다.

제목을 간결하게 달기 위하여 문장의 구성 요소 가운데 조사나 어미를 생략하는 경우에도 시청자가 그 제목의 의미를 쉽게 이해할 수 있는 범위 내에서 하여야 한다. 둘 이상의 단어로 이루어진 제목의 끝에 오는 단어가 명사이면, 그것은 반드시 [+동작성]의 의미 자질을 지닌 것이어야 한다. '입학, 졸업, 공부, 작용, 작동, 외출, 수입, 수출…' 등이 [+동작성]의 의미 자질을 지닌 명사이다. '엄격, 단순, 복잡, 정숙(靜肅…)' 등은 [-동작성]의 의미 자질을 지닌 명사이다. 이러한 것이 제목의 끝에 놓이지 않도록 하여야 한다. 또한 띄어쓰기를 정확히 하여야 한다. 띄어쓰기를 바르게 하지 않으면, 수용자가 제목의 의미를 쉽게 파악하지 못하거나 오해하게 된다.

셋째, 제목은 수용자의 호기심을 자극할 수 있도록 작성한다. 텔레비전 뉴스의 제목은 채널 선택에 영향을 끼친다. 따라서 보도문 작성자는 뉴스의 제목은 채널 선택에 영향을 끼친다. 따라서 보도문 작성자는 시청자의 호기심을 자극할 수 있는 제목을 달아야 한다. 시청자는 돈, 성, 투쟁, 명성, 미담, 신기성, 다수의 관련성, 발견과 발명, 범죄 등에 흥미가 있다.(Fraser Bond, 1954).

(3) 귀성객 2,800만 대이동
(4) '이'군 '팔'시위대에 발포
(5) 대낮에 강도짓한 10대 2명 검거

제목 (3)은 '다수인의 관련성', (4)는 '투쟁', (5)는 '범죄'와 관련되는 제목이다. 따라서 이것들은 시청자의 호기심을 자극하는데 알맞은 제목이다.

전문(lead)은 기사의 생명이고 얼굴이다. 이것은 수용자에게 스토리의 개요를 제공하는 구실을 한다. 우수한 전문은 스토리의 요점을 제공하고 수용자로 하여금 그 다음에 이어지는 본문을 계속해서 청취하거나 시청하도록 하는 매력이 있다.

전문을 작성할 때에는 다음 몇 가지 사항에 유의하여야 한다.

첫째, 육하원칙(六何原則, 5W1H)에 따라서 작성한다. 그런데 방송 뉴스 1건당 보도하는 시간은 1분 30초 내외이므로 전문은 가장 중요한 내용을 압축해서 작성하여야 한다. 다음 예문과 같이 5W1H 가운데 내용을 압축해서 작성하여야 한다. 다음 예문과 같이 5W1H 가운데 중요하지 않은 것은 과감히 생략하고 전문을 작성할 필요가 있다.

(6) 미국의 케네디 대통령이 암살되었습니다.
(7) 달러 환율이 급등했습니다.

둘째, 독자의 호기심을 유발할 수 있도록 작성한다. 전문은 제목 다음으로 수용자에게 뉴스 기사에 대한 호기심을 가지게 하는 구실을 한다. 따라서 전문은 청취자나 시청자에게 매력을 주는 것이어야 한다. 수용자의 호기심을 유발할 수 있는 전문이 되게 하려면 전술한 바 있는, 흥미 있는 뉴스의 요건을 고려하여 전문을 작성하여야 한다.

셋째, 전문은 20 음절 이내로 작성한다. 전문의 길이가 길면 길수록 매력을 잃게 된다.

(8) 오늘부터 전국에 걸쳐 장마가 시작됐습니다.
(9) 오늘부터 전국 곳곳에서 본격적인 장마가 시작됐습니다.

이상의 예문(8)은 18자이고, (9)는 24자이다. 예문 (8)이 (9)보다 짧을 뿐만 아니라 군말이 없기 때문에 전문으로서 더욱 적절한 것이다.

넷째, 방송 매체는 신문매체와 달리 일시성을 띠므로 방송 뉴스 전문은 가급적 두 가지 이내의 주제를 표현하여야 한다. 세 가지 이상의 주제를 표현하면 수용자가 주제 파악에 어려움을 겪는다.

(10) 달러 환율이 급등했습니다.

(11) 달러 환율이 급등하고, 외환시장이 마비됐습니다.

(12) 달러 환율이 급등하고, 외환 시장이 마비됐으며, 정부가 달러 차입에 나섰습니다.

(10)은 하나의 주제를 표현한 전문인데, (11)은 두 개의 주제를 표현한 것이고, (12)는 세 개의 주제를 표현한 것이다. 이 중에서 전문으로 문제가 있는 것은 예문 (12)이다. 이것은 그 길이가 32자나 되어서 수용자 중에는 단시간에 그 의미를 완전히 파악하기가 어려운 사람도 있을 것이기 때문이다.

다섯째, 전문(lead)은 경어체와 구어체로 작성한다. 방송 뉴스의 전문은 '하십시오체'[18]로 작성한다. 또한 보도자의 입말로 전달하기 때문에 구어체로 작성하여야 한다. 구어체는 문어체에 비하여 간결하다. 구어에는 축약과 생략 현상이 많이 나타난다. 구어에서는 '하였다'를 '했다'로, '요사이'를 '요새'로, '마음'을 '맘'으로, '너를'을 '널'로, '무엇'을 '뭘'로 줄여서 발음하기도 한다. 또한 상대방이 알고 있다고 생각한 문장의 주성분—주어, 목적어, 보어, 서술어—을 생략하여 말하기도 하는데, 문어에서는 되도록 주성분을

---

18) '하십시오체'를 '합쇼체'라고 일컫기도 한다. 다음 예문이 '하십시오체'에 해당한다.
   (1) 우리 나라는 수출이 잘 됩니다.
   (2) 이 물건은 제가 만든 것입니다.

생략하지 않고 표현한다. 구어에서는 어떤 단어 앞에 그것을 수식하는 말이 길게 놓이지 않는다. 긴 수식어가 피수식어의 앞에 놓이면 상대방이 그 말의 의미를 파악하기가 어렵기 때문이다.

여섯째, 의미가 명료하고 정확하게 작성한다. 명료하고 정확한 전문이 되게 하려면, 의미 표현에 가장 알맞은 단어를 선택하여 국문법에 맞는 문장으로 작성하여야 한다. 보도문 작성자는 프로베르의 '일물일어설(一物一語說)'에 따라 최적의 단어로 국문법에 맞게 문장을 작성하여야 명료하고 정확한 전문이 될 것이다.

뉴스 기사의 본문(body)은 전문에 표현된 육하원칙(六何原則) 가운데 중요하고 흥미있는 사실을 상세하게 부연하거나, 전문에 표현되지 않는 사실을 첨가하는 것이다. 각 뉴스 보도문이 5개 이내의 문장으로 이루어질 경우 본문은 대개 2~4 문장으로 형성된다. 본문을 작성할 때 유의할 점은 다음과 같다.

첫째, 본문을 구성하고 있는 문장 중에서 가장 중요한 것을 본문의 맨 앞에 놓이게 하고, 가장 중요하지 않은 것을 맨 뒤에 놓이게 한다. 맨 뒤에 있는 문장은 편집자가 삭제하여 버려도 작성자의 표현 의도가 손상되지 않는 것이어야 한다. 둘째, 응집성이 있도록 작성한다. 응집성이란 문장의 구성 요소나 문장 간에 긴밀한 결합력을 가지고 있는 기본 성질을 뜻한다. 응집성이 없이 본문을 조직하게 되면, 수용자에게 산만한 느낌을 줄 뿐만 아니라 수용자가 그 메시지를 정확히 파악하기가 어렵다.

(13) 영희는 매우 <u>착한데</u> 철수는 대단히 착하다.
(14) 영희는 매우 착하다. <u>그러나</u> 철수는 대단히 착하다.

예문 (13)의 '착한데'에 쓰인 연결 어미 '-ㄴ데'는 앞 뒤 내용이 상대적인 것임을 나타내는 것이다. 그런데 예문 (13)은 영희와 철수가 모두 착한 사람임을 뜻하는 문장이다. 예문 (13)은 "영희와 철수는 매우 착하다"로 바꾸어 잘못 사용하여 앞 뒤 문장의 응집성이 결여된 보기에 해당한다. 예문 (14)는 '그러나'를 '또한'으로, '철수는'은 '철수도'로 바꾸어 써야 응집성을 지니게 된다. 이와 같이 응집성이 있는 문장이 되게 하려면 연결 어미, 접속어, 조사 등을 정확히 사용하여야 한다.

셋째, 정확성·명료성·객관성이 있는 문장으로 본문을 구성한다. 정확하고 명료한 문장이 되게 하려면, 메시지를 표현하는 데 가장 알맞은 단어를 선택하여 문법에 맞는 문장이 되도록 하여야 한다. 또한 맞춤법·띄어쓰기·문장 부호 사용 등도 기사의 정확성과 명료성을 기하는 요인으로 작용하므로, 맞춤법에 맞게 단어를 표기하고, 띄어쓰기 규정19)에 따라 띄어 쓰며, 문장 부호 사용법에 맞게 문장 부호를 사용하여야 한다.

넷째, 본문은 길이가 짧고 구조가 단순한 문장으로 구성한다. 문장의 길이가 50 음절 이내이고 구조가 단순한 문장으로 본문을 작성한다. 문장의 길이와 구조는 수용자의 청해(聽解)에 영향을 많이 끼친다. 문장의 길이가 50 음절 이내이어야 수용자가 메시지를 쉽게 파악할 수 있다. 50 음절 이상으로 이루어진 장문(長文)은 구조가 복잡하여 이해하기가 어려울 뿐만 아니라 중의성(重義性, ambiguity)을 지녀서 수용자가 메시지를 오해할 경우가 있다.

다음 예문 (15)는 어느 방송 보도문에서 발췌한 것이다. 이것은 비문법적으로 쓰인 문장이다. 또한 단어를 부적절하게, 맞춤법에 어긋나게 단어를 표기하며, 띄어쓰기를 잘못하고, 길이가 110 음절이나 되는 장문이다. 또한 이 문장에는 주관적인 의미를 내포한 어구(語句)도 쓰였다.

(15) 이번 지진은 <u>여러명의</u> 사망자와 <u>수천명의</u> 부상자를 낸 지난 47년 <u>지진이후</u> 규모가 커서 이쌍주 등 인도 북동부 지역의 주

---

19) '한글 맞춤법(1988)'에서 띄어쓰기에 관하여 규정하고 있는 항목은 제1장 총칙 제2항과 제6장 띄어쓰기 제41항~제50항이다.

민들이 집과 사무실에서 <u>뛰쳐나오는</u> 등 소동을 <u>빚었으나</u>, 최소한 18명이 부상하고 삘딩 4채가 <u>무너졌을뿐</u> 큰 <u>사상자</u>나 재산 피해는 없었습니다.

'여러명'은 '여러 명'으로, '수천명'은 '수천 명'으로, '지진이후'는 '지진 이후'로, '무너졌을뿐'은 '무너졌을 뿐'으로 띄어 써야 한다. "이번 지진은 ~규모가 커서"는 '여러 명의~지진 이후'로 말미암아 부자연스러운 표현이 되었다. 이 구절을 삭제하고 지진의 강도를 구체적으로 제시하였더라면 더 나았을 것이다. 예문 (15)에 두 번 쓰인 '등'은 잘못 사용한 것이다. 왜냐하면 의존 명사 '등'은 '같은 종류의 사물 둘 이상이 앞에 열거되어 있음을 묶어 나타낼 때 쓰이는 단어'이기 때문이다. '소동을'과 '빚었으나'는 객술 관계를 맺을 수 없는 말이다. '~빚었으나'까지의 내용과 그 뒤의 내용은 대립적인 것이 아니므로 연결 어미 '-(으)나'를 사용해서는 안 된다. '사상자'는 '죽거나 다친 사람'을 뜻하므로 '큰 사상자'도 잘못 표현된 어구이다. 그리고 '큰 사상자나 재산 피해는 없었습니다'라는 표현은 주관적인 것이다. 사람에 따라서는 18명이 부상하고 빌딩 4채가 무너진 것을 피해를 많이 입은 것으로 볼 수 있기 때문이다. 예문 (15)는 다음 (15)′와 같이 바꾸어 써야 할 것이다.

(15)′이번 지진은 그 강도가 7이나 되었습니다. 이쌍주를 비롯한 인도 북동부 지역의 주민들이 집과 사무실에서 뛰어나오는 소동이 벌어졌습니다. 이 지진으로 말미암아 18명이 부상하고, 빌딩 4채가 무너졌습니다.

다음 예문 (16)~(21)도 문법에 어긋난 문장이거나 부자연스러운 문장이다.

(16) 그랜드백화점도 슈퍼마켓에서 취급하는 식품류를 중심으로 15개 품목을 선정해 경쟁업체들보다 매일 30%이상 싼 값에 판

매하기로 하는 등 유통업체들의 가격 인하 <u>전쟁</u>이 갈수록 <u>치열</u> <u>해질 전망입니다</u>20).

(17) <u>경기도에 따르면</u> 최고 15명이 탈 수 있는 합승 전용 밴택시 와 전화 호출과 예약에 의해서만 운행이 가능한 전세 예약 택시 를 올 하반기부터 대도시 인구밀집 지역을 중심으로 시범 운행 한 뒤 오는 2001년까지 전역으로 확대하기로 했습니다.

(18) 제일은행은 발주 회사인 캘리포니아 에너지사가 일방적으로 공사 계약을 파기한 만큼 오는 13일 위약금 청구에 <u>따른</u> 협상 을 벌일 예정이라고 <u>밝혔습니다.</u>

(19) 부실 신고는 공단 품질 본부와 각 지방사무소 품질 안전부 로 전화나 편지를 통해 할 수 있으며 신고 센터는 연중 무휴로 운영됩니다.

(20) 반면 주택, 상가, 사무실 등은 지난해보다 큰 폭으로 <u>줄었 는데</u> 이는 규모가 <u>적은 부동산의 경우</u> 은행들이 자체 매각을 _ <u>하고 있기 때문으로</u> <u>분석됐습니다.</u>

(21) 상업은행은 또 지금까지 부실 징후 기업에 대한 금융 지원 을 할 때 제출받는 각종 포기 각서에 조건을 다는 전례가 없 다면서 진로측이 조건부 각서의 제출을 고집하면 <u>8백4억원 의 긴급자금 지원은 불가능하다고 못박았습니다.</u>

이상의 예문 (16)은 '전쟁'이라는 단어를 잘못 사용하고, 수식어 와 피수식어가 잘못 연결되었기 때문에 비문법적인 문장이 된 것이 다. 예문(17)의 '경기도에 따르면'은 영어 번역투이다. 또한 예 문 (17)은 불필요한 단어 '따른'과 '밝히다'를 잘못 사용하여 어색 한 문장이 되었다. 예문 (19)는 조사를 잘못 사용하고, 두 개의

---

20) 우리 나라 방송인들 중에는 "…할 전망입니다"라는 비문법적인 표현 을 사용하는 사람이 많다. 이것을 "…할 것으로 전망합니다/보입니 다/전망됩니다"로 바꿔 써야 국어 문법에 맞는 표현이 된다.

문장으로 나누어 작성하는 것이 수용자의 이해에 더 도움을 줄 수 있는데, 두 개의 절로 이루어진 복문으로 작성하였기 때문에 부자연스럽고 난해한 문장이 되었다. 예문 (20)은 단어를 맞춤법에 어긋나게 표기하고, 단어를 잘못 사용하고, 선행절과 후행절의 시제가 불일치하여 부자연스러운 문장이 되었다. 예문 (21)은 89 음절이나 되는 장문이고, 간략하게 표현할 의도로 '금융을 지원함'이라고 표현하여야 할 것을 '금융 지원'으로 표현함으로써 일본어 번역투 느낌을 주며, '못박았습니다'와 같은 주관적인 어구를 사용하고 있어 보도문으로 부적절한 것이다.

예문 (16)~(21)을 바꾸어 쓰면 다음의 (16)′~(21)′와 같다.

(16)′ 그랜드백화점도 식품류를 중심으로 15개 품목을 선정해 경쟁업체들보다 30% 이상 싼값으로 판매하기로 했습니다. 유통업체간의 가격 인하 경쟁이 갈수록 치열해질 것으로 보입니다.

(17)′ 경기도에서는 최대한 15명이 탈 수 있는 밴택시와 전세 예약 택시를 올 하반기부터 대도시 인구 밀질 지역을 중심으로 시범 운행키로 했습니다. 그 뒤 2001년까지 전역에 걸쳐 운행키로 했습니다.

(18)′ 제일은행은 발주 회사인 켈리포니아 에너지사가 일방적으로 공사 계약을 파기했으므로 오는 13일 위약금 청구에 관한 협상을 벌일 예정이라고 합니다.

(19)′ 부실 신고는 공단 품질 본부와 각 지방사무소 품질 안전부에 전화나 편지로 할 수 있습니다. 신고 센터는 하루도 쉼없이 운영합니다.

(20)′ 반면 주택, 상가, 사무실 등에 관한 매각 의뢰율은 지난해보다 큰 폭으로 줄었습니다. 이는 규모가 작은 부동산을 은행이 자체 매각했기 때문입니다.

(21)′ 상업은행은 지금까지 부실 징후 기업에 금융을 지원할 때

제출받는 각종 포기 각서에 조건을 다는 경우가 없다고 합니다. 그래서 진로측이 조건부 각서를 제출하겠다고 고집하면 결코 긴급 자금 8백4억원을 지원할 수 없다고 합니다.

보도문 작성자는 가급적 구조가 단순하고 길이가 짧은 문장을 작성하는 것이 몸에 배도록 하여야 한다. 그리고, 문장을 작성한 뒤에 주어와 서술어, 목적어와 서술어, 수식어와 피수식어 등이 호응 관계를 제대로 맺고 있는지를 늘 살펴보아야 한다. 또한 조사와 연결 어미의 용법을 정확히 알아야 하고, 어휘력 향상에 힘써야 한다.

다섯째, 누구나 이해하기 쉬운 단어와 표준어를 사용하여 구어체와 경어체로 작성한다. 방송 보도문의 요건 가운데 하나는 수용자가 쉽게 이해할 수 있는 문장이어야 한다는 것이다. 기사의 본문을 작성할 적에도 제목이나 전문(lead)을 작성할 때와 같이 난해한 어휘—전문 용어·외국어·약어(略語)—를 사용해서는 안 되고, 품위 있는 표준어를 선택하여 사용하여야 한다. 어쩔 수 없이 전문 용어를 사용할 경우에는 바로 다음의 문장에서 그 용어의 뜻을 알기 쉽게 설명해 주어야 한다. 한자어 중에서 사용 빈도수가 낮은 단어나 외국어는 많은 수용자가 이해하지 못하므로, 사용 빈도수가 낮은 단어나 외국어로 본문을 작성해서는 안 된다. 또한 널리 알려져 있지 않은 약어도 이해하지 못하는 수용자가 있으므로 되도록 그것을 사용해서는 안 된다.

(22) 검찰은 또 이들에게 통관업을 알선해 주고 <u>리베이트</u>를 받은 운송업자 김철환 씨와 조정환 씨를 구속하고 명의를 빌려 준 관세사 윤 모 씨 등 14명을 불구속 입건하는 등 모두 39명을 <u>적발했습니다.</u>

예문 (22)는 밑줄 친 의존 명사 '등'과 동사 '적발하다'를 잘못 사용하여 비문법적인 문장이 된 것이다. '리베이트'는 경제학 전문 용어로. 영어 'rebate'가 국어의 외래어로 바뀐 것이다. '리베이트'의 원래 의미는 '일정한 가격으로 상품을 판 뒤에 사례금이나 보상금의 형식으로, 일정 비율의 금액을 산 사람에게 들려 주는 일 또는 돈'이다. 그런데 예문 (22)에서 '리베이트'는 '사례금(謝禮金)'이라는 뜻으로 쓰였다. 따라서 이 문장의 작성자가 '리베이트' 대신에 '사례금'이란 단어를 사용하였더라면 (22)가 더욱 쉬운 문장이 되었을 것이다. '적발(摘發)하다'는 '숨겨진 사물을 들추어 냄'을 뜻한다. "어떤 범죄 행위를 적발하다."라는 문장은 자연스럽지만, "어떤 사람을 적발하다."라는 문장은 부자연스럽다. 예문 (22)를 바꾸어 쓰면 다음 (22)′와 같다.

(22)′ 검찰은 이들에게 통관업을 알선하고 사례금을 받은 운송업자 김철환 씨와 조정환 씨를 구속했습니다. 또한 명의를 빌려 준 관세사 윤 모 씨 외 13명을 불구속 입건하였습니다. 이 사건으로 입건된 사람은 모두 39명입니다.

　수관형사를 정확히 사용하여야 한다. 수관형사란 수나 양을 나타내는 관형사이다21). 수관형사 '석'은 '세'의 변이형태인데, 이것은 단위를 나타내는 명사 '냥, 달, 대, 동, 섬, 자, 장, 줄' 등을 꾸며 주는 구실을 하는 단어이다. "그는 금 <u>석</u> 냥을 샀습니다."를 "그는 금 <u>세</u> 냥을 샀습니다."로 표현하거나, "헤어진 지 <u>석</u> 달만에 만났습니다."라는 말을 "헤어진 지 <u>세</u> 달만에 만났습니다."로 해서는 안 된다. 수관형사 '넉'은 '네'의 변이형태이다. 이것은 단위를 나타내는 명사 '냥, 되, 섬, 자, 장' 등을 꾸미는 단어이다. 수관형사 '네'는 '돈, 말, 발, 푼' 등을 꾸미는 단어이다. '넉, 냥, 넉, 되, 섬, 넉, 자, 넉, 장' 따위로 말하고, '네 돈, 네 말, 네 발, 네 푼' 따위로 표현하여야 한다.

---

21) 수관형사를 수사로 간주하는 이도 있다.

여섯째, 뉴스를 반드시 확인한 뒤에 문장화한다. 취재 기자를 영어로 'legman'이라고 하는 것은 직접 취재하고 확인한 것을 기사로 작성하는 사람이기 때문이다. 아무리 방송 매체가 '속보성'을 요구하는 것이라고 하더라도 어떤 사건을 확인하지 않고 남이 전하여 준 이야기를 그대로 기사화하여 보도할 경우 수용자가 보도된 내용이 오보(誤報)라는 것을 뒤늦게 알게 되면, 그 방송사의 방송 보도를 불신하여 청취하지 않거나 시청하지 않을 것이다. 따라서 뉴스 보도문을 작성하는 사람은 심혈을 기울여 사건을 반드시 확인하고 난 뒤에 확실한 내용을 문장으로 작성하여야 한다.

일곱째, 라디오 방송 보도문을 작성할 때에는 청취자가 메시지를 이해하는 데 도움을 주는 청각 자료를 고려하면서 작성하고, 텔레비전 방송 보도문을 작성할 때에는 시청자가 메시지를 이해하는 데 도움을 주는 시청각 보조 자료—그림이나 현장 사진—를 고려하면서 작성한다. 즉 어떤 메시지를 전달할 때 어느 청각 자료나 시청각 자료를 활용하여야 수용자가 더욱 쉽게 이해하고 관심을 기울일 것인지를 고려하면서 보도문을 작성할 필요가 있다.

여덟째, 아무리 중요한 사건이라 하더라도 수용자에게 역기능을 할 우려—모방 범죄, 혐오감 조성—가 있는 것은 상세하게 기술하지 않는다. 예를 들면 온 국민이 알고 있는 탈옥범 신창원이 체포된 뒤에 방송사마다 탈주 방법, 탈주 후의 행각 등을 그림과 사진을 제시하면서 매우 구체적으로 보도한 바가 있다. 이렇게 하면 제2, 제3의 신창원이 생길 가능성이 많다. 어떤 방송사에서는 외국에서 '안락사를 인정하기로 했다는 보도와 함께 난치병 환자가 안락사하는 장면을 방영한 적이 있다. 이런 장면도 텔레비전 시청자들이 혐오감이나 공포감을 느끼게 하거나 고귀한 삶에 대한 회의를 갖게 하는 것이므로 방영해서는 안 되는 것이다.

12.3 방송 보도 방법

방송 보도 방식에는 낭독식과 회화식이 있다. 낭독식은 작성된 보도문을 아나운서가 낭독하는 것이다. 회화식은 사건을 취재한 기자가 직접 말로 보도하는 것이다. 전자가 후자에 비하여 역사가 오래 된 것인데, 오늘날에는 수용자가 전자보다 후자를 더 선호한다. 후자가 전자보다 생동감이 넘치고 역동성이 있기 때문이다. 스트레이트 뉴스22)(straight news)는 낭독식으로 보도하고, 뉴스 쇼23)(news show)는 회화식으로 보도한다. 스트레이트 뉴스는 아나운서가 보도하고, 뉴스 쇼는 앵커24)와 취재 기자가 맡는다. 방송 보도는 신문 보도와 달리 일시성과 즉시성을 띠는 것이므로 이러한 특성을 고려하여 청취자나 시청자가 바로 알아들을 수 있도록 보도하여야 한다. 방송 보도자—아나운서, 앵커, 보도 기자—가 보도할 때 유의할 점은 다음과 같다.

첫째, 발음을 정확히 한다. 보도자는 '표준 발음법(1998)'을 숙

---

22) 스트레이트 뉴스는 뉴스 진행자가 객관적인 입장에서 사건 사고의 내용을 있는 그대로 전달하는 방식이다. 단신 뉴스(the bulletin)나 뉴스 요약이 이것에 속한다. 단신 뉴스는 하루의 뉴스를 3~5분에 걸쳐 요점 보도하는 것이다.

23) 뉴스 쇼는 종합뉴스로서 30분 이상 보도한다. 이것의 목표는 하루의 광범위한 뉴스를 제공하는 데 있다. 이것은 각 아이템의 길이가 단신 뉴스보다 길고 복잡하며, 필름 풋티지, 스틸, 그래픽 등을 많이 사용한다.

24) 앵커(anchor)는 '뉴스 진행자'를 뜻하는 말로서, 앵커맨(anchor man), 앵커우먼(anchor woman), 앵커퍼슨(anchor person)의 준말로 쓰이는 말이다. 남녀 공동 진행자를 코앵커(co-anchor)라고 한다. 앵커는 단순한 낭독자가 아니라 경우에 따라 인터뷰하며, 뉴스를 분석하고 논평하기도 한다. 앵커는 뉴스의 단순한 전달자가 아니라 그 뉴스의 취재와 편집 등 모든 과정을 합칙 조직의 책임자이다. 앵커는 편집자와 의논해서 뉴스의 예정 항목을 결정하고, 데스크에서 취재 기자들에게 세부적인 지시를 한다.

지하여 정확히 발음할 수 있어야 한다. 글을 쓸 때 무엇보다도 맞춤법에 맞게 단어를 표기하여야 독자가 쉽게 의미를 파악할 수 있듯이 말을 할 때에는 발음을 정확히 하여야 수용자가 메시지를 이내 정확하게 알아들을 수 있기 때문이다.

방송 보도자 중에는 모음 'ㅐ'와 'ㅔ', 'ㅡ'와 'ㅓ'를 정확히 구별하여 발음하지 않거나, 이중모음 'ㅘ'를 'ㅏ'로 발음하거나, 어두에 오는 예사소리를 된소리로 발음하는 이가 있다.

(23) 나는 <u>개</u>를 좋아합니다.
(24) 사고 <u>재발</u>을 막아야 합니다.
(25) 이 읍은 오는 11월 1일부터 시로 <u>승격됩니다</u>.
(26) 이 <u>기관</u>에서 그 일을 집행합니다.
(27) 팔 힘이 <u>달리는</u> 사람이 팔씨름에 집니다.

예문 (23)의 '개'를 '[게]'로 발음하거나, 예문 (24)의 '재발'을 '[제발]'로 발음하면 의미가 달라진다. 예문 (25)의 '승격됩니다'를 '[성격됩니다]'로 발음하거나, 예문 (26)의 '기관'을 '[기간]'으로 발음하든지, 예문 (27)의 '달리는'을 '[딸리는]'으로 발음해도 뜻이 달라진다.

뉴스 보도자는 소리의 장단, 고저, 강약 등을 고려하여 효과적으로 발음할 수 있도록 힘써야 한다. 이러한 초분절음소를 제대로 알고 발음하여야 메시지를 효과적으로 전달할 수 있는 법이다. 국어에서 소리의 길이는 뜻을 분화하는 구실을 하므로 장음과 단음을 정확히 식별하여 발음하여야 한다. 보도문을 낭독하거나 말로 표현할 경우에는 사전에 보도문에 쓰인 단어 중에서 장음으로 발음되는 음절에 장음 표시(:)를 하여 읽으면 될 것이다.

(26) 우리 나라에는 그런 사람이 <u>없습니다</u>.

(27) 저는 밤보다 낮을 좋아합니다.
(28) 문에 발을 치세요.

　예문 (28)의 '없습니다'를 〔업ː씀니다〕로 발음하지 않고, 〔업씀니다〕로 발음하면 '없습니다'가 '사람을 등에 대고 손으로 잡거나 무엇으로 동여매어 붙어 있게 하다'라는 뜻으로 나타나게 되어 예문 (28)이 어색한 문장이 된다. 예문 (29)의 '밤'을 〔밤〕으로 발음하지 않고 〔밤ː〕으로 발음하면 뜻이 달라진다. 〔밤〕은 '해가 진 뒤부터 먼동이 트기 전까지의 동안'을 뜻하는데, 〔밤ː〕은 '밤나무의 열매'를 뜻한다. 예문 (30)의 '발'은 〔발ː〕로 발음하여야 한다. 〔발ː〕은 '가늘게 쪼갠 대오리나 갈대 같은 것을 엮어 무엇을 가리는 데 쓰는 물건'을 뜻하는데, 〔발〕은 '사람이나 동물의 다리 맨 끝 부분'을 뜻한다. 메시지를 바르게 전달하기 위하여 뉴스 보도자는 소리의 길이를 정확히 구별하여 발음할 수 있도록 평소에 소리의 길이에 따라 뜻이 달라지는 동철이의어(同綴異義語)의 목록을 작성해서 숙지하여야 한다. 대개 긴소리는 높고 강하게 실현된다. 악센트가 있는 음절은 다른 음절에 비하여 강하게 발음하여야 한다. 국어에서 악센트는 긴소리를 지닌 음절이나 무거운 음절(heavy syllable)에 온다. 그리고 단어를 형성하는 음절이 모두 가벼운 음절일 경우에는 오른쪽 둘째 음절에 악센트가 온다. 초성이 경음이나 격음인 음절이 연이어질 경우에는 맨 왼쪽 음절에 악센트가 온다.

(31) 파랑새 〔ˈpʰaːraŋsɛ〕, 눈사람 〔ˈnuːnsˈaram〕,
　　　콩깍지 〔ˈkʰoŋkˈaktsˈi〕

　방송인들 중에는 'ㅣ모음 순행 동화'가 된 대로 발음해서는 안 되는 단어를 'ㅣ모음 순행 동화'가 된 대로 발음하는 이가 있다.

이것은 '표준 발음법(1988)'에 어긋나는 발음이다. '표준 발음법(1998)' 제22항에서는 용언의 어미 '-어'를 [여] 로, '이오'를 [이요] 로, '아니오'를 [아니요] 로 발음하는 것을 허용하고 그 외의 것은 허용하지 않고 있다.25)

(32) 이것을 읽어 <u>보십시오.</u>
(33) 우리 나라가 선진국이 <u>되었습니다.</u>

예문 (32)의 '보십시오'는 [보십씨오]로 발음하지 않고, [보십씨요]로 발음해서는 안 된다. 예문 (33)의 '되었습니다'도 [되열씀니다]로 발음해서는 안 되고 [되얻씀니다]로 발음하여야 한다.

또한 'ㅣ모음 역행 동화'에 따라 '잡히다'를 [재피다]로, '아지랑이'를 [아지랭이]로 발음해선 안 된다. '표준 발음법(1988)'에서는 이와 같이 발음하는 것을 허용하지 않고 있다. '잡히다'는 [자피다]로, '아지랑이'는 [아지랑이]로 발음하여야 한다. 또한 '그리고'를 [그리구]로, '먹고'를 [먹꾸]로, '나도'를 [나두]로 음성모음화하여 발음해서는 안 된다. '그리고'는 [그리고]로, '먹고'는 [먹꼬]로, '나도'는 [나도]로 발음하여야 한다.

단어의 받침으로 쓰이는 자음은 그것이 쓰인 환경에 따라 여러 가지로 발음된다. 방송인들 중에는 받침을 규정대로 발음하지 못하는 이가 있다. '표준 발음법(1988)'에서 받침에 관하여 규정하고 있는 항목은 제 8항~제 16항이다. 겹받침 'ㄳ', 'ㄵ', 'ㄼ, ㄽ, ㄾ', 'ㅄ'은 어말 또는 자음 앞에서 각각 [ㄱ, ㄴ, ㄹ, ㅂ] 으로 발음

---

25) 표준 발음법(1988)의 제 22항은 다음과 같다.
   다음과 같은 용언의 의미는 [어] 로 발음함을 원칙으로 하되, [여] 로 발음함도 허용한다.
   되어 [되어/되여] , 피어 [피어/피여]
   [붙임] '이오, 아니오'도 이에 준하여 [이요, 아니요]로 발음함을 허용한다.

하여야 한다. 다만 '밟다'의 '밟-'은 자음 앞에서 [밥]으로 발음하여야 한다.26)

(34) 밟다 [밥:따] , 밟소 [밥:쏘] , 밟지 [밥:찌] ,
   밟게 [밥:께] , 밟고 [밥:꼬]

'넓다'는 [널따]로 발음하되, '넓죽하다'는 [넙쭈카다]로, '넓둥글다'는 [넙뚱글다]로 발음하여야 한다. 또한 겹받침 'ㄺ, ㄻ, ㄿ'은 어말 또는 자음 앞에서 각각 [ㄱ, ㅁ, ㅂ]으로 발음하되, 용언의 어간 말음 'ㄺ'은 'ㄱ' 앞에서 [ㄹ]로 발음하여야 한다.

(35) 날씨가 맑다[막따].
(36) 이 약을 복용하면 빨리 늙지[늑찌] 않는다.
(37) 나는 매년 만추에 삶[삼:] 과 죽음에 대하여 깊이 생각해
   보곤 한다.
(38) 그는 시조를 읊고[읍꼬] 있다.
(39) 나는 혜영이에게 동화를 읽게[일께] 했다.

받침 뒤에 모음으로 시작된 허사(虛辭)—조사, 용언의 어미, 파생접미사—가 오면 받침의 음가대로 뒤 음절 첫소리로 옮겨 발음하여야 한다.27) 다만, 받침 'ㅅ'은 된소리로 발음하여야 한다.

(40) 값을[갑쓸] 더 깎아[까까] 주세요.
(41) 밭에[바테] 일하러 나갔습니다.
(42) 꽃이[꼬치] 매우 아름답군요.
(43) 물건을 살 돈이 없어[업:써] 그냥 왔습니다.

---

26) 표준 발음법(1988) 제 10항 참고
27) 표준 발음법(1988) 제 13항과 제 14항 참조

받침 뒤에 모음 'ㅏ,ㅓ,ㅗ,ㅜ,ㅟ'로 시작되는 실사(實辭)가 연결되는 경우에는, 대표음으로 바꾸어서 뒤 음절 첫소리로 옮겨 발음하여야 한다. 다만 '맛있다'는 [마싣따]로, '멋있다'는 [머싣따]로 발음해도 '표준 발음법(1988)'에 어긋나지 않는다.28)

(44) 그는 발 아래[바다래]에 있습니다.
(45) 이 음식은 대단히 맛없다[마덥따].
(46) 추우니 겉옷을[거도슬] 입으세요.
(47) 이 일은 매우 값있는[가빈는] 것입니다.

받침 'ㅎ(ㄶ, ㅀ)' 뒤에 'ㄱ,ㄷ,ㅈ'이 결합되는 경우에는, 뒤 음절 첫소리와 합쳐서 [ㅋ,ㅌ,ㅊ]으로 발음하고, 'ㅎ(ㄶ,ㅀ)' 뒤에 모음으로 시작된 어미나 파생 접미사가 결합되는 경우에는 'ㅎ'을 발음하지 않아야 한다.29)

(48) 닳지 [달치] , 많고 [만:코] , 끊기고 [끈키고]
(49) 놓아 [노아] , 쌓이고 [싸이다] , 많아 [마:나] , 많이 [마:니]

둘째, 메시지 전달에 적절한 속도로 낭독하거나 말을 한다. 전달하고자 하는 내용·수용자의 이해력·상황 등을 고려하여 속도를 조절한다. 이러한 여러 요소를 고려하여 속도를 조절하여야 메시지를 효과적으로 전달하고, 수용자가 쉽게 이해할 수 있다. 속도를 변화시키는 요인으로는 모음의 발음 시간과 휴지(休止)를 들 수 있다. 모음의 발음 시간을 길게 하거나 짧게 하면 속도가 달라진다. 또한 휴지의 시간적 길이를 길게 하거나 휴지를 많은 곳에 두거나 적게 두면 속도가 달라진다. 모음의 발음과 휴지의 시간을

---

28) 표준 발음법(1988) 제 15항 참고.
29) 표준 발음법(1988) 제 12항 참고.

동시에 짧게 하면 속도가 빨라지고, 반대로 길게 하면 속도가 느려진다. 메시지를 느리게 이해하는 어린이나 노인을 상대로 방송 보도할 적에는 1분 300자 정도로 낭독하거나 말하고, 청년층과 장년층을 상대로 방송 보도할 적에는 1분에 340자 정도로 하는 것이 적절하다. 따라서 각 방송국은 수용자의 연령을 고려하여 동일한 뉴스라고 하더라도 속도를 달리하여 보도할 필요가 있다. 텔레비전 방송을 통해 그림이나 사진을 보여 주면서 보도할 경우에는 그렇지 않을 때보다 느리게 보도하여야 한다.

오늘날 우리 나라의 60세 이상의 노인들 중에는 텔레비전 자막의 글씨를 절반도 독해하기 전에 글씨가 자막에서 사라지는 바람에 화가 난다는 사람이 많다. 텔레비전을 통해 자막으로 어떤 메시지의 핵심 내용을 방영할 때에는 수용자의 연령을 고려하여 뉴스 시간대별로 자막 흐름의 속도를 적절히 조절하여야 한다.

셋째, 메시지 내용에 알맞은 어조(語調)로 낭독하거나 말한다. 어조란 말의 가락이다. 어조는 억양, 말하는 이와 듣는 이의 심리 상태 등과 밀접한 관계를 맺고 있다. 또한 어조에 영향을 끼치는 요인으로는 말하는 이의 생리적 변화, 메시지 내용의 성격 등을 들 수 있다.

억양은 문장의 뒷부분에 나타나는 말의 고저이다. 이것은 지역 방언에 따라 차이가 있으나, 대체로 하강조(下降調), 상승조(上昇調), 평판조(平板調)의 셋으로 나뉜다. 또한 하강조는 전강조(全降調), 승강조(昇降調)로 나뉘고, 상승조는 전승조(全昇調)와 반승조(半昇調)로 나뉜다.

전강조는 단정적인 평서문·명령문·설명 의문문30) 등에 쓰인다. 이 경우에는 문장 전체가 매우 낮은 어조로 발화된다.

---

30) 설명 의문문이란, '언제, 어디서, 누구, 무엇, 왜' 등과 같은 의문사를 사용하여 구체적인 정보에 대해서 설명하여 주기를 요구하는 의문문이다. 그런데 '예'나 '아니오'의 대답을 요구하는 의문문을 판정 의문문이라고 한다.

(50) 저것은 댁의 책상입니다.(단정적 평서문)

(51) 빨리 잡아.(명령문)

(52) 언제 또 오시겠습니다?(설명 의문문)

반강조는 선언이나 시사의 진술을 나타내는 평서문과 취조하는 의문문 등에 쓰인다.

(53) 저는 영희의 주장이 옳다고 생각합니다.(선언 평서문)

(54) 당신의 예언이 맞을지 모르는 일입니다.(시사 평서문)

(55) 그토록 가난한 사람한테서 돈을 빼앗을 수 있습니까?(취조 의문문)

승강조는 감탄문이나 추궁, 반문 등을 나타내는 말에 쓰인다.

(56) 꽃이 매우 아름답구나!(감탄문)

(57) 너 오늘 시험도 못 봤지?(추궁하는 의문문)

(58) 저 말입니까?(반문)

전승조는 판정 의문문, 반복 질문, 항의적 명령문 등에 쓰인다.

(59) 오늘 즐거웠습니까?(판정 의문문)

(60) 네가 본 영화가 뭐라고 그랬지?(반복 질문)

(61) 더 이상 간섭하지 말아.(항의적 명령)

반승조는 인사말에 쓰이고, 평판조는 체념이나 진술의 일시적 멈춤을 나타내는 말에 쓰인다.

(62) 안녕히 주무셨습니까?(인사말)

(63) 도와 줄 수 없다니 할 수 없지 뭐.(체념)

(64) 지금 굳이 가겠다. …그러면 위험할 텐데.(일시적 멈춤)

취재 현장에서 보도할 때에는 현장 분위기에 알맞은 어조로 말하여야 한다. 분위기가 들떠 있을 때에는 들뜬 느낌을 주는 어조로 보도하고, 분위기가 슬픔과 절망으로 가라앉아 있을 경우에는 가라앉은 느낌을 주는 어조로 보도한다. 들뜬 느낌을 주려면 빠른 속도로 높게 발화하고, 가라앉은 느낌을 주려면 느린 속도로 낮은 음성으로 발화하면 된다. 보도의 시작과 맺음은 현장에서 하고, 취재한 내용을 스튜디오에서 보도할 경우에는 현장의 어조보다 조금 높은 어조로 발화하여야 한다.

말의 가락을 살려 말하면 아름다운 교향곡처럼 듣기 좋은 말이 된다. 뉴스 보도자는 내용에 알맞은 어조로 말할 수 있도록 힘써야 한다.

넷째, 텔레비전 방송 보도자는 용모, 의상, 장신구, 표정, 제스처 등에 신경을 세심하게 써야 한다. 보도자의 용모, 의상, 표정, 제스처는 전달하고자 하는 메시지와 방송사의 신뢰성 여부에 영향을 끼치기 때문이다. 보도자는 용모와 의상을 단정히 하고, 시청자에게 불쾌감을 주는 장신구를 사용해서는 안 된다. 또한 보도자는 메시지를 효과적으로 전달하는 데 알맞은 표정을 짓고, 제스처를 자연스럽게 하여야 한다.

다섯째, 시청자가 메시지를 이해하는 데 도움을 주고, 메시지에 관심을 갖도록 하기 위하여 보여 주는 현장 사진이나 그림은 최적의 것을 선택하여 수용자에게 보여 주어야 한다. 시청자에게 혐오감을 주거나 어떤 사람의 명예를 훼손하는 시각 자료를 방영해서는 안 된다.

여섯째, 앵커나 보도 기자는 보도문을 낭독해서는 안 되고, 보도문을 되도록 암기한 뒤에 핵심 어구만을 적어서 말하여야 한다. 그래야 생동감이 넘치고 역동성이 있는 보도가 되어 수용자가 더욱 관심을 가지고 청취하거나 시청할 것이다.

12.4 맺음말

이 글에서는 지금까지 보도문의 작성 방법과 보도 방법에 대하여 살펴보았다. 방송 보도문을 작성하고 보도할 때에는 무엇보다도 수용자와 방송 매체의 특성을 고려하여야 한다.

보도문의 제목을 달 때에는 다음 사항에 유의하여야 한다.

(1) 제목은 전문(lead)이나 본문을 압축하여 붙인다.
(2) 정확하고, 명료하며, 간결하고, 평이하게 붙인다.
(3) 수용자의 호기심을 자극할 수 있도록 작성한다.

보도문의 전문(lead)은 다음 사항에 유의하여 작성해야 한다.

(1) 전문은 육하원칙(六何原則, 5W1H)에 따라서 작성한다.
(2) 독자의 호기심을 유발할 수 있도록 작성한다.
(3) 20음절 이내로 간결하게 작성한다.
(4) 두 가지 이내의 주제를 표현한다.
(5) 경어체와 구어체로 작성한다.
(6) 의미가 명료하고 정확하게 작성한다.

보도문의 본문을 작성할 때에는 다음 사항에 유의하여야 한다.

(1) 본문을 구성하고 있는 문장 중에서 가장 중요한 것을 맨 앞에 놓이게 하고, 가장 중요하지 않은 것을 맨 뒤에 놓이게 한다.
(2) 응집성이 있도록 작성한다.
(3) 정확성·명료성·객관성이 있는 문장으로 본문을 구성한다.
(4) 본문은 짧고 단순한 문장으로 구성한다. 문장의 길이는 되도

록 50음절 이내가 적절하고, 문장 구조는 단순 구조가 바람직하다.

(5) 누구나 이해하기 쉬운 단어와 표준어를 사용하여 구어체와 경어체로 작성한다.

(6) 뉴스를 반드시 확인한 뒤에 문장화한다.

(7) 수용자가 메시지를 이해하는 데 도움을 주는 청각 자료나 시청각 자료를 고려하면서 작성한다.

방송 보도는 신문 보도와 달리 일시성과 즉시성을 띠는 것이므로 이러한 특성을 고려하여 청취자나 시청자가 바로 알아들을 수 있도록 보도하여야 한다. 방송 보도자가 보도할 때 유의할 점은 다음과 같다.

(1) '표준 발음법(1988)'에 따라 발음을 정확히 한다.

(2) 상황과 수용자의 연령을 고려하여 메시지 전달에 알맞은 속도로 보도한다.

(3) 메시지 내용에 알맞은 어조로 보도한다.

(4) 텔레비전 방송 보도자는 용모, 의상, 장신구, 표정, 제스처 등에 신경을 세심하게 써야 한다. 보도자는 용모와 의상을 단정히 하고, 시청자에게 불쾌감을 주는 장신구를 사용해서는 안 된다. 또한 메시지를 효과적으로 전달하는 데 알맞은 표정을 짓고, 제스처를 자연스럽게 구사하여야 한다.

(5) 시청자에게 보여 주는 현장 사건이나 그림은 시청자가 메시지를 이해하고 메시지에 관심을 갖는 데 가장 적절한 것이어야 한다.

(6) 앵커나 보도 기자는 보도문을 낭독해서는 안 되고, 보도문을 암기한 뒤에 핵심 어구만을 적어 말하여야 한다.

　뉴스를 보도하는 사람은 수용자에게 뉴스를 전달하는 일을 할 뿐만 아니라 국어 교사의 구실도 한다. 보도문을 작성하는 이는 언제나 뉴스 가치 기준을 염두에 두고, 가치 있는 뉴스거리를 찾아서 보도문의 작성법에 따라 이상적인 보도문을 작성하기 위하여 끊임없이 노력하여야 한다. 취재 기자는 수용자가 필요로 하고, 관심을 가지고 있는 것을 찾기 위하여 늘 깨어 있어야 한다.

　뉴스를 보도하는 이는 수용자가 메시지를 빨리 쉽게 이해할 수 있는 보도 방법을 익히는 데 심혈을 기울여야 한다. 또한 방송사에서는 방송 보도에 관계하는 모든 사람에게 보도문 작성법과 보도 방법을 철저히 익히도록 하여야 한다.

◇ 보도 예문 ◇

스트레이트 뉴스 I

　헌법재판소는 오늘
5·18 특별법과
12·12, 5·18 헌법 소원 사건에 대한
4차 재판관 평의를 열고
특별법의 위헌 여부 등에 대해 논의했습니다.
　오늘 평의에서 재판관들은
5·18 특별법이 헌법에 규정된
형벌 불소급의 원칙에 어긋나는지 여부와
전두환, 노태우 씨 외에
관련된 나머지 공범들을
처벌할 수 있는지에 대해
집중적인 심리를 벌인 것으로 전해졌습니다.
　재판관들은 그러나
12·12와 5·18 사건의
공소 시효 기산점 문제는
헌법 심판의 대상이 아니라
법원이 판단할 사항이라는 입장을
정리한 것으로 알려졌습니다.
　헌법재판소는
재판관들의 의견이 모아질 경우
빠르면 이번주 안에라도
이 사건에 대한 결정 선고를
내릴 방침입니다.

스트레이트 뉴스 II

   이케다 일본 외무장관은 오늘
"독도의 영유권에 관한
일본 정부의 입장에는 변함이 없지만
이 문제로 한일 두 나라의 우호 관계가
무너져서는 안 된다"고 강조하고
"앞으로 차분히 대화를 추진하겠다"고
말했습니다.
   이케다 외무장관은 각료회의가 끝난 후
각료 간담회에서
"독도 문제로 한일 두 나라의 우호 관계가
손상되서는 안 된다"고 말하고
한국과의 차분한 대화 추진을 위해
각료들의 협력을 촉구했습니다.
   하시모토 일본 총리는
오늘 오전 각료회의에 앞서
이케다 외무장관에게
"두 나라의 우호 관계를 소중히 해야 한다"며
냉정하게 대응하도록 지시했습니다.

스트레이트 뉴스 Ⅲ

〈부산방송총국의 보도〉
　일본의 독도 영유권
주장에 대한 시민단체들의
독도 망언 규탄집회가
오늘도 부산 일본 영사관 앞에서
계속됐습니다.
　자주 평화 통일 민족회의
부산본부와 우리 물산
장려운동 본부 회원 30여 명은
오늘 오전 부산 일본 영사관 앞에서
일본 독도 망언 규탄 집회를 갖고
일본의 독도 영유권 주장은
우리 나라에 대한 중대한
주권 침해 행위일 뿐만 아니라
선전 포고 행위라며 일본 정부를
강력히 비난했습니다.
　부산지역 구, 군의회 의장단은
오늘 언제구의회에 모여
일본의 독도 망언을 규탄하고
정부 차원의 강력한 대처를 촉구하는
결의문을 채택했습니다.

스트레이트 뉴스 Ⅳ

　북한 최고 권력자
김정일의 큰아들 김정남의
생모인 성혜림 씨와 언니 성혜랑,
혜랑 씨의 딸 이남옥 씨
그리고 수행원 한 명 등
4명이 지난달 20일쯤
모스크바를 떠나 스위스로 나온 후
잠적한 것으로 확인됐습니다.
　성 씨 일가는
스위스에서 잠적하기 전 모스크바에서
지난 82년 귀순해 서울에 살고 있는
혜랑 씨의 아들 36살 이한영 씨와
여러 차례 전화 통화를 하면서
망명 의사를 밝혔던 것으로
전해지고 있습니다.
　이와 관련해
권오기 통일부총리는
오늘 오전 국무회의에서
현재 성 씨 일가가 잠적한 것은 사실이나,
이들이 망명 의사를 가졌는지,
또 서방으로 망명하려고 하는 것인지
파악되지 않는다고 말했습니다.
　국가안전기획부는 이와 관련해
이들의 의사가 확인되지 않은 상태에서,
언론에 공개됨으로써
이들의 신변 안위가 크게 우려된다고

밝혔습니다.

그런데 성혜림은 김정일보다 세 살 위로
지난 60년대 북한에서 인기를 끌었던
'온정령'과 '한 자위단원의 운명' 등 영화의
주연배우로 활약했습니다.

월북 작가 이기영의 아들
이평과 결혼해 두 아들을 낳고 살던
성혜림은 지난 67년 자신의 집에 놀러 온
김정일의 눈에 띄어
남편과 강제 이혼 당한 뒤
김정일과 동거에 들어가
71년 김정일과 사이에서
김정남을 낳고 살았습니다.

이후 김정일이 자신의 비서인
김영숙. 현재의 처인 고영희를 맞아
딸 아들을 낳으면서
사이가 멀어져 지난 83년부터
모스크바에 나와 살면서
스위스를 자주 드나들었던 것으로 밝혀졌습니다.

정부 당국자는 성혜림은
김정일과 혼인신고를 하지 않았던 상태로
김정일의 본처로 볼 수는 없으며
애첩 정도로 보는 것이 정확하다고 말하고
이들의 귀순 가능성은 현재로선
없다고 밝혔습니다.

스트레이트 뉴스 V

　앞으로 은행에 가지 않고
컴퓨터 화면을 통해 실제 은행 업무를
처리할 수 있게 됐습니다.
　한국통신은 오늘 국민은행과 공동으로
컴퓨터를 이용한 버츄얼 뱅킹시스템,
즉 가상은행을 국내 최초로 개발해
다음달 말부터 시험서비스를
실시한다고 밝혔습니다.
　한국통신과 국민은행이 공동 개발한
가상은행은 컴퓨터화면을 통해
실제 은행과 같은 가상점포를
고객의 눈앞에 전개시켜 은행에 가지 않고
은행업무를 볼 수 있게 한 시스템입니다.
　가상은행은 문자와 음성,
그림 등 멀티미디어로 제공되는데
이용 가능한 업무는
은행거래와 실적 조회, 예금 신규, 대출 등
현재 은행 창구에서 실시하는
대부분의 거래들입니다.
　한국통신은 이번에 개발한
가상은행 시스템을 다음달부터
국민은행 외에 참여를 희망하고 있는
2~3개 은행으로 확장할 계획입니다.

리포트 뉴스

뉴스 리포트 I

　육지에서 2백여 ㎞를 떨어져 동해바다를 지키는 섬 독도, 독도는 우리 역사가 시작되기 훨씬 전부터 봄 여름 가을 겨울 온갖 비바람과 눈보라를 맞으며 의연한 모습으로 우리 곁에 있어 왔습니다. 맑은 날이면 울릉도가 바라보이고, 지금 같은 한겨울 속에서는 동백꽃은 빨갛게 피어 외로운 섬을 지켜 왔습니다. 봄이 되면 다시 괭이갈매기들이 찾아와 알을 까 새끼를 이루고, 녹색비둘기 등 희귀한 새들의 쉼터이기도 합니다. 물밑에서는 옥돔과 문어, 멸치 떼로 그 어느 바다보다 풍부한 자원을 지닌 곳, 여름이면 오징어잡이 배들이 환하게 밤 바다를 밝히고, 겨울이면 한치와 이면수, 뽈락 등을 잡는 어선들로 붐비는 황금어장, 폭풍우가 몰아치면 소중한 피양지가 돼 왔습니다. 오늘도 장군바위는 우리 땅 동쪽 끝에서 우리의 바다를 지키고 있습니다.

　KBS 뉴스 ○○○입니다.

뉴스 리포트 II

　서울대 3.5대 1, 연세대 4.3대 1, 고려대 4.3대1, 3차례의 복수지원이 가능해지면서 올해 입시는 유례 없는 높은 경쟁률을 보였습니다. 게다가 대학 입학이 과거보다 더욱 철저히 국·영·수 위주의 성적순으로 이루어졌습니다. 이 때문에 하위권 학생들부터는 대학 들어가기가 더욱 어려워졌다는 불평이 터져 나왔습니다. 이와 함께 복수지원은 교육 개혁의 목표와는 달리 대학의 서열화를 더욱 명백히 했습니다. 연세대와 고려대의 경우 전체 합격자의 25% 이상이 서울대로 빠져나가는 등 연쇄적으로 중, 하위권 대학까지 3만여 명의 합격자 대이동을 가져왔습니다. 그러나 이러한 문제점에도 불구하고 복수지원 제도는 수험생의 대학 선택권을 대폭 확대시켰다는 점에서 환영을 받고 있습니다. 이 때문에 교육부는 내년에는 정시 모집을 4차례로 확대하고, 또 대학마다 수시모집도 가능하도록 하고 있습니다. 그러나 현재의 입시 제도라면 내년에도 올해 나타난 복수지원의 문제점을 피할 수는 없습니다. KBS 뉴스 ○○○입니다.

뉴스 리포트 Ⅲ

김영삼 대통령은 오늘 이수성 국무총리에게 전화를 걸어 설 연휴와 해빙기를 앞두고 각종 안전 사고의 예방에 최선을 다하라고 지시했습니다. 귀성객의 수송 대책에 차질이 없도록 하고, 특히 많은 사람들이 이용하는 각종 주요 시설에 대한 철저한 안전점검을 실시하라고 강조했습니다. 김 대통령은 나웅배 부총리에게도 전화를 걸었습니다. 금융기관 인사와 관련해 공정하지 못한 정실 인사가 없도록 하고, 사례가 발견될 경우 금융기관장 등 관계자에게 반드시 책임을 묻도록 하라는 지시였습니다. 김 대통령의 이 지시는 최근 금융기관의 임원 인사를 앞두고 인사 청탁과 함께 음해성 투서 등 구시대적 관행이 불식되지 않고 있다는 보고에 따른 것입니다.

오늘날에는 각급 검사장 등 검찰 간부 38명과 오찬을 함께 했습니다.

김 대통령은 이 자리에서 이번 총선에서 공명선거 풍토가 반드시 정착되도록 검찰은 사명감을 갖고 선거사범 단속에 총력을 기울여 달라고 당부했습니다.

학원 담당 검사제를 적극 활용해서 학교 안의 불량서클과 학교 주변 폭력배를 집중 단속하고, 이번 기회에 청소년들의 주변에서 폭력을 영구히 추방할 수 있도록 최선을 다해 달라는 당부도 있었습니다.

KBS 뉴스 ○○○입니다.

뉴스 리포트 IV

　LA타임즈지는 현 북한이 지난 89년 동유럽의 공산정권들처럼 붕괴 와중에 진입한 것으로 미국의 많은 분석가들이 진단하고 있다고 보도했습니다. 이 신문은 최근의 심각한 식량 부족과 사회적인 무질서, 그리고 북한정권의 변덕스럽고 자포자기적인 태도 등 일련의 징후들이 워싱톤으로 하여금 북한의 붕괴 가능성에 경계를 하도록 했다고 설명했습니다. 붕괴 조짐들이 나타남에 따라 클린턴 행정부 지난 몇 달 동안 북한의 변화가 좀더 전진적인 것으로 되도록 하기 위해 대북한 정책을 조절하기 시작했으며, 대규모 난민 탈출이나 다른 격변을 야기할 수 있는 북한 체제의 급작스런 붕괴를 막는 정책 변화에 목적을 두고 있다고 이 신문은 분석했습니다. LA타임즈는 북한이 식량 원조를 받는다 해도 과감한 변화 없이는 더 이상 버티기 힘들며 점진적인 경제 정치 개혁 가능성도 줄어들고 있다고 지적했습니다. 또한 홀로 버틸 수 없는 평양이 지금 새로운 후원자를 찾고 있지만 결국 새 후원자도 서울이나 도쿄 워싱턴 중에서 찾을 수밖에 없을 것이라고 전망했습니다.

　로스앤젤레스에서 KBS 뉴스 ○○○입니다.

뉴스 리포트 V

　월트컵 개최권을 쥐고 있는 표는 모두 21장 이 가운데 아벨란제 국제축구연맹 회장과 러시아를 제외한 19명의 집행위원들은 모두 스카우트 출신입니다. 한국 보이스카우트 연맹은 우선 FIFA 집행위원들과 스카우트 출신인 외국의 지도급 인사들, 그리고 지난 91년 강원도 세계 잼버리대회에 참가한 대원들을 대상으로 유치 활동을 펼치기도 했습니다. 특히 열성적인 스카우트 지도자로 강원도 잼버리 대회에도 참가한 바 있는 스웨덴의 구스타프 국왕 등 외국의 영향력 있는 인사들에게 홍보 활동을 할 계획입니다. 어린 대원들도 적극적으로 나섰습니다. 각 학교의 어린이

스카우트 대원들은 한국의 월드컵 유치 의지를 알리는 편지를 전 세계에 보내기로 하는 등 스카우트 대원으로서 최선을 다할 것을 결의했습니다.

 KBS 뉴스 ○○○입니다.

13. 엠시(MC) · 인터뷰 · 디스크 자키(DJ)론

이 계 진

　"축구 해설가 12명(한 명은 후보)만 있으면 한국 축구의 세계 제패는 가능하다."는 우스개가 있다. 이 말은 이론과 실제의 커다란 차이점이 있다는 뜻이다. 축구 해설가 여러분을 공격하려는 뜻은 조금도 없다. 왜냐하면 만약에 선수 출신의 해설가가 언제나 자기의 능력을 기준으로 하여 해설을 한다면 발전을 위한 이상적 해설은 어려울 것이라는 것쯤은 모두 알기 때문이다. 자기는 현역선수 시절에 비록 잘못했지만 알고 있는 이상(理想)의 축구를 말로는 펼 수 있지 않겠는가.

　같은 논리로 엠시(MC)론 · 인터뷰론 · 디스크 자키(DJ)론을 쓸 수 있는 사람은 가장 완벽한 엠시(MC)이어야 하고 인터뷰어이어야 하고 디스크 자키이어야 하는데, 실은 그렇지 못하다. 역시 현장에서 몸으로 부딪힐 때는 어려움을 느낀다.

　그러나 한 가지 위안으로 삼을 것은 탁상 이론문(理論文)이 아니라 실제 경험에서 느낀 것을 이상적인 이론에 접목시켜 쓴 것이기 때문에 앞으로 현장에서 업무를 수행할 때 이론과 실제간의 괴리감은 덜 하리라 생각한다.

　"경험만큼 확실한 스승은 없다."는 말을 믿으면서 이 논담(論談)을 읽었으면 한다.

13.1 사회(司會), 사회자, 엠시(MC)란?

어떤 방송연예부 기자가 필자에게 묻기를 "사회자란 무엇입니까?" 했다. 그 질문에 튀어나오듯 대답이 나오지 못하고 잠시 머뭇머뭇거렸다. 처음 받는 질문이었다. 내가 지금 '사회자'랍시고 방송에서 프로그램도 진행하고 있고 각종 행사에서 진행도 맡아 그럴 듯하게 일을 해 내기도 했는데, 그렇다면 사회자가 무엇인지도 모르고 덮어놓고 사회를 했단 말인가? 물론 꼭 집어 이야기할 수는 없어도 간단한 정의적 설명과 역할을 이야기할 수는 있었다. 그러나 "사회자란?"하는 질문에 척-대답을 하지 못해 안타까웠다.

"글쎄요."를 몇 번 하다가 나는 멋진 생각을 해 냈다.

"사회자란 신호등 고장난 서울 광화문 네거리에서 교통정리하고 있는 교통경찰관 혹은 월드컵 축구 결승전을 심판하는 주심"이라고 보면 어떻겠느냐고 했다.

동서남북 막힘 없이 차를 흐르게 하고 멋진 경기가 펼쳐지도록 게임을 풀어 나가는 교통 경찰관과 축구 경기 주심처럼 방송프로그램이나 행사 등을 진행하는 사람이 사회자다. 그런 뜻으로 대답했더니 그 기자는 퍽 흥미있다는 반응이었다.

엠시(MC)가 하는 일은 퍽 광범위하다. 'MC'라는 영어 두문자(頭文字)만 해석해 봐도 그렇다. Master of Ceremonies에 해당하는 범위가 넓기 때문이다. 한 가지 흥미로운 것은 'MC'라는 두문자(頭文字)의 발음대로 동사를 만들어 'Emcee'라는 말을 쓰고 있다는 사실이다. 어쨌든 이제 사회, 사회자란 무엇인지 평소의 견해에 약간의 이해를 더했으리라 생각한다.

가. 방송 프로그램 사회의 종류

사회의 대상이 되는 행사와 프로그램은 대단히 많지만 방송용 사회의 경우와 현장 사회로 편의상 대별해서 생각해 보자.

먼저 방송용 사회의 경우를 보면 '무슨 무슨 행사 몇 주년'을 기념하는 기념 행사류, 각종 시사 문제 토론회, 노래, 연주, 무용, 마술, 코미디 등을 종합하거나 따로따로 엮어서 꾸민 공개 방송, 11시에 만납시다, 자니 윤 쇼, 자니 카슨 쇼, 도나 휴 쇼 등의 교양 또는 오락성 토크쇼, 우리들의 세계, 비바 청춘 등의 재담형 공개 방송, 오후의 교차로, 가정 저널, 출발 새아침 등의 매거진 프로그램, 퀴즈 박사, 퀴즈 올림픽, 중학생 퀴즈 등의 퀴즈 프로그램, 전국노래자랑, 전국 어린이 동요 대회 등의 경창 프로그램, 가족 오락관, 유쾌한 스튜디오 등의 패널 게임 프로그램 등을 예로 들 수 있다. 엠시(MC)의 역할에 조금씩의 차이는 있으나 그 밖의 프로그램들도 분류를 해 보면 엠시(MC)의 영역이 넓다는 것을 알 수 있을 것이다.

행사용 또는 현장용으로, 방송 프로그램의 성격은 아니지만 유사한 엠시(MC)의 역할이 필요한 각종 대회, 종교 집회, 궐기대회, 패션쇼, 공청회, 세미나 등이 있으나 여기서는 논외로 한다.

이제 엠시(MC)의 대상 프로그램이 이와 같이 많다는 것을 생각하고 각 프로그램마다 특성을 이야기하고 어떻게 진행을 하느냐 하는 것을 설명해야 하겠으나 그렇게 하기에는 지면이 너무 좁기 때문에 대상프로그램이 무엇이든 간에 공통적인 대원칙만을 논하고 그 원칙을 기초로 대용하는 방법을 쓰기로 하겠다. 그에 앞서서 잠깐 필자의 아주 짧은 경험이지만 일본과 프랑스에서 체험한 바를 참고 삼아 이야기하려고 한다. 물론 엠시(MC)를 중심으로, 1987년 '동경 가요제'를 준비하는 일본 TBS방송의 현장 경험으로는 '빈틈이 없는 사회'의 느낌이었다.

웬만한 장편소설 한 권 두께의 완벽한 대본에는 그(MC)가 해야 할 이야기가 규정되어 있고, 리허설 과정에서는 발걸음의 속도, 표정, 시선, 등·퇴장의 동선, 박수 유도 등 모든 것을 자로 잰 듯이 약속했다. 그런가 하면 프랑스 파리의 TF1 텔레비전의 '국경 없는 게임'의 현장 경험은 아주 달랐다. 물론 프로그램의 성격에도 차이

가 있지만 엠시(MC)의 자세는 거의 마구잡이식 돌변형이었고 자유
분방했다. 일본식 문화ㆍ 사회 환경과 프랑스식 문화ㆍ 사회 환경에서
온 차이라고 생각한다. 수없이 계속되는 리허설(일본에서는 완벽한 리
허설 3회, 프랑스에서는 밑도 끝도 없는 리허설을 새벽 한 시까지
계속했음.)을 통해 일본은 약간의 수정을 가하며 엠시(MC)의 기능
을 반복 확인하는데, 프랑스는 엠시(MC)의 기분(?) 판단(?)에 따
라 완전 탈바꿈을 무한정 되풀이했다. 그렇게 한 결과 일본의 엠시
(MC)는 본 방송 녹화 때는 한 치의 오차도 없이 리허설 때 하던
말과 몸짓을 하는데, 프랑스의 엠시(MC)는 본 방송 녹화 때는 리허
설 때와는 또 다른 말과 동선으로 혼란을 주었다. 그러나 재미있는
것은 나타난 '결과'였다. 자로 잰 듯이 진행한 일본의 프로그램과 자
유분방하게 진행한 프랑스의 프로그램에서 나는 향기는 각각의 특색
을 지니고 있었다. 어느 것이 좋고 나쁘다는 식은 곤란하다.

한국식 엠시(MC)는 여러분이 잘 보고 경험하여 느낀 바가 많을
것이라서 생략하겠으나, 한 마디로 규정한다면 '미완성의 일본식'이
라고 생각한다.

이제부터 논하고자 하는 것은 스타일이 어떠하냐 하는 것을 떠나
서 프로그램을 성공적으로 이끌려면 엠시(MC)는 어떤 생각과 고민
과 자세와 목표를 가지고 마이크를 잡아야 하는가 하는 것이다.

엠시(MC)로서의 기본을 갖추었다는 전제하에 사회는 어떻게 할
것인가를 요약해 보자.

첫째. 철저히 준비하고 리허설에 참여하자.

프로그램의 사회를 맡으면 우선 책임을 느껴야 한다. 왜 이 프로
그램의 사회를 내게 맡겼는가, 무엇을 기대하고 있고 그 기대를 어
떻게 충족시켜 줄 것인가를 생각하면 어깨가 무거워짐을 느껴야 한
다. '날탕'으로 대충 한 번쯤 넘어갈 수도 있겠으나 그렇게 되면 그
것은 그의 마지막 프로그램이 될 것이다. 그렇게 되지 않으려면 엠

시(MC)는 철저히 계획하고 준비해야 할 것이다.

마음의 준비는 물론 적절한 의상을 마련하고, 프로그램의 전말(前末)을 완벽하게 메모한 진행 메모를 준비하며, 프로그램에 등장할 인물들에 대하여 미리 알아두고, 관련된 자료들을 사전에 검토해 보고, 방송전의 여러 가지 스케줄에 유의하여 건강에 무리가 가지 않도록 대비하여야 한다. 그와 동시에 제작회의에 참석하여야 하지만 여의치 못하면 최소 제작 책임자와 충분한 의견 교환이라도 하여야 한다. 그러한 준비가 진행되면서 우리의 경우 한 번쯤의 총 리허설이 있는데 파트별 리허설까지 참여하면 더욱 바람직하겠으나 그렇지 못할 경우 최종 종합 리허설에는 참여해야 한다. 간혹 시간이 없어서 또는 경험이 많아서 리허설에 참여 못하거나 안 하는 경우가 허다한데 여간 손해가 아니다. 그리고 정도(正道)가 아니다.

별 준비 없이도 잘하는 엠시(MC)보다는 철저히 준비해서 더욱 잘하는 엠시(MC)가 훌륭한 엠시(MC)가 아닐까?

둘째. 분위기를 빨리 파악하고 프로그램의 목표나 목적하는 바를 계속 염두에 두자. 철저한 준비를 하고 리허설에 참석하는 동안에 프로그램의 성격과 목적, 방향 등의 윤곽이 엠시(MC)의 머리에 또렷이 그려진다. 이것은 대단히 중요한 것으로, 집을 지을 때에 설계도가 계속 있어야 하듯 엠시(MC)의 머리 속에는 프로그램이 시작되기 전부터 끝인사를 할 때까지 그 윤곽이 항상 펼쳐져 있어야 한다. 동작 하나, 웃음소리 하나, 숨소리 하나도 그 머리 속의 설계도와 연관이 있다면 퍽 훌륭한 엠시(MC)가 아닐 수 없다. 그러나 엠시(MC) 혼자의 고민과 노력으로는 결코 머리 속에 든 윤곽의 설계도만큼 이룰 수 없기 때문에 그 프로그램에 참여하는 모든 여건(예를 들면 더블 엠시의 경우, 상대역, 출연자들, 장소, 주어진 시간)에 이상(理想)을 맞추도록 해야 한다. 어떤 공식에 의하여서가 아니고 느낌으로 알 수 없는 '분위기'라는 프로그램 환경을 빨리 알아차리고. 그 뿐만 아니라 오락성을 강조한 프로그램이냐 교양성을 강조한 프로그램이냐 양면의 조화냐 하는 것도 확실한 줄기를 잡아 우왕좌왕하지 말아야 한다. 자칫 오락성이 강해야 하는 프로그램에서 엠시(MC)가 교양을 의심받을까 하여 분위기에 어울리려 들지 않는다든지, 교양 프로그램에서 '재미있는 프로그램'의 압박감 때문에 억지 웃음을 강요하는 일은 모두 잘못이다. 역시 분위기와 연관이 있다.

셋째, 가변성(可變性)에 유의하자.

자로 잰 듯이 진행할 수 있는 프로그램도 있지만, 경우에 따라서 수시로 상황이 변하고 예기치 못한 일이 연속 벌어지는 프로그램에서는 엠시(MC)의 위치가 여간 힘든 일이 아니다. 리허설을 했지만 막상 진행이 되면서 마구 바뀌는 상황에서(특히 생방송의 경우는 막을 도리가 없다) 엠시(MC)는 혼란에 빠지기 시작한다. 기본 설계도가 흔들릴 때도 있다. 그러니 무대 감독과의 능숙한 교신으로 함께 대처하고 줄기를 벗어나지 않도록 유연하게 이끌어 시청자를 불안하게 만들지 않아야 한다. 그래서 엠시(MC)는 프로그램 진행에 들어가기 전에 여러 가지 경우의 가변성에 대하여 도상 연습을 해보고 연출자와 의견 교환을 하고 마음 속에 정리를 해 두어야 한다. 그리고 그러한 가변성에 대처할 수 있어야 엠시(MC)가 아니겠는가. 게임, 토론, 어린이 프로그램, 시청자 참여 프로그램, 생방송으로 진행되는 대담 등이 엠시(MC)를 골탕먹일 때가 많다.

넷째, 위기를 처리하는 유연성과 강심장이 필요하다.

사회 도중에 맞는 위기는 참으로 많다. 필자가 경험한 것만 먼저 열거해 본다. 생방송 중의 정전, 전기 합선에 의한 작은 화재 소동, 조명 기구의 폭발, 세트의 와해, 술 주정꾼의 무대 점거, 패배한 출연자(아마추어의 경우가 더욱 심함)의 거센 항의, 출연자의 실신(방송출연 부담), 열광하는 팬들의 무대 돌진, 출연자의 지각 사태(생방송 중이며 중요한 출연자의 경우), 장난으로 거는 방해 전화(실제로 유신 시절 권력의 서슬이 시퍼럴 때에 "김 아무개 선생을 광화문 네거리에서 총살합시다"를 외치고 전화를 탁 끊어 버린 일이 있어

혼비백산했던 일이 있음.), 야외 생방송중에 쏟아지는 폭우 등 이루 열거하기가 힘들 정도이다. 그 뿐만 아니라 엠시(MC) 자신이 가지고 있는 위기의 소요도 많다. 이를테면 위경련, 일사병(야외의 경우), 성대폐색증, 현기증 등의 건강 문제와 실족에 의한 부상, 위험 상황에 따른 쇼크 등을 예로 들 수 있다.

어떻게 할 것인가?

'유연성과 강심장'으로 설명하기는 했지만 막연하다. 이 경우 역시 그런 상황들이 벌어질 위험성은 항상 있다는 사실을 염두에 두고 각오가 돼 있어야 하며, 절대로 출연자나 방청객의 수준에서 함께 우왕좌왕하지 말아야 한다. 엠시(MC)는 가끔 성자(聖者)와도 같고 어머니 같기도 하며 감각이 없는 로봇 같을 때도 있어야 한다는 것을 경험으로 알아냈다는 것을 참고로 들려주고 싶다. 위기에 강한 엠시(MC)는 좋은 엠시(MC)의 중요한 요건이다.

다섯째. 냉정한 마음과 따뜻한 마음의 조화가 필요하다.

사회를 하다 보면 여러 유형의 사람을 만나고 여러 경우를 경험하게 되며 그럴 때마다 엠시(MC)도 인간이기 때문에 감정을 나타내게 되고 평범한 인간이면서 조금은 다른 무엇을 보여야 하는, 참으로 어려운 상황에 놓일 때가 많다. 그럴 때 어떻게 해야 하는가. 같이 감동하고 흥분하자니 중심이 없어 보이고 냉정하자니 무감각해 보이며, 모든 것을 다 수용하다 보면 판단력이 없어 보이고 냉정한 판단력을 발휘해 보면 한쪽으로 치우치는 느낌을 준다. 너무 날카로워 보이면 인간미가 없어 보이고 맺고 끊음이 확실하지 못하면 무기력해 보인다. 이럴 때의 해답은 항상 따뜻한 마음과 따뜻한 눈으로 세상을 보고, 인간애를 바탕으로 약한 편에 서서 생각하지만 반드시 다수가 옳고, 지금 내 눈앞에 벌어진 상황만이 세상일의 전부가 아니라는 시야가 필요하다는 것이다. 울고 서 있는 엠시(MC)가 유능한 엠시(MC)일까, 눈물을 흘리면서 그 슬픈 사연을 놓치지 않고 전해 주는 엠시(MC)가 유능한 엠시(MC)일까, 웃고 서 있는 엠시

(MC)가 유능할까, 더 웃음이 터지도록 다음 단계를 계산하고 있는 엠시(MC)가 유능할까. 주머니의 돈을 꺼내서 눈앞에 있는 불쌍한 소년 가장을 위로하는 것이 현명할까. 그 소년의 기막힌 사연을 진하게 전해 주는 것이 현명할까. 인간애와 사랑을 바탕으로 한 냉철한 마음, 양면성의 조화가 엠시(MC)에게는 필요한 것이다. 토론 프로그램, 토크 프로그램, 캠페인 프로그램 등을 진행할 때 그런 어려움에 부닥친다.

여섯째, 쇼맨십이 절실하다.

칵테일 하는 모습을 본 적이 있는가. 단순한 독주를 기본으로 감미료, 방향료, 얼음 등을 넣어 혼합 음료를 만드는 데 일정량의 원료를 넣어 적당히 흔들거나 휘젓기만 해도 될 터이지만 손님이 보는 앞에서 그 사람은 요란한 몸짓과 손놀림 또는 익살스런 표정을 짓기도 하며 한 잔의 칵테일을 만들어 낸다. 손님은 그런 분위기까지 즐기며 칵테일을 마시고 취한다. 신비의 술이나 마시는 것처럼. 이미 짜인 내용, 이미 내정된 출연자, 그 출연자가 보여 주거나 들려 줄 어떤 내용물을 칵테일 기술자의 재미있는 몸짓, 손짓, 표정에 엠시(MC)의 개성 있는 말투를 섞어서 꾸민다면 시청자와 관객은 얼마나 즐거울 것인가. 바로 그런 기술을 엠시(MC)는 발휘하도록 해야 할 것이다. 연기가 필요할 때는 연기도 하고 능청이 필요할 때는 능청도 떨고, 허풍도 떨고 새침도 떨고 완급도 조정하며 엠시(MC)는 잠시 동안 어떤 의미의 상품이 되어야 한다. 아나운서들이 사회할 때에 가장 약한 부분이 바로 이 '쇼맨십'임을 실토하지 않을 수 없다.

일곱째, 변신하자.

변신하자는 뜻은 두 가지의 의미를 가지고 있다. 앞서 언급한 엠시(MC)의 쇼맨십과도 관련이 있지만 프로그램의 성격과 상황에 따라 자연인 아무개의 모습에서 전혀 새로운 모습의 엠시(MC) 아무개가 탄생될 수 있다는 뜻의 변신과, '언제나 그 모습'의 변함없음도 좋지만 엠시(MC)로서는 자꾸자꾸 탈바꿈하는 노력이 엿보이는 편이 시청자에게 신선감을 계속 안겨 주고 그 변신의 연속이 긴 엠시(MC)의 생명력을 준다는 의미이다. 좀 까다로운 설명이 돼 버렸다. 언제나 홈웨어 차림의 아내만 보아야 하는 남편과, 때로는 팔을 걷어붙인 살림꾼의 모습을 보이고, 때로는 고운 한복차림의 단정한 모습, 또 때로는 멋을 부린 양장차림의 모습, 또 어떤 때는 스포티하고 발랄한 모습을 보이기도 하는 부인을 둔 남편과, 누가 행복할까?

시청자를 위한 엠시(MC)의 변신은 기교의 변신, 언어의 변신, 분위기의 변신, 능력의 변신 등 새로운 것을 보이려는 줄기찬 노력일 것이다.

우리 나라 방송 환경을 전제로 한 마디만 덧붙이자면 한 사람이 한 프로그램만으로 일이 끝나는 것이 아니라, 여러 가지 상황에 처해야 하는 특수한 고충이 있기 때문에 '변신'의 필요성은 더 없이 중요하다. 여러 프로그램을 두루 진행하는 몇몇 엠시(MC)를 떠올려 보면 알 수 있을 것이다.

여덟째. 애드리브(adlib)의 연마는 엠시(MC)의 생명이다.

애드리브는 엠시(MC) 능력의 중요한 요소이다. 이것은 라틴어로 '좋을 대로'라는 뜻에서 유래했다는데, 대본에 없는 즉흥적 대사나 연기를 뜻한다. '좋을 대로'라는 의미를 존중해서인지 아무 말이나 마구 해대는 것을 마치 애드리브라고 생각하는 사람이 더러 있다. 아니다. 아무리 즉흥적이지만 프로그램의 근본 정신이나 목적에 맞고 도움이 되고 어느 정노 성리된 것이어야지 아무렇게나 뱉는 '애들리브'(아이들의 입)이어서는 곤란하다.

이 애드리브의 연마는 교본이 있는 것도, 교사가 있는 것도, 기본 수칙으로 응용할 수 있는 것도 아니어서 어려운 문제이다. 그러나 앞서서도 말했듯이 프로그램에 대한 충분한 이해와 엠씨(MC)의 임무를 충실히 해 내겠다는 근본 정신 위에 많은 경험이 토대가 되고 또 준비 과정에서 여러 가지 가능한 상황을 예견해 두고 그에 대비하는 도상 훈련을 해 둔다면 그렇게 부끄러운 애드리브가 되지는 않을 것이며, 길게는 평상의 언어 생활에서 끊임없는 자기 훈련을 쌓아야 할 것이다. 물론 선천적인 능력과 개인차도 무시할 수 없는 것이지만.

아홉째, 남의 프로그램을 많이 보자.

바보와 현명한 사람의 차이는 간단하게 설명된다. 바보는 현명한 사람에게 배울 것이 없다고 생각하고 현명한 사람은 바보에게서조차 배울 것이 없다고 생각한다는 것이다. 일단 엠시(MC)가 되어서 프로그램을 진행하기 시작하면 거의 누구나 자기는 가장 훌륭한 엠시(MC)라고 생각한다. 그래서 남의 프로그램을 잘 보려 하지 않는다. 그렇기 때문에 엠시(MC)가 되어 본격적으로 프로그램에 투입되기 전에 모방이 아닌 비판적인 시각을 가지고 남의 프로그램을 많이 볼 필요가 있다. 받아들여서 좋은 점과 버려야 할 점을 냉정하게 가리고 자기 것으로 재생산할 수 있어야 하겠다.

남들은 어떻게 말하고, 어떻게 입고, 어떻게 웃고, 어떻게 겸손하고, 어떻게 웃기고, 어떻게 절제하며, 어떻게 위기를 넘기고, 어떻게 신명을 내며, 어떻게 새침을 떨고, 어떻게 호소하며, 어떻게 연결하는지를 보고 배우며, 남들은 어떻게 실수하고, 어떻게 주책을 떨며, 어떻게 거만하며, 어떻게 결례하고, 어떻게 당황하며, 어떻게 늘어지고, 어떻게 놓치고, 어떻게 실패하는지를 보고 배워야 한다. 단, 내 것으로 만들기 위한 비판과 '내가 그 사람의 위치라면'이라는 절실한 공감을 바탕으로 하지 않으면 안 될 것이다. 보통 어려운 문제가 아니다.

열째, 쓸데없이 군림하지 말자.

꿈꾸던 화려한(?)나의 무대에서 한 마디 한 마디에 따라서 박수와 환성이 터지고 관심이 쏠리며, 출연자들이 엠시(MC)를 모시는 듯한(?)느낌이 들고 화제의 초점이 된다는 감을 잡을 때부터 엠시(MC)는 정신을 똑바로 차려야 한다. 자동차 운전의 사고도 초보

때는 잘 나지 않는다고 한다. 자신감이 붙기 시작하는 때부터가 오히려 위험하다고 한다. 마찬가지이다. 조금 무엇이나 된다 싶을 때부터 이상한 현상이 일어날 수 있다. 나태의 가능성, 대충의 가능성이 나오는가 하면 대접받으려 하고 "엠시(MC)는 왕이다." 하는 근거 없는 규정을 신봉하려 한다. 망하는 지름길이다. 엉덩이에도 뿔이 나고 이마에도 뿔이 나려고 한다. 자신감에 넘쳐 당당해지는 것은 좋으나 초보운전이 지나자 군림하려는 자세를 자제하지 못하면 엠시(MC)의 명 재촉도 이만저만 아니다. 자, 이제 마치 무슨 십계명 같은 소리를 해 놓았지만 이것은 절대적도 상대적도 아닌 그저 '참고'일 따름이다. 이상적인 이야기도 있고 놓친 이야기도 있겠으나 일을 통해 느꼈던 상황들이다. 여러분의 앞으로의 경험은 소중한 교본이 될 것이다. 다만 첫걸음 단계에선 꼭 지키고 따라 주었으면 한다.

끝으로 한 가지만 덧붙인다면 프로그램마다 주어지는 엠시(MC)의 역할 비중은 천차만별이다. 엠시(MC)의 비중이 낮다고 하여 소극적이고, 고작 사무적으로 브리지멘트(bridgement)를 하는 사람으로 머무느냐, 다잡아서 적극적인 진행자가 되느냐 하는 것은 바로 엠시(MC) 자신의 생각에 달려 있다.

13.2 인터뷰에 관한 소론

방송 프로그램이 퍽 다양해 보이지만 그 기법을 분석해 보면 인터뷰 기법이 이용된 경우가 대단히 많다.

토크 쇼, 대담 프로그램은 물론 탐방 프로그램, 뉴스 쇼, 쇼 프로그램, 오락 프로그램 등이 약간씩 농도와 기법의 차이는 있지만 인터뷰를 기본으로 한 경우가 많다. 인터뷰의 기본은 질문이다.

각종 프로그램을 진행하는 엠시(MC)는 그 대부분의 업무가 질문을 하고 대답을 얻어 내는 일로 일관된다 하여도 지나치지 않을 것이다. 그러나 어떤 질문을 어떻게 해서 어떤 대답을 얻어 낼 것인가 하는 것은 난제가 아닐 수 없다.

"답변에 의해서 사람을 판단하지 말고 질문에 의해서 사람을 판단하라."고 했다는 볼테르의 말을 바꾸어 "질문에 의해서 엠시(MC)를 판단할 수 있다."고 고쳐도 별 무리가 없을 것 같다. 훌륭한 질문을 적절한 순서에 의하여 타이밍을 맞춰 던진다면 기본적으로 인터뷰는 성립될 것이다. 그러나 '훌륭한 인터뷰'는 그렇게 간단하게 생각할 수 없다.

좋은 인터뷰는 어떤 것인가?

브루스 루이스(Bruce Lewis)는 "사람을 설득하여 진실을 말하도록 하는 것"이라고 했다. 이 정의를 머리 속에 넣고 다음의 다섯 가지로 요약된 인터뷰의 기본 원칙을 놓치지 않으면 실패는 적을 것이다. 좋은 인터뷰를 위하여서다.

① 무엇 때문에 묻고 있는가.(Why)
② 무엇을 물을 것인가.(What)
③ 왜 이 사람에게 묻는가.(With whom)
④ 어떻게 물을 것인가.(How)
⑤ 얼마나 오래 물을 것인가.(How long)

이제부터 이러한 기본 원칙 아래 인터뷰를 하는 엠시(MC)는 어떤 마음의 자세와 작전이 필요한가 생각해 본다.

첫째. 상대의 마음을 편하게 하라.

방송에 처음 출연하는 사람들에게 마이크는 공포의 대상이다. 경험이 많은 사람에게도 정도의 차이는 있으나 무슨 말을 어떻게 해야 하나 또는 망신을 당하는 것은 아닌가 하는 생각에 인터뷰의 대상이 되는 데 대하여 부담스러워한다. 그런데 이러한 사정을 모르는 진행자(인터뷰어)들이 자주 상대편의 마음을 불안하게 하여 인터뷰를 망치는 사례가 많다. 입장을 바꾸어 생각하면 상대의 떨림과 부담감을 덜어 줄 수도 있는데 항상 자기 생각만 하는 경우가 많다.

대답을 잘해 달라는 주문, 시선에 주의하라는 당부, 마이크를 똑바로 차라는 주의 등. 방송에 처음 출연하는 사람이 생방송을 할 경우는 더욱 혼이 빠지게 되는데 인터뷰의 대상이 그런 부담감과 불안감에 눌려서는 좋은 대담, 인터뷰가 어려울 것이다.

친절히 인사하여 서로를 익히고 인터뷰에 응해 준 데 대한 감사를 잊지 말며 가벼운 대화를 나누고 경우에 따라서는 유머 있는 농담도 하며 상대를 안심시키고 나서 인터뷰나 대담에 임한다면 성공적인 인터뷰의 첫걸음은 디딘 셈이다. 사정을 허락한다면 인터뷰 실시 전 최소 30분 정도의 공작(?) 시간이 필요하다. 그 시간은 성공을 위한 바람직한 투자라고 봐야 한다.

둘째, 인터뷰 자료의 점검이 필요하다.

인터뷰는 예고된 것과 기습적인 것이 있겠는데 예고된 것은 긴박감은 덜하지만 충실할 수 있는 장점이 있고, 기습적인 것은 충실하기는 힘들겠지만 박진감과 흥미와 꾸밈없는 의외의 대담을 기대할 수 있다는 장점이 있다. 그러나 기습적인 인터뷰의 경우는 더욱 그렇겠지만 예고된 인터뷰의 경우도 마찬가지로 공세를 취할 인터뷰 또한 대담 자료에 대하여 여러 가지 점검이 필요하다. 상대방에 대한 기초 자료는 확실한가, 공격성 질문에 쓰일 근거들은 확실한가, 질문은 적절히 마련돼 있는가, 예상한 대답이 빗나가는 경우에 대비한 준비는 믿을 만한가, 수박 겉 핥기식의 인터뷰로 끝날 소지는 없는가 등을 면밀히 검토하여 도상 연습을 해 봐야 한다. 그리고 숨겨 두어야 할 질문과 미리 귀띔해야 할 질문을 구분하여 상대가 편히 그리고 충실히 대답할 수 있는 분위기를 만들어 주는 데도 도움이 되게 하여야 한다.

셋째, 겸손하자.

인터뷰는 인터뷰를 당하는 '손님'이 있다는 특징이 있는데 '손님'이라는 표현을 한 것은 초대를 했거나 탐방을 했거나 방송의 주체에 대한 상대적 개념과 대접을 해야 한다는 의미를 강조한 것이다.

가끔, 아니 어떤 때는 자주 인터뷰의 주체(MC, 인터뷰어)가 이런 개념을 무시하고 상대를 곤경에 빠뜨리고 자기 과시를 하며 우월감을 만끽하는 어처구니없는 자세를 즐기는 사람들이 있다. 마치 상대를 죄인이나 다루듯 또는 수사관이 범행 사실을 확실히 믿고 자백을 받아 내려는 듯한 자세로 다그치거나 모독적으로 대한다. 안 될 말이다. 시청자의 입장에서 볼 때 어떨까? 또는 인터뷰를 당하는 사람의 입장일 수 있는 수많은 사람에게 그러한 엠시(MC)의 모습이 어떻게 보일까? 그러한 자세가 통쾌해 보이고 아무렇지도 않게 보일 사람은 불과 몇일지도 모른다.

겸손한 자세는 인터뷰에 들어가기 전부터 인터뷰가 끝난 다음까지—결국 겸손은 인터뷰어의 기본이어야 한다는 뜻이다. 그렇다고 그것이 당당하지 않아야 한다는 뜻일 수는 없다. 당당한 자세가 겸손의 반대 개념이거나 겸손과 당당함이 택일형의 자세는 아니다. 근본적인 상대 존중의 겸손에 알아야 할 것, 대등한 입장으로 시청자를 위해 얻어 내야 할 것을 놓치지 말고 얻어 내는 자세는 병행되고 양립되어야 한다. 인터뷰어의 '믿음직한 자세'는 시청자를 안심시키는 한 가지 요소이다.

넷째, 상대방을 분석하라.

인터뷰의 상대를 바로 알아야 한다. 상대에 대한 객관적이고 노출된 자료들로 알 수 있는 방법은 물론이거니와 인터뷰 전의 준비 시간에 상대에게 말을 시켜 보는 방법으로 표준어를 쓰는지, 사투리를 쓰는지, 발음은 어떤지, 말의 바르기는 어떤지, 단답형은 아닌지, 장광설은 아닌지, 성실한 대답을 할 준비가 되어 있는지를 탐색해야 한다. 그 뿐만 아니라 일 대 일이 아닌 일 대 다수의 인터뷰를 할 때는 어떤 사람에게 어떤 질문을 던져야 좋을지를 예정해 놓고, 말을 독점하려는 사람을 미리 알아 경계도 하고 때로는 이용(?)도 해야 한다.

상대를 분석하는 방법은 역시 인터뷰에 들어가기 전에 자연스럽게 이루어져야 하는데, 만약 상대방을 분석해 본 결과가 예상과는 퍽 달라질 경우에는 인터뷰의 방향과 질(質), 전개 방법 등에 수정을 가해야 할 것이다.

실제로 필자가 이른바 '민주화 이전'에 대학생들과 함께 하는 프로그램의 야외(지방 출장) 녹화를 하다가 여러 형편상 사전 인터뷰 대상자 분석을 하지 못한 채 강행하던 중 방송 중단의 불상사를 겪었다.

방송국에서 제공한 차를 타고 방청객 출연 아르바이트생들과 함께 농촌 모심기 봉사 활동을 하며 농촌 문제를 이야기하는 날이었기 때문에 순수한 농촌 사랑과 봉사 활동 이야기만 할 것으로 순진하고도 무책임하게 예상하고 막상 대담을 시작했는데, 엠시(MC)의 질문과는 전혀 상관도 없는 내용으로 초대 연사를 목표로 자극적이고 공격적인 정부 비방과 성토를 계속하는데 도저히 방송을 할 수 없었다. 그때의 사정이 그러하였다. 인터뷰 대상자들의 사전 분석이 없었던 대가였다. 진행을 중단하고 그들과 입씨름을 하여 설득을 한 후 겨우겨우 방송을 할 수 있었는데 그 노력의 몇 분의 일이면 탈 없이 진행할 일이 몇 배의 힘을 들여 했다.

만약 그 방송이 생방송이었다면 어떠했을 것인가. 방송 민주화 이전의 아찔한 경험이었다. 아무 말 아무 내용이나 마구 할 수 있는 것이 방송 민주화가 아닌 이상은 지금도 그런 식의 방송은 용인될 수 없다. 그것은 중대한 방송 사고라고 볼 수 있다. 사전 상대방의 분석은 그렇게 중요한 것이다.

다섯째. 자기 중심의 질문에서 벗어나라.

어린이와 이야기를 해 보면 처음부터 끝가지 자기 중심의 관심사에 관한 이야기뿐이다. 자기 세계의 경험이 고작이기 때문이다. 엠시(MC), 인터뷰어도 마찬가지이다. 자기 경험, 자기 생각, 자기의 가치관을 벗어나지 못하는 경우가 많다. 그럴 때 듣는 이는 얼마나 답답할까. 시청자들은 마치 어린이의 좁은 경험과 편중된 관심사를 듣는 것 같은 답답함을 느낄 것이다.

질문자가 남자냐 여자냐, 도시 출신이냐 농촌 출신이냐, 부잣집에서 자랐느냐 가난한 집에서 자랐느냐, 나이가 많으냐 젊으냐, 건강하냐 건강하지 않으냐, 이야기의 주제에 관심이 있느냐 없느냐, 독서량이 많으냐 적으냐, 사심이 있느냐 없느냐, 질문이 많으냐 적으냐, 긍정적인 사고를 하는 사람이냐 아니냐 등에 따라서 질문의 내용은 판이하게 달라진다. 엠시(MC), 인터뷰어는 그러한 한계를 잘 뛰어넘을 수 있어야 하는데 그렇지 못한 경우가 종종 있다. 과감히 탈피해야 한다. 왜냐하면 시청자들은 엠시(MC)의 가치 기준에, 엠시(MC)의 능력에, 엠시(MC)의 경험에, 엠시(MC)의 관심에, 엠시(MC)의 수준에 목 졸리기 싫어하기 때문이다. 엠시(MC), 인터뷰어는 언제나 시청자들로부터 위임받은 질문 대리인이라는 사실을 염두에 두어서 편협된 시각을 벗어나야 할 것이다.

여섯째, 상대의 말을 잘 듣자.

부담감과 떨림은 인터뷰를 당하는 사람에게만 있는 것은 아니다. 마이크를 쥔 엠시(MC), 인터뷰어에게도 부담감은 크고 고민이 많다. 어쩌면 대답하는 사람은 단순히 질문에 응하기만 하면 되지만 묻는 측은 질문하랴 내용 파악하랴 시간 조절하랴 인터뷰의 질에 신경 쓰랴 앞뒤에 이어지는 순서 챙기랴 오히려 머리 속이 복잡하고 정신이 없다. 그 때문에 엠시(MC), 인터뷰어는 자기가 질문을 던져놓고는 상대의 이야기를 똑바로 귀담아듣지 못하고 딴 생각, 딴 계산을 하다가 엉뚱한 소리를 하거나 대답이 나온 것을 또 물어서 낭패하는 경우가 종종 있다. 들어 주는 자세, 표정도 중요하고 실제로 똑바로 듣고 질문을 잇는 집중력도 필요하다. 매우 힘들지만 상대의 말, 표정, 어감 등을 주의 깊게 듣고 살펴야 한다. 연출자의 지시 신호나 인터컴을 통한 교신이 동시에 이루어질 때는 정말 상대방의 말을 알아들을 수가 없다. 얼굴은 빙긋이 웃으며 여유를 보이고 있기 때문에 시청자의 입장에서는 엠시(MC), 인터뷰어의 어려운 사정을 알 리가 없다.

일곱째, 질문이 궁색하면 안 된다.

실탄이 많아야 총격전에 이길 수 있고 성능이 좋은 총과 살상 능력이 좋은 실탄이 있어야 상대를 제압할 수 있듯이 엠시, 인터뷰어는 좋은 질문을 많이 할 수 있어야 기대 효과를 본다. 수효만 많은 질문보다는 중량급의 질문이 유효하며 고품위의 질문은 많을수록 좋다. 그러나 좋은 질문이라는 것은 사실상 무한히 준비될 수 있는 것은 아니다. 어떤 때는 시간이 많이 남고, 상대편이 단답으로 계속 나오고—, 좋은 질문은 고사하고 위기를 극복할 수수한 질문도 꽉 막혀 버릴 때가 많다. 이럴 때는 다음의 방법들을 써 보는 것도 도움이 된다. 긴 답을 끌어낼 수 있도록 '어떻게(How), 왜(Why), 무엇(What)'으로 시작되는 문장 형식을 써서 질문한다. 비교적 단답을 하던 사람도 대답이 조금 길어지고 엠시, 인터뷰어는 다음 단계를 준비할 수 있는 여유를 얻는다. 또 한 가지는 고정 관념에서 벗어나 보면 새로운 질문거리가 생각날 수도 있다. 즉, 나타난 현상의 반대 상황을 생각해 보는 방법인데, 성공의 경우는 실패를, 있는 것은 없는 경우를, 흰 것은 검은 경우를, 노인에게 젊음을, 빨간 것을 보고 파란 경우를, 맹인에게 눈이 정상일 경우를 생각하여 질문할 수도 있다. 비슷한 경우로 '가정(假定)'도 한 가지 방법이다. 질문이 궁색하면 시청자들이 실망하고 진행자는 여간 힘든 것이 아니다.

여덟째, 2차적인 언어도 중요하다.

엠시, 인터뷰어에게는 말(1차적 언어)도 중요하지만 말 이외의 메시지(2차적 언어)도 중요하다. 가장 기본적인 2차적 언어들만 들어봐도 표정, 옷차림, 자세, 손짓, 화장, 웃음, 어조, 억양, 말의 빠르기 등이 있겠고 그런 것들이 어우러져서 풍기는 분위기까지도 중요한 2차적인 언어인 셈이다. 뿐만 아니라 엠시(MC), 인터뷰어의 평소의 이미지, 생활 태도, 평판, 말씨 등이 모두 일차적인 언어 이상으로 강한 호소력과 의미를 가진 2차적 언어이다. 라디오 매체인 경우는 보이지 않는 느낌들이 가세하는데, 텔레비전의 경우는 시각적인 모든 분위기가 2차적인 언어로서 강한 영향력이 있다. 입으로 나오는 말과 함께, 2차적인 언어가 조화 있게 뒷받침되지 못하면 입으로만의 인터뷰, 대담 등은 공허하기 짝이 없고 진실되지 못하여 실패하기 쉽다. 때로는 2차적인 언어 요소들이 1차적인 언어 우위에 설 때도 있다.

아홉째, 세상일에 두루 관심을 두라.

엠시(MC), 인터뷰어가 훌륭하게 대담이나 인터뷰를 하기 위해서는 풍부한 경험과 자료가 기본 자산이다. 그 풍부한 경험과 자료는 어떻게 얻어지는 것인가. 자명하다. 세상의 모든 일에 관심과 애정을 가져야 한다. 편협된 관심과 취미와 시각으로는 고전할 수밖에 없다. 뿐만 아니라 편협된 생각 속에서 보편적인 이야기를 기대할 수는 없다. 그리고 세상의 모든 일은 묘하게도 상호 연관이 있을 수 있고, 예를 들고 인용하여 활용할 사항들이다.

독서하고, 두루 듣고, 많이 보고, 할 수 있으면 경험하고, 알아보는 방법을 통하여 보이는 자료, 보이지 않는 자료들을 모아야 한다. 독서도 대상의 폭을 넓혀서 눈에 닿는 대로 해야 한다. 또 한 가지 경계할 것은 여기에서도 자기 중심에서 벗어나야 한다는 것이다. 좋아하는 것에만 관심을 가지고 싫어하는 것에는 지나치게 무관심하거나 도외시해서는 안 될 것이다. 관심의 편식이야말로 좋은 엠시(MC), 인터뷰어로서의 생명을 위태롭게 하는 것이다. 세상사에 대한 잡식성 관심이 매우 중요하다.

열째, 생활 속에서 인터뷰 훈련을 하라.

실전에 배치되기 전에 항상 훈련이 있기 마련이다. 그러나 방송에서는 '충분한 훈련 뒤에 실전 배치'가 불가능하며, 충분한 훈련의 한계도 모호하다. 기본 훈련과 가능성을 가지고 작은 전투부터 시작하다 보면 큰 작전에도 동원된다. 그러는 과정에서 방법의 체득이 가능하기도 하지만 시청자를 대상으로 언제까지나 훈련을 하듯 미비한 모습을 보일 수 없다. 그리고 시청자도 그만한 인내력이 없다. 그렇다면 어떻게 할 것인가?

생활 속에서 연습하고 훈련을 하는 수밖에 없고, 또 그것이 최선의 방법일 수도 있다. 물론 피곤하고 어렵다. 사무실 동료와 이야기할 때, 가족끼리 이야기할 때, 술 좌석에서 이야기할 때, 차를 마실 때, 낯선 이와 이야기할 때 자연스런 분위기를 통해 실험적 연습이 가능하다. 그리고 딴 사람의 경우를 눈여겨 보는 것도 좋을 것이다. 이것도 요는 관심이 중요한 것이다.

이상에서 기술한 수많은 원론 — 과연 그대로 실천하고 실행에 옮기기가 쉬운가 하고 생각해 보면 그렇지 않다. 그러나 튼튼한 기본을 익히기 위하여는 미련하리만큼 따르고 실천해 봤으면 하는 욕심이다. 좋은 엠시(MC), 인터뷰어는 타고나기보다는 만들어진다고 본다. 누가 만드나? 바로 자신!

13.3 디스크 자키란 누구인가?

디스크 자키(DJ)의 원래의 뜻을 모르는 사람들에게 디스크 자키가 뭐하는 사람이냐고 물으면 대체로 '수다를 떨면서 음악을 소개하는 프로그램 진행자인데 다방 등에서 연습을 하고 잘하면 방송국에서 일하는 사람' 정도의 정의적 느낌을 가지고 있을지도 모른다. 좀 과한 표현이 됐지만 디스크 자키들이 그런 느낌을 스스로 준 것도 사실이다.

짚고 넘어가자. DJ란 disc와 jockey(경마의 기수)가 합성된 말의 두문자(頭文字)로 음악을 들려 주면서 곡을 소개하고 때로는 해설도 하고, 날씨 · 화제 · 가십(gossip) · 정보 등을 전해 주는 음악 프로그램 진행자이다. '음악 프로그램'이라면 범위가 넓어서 기본적인 개념으로는 가요나 팝 뮤직 등을 생각할 수 있고 고전 음악을 내보내며 진행하는 사람은 해설자(classical music announcer)라고 한다. 그러나 때로는 그 한계가 모호하여 외형상의 형식이 유사하기 때문에 진행자를 함께 '디스크 자키'로 생각할 수 있다. 가곡이나 대중성이 강한 소품들을 다루는 음악 시간을 생각해 보면 이해가 갈 것이다. 게다가 가곡과 가요를 함께 다루는 프로그램도 있으니 말이다. 어쨌든 디스크 자키가 진행하는 프로그램은 음악과 말로 이루어져 있다. 그렇다고 음악과 말이 있으면 모두 디스크 자키 프로그램의 범주에 들어가느냐 하면 그건 곤란한 분류 방법이다. 말(이야기 내용)을 듣다가 잠깐의 휴식(음미)이 필요한 정도 또는 말을 전환하거나 의도적 기복을 주기 위하여 음악을 한 곡 내보내는 식의 경우와, 반대로 음악과 음악 사이에 막간을 이용한 이음새 역할을 하는 경우는 명백히 차이가 이다.

즉 '음주언종(音主言從)'이면 디스크 자키 프로그램이고, 반대로 '언주음종(言主音從)'이면 디스크 자키 프로그램이 아니다. 아주 자주 디스크 자키 프로그램을 진행하는 디스크 자키들이 너무 많은 말을, 거의 짜증나도록 많이 하여 프로그램 성격 자체가 달라지는 경우를 우리는 자주 경험한다.

텔레비전에 대항하여 라디오(AM, FM)의 특성을 살려 가장 경제적으로 제작되며 청취율을 높일 수 있는 프로그램인 디스크 자키 프로그램이 디스크 자키 자신에 의하여 변질된다면 곤란한 일이다.

라디오 프로그램의 대명사격이며 주종인 디스크 자키 프로그램을 어떻게 진행할 것인가, 그 주체인 디스크 자키의 소양과 임무를 중심으로 간추려 본다.

첫째, 음악을 진실로 좋아하고, 음악에 대한 상식과 지식이 많아야 한다.

더 설명이 필요 없을 것이다. 어두운 시절에는 음악을 많이 아는 사람이 별로 많지 않아서 대충 얼버무리고, 본의 아니게 속이고 넘

어간 경우도 없지 않으며 그렇다 해도 항의하는 사람도 없었던 때도
있었다. 그러나 지금은 라디오, 텔레비전은 물론 오디오 기기의 발
달과 엄청난 보급으로 음악 애호가들이 대단히 많으며 취미, 교양
정도를 지나서 거의 전문가의 경지에 있는 사람도 많다. 그런 사람
들을 대상으로 방송을 한다고 생각해 보자. 음악을 사랑하고 음악을
많이 알지 못한 채 단순한 말솜씨와 인기라는 것만으로 디스크 자키
를 할 수 있겠는가 자문자답해 보아야 한다. 적어도 듣는 이보다 평
균 이상의 음악적인 상식과 지식이 있어야 할 것이다. 어떤 연유로
디스크 자키가 됐든지간에.

둘째, 사용 언어에 문제가 없어야 한다.

음악을 통해 즐거움과 기쁨을 느끼려고 음악 프로그램을 듣는다면
그 음악을 내보내고 소개하고 이야기를 들려 주는 디스크 자키의 말
도 함께 어울리는 일종의 '말의 연주'이어야 할 것이다. 그렇다면 아
무리 개성 시대라지만 거부감이 느껴지는 목소리는 방해 요소가 될
것이다. 어떤 목소리가 좋다고는 말하기 어려우나 호감 가는 목소리
여야 할 것이다. 그리고 표준어에 기초를 둔 교양 있는 말을 써야
할 것이며 다운타운의 디스크 자키들의 말투는 걸러야 할 것이다.
이상한 억양, 국적 없는 말의 유희는 기교라고 볼 수도 없다. 그저
평범한 일상의 대화투에 자기만의 개성을 살린 정도면 어떨까 한다.
흥미를 반감하고 청취율이 떨어진다고 생각하면 큰 잘못이다. 표준
어의 정중함으로도 흥미를 일으킬 수 있고 저속한 표현을 안 해도
재미있는 말은 얼마든지 할 수 있다. 실제로 장수 디스크 자키 프로
그램의 진행자들 가운데는 표준어를 구사하는 아나운서 또는 아나운
서 출신자들이 많다.

셋째, 말은 프로그램의 성격을 명확히 알고 임하자.

디스크 자키 프로그램을 세 가지 정도로 구분하여 생각할 때 음악
이 중요한 요소가 되고 진행자(DJ)가 별로 말을 하지 않아도 되는
'단순 진행 디스크 자키'의 경우는 청취자의 높은 음악적 전문성을

손상시키지 않도록 디스크 자키의 절제가 필요하다. 즉, 말이 많으면 안 된다는 것이다.

다음, 음악에 대한 해설이나 연주에 대한 논평 또는 뒷이야기(비화)를 들려 주는 등 해당 분야 음악의 전문가가 진행하는 '전문가 디스크 자키'의 경우 청취자는 음악도 즐기고 또 디스크 자키의 해박한 음악 강의를 듣는 시간이 된다. 음악 전문가가 디스크 자키인 경우이나, 정리된 내용을 조리 있고 알맞은 길이로 전달할 필요가 있다.

마지막으로 '퍼스낼리티 디스크 자키'를 들 수 있겠는데 보편적으로 생각하는 디스크 자키 프로그램이다. 음악을 소개하는 기법이 다르고 다양하고, 음악과 음악 사이에 준비된 원고나 애드리브를 전달하거나 구사할 수 있다. 청취자에게 최대한 봉사하는 자세로 친밀감이 가도록 노력해야 한다. 개성과 재능을 유감 없이 발휘할 수 있다. 청취자들은 스스로 자기가 선택한 프로그램의 유형을 구분하여 들을 줄 알기 때문에 진행자가 그것을 착각하고 혼동하여서는 안 될 것이다.

넷째, 전문 기자재의 사용법을 익혀야 한다.

전에는 디스크 자키는 단순히 마이크 앞에 앉아서 헤드폰을 끼고 예정된 큐시트에 따라 선곡된 디스크가 프로듀서(PD)에 의해 걸러지고 엔지니어(믹서)에 의해 기계 조작이 되어 음악이 나가면 음악을 소개하고 중간 중간에 할 말을 하면 되는 형태가 기본이었다. 그러나 지금은 각종 첨단 전자 제품의 개발과 발달로 새로운 기기도 등장하고 직접 디스크 자키가 그 기기들을 조작해 가며 타이밍과 느낌을 일치시키는 방식으로 방송을 하기 때문에 디스크 자키는 단순히 음악을 소개하고 중간 중간에 할 말을 하고 엽서나 읽는 시대가 아니다. 턴테이블과 콘솔이 스튜디오 안으로 들어앉아 디스크 자키의 솜씨를 저울질하고 있고, 레이저(Laser)를 이용한 CD(Compact Disc)까지 벌써 오래 전부터 방송에 활용하고 있어 새로운 전

자 제품이나 기기에 대한 이해와 조작도 디스크 자키의 중요한 필수
과목이 되어 가고 있다

다섯째, 분위기를 중요시하자.

디스크 자키 프로그램의 분위기라면 우선 프로그램에서 다루는 음
악의 분류에서부터 시작될 것이다. 클래식 음악에 맞는 분위기, 가
곡에 맞는 분위기, 가요에 맞는 분위기에 따라 사용하는 언어가 달
라야 하겠고, 말의 빠르기·포즈의 활용이 달라야 할 것이며, 청취
층의 분석에 따라서 다시 계산이 달라야 한다. 뿐만 아니라 시간대
에 따라서도 디스크 자키는 상당한 변화를 주어야 한다.

일본에 갔을 때, 낮에 FM 음악 프로그램을 녹음하는 것을 볼 기
회가 있었다. 대낮이었는데 스튜디오 창을 모두 검은 커튼으로 가려
놓고 테이블에는 스탠드를 밝혀 놓고 방송(녹음)을 하고 있지 않은
가. 알고 본즉 심야 프로그램인데 방송 시간대의 감을 낮에 잡기가
어려워서 스튜디오를 인공적으로 심야처럼 꾸며 놓고 그 분위기에
젖어서 디스크 자키가 기분을 내고 있었던 것이다. 분위기를 규정짓
는 요소는 복합적으로 작용하기 때문에 꽤 까다롭다. 그리고 그 분
위기를 잘 타는 디스크 자키는 분명 유능한 디스크 자키일 것이다.

여섯째, 청취자와는 일 대 일이다. 정성을 다하라.

매스 미디어의 특징이, 하나의 전달자에게 다수의 수용자이지만
라디오의 경우는 수신기 보급이 개별화되다 보니 어떤 의미에서는
내로 캐스팅(narrow casting)의 성격이 강해졌다. 즉 한 사람의
학생, 한 사람의 주부, 한 사람의 운전자와 1 대 1로 이야기하는 형
식의 집합 형식이 되어 버렸다. 그러므로 디스크 자키와 청취자의
관계는 서로 마주보고 이야기하고 듣는(물론 일방이지만) 셈이 되었
다. 즉 남의 이야기도 내게만 하는 이야기 같은 분위기이다. 그러므
로 디스크 자키는 청취자와의 관계나 거리를 1:1로 여겨서 한 마디
의 말이라도, 한 장의 엽서라도 마구 뱉고 마구 취급해서는 안 될
것이다. 듣는 이로서는 모든 것이 다 내게 하는 말, 내 엽서를 취급

해서 다루는 분위기로 느낄 것이기 때문이다.

장난으로 일관하는 전화 대담, 틀리게 마구 읽는 엽서의 주소와 이름, 공정하지 못한 느낌을 주는 엽서 추첨, 내 엽서는 딴 곳에 버렸을지도 모른다는 느낌을 갖게 하는 응모 엽서나 희망 엽서에 관한 언급, 믿음성 없이 더듬거리고 횡설수설하는 말씨, 엉거주춤한 음악 해설, 더듬고 빠뜨리며 읽어 주는 공지 사항 …. , 이 모든 것이 나만을 위해 방송하고 있다고 생각하는 디스크 자키에 대한 기대감을 와르르 무너뜨리는 요소들이다. 1 대 1에 정성을 다해야 1대 수백만에게 정성을 다하는 것이니까.

일곱째, 피할 것이 많다.

쓸데없이 긴 말 — 긴 말은 대개 쓸데없는 말일 경우가 많다 — 을 피해야 한다. 제 자랑, 제 이야기는 가급적 피해야 한다. 디스크 자키는 어깨가 으쓱하여 하는 말이지만 듣는 이는 여간 역겹지 않다. 내 가족, 내 형제 내 부모에게 못할 말은 하지 말아야 한다. 성적인 비유, 부도덕한 이야기, 사회의 통념을 깨는 행위의 미화나 권유 등은 삼가야 한다. 신체의 결함을 나타내는 낱말들이나 지역적인 취약점을 연상케 하는 표현들은 피해야 한다. 특정 종교에 대한 비난이나 찬양은 피해야 한다. 특정한 이익 집단을 대변하거나 헐뜯는 일은 삼가야 한다. 은어나 유행어 등은 가급적 주의해서 인용하도록 하고 재전파의 의도가 있어서는 안 될 것이다. 불가피한 경우에 한하여 신중하게 써야 할 것이다. 사회 문제나 건강 문제 등에 관한 이야기를 하며 지나치게 과장되게 이야기하여 듣는 이들을 불안하게 해서는 안 된다. 실제로 '건강 염려 환자' 같은 사람들은 불안감에 떨기도 한다. 불확실한 이야기는 절대 금해야 한다. 훈계도 피하라. 그 밖의 것들도 디스크 자키의 건전한 판단력으로 얼마든지 가려서 방송에 임할 수 있을 것이다.

여덟째, 나의 노트를 가져라.

하루 한 시간을 방송해도 메모가 필요하다. 전담 프로그램을 가지게 되고 오래 근무를 하다 보면 반복적 자료가 필요함을 느끼게 되고 메모에 의존해야 할 일이 많다. 뿐만 아니라 거리에서, 자료실에서, 휴게실에서, 차 안에서 좋은 아이디어가 떠오를 때는 책이나 잡지나 신문이나 주간지, 타 회사의 사보 등에서 좋은 자료를 발견했을 때에도 메모가 필요하다. 그 메모들은 실전에 쓰일 실탄이다. 분류해서 많이 메모해 두면 디스크 자키에게는 여간 큰 재산이 아니다. 대충 '날탕'의 방송을 하느냐 정성을 다한 향기 높은 방송을 하느냐는 그의 두툼한 노트가 결정해 준다. 그러나 결코 말을 많이 하기 위한 것은 아니다. 짭짤하게 하기 위함이다.

아홉째, 자신도 계속 음악 속에서 살아야 하지 않을까.

우리 나라 디스크 자키들이(전문 음악인 디스크 자키들을 논외하고) 일 년에 몇 번이나 각종 음악회, 연주회 구경을 갈까? 한번 스스로 생각해 보자. 물론 그 곳에서 연주되는 곡들을 입으로, 귀로, 눈으로(책) 다 익혀서 알고 있을 수 있으나, 적어도 디스크 자키를 충실히 하려면 음악이 있는 현장에 찾아가서 몸으로 부딪혀 가며 계속 재충전하고 견문을 넓혀야 할 것이다. 생활 속에 항상 음악이 있어야 함은 두말할 필요도 없겠고.

정해진 시간에 선곡표만 보고 또는 작가가 써 준 몇 꼭지의 원고와 일상적으로 보는 조석간 신문을 재산으로 방송에 임한다면 당신을 좋아하는 청취자들은 이 세상에서 가장 불쌍한 음악 애호가가 될 것이다.

열째, 전문 디스크 자키의 시대를 일자.

매력을 느낀다면 전문 디스크 자키가 될 각오를 해 보면 어떨까. 열째 항목은 현재의 우리 방송계의 디스크 자키들의 등장·퇴장에 관하여 생각해 보고자 한다. 이름을 내고 얼굴을 떠올릴 수 있는 몇몇 음악인이나 연륜이 쌓이고 능력을 인정받는 든든한 디스크 자키들도 있지만, 상당한 프로그램에서는 시대상을 반영하는지, 반짝 등장·퇴장하는 디스크 자키들이 많다. 노래 한 곡으로 스타가 된 디스크 자키도 나오고 텔레비전 드라마에서 상당한 인기를 끌어 모았다 하여 등장한 디스크 자키도 있고, 화제의 인물이라 하여 졸지에 디스크 자키가 된 예도 있다. 하다 못해 호구지책으로 디스크 자키 자리를 준 경우도 있다는 험담까지 나올 정도다. 그런데 그런 사람들은 디스크 자키의 생명이 길지 못하여 등장·퇴장이 바쁜 게 보통이다. 당연하다. 견딜 수가 없다. 그렇다면 본격적인 디스크 자키의 길을 가기로 하고 기초를 쌓아서 전문 디스크 자키가 되고 그 생명을 연장하고 청취자의 사랑을 한 몸에 받을 수도 있지 않을까. 그렇게 되면 디스크 자키로서의 능력보다는 인기도 등 엉뚱한 기준으로 발탁된 디스크 자키들의 문제와 무모한 청취율 경쟁에서 오는 내용의 저질화 등을 막을 수도 있을 것이 아닌가. 전문 디스크 자키 시대를 열어 보자.

14. 방송에서의 질문 요령

김 주 환

　회견이나 인터뷰는 같은 뜻의 말인데도 전자는 신문이나 잡지에서, 후자는 방송에서 주로 쓰이고 있음을 알 수 있다.

　'인터뷰'는 언중에게 익은말로 자리를 굳힌 지가 오래이다. 국어사전에도 올라 있다. 그러나 '회견'도 아직 건재하다. '대통령 기자회견', '기자 회견', '회견 기사', '회견' 등의 용어가 그런 대로 좋게쓰인다. 회견자를 서양말로 인터뷰어(interviewer)라 하고, 피회견자는 인터뷰이(interviewee)라 하는데 이런 낱말들이 방송계에서 상용하는 용어로 익숙하다.

　요즈음은 누구나 인터뷰를 잘한다. 이를테면 주부 인터뷰어를비롯하여 탤런트, 학생, 기자, 프로듀서, 출판인 심지어는 정치인도 인터뷰어로서 일상 방송에서 활약하고 있음을 볼 수 있다. 그렇다면 인터뷰를 전문으로 하는 이른바 전문적 회견자(professional interviewer)는 누구인가? 기자, 프로듀서, 리포터, 아나운서가모두 전문 인터뷰어일 것이다. 그들은 사람을 만나고 말을 걸고이야기를 듣고 정보를 얻고 그리고 그것에서 새로운 것, 재미있는것을 추려서 전파에 띄운다.

　방송은 사람을 만나는 데서 시작된다. 상대가 누구이든 그를 만날 때 어떻게 응대하고 무엇을 묻고 어떻게 듣고 무엇을 얻는가를 생각한다면 인터뷰어가 하는 일은 극히 상황적인 동시에 끝없는 가능성을 내포한다 할 것이다. '프로'처럼 대응하자. 전문 인터뷰어의 새로운 기법을 여러 측면에서 찾아본다.

14.1 회견의 준비는 3단계로

　　1단계 : 신속한 정보의 검색
　　2단계 : 깔때기 모양으로
　　3단계 : 초점에 따라서

(1) 신속한 정보의 검색

　인터뷰를 기획한 회견자는 일차적으로 대상 인물에 관한 정보 자료를 챙긴다. 컴퓨터에 입력된 (데이터 뱅크) 정보에서 필요한 것을 뽑아 낸다. 동시에 아래 사항을 유념하자. 무슨 일이 발생했는가? 회견할 상대자는? 이미 다루어진 사항은 무엇이며 빠뜨린 사항은 무엇인가? 지역적인 문제인가 아니면 전국적인 추세의 일환인가?

　검색할 대상의
　① 출생과 약력　　　　　② 학력과 전문 지식, 저서
　③ 사회적 지위와 직함　　④ 등록 재산, 송사 관계
　⑤ 취미와 가족 관계　　　⑥ 상속 재산, 유언, 유언 관계
　⑦ 최근 뉴스의 인물이면 그 뉴스의 개략을 뽑는다.

(2) 깔때기 모양으로 준비하자.
　① 마감 시간이 급하지 않을 경우에는 깔때기 모양으로 일을 추

진한다(일명 투망식 작업). ② 일반적 사항을 먼저 다루고 차츰 범위를 좁혀 간다. ③ 상대의 퍼스낼리티가 초점인 경우와 ④ 상대의 배후 뉴스가 초점인 경우를 가려서 작업한다. ⑤ 인물과 배후 뉴스가 복합된 경우도 있을 것이므로 주요한 요소와 그렇지 못한 요소를 구분하여 초점을 미리 설정한다. 매우 중요한 정보를 빠뜨릴 염려가 있으므로 작업을 깔때기 모양으로 추진한다.

- 마감 시간에 여유가 있으면 상대방에게 사전 섭외를 한다.
- 회견자의 신분, 소속사를 알린다.
- 회견의 취지를 설명한다.
- 회견 장소, 시간을 약속하고 녹음, 녹화의 수락 여부를 확인한다.(ON-THE-RECORD/OFF-THE-RECORD)
- 회견의 소요 시간과 방송 일시를 알린다.

상대의 퍼스낼리티가 초점이 되는 경우와 상대의 배후 뉴스가 초점이 되는 경우가 있겠고, 어떤 문제(issue)가 초점이 되는 경우가 있을 것이다. 그리고 또 위 세 가지가 복합되는 경우 등이 있을 것이므로 그 초점에 따라 각각 중요한 요소와 그렇지 못한 요소를 구분해야 한다. 초점을 미리 설정하지 않으면 아주 중요한 정보를 누락시키는 실수를 범하기 쉽다.

(3) 초점에 따라

회견자는 초점을 설정하고 그에 따른 사전 조사를 한다. 사전 조사의 중심 과제는 앞에서 말한 것처럼 세 가지를 들 수 있다.

① 사실을 중심으로 할 것인가. (사실 중심의 조사 연구)
② 인물을 중심으로 할 것인가. (인물 중심의 조사 연구)
③ 문제를 중심으로 할 것인가. (문제 중심의 조사 연구)

초점에 따른 조사 연구는 질문 항목 작성으로 이루어진다.

14.2 질문의 유형

사전 준비의 핵심을 이루는 작업은 질문 항목의 작성이다. 노숙한 회견자는 회견을 성공적으로 이끌기 위해 질문의 순서와 효과적인 질문법을 연구한다. 그리고 상황과 분위기에 따라 같은 목적의 질문이라도 여러 유형의 질문을 적절하게 구사하면서 회견을 능숙하게 이끌어 간다.

(1) 폐쇄형 질문(close-ended question)
(2) 개방형 질문(open-ended question)
(3) 깔때기형 인터뷰(funnel interview)
(4) 역깔때기형 인터뷰(inverted-funnel interview)
(5) 동일 항목의 보충 질문(follow-up question)
(6) 탐문형 질문(investigative question)
(7) 무궤도 자유 질문(free question)

(1) 폐쇄형 질문

모든 회견(인터뷰)에서 질문의 타이밍과 질문의 방법 여하에 따라 답변자의 반응이 크게 달라질 수 있다. 마감 시간에 쫓기는 회견자는 신속하고 간략한 답변을 얻어 내야 한다. 그리고 특이한 사실, 새로운 정보를 얻어 내야 한다.

경찰 기사, 사건 기사를 위한 질문
사실을 얻기 위한 정밀 정보를 얻기 위하여
수량, 통계에 관한 정보를 얻기 위하여
비교적 몰아세우는 듯한 질문
특정한 측면, 방향, 초점으로 좁혀 가고자 할 때
"오늘 아침 일어나서 가장 먼저 하신 일은?"
"그 때 당신과 함께 있었던 사람은?"
"강도가 들고 있던 흉기는?"

(2) 개방형 질문

개방형 질문은 일반적으로 방송 프로그램을 위한 인터뷰에서 많이 활용된다. 그 밖에도 월간지나 주간지의 인물 회견(round-ups)에서도 많이 쓰인다. 폐쇄형 질문이 위협적인 반면에 개방형 질문은 피회견자로 하여금 생각할 수 있는 여유를 주고 광범한 언급이나 상세한 설명을 하게 하는 이점이 있다. 자서전적인 회고담이나 경험담, 성공담을 끌어낼 수 있다.

이런 유형의 질문이 유용한 경우를 열거해 본다.

① 회견의 도입 부분에서 또는 시간 여유가 있을 때
② 짧고 명쾌한 답을 신속하게 얻어 낼 필요가 없을 때
③ 냉랭한 분위기를 온화하게 전환하고 '래포(rapport)' 즉 친화의 분위기를 위하여
④ 피회견자의 협조와 참여를 유발하고자 할 때

〈보기〉

"지난 여름 휴가를 어떻게 보내셨습니까?"
"당신이 장관이라면 이 문제를 어떻게 풀어 가시겠습니까?"
"장차 이 기업의 총수가 되실 생각은 없으신지요?"
"저희 신문에 대해 주시고 싶은 아이디어 같은 것은 없으신지요?"

폐 쇄 형 질 문	개 방 형 질 문
(1) 계층적, 계측적인 취재에서	(1) 심정 토로적인 언급을 유도함.
(2) 답변자의 재량권이 없음.	(2) 답변자의 재량권이 있음.
(3) 거리감이 있으며, 참여도가 떨어짐.	(3) 자유로운 의견 개진, 방향, 관점
(4) 사실에 입각, 정밀한 정보	(4) 일화, 미공개 사실, 비화, 경위
(5) 후속 질문, 확인 질문, 끝 질문으로	(5) 첫 질문으로 자주 쓰임.

(3) 깔대기형 인터뷰

법정에서의 인정 신문(人定訊問)과 비슷하게 전개되는 회견으로서 질문자나 답변자에게 공히 편안하고 긴장이 덜 가는 회견 유형이다. 날카롭고 어려운 질문은 뒤로 미루는 반면 초반에 배경 스토리 같은 것을 끌어낸다.

〈보기〉

"이 회사에 근무한 지는 얼마나 되셨습니까?"

"고향은 어디십니까?"

"이런 전문 분야의 재능을 언제부터 닦으셨습니까?"

위에서처럼 배경 질문을 던진 연후에 그 다음에는 개방형 질문으로 들어간다. 그리고 후반에 가서 폐쇄형 질문으로 좁혀 들어간다. 대체로 이 같은 **깔대기형**은 가장 일반적인 회견으로서 **쉬운 질문을 먼저하고 어려운 질문을 나중에 하며 점차 좁혀 들어간다.** 깔대기형은 [먼저 분위기 조성] [뒤에 꼭 필요한 질문]을 하는 것인데, '상대가 회견에 익숙한 사람이 아닐 때, 회견 시간에 구애받지 않을 때, 그럼에도 꼭 물어 봐야 할 질문이 있을 때 유용하다. 상대방은 회견에 익숙하지 않으므로 먼저 쉽고 부드러운 회견으로 친숙한 분위기를 조성하고 그것이 이루어진 바탕에서 꼭 필요한 폐쇄형 질문(tough question)을 던진다. 어느 정도 친숙한 분위기에 젖으면 다소 어려운 질문을 해도 상대는 관성(분위기에 젖은)에 따라 솔직한 반응을 보일 수도 있다.

(4) 역깔대기형 인터뷰

핵심적인 질문을 먼저 하는 회견이다. 이런 형식의 인터뷰는 경찰관, 사법 관계자 또는 정부 관료 등 언론에 익숙한 인사를 대할 때 유용하다. 일반적으로 그들은 폐쇄형 질문에 익숙하고 적대적인 추적 질문에 능숙하게 대응한다. 역깔때기형의 인터뷰는 마감

시간에 쫓기는 일선 기자들이 자주 쓰는 형식인데

① 특이한 사실(뉴스거리)을 먼저 묻는다. (먼저 사실 포착)
② 핵심부터 캔다.(먼저 핵심을 파악한다.)
③ 일반적인 사실을 뒤에 묻는다.
④ 의견, 코멘트 요청 등은 나중에 한다.

(5) 동일 항목의 보충 질문

흔히 follow-up question을 '보충 질문'이라고 하지만 그 '보충'에는 두 가지의 목적이 있다. 답변자가 회피하거나 모호(의도적, 지능적으로)하게 반응할 때 유능한 회견자는 그것을 꿰뚫어 보고 그냥 내버려 두지 않는다. 물고 들어가야 한다. 추적하는 것이다.

보충 질문은 상대의 답변을 명료화할 필요가 있을 때나 상대의 반응을 확대시킬 필요가 있을 때 한다.

① 노숙한 답변자(만만찮은 인사)는 유능한 저널리스트를 따돌리는 방법(기법, 테크닉)을 연구하고 있다.
② 유능한 저널리스트는 그런 인사에 의해 따돌림을 당하지 않는다.
③ 회견이 진행되면서 답변자는 순간순간 질문에 답할 것인가 아니면 어떻게 반응할 것인가를 판단한다.
④ 같은 속도로(수준으로) 유능한 회견자는 답변이 답변으로서 충분한지 아닌지를 판단한다. 답변이 납변으로서 충족되었다면 다음 질문 항목으로 넘어가지만 그렇지 않으면 하나 또는 그 이상의 질문으로 추적해야 한다. 그것이 바로 'follow-up'이다.

```
┌─── FOLLOW-UP ──── 명료화 ──── FOLLOW-UP ──── 확대 ─┐
│                                                   │
└──────── 말은 하되 답변을 하지 않는 피회견자 ────────┘
```

(6) 탐문형(探問型) 질문

① 동일 주제, 동일 사건, 연속 발생사에 대한 속보(續報)를 위한 추적 취재에서

② 서두르지 않고, 충분한 시간의 여유를 가지고

③ 띄엄띄엄 편하고 쉬운 질문으로 의문점을 파헤친다.

④ 사회부 기자의 탐문, 추적, 심층 취재에서

⑤ 사전 구성과 취재 과정, 사후 정리에서 시간과 정력(체력의 에너지)을 투자해야 한다.

(7) 무궤도 자유 질문

개방형 질문으로 시작하는 대화(conversation) 형식의 회견이다. 일정한 격식을 벗어나되 인간적인 친밀감을 가지고 진행한다. 일종의 자유 방담이라 할 수 있다. 시간적 여유를 충분히 가지고 '사람과 사람의 만남' 그 자체일 뿐이라는 공대감 속에서 분위기가 조성되면 순풍에 돛단배처럼 흘러간다. 그러나 다음과 같이 하여야 한다.

(1) 인간을 탐구한다.

(2) 회고담을 듣는다.

(3) 경험담을 듣는다.

(4) 자기 노출을 시킨다.

(5) 자서전을 엮도록 한다.

(6) 침묵의 대화가 따라야 좋다.

(7) 시각적인 취재가 따라야 한다.

(8) 감정 이입(感情移入), 심리 이입이 있어야 한다.

14.3 이런 질문은 하지 맙시다

가장 나쁜 질문이란?

(1) 두 항목 동시 질문

(2) 동시 대칭 질문

(3) 택일식 질문

(4) 세 문장이 넘는 질문

(5) 양해나 변명을 앞세우는 질문

(6) 진부하고 상투적인 질문

(7) 〔Yes or No〕 Question~ 〔예/아니오〕 질문

(1) 두 항목 동시 질문(Two Parts Question)

성실한 피회견자는 인터뷰가 진행되면서 여러 질문의 흐름을 따라 집중력과 함께 경청하고 정확하게 답변하고자 노력한다. 두 가지 질문을 동시에 하면 상대의 집중력은 간혹 흐트러질 수 있다. 되도록 일문일의주의(一文一義主義)로 질문한다.

(2) 동시 대칭 질문(Questions Including Simultaneous Opposites)

"이점과 불리점?", "옳은 것과 틀린 것?", "가장 좋은 것과 가장 나쁜 것?" 식으로 질문하면 안 된다. 피회견자는 앞의 질문에만 답하고 뒤의 질문을 묵살할 수 있다.

"이점은 무엇이라고 생각하십니까?"라 묻고 그 다음에

"그러면 불리점은 어떤 것입니까?"와 같이 질문한다.

(3) 택일식 질문(Whether-or-Not Questions)

"이것입니까, 저것입니까?" 하는 식으로 묻는 질문이다.

택일식 질문은 동시 대칭 질문과 비슷해서 자칫 답변을 오도할 소지가 있다. "이번 선거에 출마를 하시는 겁니까? 안 하시는 겁니까?"라 묻지 말 것이며, "이번에 출마를 하시는 거죠?"라고 물어야 명쾌한 정보를 얻을 수 있다.

"그 당시 상황은 매우 급박했습니까, 아니면 시간적 여유가 있

었습니까?"와 같이 물으면 답변자는 상황을 두 가지의 그림으로 연상하기 때문에 부담스러울 것이다. 차라리 하나의 그림을 제시하면서 "이 그림이 그때의 상황과 일치합니까?"와 같이 물으면 명쾌하고 간결한 반응을 쉽게 얻을 수 있다.

(4) 세 문장이 넘는 질문(Questions More Than Three Sentences Long)

세 문장 이상으로 길게 묻는 질문은 강의 또는 강연이지 질문이랄 수 없다. 가령 질문이 길어져서 넷째 문장으로 접어들 즈음이면 듣는 이는 첫째 문장을 이미 기억하지 못한다. 뿐만 아니라 질문자 자신도 자기가 앞서 말한 첫 문장을 잊어버릴 수 있다. 연전(年前)에 A당의 A의원이 국회청문회에서 증인으로 나온 모 언론사 대표에게 한다는 질문이 마치 강의식으로 장황했다. 입을 연 그 증인은 답변을 하는 대신 이렇게 말했다. "질문이 너무 길어서 질문의 요지가 무엇인지 잘 알 수가 없습니다. 다시 한번 간략하게 질문해 주시겠습니까?"

증인이 국회의원에게 이렇게 반문하니 주객이 뒤바뀐 셈이다. 심문을 하는 측에서는 그 순간 당황하는 표정이 역력했다. 장황한 질문은 위험하다. 세 문장이 넘는 질문은 이미 질문이 아니다.

(5) 양해나 변명을 앞세우는 질문

"제 질문에 답변하시기가 좀 어려우실지 모르겠습니다만…"
"다소 당혹스러운 질문이 될지 모르겠습니다만…"

위에서처럼 변명이나 토를 달고 하는 질문은 상대로 하여금 그 순간 어렵고 당혹스러운 심리 상태로 몰아넣는다. 어려워지고 당혹스러워지면 답변자의 반응은 반감 또는 전멸할 수 있다. 허두에서 쓸데없이 언급한 바로 그 심리 상태가 답변자 측에서 유발되기 때문이다. 이런 따위의 질문은 상대를 망설이게 할 뿐 아니라 반응 거부, 회피의 소지를 제공할 위험이 있다. 아무튼 질문은 간결하고 짧을수록 효과적이다.

(6) 진부하고 상투적인 질문(Cliché)

입에 익은 질문, 형식적인 질문, 너무나도 흔한 질문, 항상 듣던 투의 질문 모두가 이에 속한다.

〈보기〉

"그 동안 어떻게 지내셨습니까?" (겉치레로 하는 말)

"소감은 어떻습니까?" (다른 말로 바꾸어 말할 수도 없는 상투어)

"앞으로의 계획은?" (너무나도 흔한 질문)

"이 기쁨을 누구와 나누고 싶습니까?" (항상 듣던 불변어)

다른 말로 바꾸어 질문할 수는 없을까. 저널리스트는 표현을 바꾼다.

"지난 여름 피서는 다녀오셨는지요?"

"올해 안에 꼭 이루고 싶으신 일은 무엇입니까?"

"금메달을 목에 건 이 순간 가장 먼저 떠오르는 얼굴은?"

(7) "예"—"아니오" 질문 (Yes-or-No Question)

장황한 설명식 질문에서 빚어지는 답변이다. 국회의 청문회나 법정에서 하는 인정 신문 등에서 이 유형이 명쾌할 수 있다. 그러나 기삿거리나 새로운 정보를 추구하는 저널리스트의 질문으로서는 맥빠지고 맹물 같은 질문법이다. 얻는 정보라는 것이 그저 "예"와 "아니오"뿐이다. '예, 아니오' 가지고는 한 줄의 기사도 쓸 수 없다. 이런 경우 반드시 보충 질문(follow-up)을 하여 코멘트나 상세한 설명을 요청해야 한다.

"그렇다고 했는데 상세한 설명을?", "아니라고 했는데 그 배경은?"

그런데 이 같은 보충 질문은 항상 할 수 있는 게 아니다. 시간에 쫓기는 현장 인터뷰나 지명 질문(대통령 기자 회견)의 경우에는 어려울 것이다.

간혹 방송 인터뷰에서 질문자가 되바라진 능변이나 장광설을 늘어놓으면 상대는 '예'나 '아니오'로 반응할 수도 있으니 이 점에 유념하자.

14.4 다루기 힘든 상대

단도직입적인 질문, 어렵고 난처한 질문에 대해 영리한 답변자는 마치 지뢰밭을 피하여 가듯 직답(直答)을 회피하는 기법을 구사한다. 회견자가 훌륭한 저널리스트적인 감각을 가졌다면 피회견자도 이에 대응하는 데 만만치가 않을 것이다.

나는 백악관 취재에서 상대로부터 거짓 답변을 들은 적은 거의 없습니다. 반면에 그들로부터 따돌림을 받거나 묵살당한 일은 여러 번 있었죠. 실은 백악관에서 내 질문에 대한 답변을 제대로 얻지 못한 경우가 많죠. 날렵하고 빈틈없는 상대방은 거짓말을 하지 않죠. 우리는 취재를 위해 이리 뛰고 저리 뛰곤 하지만 공교롭게도 만나는 상대는 말을 아니 하는 벙어리일 경우가 잦습니다.
〈ABC NEWS' Sam Donaldson : 백악관 출입 기자〉

미국 의회에서 한때 '콘트라' 증언으로 시끄럽던 시기에 레이건 전임 대통령을 거짓말쟁이라 언급하기도 했던 '도널드슨'은 백악관에서 가장 미움을 샀던 ABC TV의 수석 기자이다. 그의 실토처럼 기자가 임무를 완수하기란 그리 쉬운 일이 아니다. 다루기 힘든 상대를 공략하려면 날카로운 질문의 칼날을 갈아야 한다. 피회견자가 어려운 질문에 대응하는 방법을 살펴보고 그런 것에 대처하는 회견 기법도 생각하여 보자.

(1) 연구 검토형 기법
(2) 반문 기법
(3) 명백한 사실을 호도하는 기법
(4) '코끼리와 개미' 기법
(5) 'NO-COMMENT' 기법

(1) 연구 검토형 기법(Check Back Later)

"시간을 주신다면 연구 검토하여 답변하겠습니다."

"하문(下問)하신 질문에 대한 추후 답변의 의무를 다하겠습니다."

이런 답변은 그 자리를 모면하기 위한 궁색한 답변이지만 불성실한 것은 아니다. 답변자는 "분명히 답변하겠다", 또는 "답변의 의무를 다하겠다"는 뜻을 밝혔기 때문이다. 다만 '연구 검토', '추후에' 등과 같은 삽입구가 상대의 영리한 테크닉일 뿐이다. 문제는 '추후'이다. 언제가 될지도 모를 '추후'를 질문자는 오래도록 기억하지 못할뿐더러 추후의 답변은 이미 보도 타이밍과 맞지 않는다.

(2) 반문 기법

답변자가 질문을 받은 순간 반대로 질문자에게 질문함으로써 답변하는 방법이다. 답변자의 그와 같은 반응의 보기를 들면

"네, 질문하셨습니까? 답변해도 되겠습니까?"

"질문의 요지는 이런 것입니까?"

"80년 당시의 상황 말입니까, 아니면 81년 봄의 상황을 질문하시는 겁니까?"

이렇게 되면 주객은 잠시 바뀐다. 답변자는 이런 반문의 기법으로 질문자에게 정중하게(?) 반격한다. 장황하거나 모호한 질문,

여러 항목을 동시에 묻는 서툰 질문 등에 대해 이런 반응이 나올 수 있다. 이전에 있었던 국회 증언에서 심문하는 측의 질문이 정견을 앞세운 까닭에 매우 길어졌다. 답변을 해야 할 증인이 언제 끝나는 질문인지 알 수가 없었는지 "이제 답변해도 되겠습니까?"고 반응했다. 매우 영리한 반격이다.

(3) 명백한 사실을 호도하는 기법
〈보기〉

기자의 질문 : "닉슨, 당신은 탈세의 혐의를 받고 있습니다. 당신은 돈에 대해 애착심을 갖습니까? 당신의 금전관을 말한다면?"

닉슨의 반응 : "내가 태어났을 때 나의 부친은 이미 거지가 아니었습니다(그 이상의 언급은 없었음)."

임기 말년에 거짓말쟁이란 오명과 함께 자리를 떠나야만 했던 닉슨은 반문의 명수로 전해진다.

(4) '코끼리와 개미' 기법
질문자는 코끼리에 대해 물었다. 답변자는 코끼리를 잘 모른다. 그러나 개미에 대해서는 정통하다. 그는 이렇게 반응한다.
"코끼리는 거대한 동물입니다. 코끼리와는 반대로 개미는 미세한 동물이라 할 수 있죠. 개미는 부지런한 동시에……. 개미는 또……" 하는 따위로 개미에 대한 논문을 줄줄이 외워 댄다.

(5) NO-COMMENT 기법
'노 코멘트'는 이미 우리에게 익숙한 말이다. 흔히 영리한 답변자들이 활용하는 방법 같은데 진짜 유능한 사람은 이런 식으로 답변을 기피하지 않는다. 오히려 일부 되바라진, 그리고 경험도 별로 없으면서 텔레비전 같은 데 자주 등장, 변설을 늘어놓는 풋내기들이 '노 코멘트'를 자주 쓴다. 이것에 대처하는 최선의 방법은 보충 질문(FOLLOW-UP)이다.

14.5 유익한 조언

회견자는 아래의 열 가지 정도는 점검하자.
① 상대방에 관한 자료 조사를 얼마나 빨리 할 수 있는가?
② 어떤 인물을 대하여도 싫어할 질문을 던질 수 있는가?
③ 필요할 때 상대방이 싫어할 질문을 던질 수 있는가?
④ 회견을 진행하면서 상대의 심리 상태를 헤아릴 수 있는가?
⑤ 래포(친밀 관계)를 단시간 내에 형성할 수 있는가?
⑥ 마감 시간에 맞추어 회견을 마무리지을 수 있는가?
⑦ 자신의 얼굴 표정을 연출할 수 있는가? 〔화안온순(和顔溫順)〕
⑧ 임기응변의 대응을 할 수 있는가?
⑨ 제3자의 비평을 겸허하게 받아들일 수 있는가?
⑩ 동시 녹음을 재생하고 자신의 결점을 알 수 있는가?

이렇게는 하지 말자.

① 매너를 잊지 말자 : 상대로 하여금 기분이 좋은 상태에서 이야기할 수 있게 하려면, 또 상대로 하여금 이편에 순응하게 하려면 매너를 철저히 지켜야 한다.
② 위축되지 말자 : 상대가 거물이라 하여도 '나는 청취자의 대리인'이라는 자긍심을 잃지 말자. '마이크의 힘'이라는 신념으로 일관하자.
③ 질척거리지 말자 : 항상 다음에 할 질문을 머리에 담고 있어

야 한다.

④ 유머를 잊지 말자 : 정중한 질문만으로는 재미가 없다. 여유 만만한 비판 정신과 함께 때로는 유머로 상대를 웃길 수 있어야 한다.

⑤ 이해가 안 가는 모호한 대목을 그냥 넘기지 말자 : 회견자가 이해하기 힘들 정도라면 일반 시청자는 더욱 이해하기 어려울 것이다.

⑥ Dead Air에 구애받지 말자 : 상대방의 순간적인 침묵을 살려라. 그는 다음 이야기를 심사숙고하거나 어떤 심정적인 노력, 지적인 노력을 하고 있는 것이다.

⑦ 매너리즘에 빠지지 말자 : 숙달자나 경험이 많은 사람일수록 이것을 경계해야 한다. 항상 허심(虛心)과 초심자의 마음 자세를 갖자. 신선감은 허심과 초심(初心)에서 우러난다.

⑧ 과잉 의욕을 버리자 : "솜씨를 보여 주자", "멋지게 해 보자"는 의욕이 지나치면 결과적으로 실패할 수도 있다.

15. 스포츠 중계 방송

우리 나라의 스포츠 중계 방송 아나운서들은 세계 인류의 큰 잔치라고 하는 서울 올림픽의 개폐회식을 비롯하여 전 종목을 훌륭히 치루어 아나운서들의 자질을 크게 높여 놓기도 했고, 수준을 인정받기에 이르렀다. 아나운서 모두의 노력의 결정체인 것이다. 서울올림픽은 160개국('76 몬트리올 84개국, '80 모스크바 81개국, '84 LA 140개국)으로 올림픽 역사상 가장 많은 나라가 참가했으며 동서 화해와 인류 평화에 기여함과 아울러 동유럽에 큰 변화를 오게 하여 찬사를 받기도 했다.

시시각각으로 연출해 내는 경기의 감동적인 장면을 즉각 시·청취자들에게 전달할 수 있다면 라디오와 텔레비전에 있어 완벽한 표현으로 좋은 방송이란 평가를 받게 된다. 여기에는 경기에 관한 모든 것과 전달력도 중요하지만 이보다 중요한 것은 중계 방송에 임하는 아나운서들의 마음의 자세인 것이다. 스포츠 중계 방송 아나운서는 크게 나누어 세 가지 요소를 내세운다.

종목에 따라 그 종목에 관한 넓은 지식, 그 지식을 바탕으로 한 어휘 선택에서부터 표현 기술, 그리고 최선을 다해 전력투구하는 마음자세, 이것들이 조화를 이루어 방송에 임할 때 수준 높고 볼만하고 들을 만한 방송이 될 것이다. 보통의 경우를 말한다면 아나운서의 기본이 확실히 다져진 상태에서 5년쯤 되었다면 대체로 어떤 프로이건 해 내게끔 시야는 넓어질 것이다. 아울러서 10년쯤의 경력이라면 수준급에 이를 수 있다고 본다. 스포츠 중계 방송 아나운서는 다른 프로 못지않게 표준어, 장단 고저, 발음 등이 완벽할수록 큰 힘이 된다. 그러나 스포츠 중계 방송에 참여하는 일부 아나운서는 자칫 이 점을 소홀히 하는 잘못된 생각을 갖는 경우도 있고 완벽하지 못한 상태에서 계속 참여하여 귀에 거슬리는 경우도 있는데 대체로 1시간에서 5시간까지 계속되는 중계 방송에서는 완벽에 가까워야 하며 다양한 표현력도 있다면 금상첨화일 것이다. 담당 아나운서 전체를 놓고 본다면 이러한 경우에 우열이 가려지게 되는 것이다. 이러한 바탕 위에 자신이 담당하고 있는 종목에 관해서 규칙은 물론 역사·기록·전술면과 선수들의 심리적·생리적인 면과 전술적 상황 전개 분석 및 이해 능력이 있다면 큰 힘이 된다. 이를 위해서는 자료를 참고로 할 것이며 보고(寶庫)인 경기장에 자주 나가는 것이 지름길이다. 경기 상황 변화에 어떠한 표현이 적시에 적합한가를 머리에 그려 보는 습관과 상상력을 높이도록 한다. 같은 장면은 두 번 다시 반복되지 않으며 불규칙 동작과 의외성이 많기 때문에 많이 보고 순발력도 높여야만 한다.

　이론에 관해서는 알고 있다는 것으로 충분하지 않다. 경험을 통한 다각적인 분석으로 이론과 경험이 조화를 이룬다면 그 종목이 자신을 갖게 되어 새 발상의 힘으로 단조로움을 피할 수 있게 되는 것이다.

　해설자와도 같은 위치에서 대등하게 이끌어갈 수 있도록 언제나 노력하는 자세가 있어야겠다. 경기를 그저 보는 것과 즐기는 것으로 끝난다면 어떠한 공부도 되지 않는다. 절실하게 무엇을 얻겠다는 집요한 자세가 있어야 하고 의문점은 해설자와 평소 의견 교환으로 즉시 풀어 자기 것으로 만드는 습관이 있어야 한다. 운동 경

기는 시시각각 변화가 많은 드라마이고 간간이 해프닝도 일어나기
도 한다. 설사 운동 경기를 좋아하지 않는 시청자라도 중계 방송
에서 한번쯤은 텔레비전에 시선을 묶어 놓는 힘이 있고, 느린 속
도로 여러 각도에서 영상을 구성하면 운동 경기의 신선함과 경쾌
감 그리고 묘미를 만끽하게 이끌 수 있다.

경기를 보는 것과 중계 방송을 혼동해서는 안 된다. 묘기·태도
등에 있어 상응하는 분위기에 대하여 표현을 발굴하고 잘못된 태
도에 대해서는 비난보다는 재발하지 않도록 교육적인 측면까지 고
려해서 표현한다면 시청자에게 일체감을 유도할 수 있겠다. 변화
무쌍하고 생동감 있게 펼쳐지는 경기는 관중이나 시청자에게 신선
감을 주어 살아 숨쉬고 있음을 느끼게 하여 생활에 활력을 선사하
기도 한다. 그에 걸맞은 중계 방송을 했다면 상당 수준에 이른 것
이고 보람도 클 것이다.

훌륭한 경기 내용인데도 평면적인 따분한 나열식 중계 방송이라
면 얼마나 따분하고 무의미한 중계일까. 그렇다고 흥분하라는 말
은 절대 아니다. 경기장 분위기를 그대로 시청자에게 전달하는 위
치에서 경쾌하게 약간 부추겨 주는 듯한 표현이면 족할 것이다.
흥분은 시청자와 관중이 하는 것이다. 그 순간순간 장면에 나름대
로의 독특한 표현 기술에 리듬까지 담아 경쾌하게 묘사하면 운동
중계 방송에서는 수준급이라 할 수 있겠다.

방송에서는 100점짜리가 없다고들 한다. 다만 100점을 향해
최선을 다할 뿐이라고. 장면에 따라서는 순간적인 침묵(포즈)도
멋진 효과를 발휘할 때가 있다. 비중이 큰 국제 축구 경기에서 결
정 골이 터지고 수만 관중이 일시에 일어나 박수와 열광을 한다면
시청자는 약간의 차이는 있겠으나 같은 분위기일 것이다. 이때"골"
확인 멘트와 선수 이름은 짧고 경쾌하게 처리한 다음 수만 관중이
환호하는 텔레비전 화면과 순간 현장음을 그대로 살려 줄 때 관중
과 시청자는 극적으로 같은 분위기에서 기쁨을 나누는 일체감을

갖게 되는 것이다. 이때 잠시 침묵은 훌륭한 효과를 나타나게 되는데 사실 이러한 열광하는 분위기에서는 아나운서의 좋은 표현도 시청자 귀에 들어올 리가 없고 오히려 흐름을 끊어 효과를 반감하게 되는 것이다. 분위기가 가라앉을 때 시청자를 위한 경위 설명을 차분하게 해 주면서 해설자의 기술적인 측면의 해설이 곁들여지고 느린 속도의 화면이 진행된다면 훌륭한 중계 방송의 하나의 예가 될 것이다.

많은 경험과 꾸준한 노력으로 시시각각 변하는 상황을 반사적으로 잘 표현하는 경우 시청자에게는 경쾌함과 즐거움을 줄 것이며 스포츠만의 매력을 느끼게 한다. 간혹 아나운서 중에는 텔레비전 화면의 설명의 속도가 느려 답답함을 느끼게 한다. 이때는 입을 크게 벌리는 훈련과 현장에 나가 장면에 맞추어 속도를 내는 훈련이 필요하다(과거에는 차에서 간판을 동시에 읽을 수 있도록 훈련을 해 왔다지마는 지금은 불가능한 일이 되고 말았다).

훈련 노력 여하에 따라서 큰 변화가 올 것이나 그렇지 못한 경우에는 중계 방송을 포기하는 경우도 있을 것이다. 빠른 속도의 표현은 기초로 보면 된다. 지금은 녹음기 기종도 많고 휴대하기 편리한 것도 많아 크게 도움이 된다. 20년 전에는 녹음기가 학생 가방만큼이나 컸고 태엽을 감아 쓰는 것인데 10분 정도면 태엽이 풀려 계속 감아 써야만 하는 불편한 것이었으나 당시에는 많은 도움이 되었고 경기장에서 많은 시간을 보내야만 했다.

이상에서 지적한 것처럼 종목에 따라 알고 있는 모든 지식을 어떠한 전달 기술로 또 어떤 자세로 전력투구할 것인가는 방송의 성패를 좌우한다. 지름길은 없다. 개인의 차이는 있겠으나 각자 다른 개성의 강점을 살려 전문 아나운서 자세로 꾸준히 노력하는 것만이 지름길인 것이다. 다음은 각종 프로그램과 스포츠 중계 28년간 방송 경험의 메모로 주관이 개재된 점 양해 바라며 참고하기를.

(1)라디오와 텔레비전

　라디오은 PD의 "큐"로 시작하여 2~4시간 동안 현장의 배경음과 함께 해설자와 단둘이서 엮어 나가게 되어 부담은 크지만 아나운서 역량에 따라서 개성과 특성 있는 방송으로 청취자와 소리만으로 가까워질 수 있는 라디오만의 특성을 갖고 있다. 경쾌한 리듬(흐름)이 대단히 중요한데 자칫 빠르기만 하면 되는 줄 아는데 이것이 잘못이다.

　여기에는 충실한 내용과 친절, 그리고 정확성이 강조된다. 흐름에 있어서의 고·저·장·단·강·약·완·급을 갖춰 표현한 것은 오케스트라 연주에 비유할 수 있겠다. 미사여구를 지나치게 자주 쓰게 되면 내용의 연결과 감흥을 단절하는 수가 있으므로 피하는 것이 좋겠다. 경기 위주의 중계도 좋겠지만 경기장을 입체적으로 다양하게 표현하여 청취자가 경기장을 머리에 그리면서 마치 경기장에서 관전하듯 분위기를 갖도록 하는 것이다. 경과 시간, 결과를 적당히 알릴 것이며, 축구에서는 선수 이름 앞(뒤)에는 꼭 위치를 붙여 말하는 습관을 갖는 것도 좋겠다.

　텔레비전은 PD, 해설자, 카메라맨, 기술진, 그리고 아나운서 등의 조직력의 작품인 것이다. 근래에 와서는 전문 PD, 전문 카메라맨이 정착 단계에 접어들어 바람직한 현상으로 PD 개개인의 특성을 알아두어야 하는 것은 화면 구성에서 연출자 각자의 개성이 강하기 때문이다. 화면 구성의 변화가 있기 때문에 순간 표현의 타이밍을 놓쳐서는 안 된다. 한번 지나간 화면은 다시 돌아오지 않기 때문에 항상 순간 표현력을 높여야 한다. 경기장에 도착하면 준비된 자료 확인, 명단 확인, 경기장 분위기 파악, 해설자와 사전 협의 등 준비에 완벽을 기할 것이며, 충분한 시간 전에 경기장에 도착해야 한다.

　PD와는 "큐"시트를 완벽하게 점검해야 한다. 아나운서는 이에 의존할 수밖에 없다. 경기 진행 중에는 중계차에 있는 PD와는 이어폰으로 대화를 나눌 때도 있어 꼭 착용해야 한다. 큰 대회는 카메라 10여 대, 헬리콥터, 비행선까지 동원되어 카메라 위치를 파악해 두어 예상되는 화면 구성을 알아두어야 한다. 가장 중요한 것은 PD, 카메라맨, 아나운서의 호흡이 맞는 삼위일체이다. 텔레비전의 약점은 제한된 화면에 경기장 구석구석을 다 보여 줄 수 없는 것이다. 아나운서의 눈에 비친 이색 장면은 표현 즉시 PD가 카메라맨에 지시, 다양한 화면을 구성할 수도 있어 항상 경기장 전체를 살펴 전달하도록 한다.

뉴스 때나 그 밖의 방송에서도 모니터는 전면 가장 잘 보이는 곳에 놓고 선수의 움직임을 동시에 볼 수 있도록 하면 더욱 편리하겠다.

(2) 자료 수집

시청자의 수준이 높아짐에 따라 아나운서는 전문성을 위해 종목별로 넓고 깊게 알아야 한다. 당일에 필요한 구체적인 자료는 따로 준비해 시의 적절하게 사용할 수 있다면 신선감을 준다. 10개 정도의 자료를 준비해서 적시에 3-4개 정도만 사용했다고 하더라도 성실한 자세의 아나운서로 인정받게 될 것이며, 해설자의 경우도 마찬가지다.

20년 전 복싱 경기의 명해설가(현 KBS 간부)는 당일 자료를 준비해서 아나운서와 협의, 경기중 같은 상황이 일어났을 때 질문을 적시에 던지게 하여 명해설을 해 놓았다. 다운되었을 때 주먹의 위력은 약 1톤의 바위가 1m 높이에서 떨어져 땅에 닿는 순간의 위력과 같은 것이다. 이것은 당시 알리와 리스튼의 헤비급 선수권 결정전에서 나온 실험 결과이다. 자료는 적시에 사용할 것이며 신선감을 주는 것이면 더욱 좋겠다.

(3) 경기장을 가까이

한마디로 많은 시간을 경기장에서 보내야 한다. 스튜디오에서 방송하다 넓고 시원하게 펼쳐진 경기장에 나가면 시야가 좁다는 것을 곧 느끼게 된다. 시선의 중심을 어디에 두어야 할지 막연하다. 경기장이 넓은 축구장이나 야구장에 처음 나가게 되면 하얀 공만이 겨우 보이므로 공을 쫓으며 표현까지 하자니 역시 스포츠 중계는 힘든 것이구나 하는 것을 곧 실감하게 된다.

경기장이 좁은 경우에 종목에 따라서는 쉬운 점도 있긴 하다. 축구 경기는 공이 불규칙적으로 움직이므로 상당한 기간 어려움이 따르나 길은 있다. 경기장에 자주 나가 시야를 넓히는 일이다. 자주 나가다 보면 시야가 넓어지고 있는 것을 실감하게 되는데 처음에는 공에서, 주변 선수들, 다음에는 경기장의 반 정도, 상당 기간이 지나면 축구의 경우 22명의 선수가 시야에 들어오고 연륜을 더해 가면 경기장 전부뿐만 아니라 관중들의 움직임 내지는 색채감까지 느끼게 된다. 시야를 넓힌다는 것은 경기 규칙을 아는 것 못지않게 중요하다.

1974년 몬트리올 올림픽 개막식 때는 6만 관중과 만여 선수가 입장했는데 선수단 속에서 한 청년이 5분간 나체 쇼를 한 해프닝도 있었지만 이것도 설명이 가능했다. 경기장 표현은 어떻게 할 것인가.(라디오 경우) 각자 나름대로 기점을 잡아 순서대로 풀어가면 편하다. 초만원의 종합경기장, 먼저 본부석, 맞은편, 오른쪽부터, 1, 2, 3, 4코너, 경기장 안, 선수들의 상황 설명 순으로 한다면 무리는 없겠다. 나름대로 시계 방향이나 기점을 잡아 표현한다. 순서는 바꿀 수 있다. 리포트하는 장소나 의식 중계에서 이런 방법을 쓰면 산만하지 않고 잘 정리된 방송을 할 수 있다. 텔레비전의 경우에는 콘티상의 화면 설명으로 충분하나 그 밖의 자료 보충 설명도 필요하다.

체육관에서 연·고전 농구 경기 때처럼 대단한 열기와 응원 속에 중계될 때 자칫 아나운서는 흥분할 수도 있고 소음 때문에 음정을 높게 잡아 불편할 때가 있다. 이러한 때는 마이크는 좀더 가까이, 음정은 평상시보다 약간 높을 정도로 분위기에 맞게 하면 되는데 이어폰을 쓰는 편이 안정감을 갖게 한다.

　기술자도 음향을 조정하고 있기 때문에 큰소리로 해서는 중계방송이 시끄러운 방송이 되고 만다. 소음이 크기 때문에 아나운서의 흐름은 계속 유지해야지 토막지게 된다면 그 사이에 소음이 크게 들어올 수도 있다.

　애국가나 묵념 주악 연주 때는 아나운서먼트는 금물이고, 끝난 다음 처리하는 것이 정중한 것이다. 장내 사회자의 말과도 겹쳐서는 안 된다.

(4) 선수 익히기

　어느 종목이나 더 빠른 시간 안에 선수 전원(자료 포함)을 파악하여 시청자에게 적시에 전달한다는 것은 중계 기술이고 재치이다. 20년 전의 일로, 선수 파악이 잘 안 되어 3번이 7번에게, 7번은 9번에게 연결, 이러한 미숙한 중계를 한 일이 있는데, 물론 축구는 위치의 변화도 심하고 방향도 일정하지 않아 어려움이 있었으나 요령 부족이 원인이다. 등 번호가 있고 선수의 키가 큰가 작은가, 뚱보인가 가냘픈가, 머리의 특징(긴가, 대머리, 짱구), 뛰는 모습이 특이한가, 손목에 붕대를 감았는가, 달리는 모습에 특징이 있는가 등등 신체적인 특징을 파악, 즉시 기억하도록 한다. 처음 보는 팀이라도 경기 시작 5-10분 정도면 전원 이름을 전할 수 있어야 한다. 거기에 덧붙여 자료까지 적소에 사용을 해야겠다.

(5) 공격 선수에서부터 풀어야

　권투, 레슬링, 유도, 태권도 등 격투기와 축구 등 구기에서는 공격 선수(공격팀) 중심으로 중계를 풀어 간다면 연결(흐름)이 자연스럽고 보고 듣는 쪽에서도 편하다. 권투 경기에서 A선수의 강한 주먹이 B선수의 얼굴에 작렬하여 "**다운**되었습니다"를, 간혹 B선수가 강한 주먹을 맞아 "**다운**되었습니다"로 한다. 이러한 경우 우리말의 흐름이나 선수의 동작 연결에서도 불편하고 보고 듣는 쪽에서도 불편한 것이다. '다운' 다음에 B선수의 상태를 설명하면 완벽하겠다. 강편치 다음에 '다운'이기 때문에 공격부터 풀어야 한다.

전적을 말할 때도 A팀이 B팀을 3 : 2로 이겼다는 것을 B팀이 A팀에게 3 : 2 혹은 2 : 3으로 졌다고 하면 순서가 바뀐 것이다. 방송은 한 번으로 지나는 것이기 때문에 듣기 편하고 이해하기 쉬워야 한다.

(6) 건강한 목소리

건강한 목소리는 아나운서의 필수적인 것이어서 때에 따라서는 자기 희생이 따라야 한다. 견디기 힘든 30℃가 넘는 삼복 더위 속에서 영하의 찬바람 속에서 비가 오나 눈이 오나 스포츠 중계 아나운서들의 일터는 변함없다. 이러한 여건 속에서도 막중한 책임은 따르는 법이다. 오래 전 일로 모 방송사 대표가 아나운서를 성악가에 비유하면서 건강 관리와 자기 희생의 어려움이 있다는 것을 이해하여 주었던 일이 있다.

10여 년 전 서울에 이탈리아의 유명한 성악가 한 사람이 와 공연을 갖게 되었다. 공연 전날 이 대표가 호텔을 방문하여 격려하려 했으나 '면회 사절'이라는 매니저의 답변이었다. 심기가 불편해 돌아왔으나 그 이유는 공연이 끝난 후 리셉션에서 알게 되었다. 이 성악가는 대표에게 찾아와 어제 면회 사절에 대해 정중히 사과하였다. 한국의 팬에게 좋은 목소리의 노래를 선사하기 위해 하루 종일 호텔방에서 두문불출 건강 관리를 했다는 것이다. 직종은 다르지만 아나운서도 건강 관리를 위해 자기 희생이 많이 따를 것이라는 관심 높은 이 방송사 대표의 말이 있었다.

항상 건강한 목소리를 유지하기 위해서는 훈련도 게을리해서는 안 된다. 훈련을 큰소리로만 하는 것으로 잘못 아는 경우가 있는데 처음에는 있는 그대로 자연스러운 발성으로 회를 거듭해야지 처음부터 큰소리로 하면 거칠어지고 호흡도 힘든 부작용이 따르게 된다. 단계적으로 강·약·완·급·고·저·장·단에 변화를 주어 훈련해야 하고 특히 스포츠 중계 방송은 낮은 음·중간 음·높은 음을 자유자재로 낼 수 있어야 변화가 많은 장면에 다양한 표현을 가능하게 되는 것이다.

아나운서에 따라 약간의 차이는 있겠지만 대체로 중계 방송 전 많은 양의 식사는 위에 부담을 줘 나른해지고 소리내기가 힘들어지기 때문에 평상시보다는 적은 양이나 가벼운 음식이 부담이 없다. 그렇기 때문에 일상 생활 때 식사 관리를 잘 해야만 한다. 중계가 끝나면 식욕이 왕성해져 상당량을 섭취하게 되는데 지나치면 뚱보가 되기 쉽다. 아나운서라는 직업은 말을 많이 하기 때문에서인지 식욕도 좋고 건강도 좋은 편이다. 이것은 직업 의식 속에 철저한 건강 관리를 한 까닭이다. 또 당일에는 심한 운동, 많이 걷는 일, 말을 많이 하는 경우 중계할 때는 심한 피로가 와 피하는 것이 좋고 안정하고 쉬는 것이 바람직하다. 사람 따라 다를 수도 있겠지만 건강한 사람이 건강하고 듣기 좋은 목소리를 낼 수 있는 힘은 하루에 2~4 시간 정도(성악가도 비슷함)이다. 그러니까 한 경기 정도는 훌륭히 해 낼 수 있는 시간이라고 보겠다.

종일 건강한 목소리를 낸다는 것은 불가능한 일이고 잘못 알고 있는 이도 있다. 그리고 성대는 사용한 만큼 쉬어야 한다. 중계 방송 전후에 쉬지 않고 계속 무리하게 목소리를 쓰게 되면 목이 쉬고 호흡이 거칠어진다는 것은 당연한 이치라 할 수 있다. 또 많은 양의 음주, 많은 양의 담배는 목소리와 호흡에 부담을 준다고도 한다. 소란한 장소나 취중에는 소리를 낮추어 이야기해야지 큰 소리로 하면 부담이 되어 목이 쉬기도 한다.

11년 전의 일인데 파나마에서 우리 나라의 홍수환 선수와 카라스키야 선수의 선수권 결정전에서 권투사상 전무후무한 4전 5기의 극적인 KO승을 거두어 텔레비전을 지켜 보던 국내 팬의 열광이 대단했다. 이 장면을 텔레비전으로 보던 현 KBS 간부는 이때 목에 부담이 커 말을 못할 정도로 쉬어 이비인후과에서 수술을 받기도 했다. 성대는 민감한 부드러운 막으로 되어 있어 무리하면 부작용이 따른다고 한다.

(7) 호흡법과 발음 장애

아나운서와 성악가의 호흡 방법은 큰 차이는 없겠다. 소리의 원동력이 되는 아름다운 리듬(흐름)을 갖기 위해서는 신인 때부터 습관을 갖는 것이 큰 도움이 된다. 흔히 흉식·복식 호흡이 있다고는 하나 아나운서는 나름대로 흉식 호흡법(폐활량 이용법)으로 충분하며 건강에도 도움이 된다. 방송에 필요한 호흡은 입과 코를 동시에 벌려 순간적으로 폐를 채우는 것으로 뉴스 등을 진행하는 데 흐름의 힘이 되는 것이고, 가장 느린 속도로 내뱉는 것은 말의 흐름(뉴스, 스포츠 등)에 큰 힘이 되는 것이다. 이 때에 숨소리가 들려서는 안 된다. 특히 스포츠 중계 방송에서는 리듬(흐름)이 대부분이기 때문에 익숙하지 않으면 답답한 토막방송이 될 수도 있어 호흡 훈련은 필수적인 것으로 보아야 한다. 연륜이 지나면 체인지 오브 페이스(흐름의 변화)도 자유자재로 가능해져 경쾌한 방송에 이르게 된다.

발음 장애는 신인 수습 기간에 바로잡아야 한다. 특히 치음에서 '스스' 발음이 나오지 않아야 할 때 나와 귀에 거슬리는 경우와 자음과 이중모음 등이 잘 안 되어 발음이 명확하지 않는 경우 두 가지를 들 수 있겠다. '이'와 '이' 사이에서 '스' 발음이 새는 경우는 귀에 대단히 거슬리고 피로하게 들린다. 이 때에는 입을 크게 둥글고 크게 벌리는 훈련으로 교정할 수 있고, 발음이 정확하지 못하고 음가(온발음)가 제대로 나오지 않을 때에는 다음 모음에 자음을 붙이고 입을 크게 벌린 상태에서 천천히 계속적으로 꾸준히 반복 연습을 한다면 수습 기간에 완벽한 발음을 익힐 수 있다.

· ㅏ ㅑ ㅓ ㅕ ㅗ ㅛ ㅜ ㅠ ㅡ ㅣ
· ㅐ ㅔ ㅚ ㅙ ㅝ ㅞ ㅢ

(8) 마음의 안정과 자기 암시

아나운서는 항상 긴장 속에 생활을 하게 된다. 방음 장치가 잘 되어 있는 부스에서 마이크와 같이 있을 때나 방청석이 꽉 찬 공개 방송이나 수만 관중의 운동장에서, 그리고 수십만·수백만이 듣고 보고 있다는 데서 심리적 부담과 긴장은 있게 마련이다. 긴장 속의 방송은 할 수 없는 것이며 각자 나름대로 안정할 수 있는 비법을 가져야 한다. 일단은 심호흡으로 마음의 안정을 가져와야겠고 자기 암시로 긴장을 최소화해야 한다.

우선 방송 대상 인물을 가장 가깝고 부담 없는 친구나 가족 한 사람으로 가정해 두면 안정이 되고 편한 마음이 된다. 많은 관중, 많은 시청자를 이러한 자연스러운 대상으로 자주 자신에게 암시를 한다. 신인 때에는 잘 안 된다고 하지만 2~3 개월 지나면 익숙해져 어느 분위기에서나 익숙하고 자연스럽게 자세가 바뀌는 것을 보면 대견스러운 모습들이다. 스포츠 중계 방송에서는 분위기가 산만하여 마음의 안정과 자기 암시를 어느 정도 하느냐에 따라 좋은 방송을 기대할 수 있는 것이다. 신인 때에는 얼굴 표정을 어떻게 할 것인가가 텔레비전에 입문할 때 어려움 중의 하나이다. 긴장 때문에 굳은 표정을 취하는 사람이 많다. 앞에서 지적한 심호흡으로 안정을 찾을 것이며 주변에는 모두 다정한 사람들인 양 계속 암시를 하여 부담 없는 편안한 사람에게 전달한다는 느낌을 가지면 편안한 마음으로 편안한 표정을 연출할 수 있다. 다른 의견도 있겠지만 누구나 웃기 전 표정이 처음에는 무난하다고 한다. '웃기 바로 전' 표정을 시도해 봄직하다. 그러한 상태에서 연륜이 지나게 되면 프로 성격에 따라, 문장에 따라, 분위기에 따라 맞는 표정을 짓게 되어 품위 있고 자연스러운 방송이 될 것으로 기대되는데, 개성에 따라 연구해 볼 만하다.

(9) 오프 튜브(Off Tube), 프롬프터 등 기기 사용

스포츠 중계 아나운서는 기기를 조작할 수 있어야 한다. LA 올림픽 때는 개폐회식 마라톤 권투 중계 외는 현장 중계 방송이 아니었고 대부분 오프 튜브(Off Tube) 방식의 중계였으니 아나운서들의 어려움이 대단히 컸다. **오프 튜브(Off Tube)방식이란 현장이 아닌 스튜디오에서 모니터 텔레비전을 보면서 방송하는 것**인데 인터내셔널 사운드(현장음)가 완벽해 아나운서는 현장에 가 있는 기분으로 방송해야만 한다. 시청하는 쪽에서도 분간 못할 정도이다. 단조로운 화면에만 의존하게 되어 중계보다 더 어려운 점은 다음 연결 사항을 볼 수 없기 때문이다. 적어도 운동장 형태를 미리 파악해 둘 것이며 자료를 많이 준비해 두는 것이 좋겠다.

오프 튜브(Off Tube)의 완벽한 형태는 아니지만 1974년 테헤란 아시아 경기 대회 때나, 1976년 몬트리올 올림픽 때 올림픽 사상 첫 금메달을 안겼던 레슬링의 양정모 선수 시상식을 방송센터 사무실 텔레비전을 보고 중계한 일도 있었다. 그 후에도 있긴 했으나 LA의 올림픽과 서울 올림픽은 거의 대부분이 오프 튜브(Off Tube)방식이었다. 80년대 들어 전산 장비가 도입돼 컴퓨터 조작 기술을 아울러 익혀 두는 것이 좋다.

(10) 프롬프터(prompter) 스크린

프롬프터는 스포츠나 뉴스에서 최근에 사용하기 시작한 기기로서 방송에 획기적인 변화를 가져왔다. 이 말의 뜻은 후견 역할을 하는 것으로 연극 무대 뒤에서 대사를 알려 주어 도움을 주는 사람이라고 표현되어 왔지만, 스포츠나 뉴스 또는 시사 해설에서 엠시(MC)들에게까지 큰 도움을 주게끔 되었다.

원고는 있어도 마치 원고 없이 시청자와 대하듯 방송할 수 있도록 도와 준다. 원고 작성이 가장 중요한 것으로 원칙을 지키지 않으면 시선이 산만해지고 눈동자가 좌우 또는 상하로 크게 움직이게 되어 시선의 안정감이 없게 보여 역효과일 수도 있다. 원고 작성은 굵은 큰 글씨로 용지 가운데 세로선 안에 여유를 두고 보기 편리하게 써야 한다. 굵은 글씨는 보기 편할 것이며 용지선 안에 쓰는 것은 시선의 중심을 둔 것이기 때문에 꼭 지켜야 하고, 붙여 쓰지 않고 여유 있게 쓰는 것은 시선을 자연스럽게 하기 위함이다. 원고 바로 위에 카메라가 설치되어 이를 통해 바로 앞(전면)에 있는 카메라 렌즈 앞의 스크린에 원고가 나타나게 되어 그것을 보면서 처리하니 대단히 편리하다. 그러나 긴 문장일 때 100% 의존한다면 오히려 자연스럽지 못한 점도 있어 엠시(MC)들의 기교를 요구한다.

2대, 3대까지 사용하는 경우도 있게 되어 신인일 때 익혀 두는 것이 좋겠다.

(11) 해설자

시청자의 수준이 높아짐에 따라 이에 부응하여 해박한 지식의 전문해설자가 요구되었다. 해설은 명료해야 하며 기술적인 뒷받침이 있어야 한다. 아나운서도 이에 걸맞은 지식으로 대등한 입장에서 호흡을 맞추어야 하는데 해설자의 개성과 특성을 파악해서 가지고있는 훌륭한 지식을 유도해 시청자에게 전하도록 한다. 그러나 해설자에 따라서 표현 기술이 부족한 이도 있다. 아나운서가 제일 꺼려하는 것은 해설자가 화면에 맞지 않는 장광설을 늘어놓는 것이다. 이런 때는 상의해서 순간순간 장면에 맞는 짧은 명료한 해설을 요구해야 한다. 설사 다른 견해의 해설이거나 방향이 틀리더라도 정면 부정이 아닌 방향 전환을 재치 있게 해서 호흡을 맞추는 노련함이 있어야겠다.

해설자가 한 마디로 "그것이 아니고 ...."라고 할 때 당황하게 되는데 그렇다면 "어떻게 생각하십니까" "어떻게 보십니까" 한다면 무난하고 정중한 질문이 되기는 하겠지만, 이러한 방법이 연속된다면 전문적인 입장이라기보다 초보적인 느낌을 주어 자주 쓰면 안 되고 개괄적인 질문이 되어 해설이 대단히 길게 된다. 이것은 잘못으로 간단 명료한 해설을 유도해야 할 것이며 텔레비전 화면은 한 번 지나면 다시 되돌아오지 않는다는 것을 넌지시 알려 준다. 긴 해설이 좋은 것으로 착각하는 해설자도 간혹 있어, 긍정, 부정 형식으로 짧게, 단도직입적으로 질문하면 해설이 짧고 명료해지게 마련으로 지루하지도 않으며 경쾌하게 호흡이 맞게 된다. 해설에 지나친 의존은 흐름을 끊어 줘 지루하다는 것을 잊어서는 안 된다. 아나운서도 전문성을 높여 해설자가 편안한 마음으로 설명할 수 있는 분위기를 만들어야 하고 장점을 파악해 우수한 해설자로 유도해 주어야 한다. 순간 파악과 타이밍이 재치이기 때문에 장면에 맞는 해설이 따르도록 해설자와는 평소 대화할 수 있는 기회를 많이 가지는 편이 좋고 '간단 명료'와 '적시'가 습관화되도록 인식시킨다. 경기 내용이 따분해져 경기 외적인 신선한 이야기를 할 수는 있지만 길어서는 안 된다. 모든 경기가 흥미롭고 열띨 수만은 없다. 간혹 경기 내용이 처질 때 아나운서와 해설자마저 처진다면 중계 방송은 0점짜리이고 시간 낭비일 뿐이다. 이러한 때에 흥미롭고 경쾌한 중계가 될 수 있도록 노력하는 자세가 보이면 발전할 수 있고 유능한 콤비랄 수 있다. 극적인 장면에서는 있을 수 있는 일로 아나운서 중계 때에, 해설자가 뛰어들어 말이 겹치어 무엇을 이야기하는지 모를 때가 있는데, 이것도 극적인 장면을 죽이는 경우가 되어 상황 설명은 아나운서가 그 다음의 기술적인 해설은 해설자가 한다면 세련된 깔끔한 방송이 된다. 작은 일이지만 해설자가 순화되지 않은 잘못된 말을 쓰는 경우를 종종 볼 수 있는데 반복되지 않도록 아나운서는 바로잡아 주어야 한다. 아나운서와 해설자는 항상 같은 배를 타고 있는 것이다. 아나운서가 중계 방송에서 성장하기 위해서는 종목에 따라 있는 지식을 어떠한 방법으로 어떠한 마음의 자세로 전력투구할 것인가가 관건이랄 수 있다. 각자 나름대로의 좋은 소질에 근거해 전문 아나운서 자세로 노력한다면 매우 성공적인 중계 방송이 될 것이다.

16. 방송 토론

이 석 주

16.1 방송 토론의 이해

16.1.1 방송 토론의 목적

최창섭(1992)은 "방송은 인간 존엄을 최고 최선의 가치로 여기며, 어떤 우여곡절이 있어도 우선적으로 이 가치를 드높여야 하는 절대 명제에 초점을 맞춘 '인간을 위한 방송'이어야 한다. 또한 방송은 사람들이 더불어 사는 공동의 장이고, 이들과의 만남의 장이기도 한, 사회라는 삶의 터전을 위해 사자로서 이바지해야 한다."고 한다.31) 이런 점에서 방송 토론이란 다음과 같은 목적을 가지게 된다.

첫째로 방송은 개개인의 정치적, 사회적, 경제적 삶의 영역에서 문제점들을 파악하고 부가시켜 토론의 장에 내놓음으로써 이에 국민들이 적극적으로 참여할 수 있게 하여 문제점들에 대해 국민 스스로가 정확하게 인식하고 분석하여 바른 결론(해결)을 내릴 수 있게 해야 한다.32)

둘째는 방송 토론이 교육적인 목적으로도 크고 많은 효용성이

---

31) 최창섭(1992), pp.322-323 참조.
32) 최창섭(1992), p.299 참조.

있는데 이는 많은 시청자를 대상으로 하기 때문이다. 토론을 통하여 객관적인 분석 능력을 기를 수 있게 되고 정보 수집과 논리적 사고가 문제 해결 및 판단에 중요하다는 사실을 알게 되며 의사 발표 능력을 키울 수 있고 적극적인 경청 태도를 지니게 한다.[33]

16.1.2 방송 토론의 특성

방송 토론이란 방송에서 어떤 논쟁점에 관하여 토론하는 것을 말하는데 텔레비전 토론, 라디오 토론 같은 것이다. 토론 방송이라고도 하나 이는 토론을 방송으로 중계하는 뜻으로 이해해야 하므로, 이 글에서는 방송 토론이라는 용어를 사용한다.

방송 토론이라고 해서 토론의 성격이나 형태 또는 진행 방법이 일반적인 토론과 근본적으로 달라질 것은 없다. 다만 방송이라는 대중 매체를 통하는 데에 따른 제한과 특성이 있다. 라디오나 텔레비전은 전국을 시청 범위로 삼기 때문에 남녀노소 가릴 것 없이 시청자(청중)의 규모는 엄청나게 크다. 이런 까닭으로 텔레비전이나 라디오는 국민 의식이나 행동 양식에 즉각적이고 폭발적인 영향을 끼치므로 항상 이들 매체의 역기능적인 면에 대비하지 않으면 안 된다. 이들 전파 매체의 대중성 때문에 시청자에게 전달하는 정보는 객관적이어야 하고 공정해야 한다. 이런 점에서 방송은 시청자들이 올바른 사고와 판단을 할 수 있는 내용을 전하며 모범을 보여야 한다.

방송에 출현하는 사람은 말로써 시청자를 상대해야 하기 때문 말하기(화법)에 관해 사전 준비를 해야 한다. 먼저 방송 토론 화법과 관련하여 논하겠다.

일반 토론과 방송 토론의 차이점은 다음과 같다.[34]

1)장 소 : 일반 토론은 회의실 또는 공공 장소에서 이루어지

---

33) 박경현(1997), pp.305-306 참조.
34) 이주행(1992), pp.254-258 참조.

나, 방송 토론은 '스튜디오'라는 제한된 특수 상황 속에서 이루어진다. 반드시 마이크를 사용하여야 하고 텔레비전 토론일 경우에는 눈이 부신 조명 아래에서 전개된다.

2) 말소리 : 일반 토론에서도 그렇지만, 방송 토론에서는 반드시 마이크를 사용하므로 효과적인 마이크 사용 방법 (마이크와의 거리, 음성 크기, 말의 속도)을 알아둔다.

3) 청 중 : 방송 토론에서 토론장의 청중은 없거나 소수이다. 다만 전파를 통해 전달하므로 청중 반응을 곧 알 수 없는 것이 문제이다. 그러므로 효과적인 표현을 위해 충실하게 사전 준비를 해야 한다.

4) 시 간 : 모든 토론은 제한 시간을 두는데, 일반 토론에서는 경우에 따라 조금 시간이 늘어나도 융통성 있게 진행할 수 있다. 그런데 방송에서는 다음 방송 프로그램이 꽉 짜여 있으므로 절대로 시간을 넘길 수 없다.

방송 토론 참여자들이 지켜야 할 사항은 다음과 같다.

1) 말 : ① 표준어를 사용해야 한다. 비표준어 사용자는 방송 토론에 적합하지 않은 사람이다.
② 바른 말을 사용해야 한다. 문법에 어긋나는 문장, 적합하지 않은 단어, 잘못된 발음을 사용해서는 안 된다.
③ 쉬운 말을 사용해야 한다. 방송은 일부 제한된 사람들이 듣는 것이 아니므로 모든 사람이 알아듣기 쉽게 말해야 한다. 문장 구조는 단순하게, 문장 길이는 짧게, 전문 용어나 어려운 단어는 쉬운 말로 고쳐야 한다. 청중을 분석하여 적당한 수준을 유지하는 것이 좋다. 전문 용어나 어려운 단어가 너무 많으면 이해에 지

장을 주지만 너무 적어도 말하는 사람은 자질을 의심받을 수 있다.

④ 외국어를 사용하지 말아야 한다. 국어화한 외래어 사용은 괜찮지만 불필요하게 외국어를 남용하는 것은 좋지 않다. 알맞은 국어 단어로 바꿔 사용하는 것이 마땅하다. 외국어 남용은 듣는 사람에게 불쾌감을 주거나, 따라 배워 사용하게 하는 경우가 있다. 이런 행위가 국어를 훼손시키는 작용을 한다.

⑤ 정확한 발음, 알맞은 속도와 크기를 유지해야 한다. 특히 라디오에서는 사람을 보지 못하고 말만 나오게 되므로 음성을 효과적으로 사용해야 한다.

⑥ 유머를 적절하게 사용하는 것이 좋다. 이는 토론에 관해 흥미를 불러일으킬 뿐만 아니라 토론 내용에 대한 이해를 돕고 토론자에게서 여유를 느낄 수 있게 한다.

2) 태도 : ① (텔레비전 방송일 때)자연스럽게 행동하는 것이 좋다. 카메라 앞에 서면 자칫 몸이 굳어지기 쉬운데 몸이 굳어지면 생각도 막히게 된다. 잘 하려고 하지 말고 평소대로 하려고 하는 것이 효과적이다.

② 카메라를 보면서 긴장하지 말아야 한다. 마음을 편안하게 가라앉히고 눈에 힘이 들어가지 않도록 한다.

③ 자세를 바로 해야 한다. 비스듬히 앉기, 회전의자를 흔들기, 다리를 꼬거나 흔들기, 볼펜 굴리기, 턱괴기, 손가락 꼼지락거리기, 책상 위의 종이를 만지작거리기 등은 시청자에게 거만하거나 경망스러운 인상을 준다.

④ 설득적인 말로 대화하듯 하는 태도는 토론 상대자와 시청자에게 안정되고 성실한 사람이라는 느낌을 준다.

⑤ 공박을 받아도 감정을 드러내지 않는다. 절대로 흥분해서는 안 된다. 평온한 표정으로 차분하게 행동하면 진중하고 사려 깊은 사람이라는 인상을 준다. 얼굴을 찡그리거나 입을 꽉 다무는 짓을 해서는 안 된다.

3) 예의: ① 공손한 말을 사용한다. '나'라는 표현보다는 '저'를 사용하고 제삼자를 지칭할 때는 반드시 직함이나 '씨'를 불러야 한다.

② 남의 말을 함부로 끊지 않는다. 상대가 말하고 있는데 중간을 끊고 내 말을 하는 것은 말하기에 있어서 가장 금기로 여기는 행동이다.

③ 손가락으로 상대방을 가리키거나, 상대방의 말이 틀렸다는 표현으로 손을 내젓는 것은 매우 무례한 행동이다.

④ 외모를 단정히 하여 다른 사람에게 좋은 인상을 준다. 화려한 색깔의 옷을 입지 말고, 번쩍거리는 장식물은 삼가는 것이 좋다. 특히 텔레비전에서는 화면에 어지러운 영향을 주기도 한다.

16.1.3 토론의 성격

토론(debate)이란 어떤 쟁점에 대하여 찬성하는 측과 반대하는 측이 각기 논리적인 근거를 들어 자기측 주장이 정당함을 내세우고 상대측의 주장이나 논거가 부당하다는 것을 명백하게 하는 화법의 한 형태이다.

토론이란 지적인 줄다리기라고 할 수 있다. 상반된 두 주장을 논리적 사고를 통해 검증하여 최선의 결론을 얻고자 하는 것이므로 토론은 결론을 내는 과정으로서, 그리고 설득적 논쟁의 수단으로서의 구실을 한다. 그러므로 토론이라는 방식은, 입후보한 두 정치인 가운데 누가 합당한지 이웃과 논쟁하고, 또는 지방자치단체 의원들의 수당 신설을 찬성하거나 반대하는 주장을 펴고, 공공요금을 인상하는 것이 타당한지 부당한지 논지를 펴는 데에 매우 합당한 형태이다. 의사 결정 수단으로서 토론이 매우 중요한 역할을 한 예로는 미국의 대통령 선거 유세에서 Richard M. Nixon과 John F. Kennedy 사이에 벌어졌던 텔레비전 토론이 있다. 미국 선거 역사상 가장 많은 사람이 시청을 했고 그 토론을 듣고 많은 유권자가 투표할 대통령을 결정했다고 한다. 또 법정에서 원고측과 피고측 사이에 주고 받는 소송에 관한 토론이 있고, 의회에서 안건에 대해 가부 또는 수정하기 위해 벌이는 논쟁도 좋은 토론의 예이다. 역사적으로 보아 고대 그리스에서는 중요한 문제에 대해 공개된 논쟁을 통해 결론을 내렸다고 하는데, 이것이 토론에 관해 가장 오래된 기록일 것이다.

근래 '토론'이란 명칭이 붙은 방송이 자주 나오는데 이들 가운데 대부분은 토론이라고 하기에는 적합하지 않다. 따라서 여기서는 토론의 바른 형태와 방법을 모색하는 방향으로 기술하겠다. 원칙적으로 일반적인 토론과 방송 토론은 차이가 없다. 다만 토의와 토론을 혼동하는 경우가 많다.

16.1.4 토의와 토론의 차이

토론은 음성으로 이루어지는 의사 소통 가운데 가장 도전적인 형태이다. 토론은 토의와 마찬가지로 최선의 결론을 얻고자 하는 화법의 한 형식이다. 그러나 다음과 같은 점에서 그 나름의 특성을 지니고 있다.[35]

1) 토의는 서로 협력하여 대담이나 회의를 통해서 의견의 일치 (해답)를 얻으려는 화법이고, 토론은 이미 자신이 가지고 있는 해답을 상대측에게 납득시키고자 하는 화법이다.

---

35) 박경현(1997), p.304 참조.

2) 토의는 일종의 집단 사고이고, 토론은 이미 의견 대립을 전제로 하고 그 안에서 다음의 발전을 찾아내려는 변증법적 사고이다.

3) 토의는 자유로이 논의하지만 토론은 일정한 규칙에 따라 하는 논쟁이다.

4) 토론은 토의가 끝나는 시점부터 시작되는 것이다.

5) 특정한 이해 관계가 있는 경우에 토의는 흉금을 터놓지 않는 한 진정한 합의를 얻기 힘들다. 그러나 토론은 흉금을 털어놓건 털어놓지 않건 관계가 없다. 오직 통하는 것은 사실과 논리뿐이다. 흥정이나 정실이 통하지 않는 과학적 방법이다.

특히 토의 가운데 패널 토의(panel discussion)나 포럼 토의(forum discussion)는 토론과 비슷한 면이 있지만 다음과 같은 성격에서 차이가 난다.[36]

패널 토의란 토의할 주제에 대하여 다른 의견을 가진 사람들이 토의자인 배심원(陪審員, panelist)으로 선정되어 각각의 입장에서 토의하고 난 뒤 사회자의 유도에 따라 청중이 질문을 통해 토의에 참가하는 방식인데 배심 토의라고도 한다. 패널 토의는 보통 4~8명의 배심원과 청중, 그리고 사회자로 구성된다. 토의는 토의자들이 각자의 지식이나 정보 등을 서로 교환함으로써, 토의 문제에 대해 깊이 이해하고 해결하는 데에 주로 사용되는 형식인데, 주로 시사 문제나 특정 분야의 전문적인 문제들이 논제가 된다. 패널 토의는 찬성과 반대가 명백한 성질의 문제를 논의하기보다는 서로 다른 의견을 조정하는 수단으로 일반 회의나 의회에서 자주 사용한다.

포럼 토의는 공공의 장소에서 공공의 문제를 공개적으로 질의 응답하는 토의 방식이다. 이는 고대 로마에서 재판이나 공적 문제

---

36) 박경현(1997), pp.266-269 참조.

에 대하여 공개 토의를 개최한 공공의 광장을 뜻한 데에서 유래하는데 공개 토의라고도 한다. 포럼 토의는 심포지엄처럼 연사가 먼저 의견(주제)을 발표하고 난 뒤에 청중이 토의에 참여하는 것이 아니라 청중이 처음부터 토의에 참여한다. 즉, 상충되는 입장을 대표하는 사람들이 한 사람씩 발표를 하고 청중과 토의자가 서로 질의 응답을 하여 그 문제에 대한 인식을 깊이 하고 해결책을 모색하는 형식이다. 청중의 참여가 크므로 여론을 수렴하여 반영하려고 할 때 자주 선택하는 형식인데 대표적인 것으로 공청회가 있다.

토론은 토의 형식처럼 발표자, 청중, 그리고 사회자로 구성된다는 점에서는 마찬가지이다. 그러나 토론은 토의와 다르게 어떤 문제에 대해 찬성측과 반대측 양방이 각각 자기 주장의 근거와 증거를 제시하여 자기 주장의 정당성을 상대방에게 인식시키고 상대방 주장이 불확실한 근거에 토대를 두고 있음을 논증하는 것으로 토론자와 사회자로 구성되며 청중은 토론 형식에 따라, 경우에 따라서는 질문을 통하여 토론에 참여할 수 있다.

학교에서 행해지는 경쟁 토론에서는 판정관은 토론에 직접 참여하지 않고 객관적인 입장에서 판결을 내린다.

지금까지 토론의 참모습을 알기 위해 토의 형태와 비교하여 토론에 관한 설명을 하였다. 이는 뒤에 오는 '토론의 실제'에서 현재 우리 주위에서 '토론'이란 이름으로 행해지는 화법의 형태가 바르지 않다는 것을 환기시키기 위해서이다.

16.1.5 토론의 요건

일반적으로 토론에서와 마찬가지로 방송 토론에서도 토론을 하기 위해서 반드시 갖추어야 할 조건이 있다. 그것은 '논제', '토론자', '사회자', '청중' 그리고 '규칙'이다.

1) 논제

　모든 문제가 의제(debate proposition)가 될 수 있는 것은 아니다. 단지 두 논쟁점을 가진 문제가 토론의 의제가 될 수 있다. "물가를 어떻게 잡을 수 있을 것인가?"라는 문제로는 토론을 할 수 없다. 이는 토의를 통해서 해결할 수 있는 문제이다. 수많은 결론(해결 방법)이 있을 수 있기 때문이다. 토론에서 양면의 대립을 확실하게 하고 그 두 대립 사이에 직접적인 의견 충돌을 확실하게 하기 위하여 토론의 의제는 진술의 형태로 하여야 한다. 또한 어떤 특별한 행동을 취하거나 취하지 않을 것을 요구한다. 따라서 토론의 논제는 '…하여야 한다.'(정책), 또는 '…이다'(사실)의 형식으로 표현한다. 토론의 의제의 예들은 다음과 같다.

　・한국은 노인 복지 연금 제도를 채택하여야 한다.
　・현장 실습은 학교 교육 과정에 더 많이 포함되어야 한다.
　・초등 학교에서 한자 교육을 실시하여야 한다.

잘 표현된 토론의 의제는 몇 가지 특성을 가진다.37)
　(1) 토론 의제는 질문이 아닌 진술로 표현한다.
　(2) 찬성과 반대만 허용하게끔 표현한다.
　(3) 양편이 각기 입장을 성공적으로 주장하기 위해 동등한 기회를 갖게끔 표현한다. 다시 말하면 의제는 한쪽에 유리하게끔 치우쳐서는 안 된나.
　(4) 현재 논쟁적인 문제를 말하기 위해 표현한다.
　(5) 현재의 정책에서 변화를 요구하기 위하여 표현한다.
　(6) 화제(topic)에 대하여 판단을 하지 않으면서 분명하고 구체적인 언어를 사용하여 표현한다.

---

37) J. R. O′connor(1981) pp.278 참조

잘 표현된 토론의 주제는 의미 있고 논쟁적이며, 흥미롭고 분명해야 한다.38) 따라서 토론에 유용한 화제가 그대로 토론의 의제가 되지는 않는다. 화제가 '노인 복지에 대한 국가의 지원'이라고 하면 이 화제에서 토론의 의제를 이끌어 내야 한다. 예를 들면,

· 노인 연금 제도를 제정하여야 한다.
· 노인은 의료 혜택을 받아야 한다.
· 노인에 대한 부양은 가정뿐만 아니라 국가도 책임져야 한다.

토론 의제는 토론할 문제에 대하여 간략하게 진술한 것이므로 의제에 사용하는 용어를 명확하게 정의하여 의제를 통해 논쟁할 문제들을 분명하게 드러내야 한다. 앞에 예로 든 토론의 의제에서는 '노인'이라는 용어를 명확하게 정의해야 한다. 몇 살 이상을 노인이라고 규정해야 하는지 또 무의탁 노인이나 생계 보조 대상 노인을 가리키는지 노인 모두를 포함하는지를 밝혀야 한다. 그리고 '의료 혜택'이라면, 무상 혜택인지 할인 혜택인지 우선 혜택(남보다 우선하여 진료나 치료를 받는 혜택)인지 정의를 통해 부연해야 한다.

또 의제는 하나이어야 한다. "대통령 임기는 고쳐야 하고 4년 연임으로 하여야 한다."라는 의제는 '임기를 고치는 것'과 '4년 연임으로 하는 것' 2개의 의제이다. 전자가 해결된 후에 후자를 결정할 수 있으므로 일괄 토론할 수 있는 의제는 아니다.

2) 토론자39)

토론에서 양편은 찬성측(affirmative)인 긍정적 토론자와 반대

---

38) M.Bryan(1962, 윤희원 역), p.158 참조.
39) J. R. O'Conner(1981), pp.278-279 참조.

측(negative)인 부정적 토론자이다. 한 편의 토론자는 몇 사람씩으로 구성되는데 보통 한두 사람씩이다. 찬성측은 현재의 상태(status quo)를 공격하고 특별한 변화가 일어나야 한다고 논거를 들어 주장한다. 예를 들어 토론의 의제가 "의무 교육은 초등학교 이후까지 확대해야 한다."이면, 찬성측은 초등학교까지만 의무교육을 실시하고 있는 현재의 상태에는 심각한 문제가 있다는 것을 제시하여야 한다. 또한 많은 문제는 의무 교육 확대를 통해 해결할 수 있다는 타당하고 유익한 논거를 들어 주장하여야 한다.

토론에서 찬성측은 현재의 정책의 변화를 제안하는 측이다. 찬성측은 현재 문제점이 있고 제시한 해결책은 현재의 상태보다 더 낫다는 것을 입증할 책임이 있다. 찬성측의 이런 책임을 입증 책임(burden of proof)이라고 한다. 법정에서 피고인은 유죄가 입증될 때가지 무죄로 추정된다. 마찬가지로 토론에서 '현재의 상태'는 찬성측이 제시한 대안이 더 낫다는 것을 입증할 때까지 최선의 방책이라고 추정된다.

반대측이 할 기본적인 일은 현재 상태에 대한 찬성측의 공격을 반증을 들어 논박하는 것이다. 반대측은 현재 상태가 만족함을, 또는 찬성측이 제시한 대안이 타당하지 않음을 입증하여야 한다.

토론자는 자기 주장을 뒷받침하기 위해 많은 준비를 해야 한다. 토론자는 논제를 분석하여 양측 주장의 대립점을 분명히 알아야 한다. 그리고 자기 주장을 받쳐줄 증거를 수집하여 정리하고 토론문을 작성한다. 토론자는 주장을 명확하고 논리적으로 표현할 수 있게 여러 가지 논법을 사용한다. 공동 토론자가 있으면 같이 계획을 세워야 하기 때문에 함께 작업한다. 이런 모든 일은 시간이 걸리므로 미리 조심스럽게 준비하지 않으면 안 된다.[40]

이러한 준비가 끝나면 토론자는 다음 사항에 유의하여 성공적인 토론이 되도록 노력해야 한다.

---

40) J. R. O'Conner(1981), p.280 참조.

(1) 토론 규칙을 지켜야 한다.
(2) 논제의 대립점을 분명하게 알고 있어야 한다.
(3) 너무 오랜 시간 발언을 독점하지 않는다.
(4) 침착한 태도로 말하고 감정에 치우치지 않아야 한다.
(5) 상대방의 발언을 경청한다.

3) 사회자[41]

토론에서 사회자의 역할은 매우 중요하다. 토론의 장소와 참가자의 좌석을 정하고 토론의 진행을 책임져야 하기 때문이다. 사회자는 능변가이거나 전문가일 필요는 없지만 토론의 논제에 대하여 분석하고 검토하여 충분히 파악하고 있어야 한다. 이는 토론의 과정에서 토론이 논점에서 벗어나거나 흐려지지 않게 하며 토론을 이끌기 위해서이다.

사회자는 객관적으로 사고하며, 지식을 과시하지 않고 가능한 한 자기 발언을 억제할 수 있는, 원만한 성품을 지닌 사람이어야 한다. 어느 한편의 견해에 동조하는 듯한 태도를 취하지 않아야 하며 토론자가 인신 공격이나 협박을 하거나 발언권을 남용할 때에는 이를 차단하여야 한다. 사회자는 부적절한 때 중요한 의견이 나오거나 중요한 사항이 거론되지 않을 때에는 기록하였다가 적절한 때에 제시하여 해결하도록 해야 한다. 발언 내용이 다른 사람에게 잘 전달되지 않았을 때 알아듣도록 다시 말해 주고, 그때 그때 요약과 질문을 해서 진행을 돕는다.

사회자는 토론이 결론에 이르면 토론 내용을 정리·요약하고 결론에 이르지 못하면 토론한 범위와 문제점을 정리하여 토론을 종식시킨다. 이때 사회자는 한편에 유리하게 내용을 정리하거나 또는 토론을 종결하면 안 된다. 양쪽에 대해서 공정하여야 한다.

---

41) 전영우(1990), pp.320-303 참조.

4) 청중42)

청중은 토론을 지켜볼 때 자신의 입장에 얽매이지 말고 더욱 객관적인 입장에서 사실과 의견을 구분해서 듣고, 또 사실에서 도출된 의견이 타당한지, 또는 제시된 근거가 타당한지를 판단하여 공정한 판결을 내려야 한다. **판결 기준으로는 대체로 설득력, 논지의 일관성, 자료의 정확성, 결론의 명확성, 규칙이나 발언 시간의 준수 등을 들 수 있는데 이는 논제에 따라 달라질 수 있다.**

16.1.6 방송 토론의 진행

1) 토론의 내용43)

토론은 논리에 의해 상대를 설득하는 것이므로 사실과 사실의 해석에 토대를 두는 추론이라고 볼 수 있다. 토론 내용이 갖춰야 할 사항은 다음과 같다.

① 사실과 실례가 있다.
② 사실, 실례에 따른 해석이 타당하다.
③ 유추로 전개해 나간다.
④ 사실과 추론을 분명히 구분한다.
⑤ 인과 관계를 밝힌다.
⑥ 연역의 결과이다.
⑦ 통계적으로 인정된다.
⑧ 권위자 의견에 일치한다.
⑨ 특수한 사례에 적용된다.

2) 토론의 요령44)

토론의 요령은 따로 형식적인 것이 없다. 토론의 대상과 의제에

---

42) 이주행 외(1995), p.192 참조.
43) 전영우(1990), p.303 참조.
44) 전영우(1990), pp.303-304 참조.

따라 요령은 달라진다.

원칙적인 토론의 요령은 다음과 같다.

① 자기 주장은 분명하게 제시한다.
② 상대방 주장의 근거가 되는 사실이나 논거를 일단 인정한다.
③ 자기 주장의 근거가 되는 사실이나 논거가 일층 신뢰성 있고 가치 있음을 간결하고 힘있게 말한다.
④ 상대방이 제시한 논거나 상대방의 입장을 여러 각도에서 문제시하고, 드러난 약점을 주의 깊게 살펴본 다음, 이유를 내세워 냉정하게 약점을 지적한다.
⑤ 자기 주장의 요점을 명백히 되풀이한다.
⑥ 필요에 따라 상대방을 납득시켜 자기 주장에 동의하도록 하고 때로는 특정한 행동을 일으키게 한다.

3) 토론의 규칙[45]

토론자들은 토론의 규칙을 반드시 지켜야 한다. 사회자는 토론자들이 규칙을 지키게끔 엄격하고 분명한 태도로 회의를 이끌어가야 한다. 토론에서 지켜야 할 규칙에는 다음과 같은 사항들이 있다.

① 시간의 제한
② 발언 시간과 발언 순서
③ 찬성측부터 발언하여 마지막 발언도 찬성측이 하도록 한다. 이것은 찬성측이 여러 모로 불리한 면이 많기 때문이다.
④ 논제는 하나의 주장을 지닌 긍정 명제로 한다.
⑤ 논박의 시간은 양측이 똑같이 한다.
⑥ 토론이 끝나면 판정한다.

---

45) 이주행(1992), p.247 참조.

⑦ 토론은 원칙적으로 구두(口頭)로 한다.

토론이 격해지면 왕왕 의제에서 벗어나는 수가 있으므로 토론의 요령과 규칙은 토론자들이 잘 알고 지켜야 한다.

토론자들은 토론 과정에서 논제와 무관하게 인신 공격을 한다거나 상대방의 말을 트집잡는다거나 상대방 논리를 웃음거리로 만들어 토론을 유리하게 끌어가려고 해서는 안 된다. 한 번은 영국 의회에서 토론 중간에 한 여자 의원이 윈스턴 처칠 경의 말을 끊고 "만일 경이 제 남편이라면 저는 당신 찻잔 속에 비소(砒素)를 넣을 것입니다."라고 말했다. 즉시 처칠은 대꾸했다. "의원님, 만일 당신이 제 아내라면 나는 그 차를 마실 것입니다." 토론이 아무리 의제를 논의하고 개인에 대한 비방은 하지 않는 것이라고 해도 이런 일은 토론의 논쟁적인 성격을 잘 나타내고 있다.

이 밖에 토론자들이 토론에 적용할 수 있는 몇 가지 토론 요령이나 규칙이 있다. 토론자들은 주장을 효과적으로 제시할 수 있게 분명하게 활력 있는 목소리를 구사해야 한다. 또한 토론자는 가능한 한 논점을 분명하고 적절하게 조직해야 한다. 그리고 토론자는 전체 토론 속에서 자기 논점이 지닌 관계를 분명히 파악하고 있어야 하는데, 최종 요약은 이러한 목적을 달성하는 최선책이다.

몇몇 토론자들이 높이 평가하는 두 가지 기술이 있는데 과연 가치가 있는지 의심스럽다. 하나는 질문들을 길게 나열한 질문 항목집을 사용하는 것이다. 몇 개의 분명하고 요령이 있는 질문은 때로는 유용하고 적절하지만 긴 목록으로 작성된 질문은 논쟁점을 흐리게 하기 쉽다. 어리석은 청자만이 그런 질문에 현혹되는데 그들조차 왕왕 그런 질문들이 토론에 별로 관련성이 없고 중요하지 않다는 것을 알아차리게 된다.

또 하나는 양도논법(兩刀論法, dilemma)을 사용하거나 언어 함정을 파는 것이다. 그런 데에 시간을 쏟기보다는 보기를 더 들어 실제적 논리를 전개하는 것이 더욱 유리하다. 속임수, 둔사(遁辭) 혹은 불합리한 주장을 하는 것이 결과적으로 무가치하다는 것은 명백한 일이다. 속임수, 계책, 오류 및 다른 거짓들로 토론을 이끄는 것은 토론을 전진시키는 것이 아니라 후퇴시킨다. 모순점을 해결하기 위해서 토론하는 상대방들은 반드시 다른 수단을 통해서 얻은 승리보다 진실과 공정이 더 가치있다고 믿어야 한다.46)

4) 토론의 진행

토론은 대개 다음과 같이 진행된다.

의제 설정 → 주장 제시 → 주장에 대한 반박 → 합리적인 방안 선택

의제는 토론 참가자들이 선택할 수도 있지만 토론을 주관하는 측에서 선정하는 경우가 대부분이다. 의제가 결정되면 참가자들은 의제를 파악하고 충분히 생각한 뒤 의제에 대한 찬성 또는 반대의 자기 입장을 정한다. 그리고 입장을 뒷받침할 논거를 간결하고 분명하게 제시하여야 한다. 이렇게 주장이 제시되면 주장에 대한 반박을 한다. 이때 상대방 주장의 불합리한 면을 분명하게 파악해야 하는데 그러기 위해서 우선 반대 질문을 상대측에게 한다. 반대질문은 상대방 주장에서 불분명한 점, 모순, 오류를 찾고 상대측을 반박할 유리한 자료를 찾기 위한 것이어야 하며 말꼬리를 잡으려는 공격적인 것이어서는 안 된다. 따라서 다음과 같은 점을 유의하여 질문한다.47)

(1) 중요한 문제들에 관해 총체적인 질문들을 만들어라. 토론을

---

46) 이주행(1992), pp.247-248 참조.
   M. Bryan(1962, 윤희원 역), pp.151-152 참조.
47) J. R. O'Conner(1981), p.290 참조.

하는 동안 상대방에 의해 실제로 사용되는 특별한 주장에 가능한 한 가깝게 연결시키도록 한다.

(2) 상대방이 강력한 응답을 하리라고 생각되는 질문을 하지 마라. 그들의 응답이 강력하면 그들에게 자기 주장을 옹호할 기회를 주는 것이 된다.

(3) 간략하고 분명하게 질문을 하라. 길고 복잡한 질문으로 상대방을 혼란하게 만들려고 하지 말아라. 청중도 혼란해지기 때문이다.

(4) 간단한 대답을 요구하라. 오직 "예"나 "아니오"를 요구할 수는 없다. 그렇지만 응답자의 말이 길어질 경우 그것은 끊을 수는 있다.

(5) 반박 질문에서 나온 대답에 관한 논평을 하지 말아라. 이는 나중에 반박 연설에서 해야 한다. 그러나 반박 질문하는 동안에 뒤따르는 질문을 할 수 있다.

대답하는 측은 다음과 같은 점을 유의한다.[48]

(1) 끊임없이 경계하라. 질문의 목적은 상대방의 처지를 허약하고 어리석게 보이게끔 만들려고 하는 것이다.

(2) 불합리한 질문에는 대답하지 않아야 함을 명심하라. 만일 "당신이 든 모든 예들은 왜 하나같이 적당하지 못합니까?"와 같은 질문을 받는다면 이것은 불합리한 질문임을 지적하고 대답을 거부할 수 있다.

(3) 간략하지만 완벽하게 대답하라. 한마디로 대답하라고 강요받지는 않는다. 대답하기 위해 간단하게 이유를 대거나 제한을 붙이는 것은 항상 허용된다.

(4) 특별한 질문에 대한 강력한 대답을 가지고 있지 못하면 부실한 대답을 하기보다는 즉시 논점을 양보하는 것이 낫다. 부

---

48) J. R. O'Conner(1981), p.290 참조.

실한 대답은 난처하게 하는 일련의 질문을 유발하여 대답하는 측의 처지를 불리하게 보이게끔 만드는 기회를 제공한다.

논제에 대한 찬성과 반대 의견이 개진되었으면 사회자는 지금까지 논의된 사항을 요약, 정리하여 청중에게 알려 준다. 이를 바탕으로 청중은 어떤 주장이 옳고 어떤 주장이 그른지 판단하게 된다.

토론은 여러 체제로 진행되는데 시간, 의제, 토론자 수에 따라 달라질 수 있다. 미국 학교 토론에서 양측이 각각 2인이 한 조가 될 때 널리 사용하는 두 체제에는 표준 체제(標準體制)와 반대신문식 체제(反對訊問式體制)가 있다.[49)]

· 표준 체제

토론자들은 각각 구축 연설(constructive speech)과 반박 연설(rebuttal)을 한다. 반박 연설에서는 양측이 각각 자기측 주장의 요점을 밝힌다. 반박 연설의 주목적은 상대측의 주장을 논박하는 것이다.

표준 체제에서 토론자의 순서는 다음과 같다.

① 긍정측 제1 토론자의 구축 연설 : 10분
② 부정측 제2 토론자의 구축 연설 : 10분
③ 긍정측 제2 토론자의 구축 연설 : 10분
④ 부정측 제2 토론자의 구축 연설 : 10분
⑤ 부정측 제1 토론자의 반박 연설 : 5분
⑥ 긍정측 제1 토론자의 반박 연설 : 5분
⑦ 부정측 제2 토론자의 반박 연설 : 5분
⑧ 긍정측 제2 토론자의 반박 연설 : 5분

————————————

총   60분

---

49) J. R. O'Conner(1981), pp.295-297 참조.

이 토론 시간은 상황에 따라 구축 연설은 7분, 반박 연설은 4분으로 하여 총 44분 정도로 단축할 수 있다. 긍정측 토론자와 부정측 토론자의 순서가 반박 연설에서 바뀐다. 이는 긍정측이 토론을 시작하고 끝내는 것을 보장해 준 것이다.

・반대신문식 체제

이 토론은 학교 토론에서 가장 친숙한 체제이다. 구축 연설이 끝난 뒤 즉시 반대 질문이 뒤따르는데, 이는 토론자가 질문을 통하여 상대측 토론자의 주장에서 약점이 드러나게 하려는 것이다.

반대신문식 체제에서 토론자의 순서는 다음과 같다.

① 긍정측 제1 토론자의 구축 연설 : 8분
② 부정측 제1 토론자의 반대 신문 : 3분
③ 부정측 제1 토론자의 구축 연설 : 8분
④ 긍정측 제2 토론자의 반대 신문 : 3분
⑤ 긍정측 제2 토론자의 구축 연설 : 8분
⑥ 부정측 제2 토론자의 반대 신문 : 3분
⑦ 부정측 제2 토론자의 구축 연설 : 8분
⑧ 긍정측 제1 토론자의 반대 신문 : 3분
⑨ 부정측 제1 토론자의 반박 연설 : 4분
⑩ 긍정측 제1 토론자의 반박 연설 : 4분
⑪ 부정측 제2 토론사의 반빅 연설 : 4분
⑫ 긍정측 제2 토론자의 반박 연설 : 4분
──────────────
총   60분

이 토론의 시간도 구축 연설은 5분, 반대 신문은 2분, 반박 연설은 3분으로 하여 총 40분 정도로 단축할 수 있다.

어떤 경우에는 토의가 토론으로 이어질 수도 있다. 토의에서 결

정이 불가능하면 토의를 토론으로 옮길 수 있다. 그러면 토론은
해결을 이끌어 낼 수 있다. 만일 해결을 보지 못하면 당연히 토의
로 돌아올 것이다. 너무 이르거나 또는 불필요할 때에 토론을 하
면 오히려 집단 토의에 지장을 준다.

　토의/토론의 연속은 보통 다음과 같이 진행된다.50)

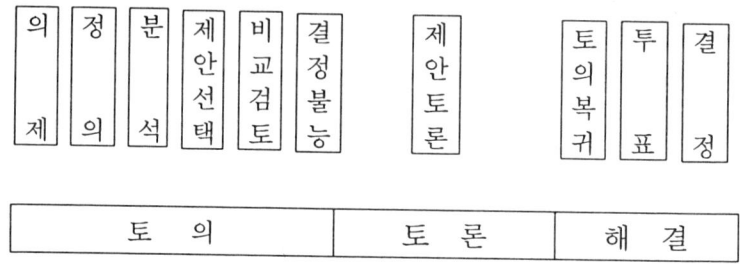

　이렇게 토의에서 토론으로 옮겨가는 일은, 화자가 느슨한 참여
자에게 갑자기 강력한 주장자로 바뀌어야 하는 경우가 빈번이 일
어나게 되므로 참여자 측에서 보면 좀 비판적이다.

16.1.7 토론의 형태

　지금까지 말한 토론은 미국 대학에서 널리 행해지는 경쟁 토론
(competitive debate)인데 토론치고는 가장 형식적인 토론
(formal debate)이다. 흔히 사용하는 토론의 형태는 '이인 토론(二
人討論)', '직파식 토론(直破式 討論, the direct clash debate)',
'반문 토론(反問 討論, the cross examination debate)' 등이 있
다.

---

50) R. S. Ross(1986), p.344 참조.
51) M. Bryan(1962 윤희원 역), pp.174-175 참조.

1) 2인 토론

2인 토론은 토론자 두 명과 사회자 한 명으로 이루어진다. 이 토론에서 긍정자와 부정자에게 주어지는 시간은 같아야 한다. 긍정자가 먼저 자기 주장을 말하고 나면 부정자가 논박을 하고 자신의 주장을 다시 강조하고 끝맺는데 짧은 시간에 효과적으로 토론할 수 있는 논제에 적합한 형태이다. 토론자에게 부여되는 시간은 보통 15분인데 다음과 같이 진행된다.

① 긍정자의 주장 : 10분
② 부정자의 논박과 주장 : 15분
③ 긍정자의 논박과 재주장 : 5분

2) 직파식 토론

직파식 토론(The Direct-clash Debate)은 포괄적인 쟁점 가운데에서 핵심 논쟁 영역을 가능한 한 빨리 찾아 검토하여 밝히고자 하는 형태인데 두 사람이 한 팀이 되어 대항하기 때문에 '이인조(二人組) 토론'이라고 한다.

직파식 토론의 순서, 시간, 및, 토론 횟수는 협상을 통해서 바꿀 수 있는데 전형적인 진행 방식은 다음과 같다.51)

① 긍정측 제1 토론자 - 주장, 용어의 정의, 긍정 이유 등을 말한다 : 6분
② 부정측 제1 토론자 - ①을 반박하고 부정 이유를 밝힌다 : 6분
③ 긍정측 제2 토론자 - ②부정측과 충돌되는 논쟁 영역을 분명히 밝힌다 : 3분
④ 부정측 제2 토론자 - ③긍정측과 충돌되는 논쟁 영역을 분

---

51) M. Bryan(1962 윤희원 역), pp.174-175 참조.

명히 밝힌다 : 3분

이 시점에서 심판은 정의와 쟁점 가운데 다른 부분과 빠진 부분을 조절해서 논쟁에서 다루어야 할 쟁점을 재언급한다.

① 긍정측 제1 토론자 - 긍정적 주장을 보완한다 : 4분
② 부정측 제1 토론자 - ①의 주장에 대해서 반박한다 : 4분
③ 긍정측 제1 토론자 - ①의 긍정적 주장을 지지한다 : 2분
④ 부정측 제2 토론자 - ③의 주장에 대해서 반박한다 : 2분
⑤ 긍정측 제1 토론자 - 긍정적 주장을 계속하여 지지하고 요약한다 : 2분
⑥ 부정측 제1 토론자 - 긍정적 주장에 대해서 반박하고 요약한다 : 2분
⑦ 심판 - 토론의 결과를 요약하고 결론을 선포한다.

심판은 결론이 나왔다고 생각되면 토론을 언제나 끝낼 수 있다. 이것은 직파식 토론이 논제를 중심으로 논쟁적 주제들을 하나씩 밝혀 가는 과정이기 때문이다. 이 때, 토론자들은 심판의 지시와 판정에 따를 의무가 있다.

3) 반문 토론

반문 토론(反對訊問式 討論이라고도 함)은 처음에 미국 오레곤 주립대학에서 채택한 토론 방식(Oregan Style debate)인데 법정에서 행하는 토론의 형태를 가미한 것으로 주어진 논제를 중심으로 긍정 혹은 부정의 입장에 있는 토론자에게 상대측의 토론자가 질문을 통해서 상대측의 논지를 반박함으로써 토론의 승부를 가리는 방식이다.

반문 토론의 장점은 철저한 연구와 준비 기간 동안 계속해서 자극이 주어진다는 점이라고 할 수 있다. 그리고 깊이 있는 논의를

하고 나아가 부당한 결론의 도출을 방지한다는 점이 또한 장점으로 꼽힌다.

이 토론의 참가자 역시 일반적인 토론 참가들과 같은 책임을 진다. 그런데 이 토론은 토론자의 준비와 역할 수행의 방법에 많은 영향을 받으므로, 토론이 효율적으로 이루어지기 위해서는 유능하고 성숙한 토론자들이 참여하여야 한다. 토론자는 토론 문제에 대한 본질적인 증거와 추론 과정을 잘 다룰 수 있어야 할 뿐 아니라, 자신의 생각을 수정하고 상대방의 질문에 따라 그 자신이 주장을 신속히 재조직할 수 있어야 한다. 그렇지 못하고, 미숙하거나, 혹은 준비가 제대로 안 된 토론자들은 사소한 문제 또는 관계가 없는 문제에 열중하거나, 불필요한 언쟁을 하기도 하므로 토론의 효율을 떨어뜨리게 되고 만다.

반문 토론은 다음과 같은 절차를 따른다.[52)]

① 긍정적 토론자 - 주장을 발표한다 : 10분
② 부정적 토론자 - 긍정적 토론자에 대하여 질문(반대신문)한다 : 5분
③ 청중 - 긍정적 토론자에 대하여 질문한다 : 5분
④ 부정적 토론자 - 주장을 발표한다 : 10분
⑤ 긍정적 토론자 - 부정적 토론자에 대하여 질문(반대신문)한다 : 5분
⑥ 청중 - 부정적 토론자에 대하여 질문한다 : 5분
⑦ 부정적 입장을 찬성하는 자가 발표한다 : 3분
⑧ 긍정적 입장을 찬성하는 자가 발표한다 : 3분

신문은 "예"나 "아니오"로 대답할 수 있게끔 물어야 하며 문제 전체를 포괄하며 중심점과 요점이 도출되도록 해야 한다. 답변도

---

52) 박경현(1997), p.316 참조.

한두 마디로 짧게 하도록 하여야 한다.

16.2 방송 토론의 실제

현재 '토론'이라는 이름의 방송 가운데 앞에서 말한 토론 형식으로 진행하는 방송은 없다. 물론 '토론'의 형식에 엄격하게 맞추어 진행되어야만 '토론'이라고는 보지 않는다. 방송이라는 매체의 특성상 어느 정도 변형을 가할 수는 있지만 토론의 기본적인 성격에서 벗어나서는 안 된다. '토론'이라는 이름을 붙이고 '토의'나 '회견' 형태로 진행해서는 안 된다. 특히 지난 대통령 선거와 관련해서 모든 방송국이 후보를 대상으로 한 '토론'을 했다. 그러나 이것도 '토론'의 일반적인 형태와는 먼 것이었다.

다음은 토론의 기본적인 성격에서 벗어나지 않은 직파식 토론과 반대신문식 토론의 예이다.

· **직파식 토론**53)

의　제 : 교사의 체벌은 필요한 것이다.

사회자 : 우리는 예부터 교사의 벌은 '사랑의 매'라고 하여 용납해 왔습니다. 그러나 요즈음에는 체벌로 인해 여러 문제가 일어나자 인식이 바뀌어 체벌을 금하라는 교육 행정기관의 지시를 학교에 내려보내는 상황에 있습니다. 그래서 오늘은 과연 교사의 체벌은 정당화할 수 있는 것인지 현대 사회에서 용납되지 않는 것인지에 대해 토론해 보겠습니다.

긍정측1: 대부분의 학생은 학교 규칙을 잘 지키고 수업 태도도

---

53) 이주행 외(1995), pp.194-195 참조. 이 책에 나오는 토론의 예화에 약간의 첨삭을 하여 정한 내용임.

바르고 교사의 말도 잘 듣지만 그렇지 않은 학생들도 제법 있습니다. 단체 생활의 규범에서 벗어나고 학업에 방해를 주는 학생들과 일일이 대화로 문제를 해결하기에는 학생들이 너무 많고 교사들의 업무가 너무 바쁩니다. 또 그런 학생들은 교사를 존경하지 않고 대화가 되지 않으므로 매로 다스려야 합니다.

부정측1: 교사의 업무가 아무리 많고 학생 수가 많다고 해도, 정도에서 벗어난 학생들은 그렇게 많지 않습니다. 학생들이 교사를 무시하는 것은 교사 자신에게도 문제가 있다고 봅니다. 사소한 일로 심하게 처벌하는 것이 오히려 교사를 존경하지 않게 하는 원인이 된다고 봅니다.

긍정측2: 교사가 학생들을 폭력으로 대하는 경우는 극히 드뭅니다. 학생들이 교사를 대하는 태도에 문제가 있는 것이지, 대부분 교사들은 자신의 위치를 잃지 않고 있습니다. 교사들의 충고와 매는 무례한 행동을 고칠 수 있게 합니다.

부정측2: 그렇게 본다면 매는 필요하기도 합니다. 그러나 교사는 학생들에게 애정을 갖고 성실하게 대하면 학생들도 교사들의 사랑하는 마음에 충분히 감화되어 교사를 존경하고 그 말에 잘 따를 것입니다. 필요 이상의 매가 학생들의 자존심을 상하게 하며 그로 인해 학교와 교사를 멀리하게 되고 그 결과 개성과 능력을 상실하게 되므로 역효과가 납니다.

사회자 : 지금까지 교사의 체벌에 대한 긍정적인 측면과 부정적인 측면을 각각 두 사람씩 말했는데 여기에서 한 번 우리의 경험이나 현실을 예로 들어 구체적으로 생각해 봅시다.

긍정측1: 한 교사가 어떤 학생이 저지른 잘못에 대해 심하게 체벌했는데, 나중에 그 학생이 교사의 깊은 뜻을 알게 되어 모범적인 학생으로 변했고 교사 또한 심한 체벌이 안쓰러운 마음으로 그 학생에게 더욱 관심을 가져 가까워지게 된 경우가 있습니다. 이렇게 체벌은 교사가 감정을 억제하고, 학생에게 과오에 대한 지적이라는 것을 인식시킨다면 짧은 시간에 효과를 거둘 수 있다고 봅니다. 지난번 법원에서도 교육적인 체벌은 무죄라고 판결한 까닭은 이런 데에 있다고 봅니다.

부정측1: 어떤 아이는 열심히 잘해 보려고 하다가 저지른 실수 때문에 교사에게 매를 맞았는데 이로 인해 마음에 상처를 받아서 학업에 대한 열의를 잃고 자신감마저 잃어버린 경우가 있습니다. 학생들이란 교사의 말을 알아들을 수 있는 나이이기 때문에 매보다는 말로 했으면 이런 일은 없었을 것입니다.

부정측2: 말이든 매든 교사의 사랑이 들어가 있다면 학생들은 그것을 감사하게 받아들일 것이므로 바람직한 것도 될 수 있습니다. 상처받지 않는 것이라면 매도 어느 정도 필요하다고 봅니다.

긍정측2: 그렇습니다. 대부분 교사가 교사로서의 책무를 다하고 학생들을 애정으로 대한다면 체벌을 해도 문제가 일어나지 않을 것이며 체벌은 학생들을 지도하는 하나의 방법이 충분히 될 수 있습니다.

사회자 : 체벌의 상황을 만드는 것은 학생 자신이고 여기에 관심과 애정 표현 방법의 하나로 체벌이 가해진다면 학생 교육에 필요하다는 것으로 논의가 마무리 되었습니다. 이 토론의 결론은 긍정적 입장의 주장에 가까우며 부정적 입장의 토론자 가운데 한 명이 자기 주장을 바꿨습니다. 긍정측에 대한 부정측의 논박의 예가 다양했으며 긍정측은 일관하여 논지를 전개한 것이 주목할 만합니다. 여러

분 수고하셨습니다.

· 반대신문식 토론54)

· 재판관 : 사건명은 무엇입니까?

· 검　사 : (사건명을 말하고) 미합중국 해병 도슨 상병과 다우니 일병이 살인, 살인 예비, 직무 유기로 기소되었습니다.

· 재판관 : 유죄 여부를 말씀해 주십시오.

· 변호인 : 무죄입니다.

(무죄를 주장합니다. 3주 후 오전 10시 본 재판을 속행합니다.)

(3주후)

· 재판관 : 검찰측 준비됐습니까?

· 검　사 : 9월 6일 피고들은 산티고 일병의 방에 들어가 입에 천을 물렸습니다. 몇 분 후 젖산 중독으로 폐출혈이 시작됐고 산티고 일병은 이로 인해 0시 6분에 사망했습니다. 이 사실에 대해서는 반론의 여지가 없습니다. 제가 지금 말씀 드린 내용은 도슨 상병과 다우니 일병의 진술 내용과 한치도 틀림없는 사실입니다. 피고들이 천에 독을 묻힌 것과 살해 동기와 의사가 있었음도 보여 드릴 것입니다. 캐피 중위(변호인)가 여러분을 현혹하는 마술을 부릴 것입니다. 린치에 관한 끔찍한 이야기와 코드 레인(일종의 私刑) 같은 말도 나올 것이고 장교 몇 명을 비난도 할 것입니다. 그러나 증거가 없을 것입니다. 재미는 있을 것입니다. 하지만 어떤 마술도 산티고 상병을 죽였다는 사실을 부인하지 못합니다. 이상이 사건의 진상입니다.

---

54) 이는 영화 'a few good man'에 나오는 군법회의 공방 장면이다. 쿠바 주둔 미 해병대 사병 살해 사건에 대한 재판 진행 내용이다.

· 변호인: 독도 없었고 죽이려는 의도도 없었습니다. 검찰측 얘기는 진실이 아닙니다. 두 사람은 복수심이나 증오 때문에 그 방에 들어간 것이 아닙니다. 골려 주려던 것도 아닙니다. 명령 때문이었습니다. 반복합니다. 명령 때문이었습니다. 민간인 사이라면 명령이 별게 아닐 수 있습니다. 그러나 해병, 특히 쿠바 경비중대 해병이라면 복종 아니면 제대입니다. 피고인들이 여기에 와 있는 것은 바로 명령을 따랐기 때문입니다.

(검사측 : 증인 준비되었습니다)
(증인1이 선서하고 이름과 직업을 말한다)
· 검 사 : 9월 3일자 산티고 일병의 편지가 접수되었나요?
· 증 인 : 예.
· 검 사 : 편지 내용은 무엇이었습니까?
· 증인1 : 소대원의 (쿠바 주민에 대한) 불법 총격 사건에 관한 투서였습니다.
· 검 사 : 이름이 나와 있었습니까?
· 증인1 : 아니오. 난 대령에게 수사하러 가겠다고 통보했습니다.
· 검 사 : 수사 결과는 어떻습니까?
· 증인1 : 한 발이 발사된 총을 발견했습니다.
· 검 사 : 누가 그랬습니까?
· 증인1 : 도슨 상병입니다.

· 판 사 : 변호인은 질문하십시오.
· 변호인 : 도슨 상병을 심문했습니까?
· 증 인1 : 네. 적의 위협이 있었다고 했습니다.
· 변호인 : 그 말을 믿지 않았지요? 왜 무단 발포로 기소하지 않았지요?

· 증 인1 : 증거가 불충분했습니다.
· 변호인 : 감사합니다.
 (다시 검사가 심문한다)
· 검 사 : 왜 증거가 불충분했죠? 산티고의 편지가 있는데.
· 증인1 : 그가 유일한 증인이었는데 만날 수가 없었습니다.
· 검 사 : 이제 영원히 못 만나겠군요. 이상입니다.

 (검사측 증인2-소대원 등장)
· 검 사 : 9월 6일 소대회의에 참석했나요?
· 증인2 : 네.
· 검 사 : 회의 내용은 무엇이었습니까?
· 증인2 : 켄트릭 소대장은 밀고자가 있다고 했습니다. 산티고가
          명령 계통을 위반하고 소대원을 밀고했습니다.
· 검 사 : 화가 났습니까? 사실을 말해요.
· 증인2 : 그랬습니다.
· 검 사 : 얼마나?
· 증인2 : 그는 우리의 신조를 위반했습니다.
· 검 사 : 도슨 상병과 다우니 일병도 화가 났었나요?
 (변호인의 이의 제기, 재판관이 받아들임.)

 (다시 변호인이 신문한다)
· 변호인 : 소대장 지시 사항이 있었나요?
· 증 인2 : 예
· 변호인 : 그것이 무슨 내용이었나요?
· 증 인2 : 우리끼리 처벌하지 말라고.
· 변호인 : 정확히 말하면?
· 증 인2 : 산티고를 가만두라고 했습니다.
· 변호인 : 회의 5분 후 도슨 상병과 다우니 일병 방에 있었나요?

· 증 인2 : 아닙니다.
· 변호인 : 고맙소. 이상입니다.

(검사측 증인3-군의관 등장)
· 검 사 : 젖산 중독이 뭐죠?
· 증인3 : 근육이 산소 대신 젖산을 태우면 독이 생기는데 그것이 산티고 폐출혈의 원인입니다.
· 검 사 : 통산 산소 대신 젖산을 태우기 시작하는 데에 걸리는 시간은?
· 증인3 : 20분 내지 30분
· 검 사 : 왜 이 반응이 빨리 일어났죠?
· 증 인3 : 독 때문이죠.
· 변호인 : 이의 있습니다. 이는 증인의 추측입니다.
· 검 사 : 스톤 중령(증인3)은 전문가요, 추측이 아닙니다.
· 변호인 : 내과 의사지 범죄학자가 아니오. 의학적 증거가 불충분합니다.
· 재판관 : 반대 신문 때 얘기하시오.
· 검 사 : 사인은 독입니까?
· 증 인3 : 확신합니다.
· 검 사 : 검사 결과 독은 발견되지 않았는데……
· 증인 3 : 확신합니다. 탐지가 불가능한 독은 수십 가지나 됩니다.

(다시 변호인이 신문한다.)
· 변호인 : 젖산 중독을 가속시키는 상황이 생길 수도 있나요?
· 증 인3 : 네. 관상 동맥이나 뇌에 이상이 있으면 빨라지죠.
· 변호인 : 관상 동맥에 이상이 있는데 독이 없는 천을 물리면 천 제거 뒤에도 당을 계속 태우기도 하나요?
· 증 인3 : 관상 동맥에 심각한 이상이 있으면……

· 변호인 : 심각한 이상이 있어도 의사가 모를 만큼 통증이 가벼운 경우도 있나요?

· 증 인3 : 증거는 항상 있어요.

· 변호인 : 예를 들면?

· 증 인3 : 수백 가지요.

· 변호인 : 가슴 통증?

· 증 인3 : 네.

· 변호인 : 숨이 가쁜 것?

· 증 인3 : 그렇소.

· 변호인 : 피로감?

· 증 인3 : 네

· 변호인 : (증인에게 서류를 주며) 군의관님 서명입니까?

· 증 인3 : 그렇소. 산티고 임무 제한 명령서입니다.

· 변호인 : 손수 쓴 의견을 읽어 보시죠.

· 증 인3 : (읽는다) 검사 결과 이상은 없으나 가슴 통증, 숨가쁨과 피로를 호소함. 8㎞ 이상 구보를 금지.

· 변호인 : 따라서 젖산 중독을 가속시킨 것은 독이 아니라 그가 갖고 있는 관상 동맥 이상이 아닐까요?

· 증 인3 : 아니오.

· 변호인 : 아닙니까?

· 증 인3 : 난 병사의 건강을 철저히 관리해요. 산티고는 건강이 완벽했어요.

· 변호인 : 그래서 독살일 수밖에 없나요? 건강하다고 진단한 사람이 심장 사고로 죽으면 골치 아프니까 ……

· 검 사 : 이의 있습니다. 삭제를 요구합니다.

· 재판장 : 인정합니다.

이는 "살인, 살인 예비 및 직무 유기"로 기소된 두 사병에 대한 재판 장면이다. 비록 영화의 장면이지만 토론의 형식을 잘 갖추었다. "두 사병은 살인, 살인 예비 및 직무 유기의 죄를 범했다."는 논제를 가지고 긍정측인 검사와 부정측인 변호인 사이에 규칙에 따라 검증에 기초를 두고 논박하였다. 재판관은 논박 과정에서 나온 양측의 주장을 토대로 판결(승패)을 내린다.

이제 현재 텔레비전에서 실시하는 토론에 대해 살펴보기로 한다.

"토론"이라는 이름으로 방송되었던 KBS 심야 토론의 의제를 보면,

"청소년 선도, 이제는 실천이다."
"논란, 그린벨트 완화"

같은 형태로 되어 있고 어떤 방송국에서는 질문 형태로 되어 있기도 하다. MBC에서 실시한 대통령 후보와의 토론에서는 단지 대통령 후보 ○○○와 토론하며 토론 주제는 "정치와 통일 외교 분야로 국한한다."고 사회자가 안내만 할 뿐이다. 방송 토론 의제 대부분이 이러하다. 앞에서도 지적했듯이 토론 의제는 진술의 형태이되 찬성과 반대만 허용하게끔 표현해야 한다. 이런 토론 의제를 통해서는 논쟁할 문제들이 분명하게 드러나지 않는다 (이 글 16. 1. 5 참조).

또 토론의 참여자들을 '패널리스트(panelist, 배심원)'라고 하고 있는데 (1997년 9월 22일, MBC 대통령 후보 토론회) 엄격히 말해 토론에서는 '토론자(debater)'라고 하는 것이 맞고 '패널리스트'란 '패널 토의'의 참가자를 가리킨다.

토론의 사회자가 토론자로 질문하며 토론에 참여하는 경우가 있는데 (1997년 9월 24일, MBC 대통령 후보 토론회) 토론뿐만 아니라 토의에서도 논의에 직접 참여해서는 안 된다. 사회자는 토의의 진행을 책임지고 있으므로 논의 내용을 분명히 하기 위하여 질문은 하되 자신의 의견을 말하지 않아야 한다.

다음은 KBS 심야 토론의(1997년 9월 6일) 시작 부분이다.

· 토론 주제 : 청소년 선도, 이제는 실천이다

사회자 : …극장, 전화방 등 성인 영업소에 청소년 출입을 제한해
야 하고 방송자들도 유해 프로그램을 자제해야 합니다.
또 음란 간행물을 포장해야 하며 담배 자판기도 점차 폐
쇄해야 합니다. 그 동안 KBS는 여러 차례에 걸쳐 청소
년들의 실상과 개선 방안을 특집과 토론, 좌담 등을 통
해서 방송한 바 있습니다. 본격적으로 실천에 옮겨야 할
때입니다. 그래서 우리 청소년들이 21세기 미래사회의
주역으로 건전하게 자랄 수 있도록 해야 합니다. 사회와
학교, 가정 모두가 나서야 하고 모두가 자기 자식의 문
제로 보고 실천해 나가야 하는 것입니다. 그러나 청소년
보호법 실시 이후에 각종 유해 환경을 개선하는 데에 어
느 정도의 실천이 이루어지고 있는지를 알아본 뒤에 청
소년을 미래의 주역으로 키우기 위해 가정과 학교 그리
고 사회가 무엇을 어떻게 실천해 나가야 하는 것을 알아
보겠습니다.

생방송 심야 토론은 시청자 여러분과 함께 하는 프로그
램입니다. 전화 ××× 팩스 번호 ×××로 여러분의 의
견을 받습니다. 기탄 없는 의견을 보내 주시면 최대한 반
영하도록 노력하겠습니다.

그러면 오늘 나와 주신 토론자들을 소개해 드리겠습니다.
오호석 한국 유흥음식업중앙회회장, 금명자 청소년 대화
의 광장 상담 교수, 강지원 청소년보호위원회 위원장, 부
장 검사이시기도 하죠. 정유성 서강대 교수, 교육학 전
공이시죠. 조명현 청소년 사랑실천시민연합 대표 그리고
임영식 중앙대 청소년 학과 교수십니다.

"청소년 선도, 이제는 실천이다"라는 게 오늘의 주제입니다. 그러나 먼저 청소년 보호법 있잖습니까? 며칠 안 됐지만 9월 1일부터 실시를 했는데 그래서 실천을 어떻게 하나 집중적으로 알아보겠습니다.

청소년 보호법이 무엇을 규정하고 있는지……?

토론자1 : 규정 설명

사회자 : '유해 환경'을 정의하면?

토론자1 : 설명

사회자 : (토론자 2에게)청소년 유해 환경을 없애기 위한 노력은?

토론자2 : 자료 수집 및 건의…

사회자 : (토론자 3에게)어떻게 생각하십니까?

토론자3 : 청소년 출입 억제 및 선도 필요

사회자 : (토론자 4에게)어떻습니까?

토론자4 : 무허가 변태업소가 문제…

(시청자의 의견과 질문을 받는다)

(사회자가 지정에 따라 자기 생각을 들으며 말하고 사회자가 결론을 요약하여 끝맺음.)

이는 앞에서도 말했지만 토론이라기보다는 토의라고 해야 한다. 토의 가운데도 '패널 토의'에 해당한다. 패널 토의는 토의 주제에 관해 관심이 있거나 경험이 있는 사람이 패널 토의 참여자로 선정되어 청중 앞에서 토의하고 난 뒤 사회자의 유도에 따라 청중이 토의에 참여하는 방식이다.

패널 토의는 일반적으로 다음과 같이 진행된다.55)

① 사회자는 토의 과제를 설명하고 토의 참여자를 소개한다.

② 토의 참여자들은 자신의 입장을 설명하면서 서로의 의견과 지식·정보 등을 자유로이 교환한다.

---

55) 박경현(1997), p.267 참조.

③ 토의가 어느 정도 진행되면 사회자가 토의 내용을 요약하고
   청중에게 질의할 기회를 준다.
④ 토의 참여자와 청중이 질의 응답한다.
⑤ 여러 각도에서 결론을 찾고 정리한다.

이런 점에서 이 '심야 토론'은 분명히 패널 토의이다.

이 토의를 시작할 때 사회자가 토의 자체를 설명하는 범위를 넘어서 토의에서 나와야 할 해결 방법(결론)까지 말해 버린 것은 사회자의 위치에서 일탈한 행동이다. 자기 생각은 말하지 말았어야 한다.

다음은 대통령 후보 초청 토론회(MBC 1997년 9월 22일)의 일부 대목이다.

사회자 : 사회자 소개, 토론 상대 후보 소개, 토론 주제(대통령
        후보와 정치·통일·외교에 대한 토론) 안내, 패널리스
        트 소개, 토론 규칙(질문은 자유, 답변은 3~4분으로 제
        한) 안내.
   (토론 시작)
토론자1 : 경선 불복 이유?
후   보 : 당 후보 개인 문제 때문에 당선 가능성 무망.
토론자1 : 당에 남아 도우면 어떤가?
후   보 : 국민 지지가 저조하여 당선 무망.
토론자2 : 경선 불복하여 약속을 어겼으므로 후보 지지율 저조에
        책임이 있다. 당에서 돕지 않고 창당 출마했는데 후보
        생각은?
후   보 : 답변
토론자2 : 후보 답변 중 말 끊고 질문

토론자3 : 새 지도자상은?

  (한 팔은 책상에 벌려 짚고 연필을 들고 흔들면서 질문함.)

후　보 : 답변

토론자3 : 후보의 말 끊고 질문

토론자2 : (토론자3 질문 중간을 끊고) 과거 정치에서 벗어나고
　　　　　계시지 못해요. 후보 답변 가운데 '실용주의'와 '과학
　　　　　주의' 용어를 잘못 씀을 지적. '신과학주의'라는 용어와
　　　　　관련하여 방곤 박사의 "신과학이 세상을 바꾼다"를 읽
　　　　　어 보았느냐고 질문.

후　보 : 못 읽어 보았습니다.

  (토론자끼리 말을 끊고 지식을 내세우며 판단을 주고받음.)

토론자3 : (몸을 비스듬히 하고 앉아서) 북한과 군사력 차이?

후　보 : 답변

토론자1 : 대북 정책 기조?

후　보 : 답변

토론자2 : 지금 같은 말씀은 이상에 그치고 현실성이 없다는 얘
　　　　　기란 말씀예요. 분단 체계의 성격을 제대로 모르고 하
　　　　　시는 말씀예요.

토론자3 : (사인펜을 세워 책상을 두드리며 말함.)

사회자 : 핵 문제에 관한 것 하나 물어 보겠습니다. 지난번 왔
　　　　　었던 클리블랜드라든지 로스라든지 이 양반들이 미국
　　　　　은 경수로 비용을 못 내겠다…….

토론자3 : 통일은 꼭 해야 합니까? 한다면 어떤 통일을 원합니
　　　　　까?

후　보 : 답변

토론자 : 김일성 조문은?

후　보 : 하지 않았을 것이라고 답변

토론자2 : (뒤로 몸을 제끼고 앉아서) 후보께서… 냉전시대 사고
방식을 그대로 갖고 계신데 안보 논리와 통일 논리를
혼동 내지는 같이 생각하시기 때문에 그렇게 표현합니다.

후　보 : 답변

토론자2 : 그건 순진한 생각이구요. 북한에 친미 정부가 들어설
수도 있습니다.

사회자 : 내각제는 어떻습니까?
후보와 당권 분리, 이수성, 박찬종 후보 접촉은 잘 돼
갑니까?

후　보 : 답변

토론자2 : (후보 답변 중간에 말을 끊고) '국민'이라는 말을 쓰지
않는 것이 좋겠습니다.

후　보 : 답변

토론자2 : (후보 답변 중간에 말을 끊고) 순회 철도가 교통 문제
를 해결하지는 못합니다.

．
．
．

　대통령 후보를 상대로 한 토론이라는 '방송 토론'은 토론이 아니
고 토의도 아닌 형태이다. 여기에서 참가자들을 '패널리스트'라고
소개했는데 그렇다고 '패널 토의'도 아니다. 질문에 대한 대답이
있을 뿐이다. 실문 가운데 논쟁직인 문제를 포함한 질문이 있지만
논박은 이루어지지 않고 대부분의 질문은 후보의 생각을 확인하는
수준이다. 몇 군데 반박이 나타나는데, 용어 정의에 관한 것이거
나 질문자가 자기의 생각을 말한 것이다. 상대방(후보)을 꼼짝 못
하게 하는 반증을 제시하거나 논리상의 모순을 지적하지는 못했
다. 그러므로 토론의 한 형태인 청문회와도 유사하다고 볼 수 있다.
　이 '후보 토론회'는 이렇게 토론과는 먼 형태이며 질문자들의 질
문과 태도도 토의나 토론에서 지켜야 할 사항에서 벗어나 있다.

토의나 토론 참여자들은 상대방에게 예의 바르고 공정한 태도로 정중하게 말해야 한다. 이것은 상대방뿐만 아니라 시청자들의 인격을 존중하는 것이다. 그런데 질문자들은 한 팔을 벌려서 책상을 짚고 필기구를 든 손을 내두르는 자세를 취하거나 필기구를 세워 책을 두드리기도 하고, 몸을 뒤로 제끼고 앉아 있거나 옆으로 몸을 기울여 비스듬히 앉아서 질문을 하고 있다. 말에서도 정중함을 느끼기가 어렵다. 후보가 답변하는 중간에 말을 끊어 가로채는 경우가 여러 번 있었고 질문자끼리도 서로 말을 끊고 주고 받는다. 어떤 질문자는 후보의 답변을 "지금 같은 말씀은 이상에 그치고 현실성이 없다는 얘기란 말씀이예요. 분단 체제의 성격을 제대로 모르고 하시는 말씀이예요. 천만의 말씀이예요.", "그건 순진한 생각이구요"처럼 가소로운 생각이라는 듯이 판단해 버린다.

질문자들끼리의 사전 준비도 충실하지 못했던 것 같다. 토론 시작 부분을 보면 토론자1이 경선 불복에 관한 질문을 했는데도 토론자2가 중복하여 질문했다. 중간 부분에서도 토론자1이 "대북 정책 기조"에 대해 물었는데 토론자3이 "집권후 대북 정책"에 대하여 중복하여 질문하자 후보는 아까 말했다고 대답했다.

'멜팅 풋(melting pot)', '로컬 폴리티(local polity)', '뉴토니안 패러다임(Newtonian paradigm)' 또 다른 후보와의 토론회에서는 "여러 스펙트럼(spectrum)을 포용할 수 있다", "어떤 모토(moto), 캐치프레이즈(catchphrase)가 있어야 하는데 …" 같은 외국어를 사용하고 그리고 "지난번에 왔었던 클리블랜드라든지 로스라든지 의 양반들이…" 같은 대사에서 밑줄 친 부분은 품위 있는 표현은 못 된다.

또한 사회자가 토론에 참여하기도 했는데 사회자는 토론과 관련된 확인 질문, 요약, 진행 등을 담당하는 것이 임무이다.

'대선 후보 초청 사이버(동아일보 주체, 4대 통신사 주관 1997.

11.10)'도 질문에 대한 답변으로 일관한 회견의 형식이지 토론은 아니었다. 내용을 보면

질문 : 정보통신업계에서 우수 인력 확보를 위해 병역 특례 확대를 주장하는데 ·······?

답변

질문 : 국방부는 형평성을 이유로 반대하는데 ········?

답변

질문 : 최근 김대중 국민회의 총재의 비자금 의혹 제기로 이 후보도 역시 더러운 정쟁의 늪에 빠졌다는 평가가 나오고 있는데 ·······?

답변

질문 : 신한국당이 5·6공 출신 민정계의 당이 됐다고 하는 지적이 있는데

답변

질문 : 님비(NIMBY)현상의 해결책은?

답변

질문 : 가장 최근에 관람한 영화는······?

답변

질문 : 작가 황석영 씨 같은 경우 양심수가 아니라고 생각하는가?

답변

최근 우리 사회가 민주화하면서 정치인이나 관리들은 국민들의 여론을 무시하고 일방적으로 정책을 수립하며 수행하기가 점점 어려워져 가고 있다. 이에 국민들의 이해나 동의를 얻는 방편으로 공청회 형태의 토론을 자주 개최한다. 또한 사회가 복잡화하면서 개인간, 집단간의 이해 관계가 첨예하게 대립하게 되므로 이를 조절해야 할 필요가 있다.

당연하게도 현실 사회를 반영해야 하는 각 방송에서는 토론을 중요한 프로그램으로 편성하여, 그때 그때의 여러 문제점을 방송에서 토론에 부쳐 부각시킨다. 방송 토론 형식이 전에 비해 지금은 많이 다듬어지고 진행도 세련되고 있다. 전에는 제목은 토론으로 잡아놓고 여러 참가자들이 돌아가면서 자기 의견을 제시하고 다음에서는 상대방의 의견을 반박하고 자기 의견의 정당성을 주장하는 형식이었다. 따라서, 문제점은 많이 제시되지만, 해결 방법은 제각각 여러 가지이다. 현재의 방송 토론에서는 대립된 견해를 지닌 사람을 토론자로 내세워 맞대놓고 사회자가 토론자에게 시간 배분을 공평하게 하면서 교대로 발언하도록 하여 토론을 진행하면서 방청객, 시청자들의 의견도 제시하게 하여 해결책을 찾는 형태로 자리잡아 가고 있다.

그런데 토론 주제(제목)를 보면 거의 토의하는 데에나 알맞게 되어 있다. 한 예로 EBS 난상 토론의 제목(1999년 5월 22일)을 보면 "지역 갈등, 해결책은 없는가?"로 되어 있는데 해결책은 여러 가지가 나올 수밖에 없다. 이는 토론의 제목이라기보다는 토의의 제목으로 적당하다.

다음은 '인턴 사원제, 청년 실업 대책의 기수인가?'라는 제목의 난상 토론(EBS 1999년6월 19일)이다.

토론자는 정부측(노동부), 기업측(전경련), 시민운동측(청년실업대책운동본부), 노조측(민주노총) 등 4명을 내세웠다.

발제자 : IMF 인턴 사원 제도가 실시되었는데, 이는 원래 기업에서 우수 인력을 확보하기 위해 재학생을 대상으로 장학금을 주며 시행하던 제도로 90% 이상 취업되었다. 그러나 현재 정부 주도로 이뤄지고 있고 취업이 보장되지 않는다. 정부는 인턴 사원 중 50% 이상을 정규직으로 채용하지 않는 회사는 인턴제를 인정하지 않으나 이뤄지지 않고 있다. 이 인턴제에 대해 논의를 충분히 하면 좋겠

다.

사회자 : 문제점이 많죠? 오늘 이 문제를 논의해 보겠다. 첫 번째 토론에서 인턴 사원의 실효성에 대해 얘기를 나눠 보겠다. 두 번째 토론은 대안에 대해 논의해 본다.

정부측 토론자 : 정부의 인턴 사원제 및 실업 해소를 위한 정부 대책 설명. 실업 대책 예산 9조 5천억원 중 10%를 고학력 실업 대책에 투입

시민운동측 토론자 : 인턴 사원제는 근본적인 실업 대책이 안 된다. 대기업에 대한 특혜로 되어 있다. 문제점이 많다.

기업측 토론자 : 정부의 인턴 지원금이 큰 도움이 안 된다. 인턴제를 기업이 원하지 않고 있다.

운동측 토론자 : 기업은 적은 인건비로 최고 인력을 사용한다. ¼ 정도만 정식 사원으로 채용한다. 이것도 거의 계약직으로 채용하고 있다.

노조측 토론자 : 실제 약용하고 있고 시정도 되지 않고 있다.

⋮

운동측 토론자 : 전경련이 인턴 사원제를 확대할 것을 제안한다.

기업측 : 개별 기업이 부담이 큰데도 지금 전경련은 신규 실업 문제를 해결하기 위한 방법이 인턴제이기 때문에 시행하고 있다.

토론 참여 교수 : 인턴제는 기업에 이익을 준다. 우리 나라 같은 풍토에 도입하는 것은 잘못이다. 기업체에 인턴 고용비를 지출한 것은 잘못이다.

기업측 토론자 : 정리 해고가 자유로운 미국은 실업률이 낮고 부자유스러운 유럽은 실업률이 높다.

토론 참여 교수 : 인턴제가 고용 장애가 되기도 한다.

⋮

사회자 : 지금까지 내용을 정리하자.

운동측 토론자 : 청년 실업자 문제를 해결하기 위해서는 시혜 차원이 아닌 법적 제도적 보장이 필요하고 인턴 사원제를 정부가 감시, 감독해야 한다.

기업측 : 정부가 신규 실업자에게 수당을 지급해야 한다.

　이 토론 내용을 보면 시청자들은 인턴 사원제를 반대하는 기업측의 견해와 같이 대다수 반대하고 인턴제의 필요성을 인정하는 노조, 시민운동측이 인턴 사원제를 개선해야 한다고 주장하는 내용 때문에 인턴 사원제를 반대하는데, 다른 이유(기업에 손해가 된다는) 때문에 반대하는 기업과 일치하는 결과를 나타냈다.

　이런 점에서 방송에서 토론을 하는 데에는 토론의 형태를 좀 변형하는 것이 바람직하리라고 본다.

　앞에서 소개한 '토의→토론→해결'의 형식이 방송에서는 효과적이라고 하겠다.

　의제에 대해 토의를 하고도 결정을 보지 못하면 드러난 대립되는 두 제안을 토론에 부쳐 하나를 결정할 수 있다. 이 때 토론의 결과에 대한 판정은 판정관을 두어 시종 토론을 지켜보게 한 뒤에 결정하게 하고 방청객, 또는 시청자 등의 의견도 받아 각각 결과를 비교해 보면 의미 있는 결과가 나올 수 있으리라고 생각한다.

16.3 결어

　토론은 상반된 견해를 가진 양측이 논쟁을 통해 자기측 주장이 옳고 상대측이 그르다는 것을 밝히는 것인데, 현재 방송에서 실시하는 토론은 주로 질문을 통해 다만 상대방의 생각을 답변으로 요구하는 형태이거나 의제에 대한 이런 저런 의견을 진행자(사회자)의 지시나 유도에 따라 제각각 제시하는 형식이고, 토론한 어느 한쪽의 주장이 아니고 양쪽 주장을 적당히 혼합하여 결론을 내리므로 엄밀한 의미에서 토론은 아니다.

토론을 통해 사람들은 제반 문제를 합리적으로 사고하고 객관적 시각으로 판단할 수 있는 능력을 기를 수 있다. 또한 사물을 냉철하게 파악할 수 있는 힘도 기를뿐더러 감정을 억제하고 상대측의 입장에 서서 생각하는 태도를 지니게 된다. 따라서 학교에서뿐만 아니라 방송에서는 우리의 감각에 알맞은 토론 형식을 개발하여 토론을 많이 실시하고, 사람들에게 문제를 올바로 해결할 수 있는 방법을 가르치는 것이 방송의 영향력으로 볼 때 방송이 수행해야 할 중요한 임무 가운데 하나라고 본다.

17. 방송 스포츠 보도의 문제점과 개선 방안

이 주 행

17.1 서론

라디오나 텔레비전의 여러 프로그램 가운데 시청률이 높아서 시청자나 청취자들의 언어 생활에 지대한 영향을 미치는 것 가운데 하나는 스포츠에 관한 보도이다. 방송 보도문은 간결하고, 공정하고, 품위가 있으며, 정확하고 이해하기가 쉬워야 한다. 그런데, 오늘날 텔레비전이나 라디오의 스포츠 보도문을 살펴보면 방송 보도문의 요건인 간결성, 공정성, 품위성, 정확성, 용이성 등이 결여된 것이 많다. 그리하여, 본고에서는 방송의 스포츠 보도문을 대상으로 그 문제점과 개선 방안을 모색하여 보고자 한다.

보도문이 간결한 문장이 되게 하려면 용문율(冗文率)이 적어야 한다. 즉 불필요한 수식 어구가 없는 문장이어야 한다. 그리고, 보도문의 공정성을 기하려면 "매우, 썩, 너무, 아주, 조금, 약간, 가장, 꽤, 퍽, 몹씨…" 등과 같은 정도 부사나 감정적인 형용사를 가급적 사용하여서는 안 된다. 또한, 품위가 있는 보도문이 되게 하려면 표준어, 품위가 있는 단어, 문법에 맞는 문장(grammatical sentence) 등을 사용하여야 하고, 비속어, 방언, 외국어, 비문(ungrammatical sentence) 등을 사용하여서는 안 된다. 그리고, 정확한 보도문이 되게 하려면 정확한 사실이나 상태를 문법에 맞는 문장과 정확한 단어로 기술하여야 한다. 또한, 방송 보도문은 불특정 대중에게 어떤 사실이나 상태를 알려 주기 위하여 쓰이는 글이므로 알기 쉬운 문장으로 구성되어야 한다. 이런 문장이 되게 하려면 누구나 이해할 수 있는 단어로 간결하게 기술하여야 한다. 따라서, 본고에서는 주로 형태론적, 통사·의미론적, 문체론적인 관점에서 방송의 스포츠 보도문의 문제점을 찾아서 그 개선책을 제시하여 보려 한다.

17.2 스포츠 보도문의 문제점 및 그 개선 방안

(1) 형태론적인 면

우리말은 형태론적인 언어(morphological language)이면서 비구상적인 언어(nonconfigurational language)이므로 보도문을 쓸 때에 단어의 선택은 보도문의 간결성, 공정성, 정확성, 품위성, 용이성 등을 결정하는 요인으로 작용한다. 이런 점에서 문제가 있는 방송 스포츠 보도문의 실례를 들어 보기로 한다.

1) <u>국제축구연맹, 피파</u>(FIFA)는 오는 90년 <u>이탈리아</u> 로마에서 열리는 월드컵 축구대회의 예선전에 <u>세계</u> 백11개국이 출전 신청을 했다고 발표했습니다.(87. 10. 8)

2) 이글스팀은 오늘 이번 <u>시즌</u>으로 계약이 끝나는 배성서 감독과 재계약을 하지 않기로 하고, 전 베어스와 라이온즈의 감독이었던 김영덕 씨를 새 감독으로 맞아들이기 위해 교섭에 들어갔습니다.(87. 10. 8)

3) 조중건 대한 테니스협회 회장이 아시아 테니스 연맹 회장에 <u>피선</u>됐습니다(87. 10. 8)

4) 지난해 서울 <u>아시안게임</u> 종합 마술 <u>금메달</u> 리스트인 최명진은 지난 1일부터 4일까지 영국 차드워드에서 열린 국제 종합마대

회에 애마 '삼성 이븐 우든'을 타고 출전해 무실격 완주함으로서 국내에서는 최초로 종합마술부문 올림픽 출전권을 확보했습니다.(87.10. 8)

5) 우리 나라 승마 대표선수 14명은 현재 해외전지훈련을 통해 서울 올림픽 출전권 획득에 나서고 있는데 장애물 비월에서는 지난 6월 김승환과 김성중이 올림픽 출전권을 <u>따냈었습니다.</u> (87.10. 8.)

6) 프로야구 <u>플레이오프</u> 2차전에서 OB베어스가 해태 타이거즈를 물리쳐 두팀 모두 1승 1패를 기록했습니다.(87.10.8)

7) 오늘 잠실구장에서 벌어진 2차전에서 베어스는 부상에서 재기한 박철순 투수가 선발로 나와 타이거즈의 타봉을 잘 <u>요리하고</u> 김경문의 2타점 3루타 등 15개의 장단타를 폭발시켜 타이거즈를 10대 3으로 <u>크게</u> 물리쳤습니다.(87.10. 8)

8) 특히 베어스의 김경문 선수는 6회말에 우익수 옆을 빠지는 3루타로 두 점을 뽑고 7회말에 좌중간을 뚫는 2루타로 한점을 <u>빼내는</u> 등 활발한 타력을 <u>과시</u>했습니다.(87.10. 8)

9) 중앙대학과 연세대학이 가을철 대학농구연맹전 우승을 놓고 <u>격돌</u>하게 됐습니다.(87.10. 8)

10) 지난 대회 우승팀인 중앙대학은 강력한 대인방어를 펴면서 주전선수들이 고른 기량을 보여 전반을 54대 42로 앞선 뒤 후반에서도 허재와 강동희 등이 매끄러운 <u>플레이</u>를 펼쳐 34점차로 <u>쉽게</u> 승리를 거뒀습니다.(87.10. 8)

11) 국가대표 <u>부동</u>의 스트라이커인 최순호 선수가 <u>올시즌</u> 프로축구 최고 인기선수로 뽑혔습니다.(87.10. 8)

이상의 예문들 가운데 간결성에 문제가 있는 것은 1), 5), 7) 등이다.

1)에서 '국제축구연맹'이 상위어이고 '피파(FIFA)'가 하위어라

면 "국제축구연맹, 피파(FIFA)"라고 써야 하겠지만 '국제축구연맹'은 곧 '피파(FIFA)'이므로 둘 중에서 하나만 택하여 써야 할 것이다.56) 그런데, "이탈리아 로마"라는 어구는 상위어 '이탈리아'와 하위어 '로마'로 구성되어 있는데, '로마'는 '이탈리아'에 있는 도시라고 밝히지 않아도 그 사실을 누구나 알 정도로 유명한 도시이므로 구태여 '로마' 앞에 '이탈리아'를 쓸 필요가 없다. "세계 백11개국"에서 '세계' 역시 불필요한 단어이다. '백11개국' 앞에 '세계'를 선행시키지 않아도 시청자나 청취자는 '백11개국'이 '세계'의 '백11개국'이라는 사실로 인식하기 때문이다.

또한, 5)에서는 '따냈었습니다'를 '따냈습니다'로 바꿔 써야 간결하고 자연스럽다. 이 보도문의 작성자는 전후 사건의 시상을 고려하여 "김승환과 김성중이 장애물 비월 종목 올림픽 출전권을 따낸 사실"이 "우리 나라 승마 대표선수 14명이 서울 올림픽 출전권 획득에 나서고 있는 사실"보다 먼저 있었던 것이므로 '따냈습니다'라고 표현하지 않고 '따냈었습니다'라고 표현한 것 같다. 그런데, 국어의 구어에서는 소위 대과거를 나타내는 양태소 {-었었- / -았었-}을 밝혀 쓰지 않는 것이 일반적인 형상이다. 따라서, 구어체로 표현하는 보도문에서는 양태소 {-었었-/-았었-} 대신에 {-었-/-았-}을 사용하는 것이 더욱 간결하고 자연스럽다.

7)에서는 "타이거즈의 타봉을 잘 요리하고"를 "타이거즈의 타봉을 잘 막고"로 바꿔 표현하여야 간결하고, 품위가 있으며, 정확한 분장이 된다.

이상에서 살펴본 바와 같이 보도문이 간결한 문장이 되지 못하는 요인은 동의어의 불필요한 반복, 불필요한 상위어와 하위어의

---

56) 보도문의 용이성이란 측면에서 볼 때 축구 관계자나 애호가를 제외한 일반 대중을 위하여서는 '피파(FIFA)'보다 '국제축구연맹'을 쓰는 것이 바람직하다.

병용, 양태소 { -었었- / -았었- }의 사용, 부적절한 단어 사용
등에 있다. 따라서 보도문을 작성할 때에는 국어의 특성을 고려하
고 앞에서 지적한 점에 유의하여야 할 것이다.

　이상의 예문들 가운데 객관성에 문제가 있는 것은 예문 7)과
10)이다. 7)의 "타이거즈를 10대 3으로 크게 물리쳤습니다"에서
는 '크게'라는 주관적인 상태를 나타내는 형용사를 사용하였기 때
문에 예문 7)은 객관성이 결여된 문장이 되었다. 그리고, 10)의
"34점 차로 쉽게 승리를 거뒀습니다"에서는 '쉽게'라는 형용사를
썼기 때문에 객관성이 결여된 문장이 되었다. 예문 7)에서 '10대
3'이라는 점수 차는 사람에 따라 작거나 큰 점수 차일 수 있으며,
10)에서는 중앙대학 농구팀이 상대팀을 34점 차로 이겼다고 하더
라도 어렵게 승리할 수도 있기 때문이다. 보도문이란 어떤 사실이
나 상태를 객관적인 입장에서 있는 그대로 남에게 알리기 위하여
쓰는 글이다. 따라서, 보도문을 쓸 때에 불필요한 정도부사나 주
관적인 상태를 나타내는 형용사를 사용하게 되면, 객관성이 결여
된 글이 되므로 이러한 것들을 가급적 쓰지 않아야 한다.

　이상의 예문들 중에서 품위성이 결여된 것은 예문 7)이다. 왜냐
하면, 7)의 "티어거즈의 타봉을 잘 요리하고"에서 '막고' 혹은 '처
리하고'라는 단어 대신에 '요리하고'라는 단어를 썼기 때문이다.
'요리하다'라는 단어가 "음식을 만들다"라는 의미를 나타낼 경우에
는 품위가 있는 단어이지만 그 밖에 "어떤 일을 처리하다"라는 뜻
을 나타낼 경우에는 [＋부정]의 의미 자질(semantic feature)
이 내포되어 있기 때문이다. 따라서, 보도문을 쓸 적에는 단어의
의미를 분명히 알고, 품위가 있는 단어를 선택하여 써야 할 것이다.

　또한, 조사의 오용으로 말미암아 정확성이 결여된 예문은 4)이
다. 4)에서 '완주함으로서'는 '완주함으로써'로 바꿔 표현하여야 4)
가 정확성이 있는 문장이 된다. '으로서'는 "어떤 신분, 자격, 지위
등을 가지고"라는 문법적인 의미를 나타내는 조사이다. 그리고,

'으로써'는 "어떤 수단, 방법, 자료를 사용하여서"라는 문법적인 의미를 나타내는 조사이다. '(으)로서'는 유정명사와 결합하고, '(으)로써'는 무정명사와 결합하는 것이 일반적인 현상이다.

다의어를 사용함으로써 정확성이 결여되기도 한다. 그 예로서는 예문7)을 들 수 있다. 7)에서는 다의어인 '요리하고'를 사용했기 때문에 모호한 문장이 되었다.

이상에서 살펴본 바와 같이 정확성이 있는 보도문이 되게 하려면, 단어를 적확하게 선택하여 써야 한다.

용이성이 있는 보도문이 되게 하려면 누구나 이해할 수 있는 단어와 국문법에 맞는, 간결한 문장으로 구성하여야 한다. 이상의 예문들 가운데 용이성에 문제가 있는 것은 3), 4), 8), 9), 10), 11) 등이다. 4), 10) 등에서는 일반 대중이 이해하기 어려운 외래어나 외국어를 사용하고 있으며, 3), 8), 9), 11) 등에서는 이해하기 어려운 한자어를 쓰고 있다. 그것들을 발췌하여 왼쪽에 적고 그것을 이해하기 쉬운말로 바꿔 쓰면 다음과 같다.

3) 피선(被選)됐습니다. → 뽑혔습니다.
4) 아시안 게임(Asian game) → 아시아 경기
8) 과시(誇示)했습니다 → 자랑했습니다[57]
9) 격돌(激突)하게 → 맞부딪치게
10) 플레이(play) → 경기
11) 부동(不動)의 → 변함없는

이상에서 보듯이 스포츠 보도문에 용이성이 결여되는 요인은 그 작성자가 일반 대중이 이해하기 어려운 외국어나 외래어, 한자어 등을 섞어서 보도문을 작성하기 때문이다. 앞으로 스포츠 보도문의 작성자는 한국방송윤리위원회편 "방송용어심의 제2집 (1976.

---

57) 이것은 국어 순화 자료(1983 : 16)에 의거한 것임.

7)", 문교부편 "국어 순화 자료(1983. 5)", 국어사전 등을 참고하여 스포츠 분야의 전문 용어라 하더라도 일반 대중이 이해하기 쉬운 우리말로 바꿔서 쓰도록 하여야 할 것이다. 외국어를 사용하거나 어려운 한자어를 섞어 즐겨 쓰는 것은 필요적인 동기에서 쓴다기보다 현학적, 위세적인 동기에서 쓰는 것이다. 전술한 바와 같이 보도문은 남에게 어떤 사실이나 상태를 알리는 데 목적이 있으므로 누구나 이해하기 쉬운 문장이 훌륭한 보도문인 것이다. 따라서, 스포츠 보도문 작성자는 누구나 이해할 수 있는 단어를 사용하여 글을 쓰도록 힘써야 한다.

(2) 통사 · 의미론적인 면

방송의 스포츠 보도문 가운데 통사 · 의미론적인 문제가 있는 사례를 들어 보면 다음과 같다. 각 예문에 문제가 있는 어구에 밑줄을 치기로 한다.

1) 프로 야구 빙그레 이글스 팀의 새 감독에 전 라이온즈 감독인 김영덕 씨가 <u>내정됐습니다.</u> 이글스 팀은 오늘 이번 시즌으로 계약이 끝나는 배성서 감독과 재계약을 하지 않기로 하고, 전 베어스와 라이온즈의 감독이었던 김영덕 씨를 새 감독으로 맞아들이기 위해 <u>교섭에 들어갔습니다.</u> (87. 10. 8)
2) 조중건 대한 테니스 협회 회장이 아시아 테니스 연맹 회장에 피선됐습니다. (87. 10. 8)
3) 아시아 테니스 연맹은 오늘 오전 타워 호텔 회의실에서 총회를 열고 조중건 회장을 만장일치로 선출했습니다.(87. 10. 8)
4) a.바르셀로나에서 개막된 세계 태권도 선수권 대회 첫날 경기에서 우리 나라는 남녀 두 체급에서 모두 <u>금메달을 땄냈습니다.</u> (87. 10. 8)
   b.오늘 새벽 바르셀로나 시립 체육관에서 벌어진 남자 밴텀급

결승전에서 우리 나라의 유명식 선수는 터키 선수를 주특기
인 뒷차기와 앞돌려차기 등으로 일방적으로 몰아부친 끝에 <u>판정
승을 거뒀습니다.</u>(87. 10. 8)

c.유명식 선수는 이로써 세계 선수권 대회에서 연속 우승을 기
록했습니다.(87. 10. 8)

d.또 이번 대회부터 채택된 여자부 경기에서는 패더급의 김소
영 선수가 미국 선수를 <u>쉽게 물리치고 금 메달을 차지했습니다.</u>
(87. 10. 8)

5) 중앙 대학과 연세 대학이 가을철 대학 농구 연맹전 <u>우승을 놓고</u>
격돌하게 됐습니다.(87. 10. 8)

6) 지난 대회 우승팀인 중앙 대학은 강력한 대인 방어를 펴면서
주전 선수들이 고른 기량을 보여 전반을 54대 42로 앞선 뒤
후반에서도 허재와 강동희 <u>등이 매끄러운 플레이를</u> 펼쳐 34점
차로 쉽게 승리를 거뒀습니다.(87. 10. 8)

7) 85년도 대회 우승팀인 연세 대학은 유도훈과 최병식 그리고 김태
훈 등이 <u>활기찬 플레이를 보여</u> 이호근과 손백규가 분전한 <u>동국 대
학을 따돌렸습니다.</u>

8) 여자부에서는 전 국가 대표 <u>권명희가 버틴</u> 중앙 대학이 박양
계, 차명순 등이 주축을 이룬 이화여대를 61대 58로 <u>젖히고</u> 2
승으로 우승했습니다.(87. 10. 8)

9) a.<u>오는</u> 89년에 열릴 세계 태권도 선수권 대회가 서울에서 개
최됩니다.(87. 10. 8)

b.세계 태권도 연맹은 어제밤 세계 선수권 대회가 열리는 스페
인 바르셀로나에서 총회를 열어 다음 대회 개최지를 서울로
결정하고 <u>같은 해</u> 월드 컵 대회는 이집트에서 열기로 했습니
다.(87. 10. 8)

10) 우리 나라 여자 테니스가 서울 올림픽에 출전할 수 있게 됐
습니다.(87. 10.8)

11) 인도네시아 체육회는 내년 서울 올림픽에 아시안 게임 출전 <u>경력을 가진</u> 40~50명의 선수단을 파견하기로 결정했다고 모하메드 사렌가트 인도네시아 체육회 사무국장이 밝혔습니다.(87. 10. 8)

12) 축구 협회의 최순영 회장은 이사회에서 재신임을 묻기 위한 총사퇴를 결의한 뒤, <u>현대팀의 해체에 대해 언급하면서</u> 현대 팀은 오래 전부터 프로 축구단의 해체 명분을 찾아 온 것으로 알고 있다고 말했습니다.(87. 11.11)

13) 축구 기자단이 뽑은 최우수 선수는 현 국가 대표가 8명이며, 국가 대표 2진이 두 명으로 한 명을 제외한 10명이 모두 국가 대표 선숩니다.

14) 먼저 공격진에는 올 시즌 신인왕이 거의 결정적인 대우의 김주성, 대우 우승의 견인차 역할을 충실히 해 낸 정해원, 올시즌 통산 15골로 득점왕이자 어시스트 1위를 기록한 포항 제철의 최상국이 선정됐습니다.(87. 11.10)

15) 오늘 상무 구장에서 벌어진 대회 이틀째 1회전에서 한일은행은 전반 14분에 김도연의 선제골을 시작으로 전반에만 <u>무려 4골을 터뜨리면서</u> 대학 강호인 동국 대학을 5대 2로 <u>가볍게 제치고 16강에 올랐습니다.</u> (87. 11.10)

16) 대학 복싱 연맹은 <u>오는</u> 12일 부터 15일까지 바르샤바에서 개최되는 펠릭스·스탬 국제 복싱 대회 조직 우원회의 공식 초청장을 받고 지난 9월 29일 엔트리를 보낸 뒤 조직 위원회측의 입국 비자 발급을 약속받고 어제 현지로 떠났었습니다.(87. 11.10)

17) 서울 국제 배구 대회에서 소련이 <u>미국을 꺾고</u> 지난 85년 대회에이어 연속 <u>우승을 차지했습니다.</u>(87. 11.11)

18) 우리 나라는 이상렬과 배삼룡이 제 몫을 해 냈을 뿐 속공과 시간차 공격 등 전술면에서 일본에 <u>완전히 압도당해 한 세트 도 따 내지 못하고</u> 완패하고 말았습니다.(87. 11.11)

19) 대한 체육회 강당에서 열린 결단식에서 <u>남녀 대표 선수 16명
    등 모두 27명으로 짜여진</u> 우리 나라 대표선수단은 유도 강국
    으로서의 면모를 세계에 다시 한번 과시할 것을 다짐했습니
    다.(87. 11.11)

20) 중·고등 학교와 대학, 실업 등 일선 축구 감독 코치로 구성
    된 축구 지도자 협의회는 오늘 효창 구장에서 모임을 열고 김
    삼락씨를 비롯한 10의 대표를 뽑아 내일 오전 중에 현대 축
    구단의 <u>책임자를 면담하는</u> 자리에서 팀 해체 철회를 강력히
    요구하기로 했습니다.(87. 11.13)

21) 최우수 골키퍼는 올 시즌 15게임에 출전해 한 게임 당 0.47
    골로 최소실점률을 보인 대우의 김풍주가 차지했습니다. (87.11.10)

22) 오늘 잠실 학생 체육관에서 열린 대회 사흘째 A조 예선 경기
    에서 동방 생명은 선경 화학과 <u>한 골씩을 주고 받는 열띤 공
    방전</u> 끝에 59대 57로 이겼습니다.(87. 11.13)

23) 대부분의 복싱인들은 현재의 정관은 대의원 총회의 구성을
    각시도지부회장 8명 등 모두 13명으로 구성토록 돼 있으나…
    (87. 11.13)

24) 국민은행은 전반 31분에 정은호 선수가 먼저 <u>한 골을 뽑았으나</u>
    2분후 단국 대학의 이문희에게 <u>동점골을 허용해</u> 1대 1로 비
    긴뒤 승부차기에서 5대 4로 <u>힘겹게 이겼습니다.</u>

25) 동방생명과 국민은행이 가을철 여자 실업 농구 연맹전에서 <u>1승씩
    을 올렸습니다.</u>

  이상의 예문들 중에서 통사·의미론적으로 자연스럽지 못한 것은
2), 3), 4a), 4b), 4c), 5), 6), 7), 8), 10), 11), 14), 15),
17), 18), 20), 21), 24), 25) 등이다. 이 문장들이 비문이 되
는 까닭은 주술(主述) 관계나 객술(客述) 관계를 맺을 수 없는 단
어끼리 공기(共起)관계를 맺도록 잘못 구성하였기 때문이다. 이것

들을 자연스런 우리말로 바꿔 쓰면 다음의 2)′, 3)′, 4a)′, 4b
)′, 4c)′, 5)′, 6)′, 7)′, 8)′, 10)′, 11)′, 14)′, 15
)′, 17)′, 18)′, 20)′, 21)′, 24)′, 25)′ 등과 같다.

2)′ 조중건 대한 테니스 협회 회장이 아시아 테니스 연맹 회장으
    로 뽑혔습니다.
3)′ 아시아 테니스 연맹 회원들은 오늘 오전 타워 호텔 회의실에
    서 총회를 열고 조중건 씨를 아시아 테니스 연맹 회장으로
    선출했습니다.
4a)′ 바르셀로나에서 개막된 세계 태권도 선수권 대회 첫날 경기에
    서 우리 나라 <u>선수들은</u> 남녀 두 체급에서 모두 금메달을 <u>차지</u>
    <u>했습니다.</u>
4b)′ ……일방적으로 몰아부친 끝에 판정승했습니다.
4c)′ 유명식 선수는 이로써 세계 선수권 대회에서 연속 우승을 <u>하</u>
    <u>게 된 것입니다.</u>
5)′ 중앙 대학과 연세 대학이 가을철 대학 농구 경기의 결승전을
    하게 됐습니다.
6)′ ……허재와 강동희가 맹활약을 하여 34점 차로 승리했습니다.
7)′ ……김태훈이 활기찬 경기를 하여 이호근과… 동국 대학을 이겼
    습니다.
8)′ 여자부에서는 전 국가 대표 권명희가 맹활약한 중앙 대학
    이… 61대 58로 이심으로써 2승으로 우승했습니다.
10)′ 우리 나라 여자 테니스 선수가 서울 올림픽에 출전할 수 있
    게 됐습니다.
11)′ 인도네시아에서는 내년 서울 올림픽에 아시안 게임 출전 경
    력이 있는 40~50명으로 구성된 선수단을 파견 하기로 결정
    했다.
15)′ ……5대 2로 이기고 16강에 끼었습니다.

17)′ ······소련은 미국을 꺾음으로써 지난 85년 대회에 이어 연속 우승했습니다.

18)′ 우리 나라는 이상렬과 박삼룡이 제 몫을 해 냈을 뿐이고 나머지 선수들은 제 몫을 다하지 못하고, 속공과··· 일본에 압도당해 한 세트도 이기지 못하고 완패하고 말았습니다.

20)′ ······현대 축구단의 책임자와 면담하는··· 요구하기로 결의했습니다.

21)′ 대우의 김풍주는 올 시즌 15게임에 출전해 게임당 0.47골로 최소 실점률을 나타내어 최우수 골키퍼로 선정됐습니다.

24)′ ······한 골을 넣었으나 2분 후··· 이문희에게 한 골을 빼앗겨 1대 1로···

25)′ 동방생명과 국민은행이 가을철 여자 실업 농구 연맹전에서 각각 한 번씩 이겼습니다.

또한 예문 1)은 동일한 인물에 대하여 기술한 앞 뒤 문장의 내용이 서로 다르다. 앞 문장에서는 김영덕 씨가 빙그레 이글스 팀의 새 감독으로 내정되었다는 사실을 기술했는데, 뒷 문장에서는 이글스팀이 김영덕 씨를 새 감독으로 맞아들이기 위해서 교섭에 들어갔다는 사실에 대하여 기술하고 있다. 이 보도문의 작성자는 '내정'과 '맞아들이기 위한 교섭'의 의미가 동일한 것으로 잘못 알고 이 보도문을 작성한 것 같다.

불필요한 수식 어구를 씀으로써 공정성과 객관성을 잃은 예문은 4d), 6), 15), 18), 24) 등이다. 4d)에서는 김소영 선수가 미국 선수를 어렵게 물리쳤다고 생각하는 사람도 있을 수 있는데, "쉽게 물리치고"라고 표현하고 있다. 또한, 6)의 "쉽게 승리를 거뒀습니다"에서도 '쉽게'라는 수식어를 사용하였기 때문에 객관성이 결여된 문장이 되고 말았다. 그리고, 15)의 "무려 4골을 터뜨리면서"에서는 '무려'를, "가볍게 제치고"에서는 '가볍게'를, 18)의 "완전히 압도당해"에서는 '완전히'를, 24)의 "힘겹게 이겼습니다"에서는 '힘겹게'를 썼기 때문에 객관성이 결여된 문장이 된 것이다. 보도문을 쓸 적에는 이와 같이 작성자의 주관적인 판단을 나타내는 수식어를 사용하지 않도록 유의하여야 한다.

9a)와 9b)는 "89년 세계 태권도 선수권 서울 개최"라는 제하(題下)의 보도문이다. 9b)의 "같은 해"는 9a)를 듣지 않고 9b)만을 들을 경우에는 9b)의 "같은 해"를 89년으로 바꿔 쓰는 것이 바람직하다.

예문 12)와 22)는 쓸데없는 말을 덧붙여 씀으로써 자연스럽지 못한 문장이 되었다. 예문 12)에서 삭제하여야 할 구절은 "현대 팀의 해체에 대해 언급하면서"이고, 예문 22)에서는 '열띤'이다. 불필요한 말을 덧붙여 쓰게 되면 청취자나 시청자들이 빨리 이해하지 못하거나 이해에 장애를 받게 된다. 그러므로, 방송 보도문의 작성자는 반드시 필요한 말만을 선택하여 보도문을 작성하여야 한다.

예문 13)은 내용이 부정확한 문장이다. 이 예문은 "한 명을 제외한 10명이"를 '10명'으로 바꿔 써야 정확한 문장이 된다. 또한, 예문 16)은 불명확한 문장이다. 이 예문은 '오는'을 '11월'로 바꿔 표현하여야 명확한 문장이 된다. 예문 19) 역시 "남녀 대표 선수 16명 등 모두 27명"을 "남녀 대표 선수 16명과 임원 11명 포함 27명"이라고 바꿔 써야 구체적으로 명확한 문장이 된다. 또한, 예문 23)도 "각 시도시부 회장 8명 등 모두 13명"을 "각 시도 지부 회장 8명 등 도합 13명"으로 바꿔 표현하여야 의미가 명확한 문장이 된다.

예문 6), 7), 23)에서는 '등(等)'이란 의존명사를 인명이나 사람의 수효를 나타내는 수량사(數量詞) '명' 바로 다음에 썼는데, 이것은 적절한 표현이 못 된다. 왜냐하면, 6), 7), 23)에 쓰인 '등'은 '따위'라는 뜻으로, 사람을 의미하는 선행명사에 업신여김의

의미 자질을 덧붙이는 기능을 하기 때문이다.58)

지금까지 고찰한 바를 종합하여 보면, 방송 스포츠 보도문 중에서 통사·의미론적인 문제가 있는 것은 주술 관계나 객술 관계를 맺을 수 없는 단어끼리 공기 관계를 맺도록 구성하였거나, 작성자의 주관적인 판단을 나타내는 수식어를 썼거나, 불필요한 군말을 섞어 썼거나, 부정확한 내용을 표현한 것 등임을 알 수 있다. 이 것은 그 작성자가 국어의 통사·의미적 특성에 대하여 분명히 모르거나, 그것을 무시하고 보도문을 작성하는 사실을 반영하는 것이다. 그러므로, 방송 스포츠 보도문의 작성자는 국어의 통사·의미적 특성을 분명히 인식하고 자연스런 국어로 보도문을 작성하여야 할 것이다.

(3) 문체론적인 면

이 글에서는 방송 보도문의 용이성(容易性)에 초점을 맞추어 고찰하여 보고자 한다. 박갑수(1984: 126~127)에서는 뉴스 문장의 적당한 길이가 45~50자라고 논의하고 있다. 그런데, 방송 스포츠 보도문을 살펴보면 일반적으로 지나치게 긴 문장으로 구성되어 있다. 그 실례를 들어보면 다음과 같다. 각 예문 끝의 ( ) 속의 숫자는 글자수이다.

1) 최순호 선수는 올해 잦은 부상으로 16게임에 출전해 두 골을 성공 시키고 다섯 개의 어시스트를 기록하는 등 기대에 미치지 못했으나, 오랫동안 국가 대표 선수로 다져 온 인기를 바탕으로 최근 인기가 급상승한 김주성을 따돌렸습니다.(94)
2) 중·고등 학교와 대학, 실업 등 일선 축구 감독, 코치로 구성된 축구 지도자 협의회는 오늘 효창구장에서 모임을 열고 김삼

---

58) "등"이 사람을 뜻하지 않는 명사 바로 뒤에 올 경우에는 선행 명사에 '업신여김'의 의미자질을 덧붙이는 기능을 하지 않는다.

락 씨를 비롯한 10명의 대표를 뽑아 내일 오전 중에 현대 축구
단의 책임자와 면담하는 자리에서 팀 해체 철회를 강력히 요구
하기로 했습니다.(103)

3) 한편 현대 축구단의 한 관계자는 축구협회 집행부의 사태와
   팀 해체는 별개의 문제이며, 등록 규정을 소급해 김종부 선수
   를 대우팀 소속으로 못박은 협회 이사회의 결정이 백지화되지
   않는 한 팀 해체 번복은 있을 수 없는 일이라고 밝혔습니
   다.(96)

4) 지난해 서울 아시안 게임 종합 마술 금 메달리스트인 최명진
   은 지난 1일부터 4일까지 영국 차르워드에서 열린 국제 종합
   마술대회에 애마 '삼성 이븐 우든'을 타고 출전해 무실격 완주
   함으로써 국내에서는 최초로 종합 마술 부문 올림픽 출전권을
   확보했습니다.(104)

5) 대한 체육회는 당초 내년 전국 체전과 소년 체전을 통합해 서
   울 올림픽의 리허설로 치를 예정이었으나, 바쁜 정치 일정 등
   으로 개최 희망 시도가 없어 가맹 경기 단체별로 치르기로 한
   것입니다.(76)

이상의 예문 1)~5)는 용문율이 높을 뿐만 아니라 문장의 글자
수가 모두 45~50자 이상이다. 이와 같이 용문율이 높은 장문은
용문율이 낮은 문장보다 이해하기가 어렵다. 따라서, 방송 보도문
작성자는 용문율이 낮은 문장으로 보도문을 작성하여야 한다. 용
문율이 낮은 보도문을 쓰려면 불필요한 수식 어구를 사용하지 않
아야 한다. 그리고, 문의가 바뀌지 않는 범위 안에서 종속문이나
대등문을 단문으로 바꿔 써야 한다. 이상의 예문들을 용문율이 낮
은 보도문으로 바꿔 쓰면 다음의 1)′ ~5)′와 같다.

1)′ 최순호는 잦은 부상으로 16게임에 출전해 두 골을 넣고 다섯

개의 어시스트를 기록하는 등 기대에 미치지 못했다. 그러나, 그는 오랫동안 국가 대표 선수로 다져 온 인기로, 최근에 갑자기 인기가 많은 김주성을 따돌렸습니다.

2)′ 축구 지도자 협의회는 오늘 효창구장에서 모임을 열어 10명의 대표를 뽑았습니다. 그리고, 그들이 내일 오전중에 현대 축구단의 책임자와 면담하는 자리에서 팀 해체 철회를 강력히 요구하기로 했습니다.

3)′ 한편 현대 축구단의 한 관계자는 축구 협회 집행부의 사태와 팀 해체는 별개의 문제라고 말했습니다. 그리고, 김종부 선수를 대우팀 소속으로 못박은 협회의 결정이 백지화되어야 팀 해체를 번복할 수 있다고 했습니다.

4)′ 최명진은 지난해 서울 아시안 게임 종합 마술 금 메달리스트입니다. 그는 지난 1일부터 4일까지 영국 차르워드에서 열린 국제 종합 마술대회에서 무실격 완주했습니다. 그는, 우리 나라 선수 중 최초로 종합 마술 부문 올림픽 출전권을 확보했습니다.

5)′ 대한 체육회는 당초 내년 전국 체전과 통합해 서울 올림픽의 리허설로 치를 예정이었습니다. 그러나, 바쁜 정치 일정과 개최 희망 시도가 없어 가맹 경기 단체별로 치르기로 했습니다.

17.3 결 어

본고에서는 방송 스포츠 보도문의 문제점과 그 개선 방향을 형태론적, 통사·의미론적, 문체론적인 면에서 간략히 고찰하여 보았다. 그 결과 방송 스포츠 보도문 가운데 문제가 있는 것들은 작성자가 단어를 잘못 선택하여 씀으로서 공정성, 객관성, 용이성, 품위성, 정확성, 간결성이 결여되어 있음을 확인할 수 있었다. 그리고, 공기 관계를 맺을 수 없는 단어끼리 공기 관계를 맺도록 구성함으로써 비문이 된 것이 많으며, 동일한 인물의 동일한 사건에 대하여 기술한 전·후 문장의 내용이 다른 것이 있고, 보도문의 내용이 부정확하고 불명확한 문장도 발견할 수 있다. 또한, 용문율이 높거나 문장의 길이가 45자~50자 이상인 것이 많다. 이와 같이 방송 스포츠 보도문을 형태론적, 통사·의미론적, 문체론적인 측면에서 살펴볼 때 여러 문제점이 발견된다. 이런 문제를 해결하는 방안은 보도문 작성자들이 국어의 특성과 보도문의 요건을 분명히 인식하고, 국문법에 맞으며, 이해하기 쉽고, 공정하고, 품위가 있는 문장을 쓸 수 있는 능력을 신장시키는 일이다. 그러기 위해서는 방송사 자체에서 보도문 작성자들에게 장기간에 걸쳐 보도문 작성 훈련을 효율적으로 실시하여야 할 것이다. 작문 교육은 훌륭한 보도문을 지을 수 있는 능력을 가지고 오랜 경험을 쌓은 방송사 내부 인사와 국어학자, 작문이론가가 맡는 것이 이상적이다.

18.방송 출연자의 언어 사용 양상

이 주 행

18.1 서론

이 연구의 목적은 한국인의 사회계층별·세대별·성별에 따른 언어 사용상의 특성을 구명하여 효과적인 언어 사용법을 규명하기 위한 연구의 일단으로 텔레비전 출연자들이 사용하는 언어의 문제점을 찾아 그 개선 방안을 모색하는 데 있다.

1970년대 이후 사회언어학과 담화 분석(discourse analysis)의 발전으로 모든 유형의 언어 사용이 정당한 연구 대상이 되었다. 따라서 신문과 방송의 언어도 자연스럽게 분석의 대상이 되었다. 날로 정보량이 팽창하고 있고, 정보의 구실이 증대하고 있는 상황에서 그 정보를 표현하는 매체 언어의 분석은 비평언어학(critical linguistics)의 태도를 견지하는 사회언어학과 담화 분석에서 중요한 비중을 자지한다. 그 동안 이응백(1979), 박갑수(1983,1988,1990), 이주행(1986,1987,1988), 윤청광(1992), 임태섭(1992) 등에서 방송 언어59)의 순화 방안에 관한 논의가 있었다. 그런데 오늘날 우리 나라의 방송 출연자 중에서 '방송법'과

---

59) 방송 언어란 일반적으로 전문 방송인이 방송할 때 사용하는 말을 뜻하는데, 넓은 의미로는 방송을 통해 송출되는 모든 언어를 뜻한다. 이 글에서는 '방송 언어'를 후자의 의미로 사용하기로 한다.

방송위원회의 '방송 심의에 관한 규정'에 맞게 언어를 구사하는 이를 찾아보기가 어려운 실정이다. 방송 언어는 날이 갈수록 오염되고 역기능을 하고 있다. 방송 언어는 시청자들의 언어 습득과 학습 및 언어 습관 형성이나, 사고 방식 혹은 가치 체계 형성에 직접적으로 혹은 간접적으로 영향을 끼친다. 방송 언어의 기본 속성은 순정성(純正性), 공식성(公式性), 공손성(恭遜性), 공정성(公正性), 세련성(洗鍊性), 용이성(容易性) 등이다. 방송 언어가 이러한 기본 속성 중에서 하나라도 결여되어 있으면 역기능을 하게 된다. 따라서 방송 언어의 문제점을 찾아 그 해결 방안에 관하여 탐구하는 것은 의의 있는 일이다.

이 연구를 위하여 1995년 1월 29일부터 9월 18일까지 KBS1, KBS2, MBC, SBS 텔레비전에서 방영한 코미디, 쇼, 드라마, 뉴스, 토론 등의 프로그램에 출연한 사람들의 언어를 녹화하여 연구 자료로 삼았다. 그리고 이 연구에서는 사회언어학, 담화 분석, 커뮤니케이션학 등의 이론에 따라 텔레비전 출연자들의 언어를 방송 언어의 속성과 관련지어 발음, 단어와 문장 사용, 화용(話用), 몸말(body language)·사물 언어(object language) 사용 등의 문제점을 찾아 개선 방안을 모색하여 보고자 한다.

18.2 언어 사용상의 문제 및 개선책

18.2.1 발음

방송 출연자 중 상당수가 '표준 발음법(1988)'의 규정에 어긋나게 발음한다. 또한 바람직하지 못한 억양으로 말하거나, 이해하기 어려울 정도로 빠른 속도로 말하는 이가 있다. 이것은 방송 언어의 속성 중에서 순정성과 세련성에 어긋나는 것이다.

출연자들의 발음상 오류 중 가장 현저한 것은 경음화 현상이 나타나지 않을 음운 환경에서 된소리로 발음하는 것이다. 특히 어두의 평음을 경음으로 발음하는 것이다. 어두음 'ㅅ'을 되게 발음하는 예가 가장 많다. 기성세대들은 대개 한자어를 원음대로 발음하는데, 이른바 신세대들은 다음의 보기 (5)와 (8)에서 보는 바와 같이 한자어의 어두음을 되게 발음하기도 한다.

(1) 생계란[쌩계란] 〈KBS2. 슈퍼 선데이. '95. 3.26.〉
(2) 새것[쌔것] 〈SBS. 코미디 전망대. '95. 4. 4.〉
(3) 날 속이다니 [쏘기다니] 〈MBC. 일요일 일요일 밤에. '95. 4.16〉
(4) 좀[쫌] 열심히 하겠습니다. 〈MBC. 일요일 일요일 밤에. '95. 4.16〉
(5) 세대 [쎄대]를 초월합니다. 〈MBC. 코미디 채널 6000. '95. 4.22.〉
(6) 요것도 공짭니다 [꽁짭니다] 〈SBS. 웃으며 삽시다. '95. 5. 6〉
(7) 세게[쎄게] 때려 주세요. 〈KBS2. 가족 오락관. '95. 5. 4〉
(8) 중국어[쭝구거] 두 허구요. 〈SBS. 기쁜 우리 토요일. '95. 5. 6〉
(9) 진실되게[진실뙤게] 〈KBS2. 슈퍼 선데이. '95. 5. 7〉
(10) 쥐약[쮜약] 〈KBS2. 슈퍼 선데이. '95. 5. 7〉
(11) 동사무소[동싸무소] 〈KBS1. 21시 뉴스, '95. 6.19〉
(12) 옷으로 땀을 닦고[따끄고] 〈KBS1. 토요 와이드. '95. 8. 5〉
(13) 무서운[무써운] 프로다. 〈KBS1. 토요 와이드. '95. 8. 5〉
(14) 선배님들과 조금[쪼금] 다른데 〈KBS1. 아침 마당. 8. 9〉
(15) 성공적으로[성공쩌그로] 〈KBS1. 21시 뉴스. '95. 9.11〉

위의 예와 같이 된소리로 발음해서는 안 될 것을 된소리로 발음하는 것은 출연자가 경음화 조건을 모르는 데서 기인하거나, 경음화 조건을 알고 있는데 잘못 형성된 발음 습관에서 기인한다.
'ㄱ', 'ㄷ', 'ㅂ' 등과 'ㅎ'이 연이어 나타나면 'ㅋ', 'ㅌ', 'ㅍ'으로 실현되는데, 출연자 중에는 이대로 발음하지 않는 이가 있다.

(16) 수입하지[수이바지] 않고도 〈KBS1. 21시 뉴스.'95. 6. 19〉
(17) 협박해서[협빠개서] 〈KBS1. 21시 뉴스. '95. 9. 13〉

(18) 끓기면서[끈기면서] 〈KBS1. 21시 뉴스. '95. 9. 13〉

또한 받침을 잘못 발음하는 사례도 있다.

(19) 오늘을 끝으로[끄츠로] '일요일 일요일 밤에'를 떠나게 되었습니다. 〈MBC. 일요일 일요일 밤에. '95. 4.16〉

(20) 꼿꼿이[똔꼬치] 〈KBS1. 폭소 대작전. '95. 5. 5.〉

(21) TV는 사랑을 싣고[실꼬] 〈KBS2. 코미디 일번지. '95. 6. 7.〉

(22) 흙이[흐기] 〈KBS1. 심야토론.'95. 7. 1.〉

(23) 거대한 프로펠러가 바깥의[바까칙] 공기를 빨아들이기 시작하자 〈SBS. 20시 뉴스, '95. 9.18〉

(24) 주택가 골목의 주차 전쟁은 밤낮이[밤나시] 없습니다. 〈KBS1. 21시 뉴스. '95. 9.18.〉

출연자 중에는 'ㄹ'음을 첨가하여 잘못 발음하는 이도 있다.

(25) 첫 비행인데 무사히 잘 날아[날라] 왔네요. 〈MBC. 코미디 채널 2000. '95. 4.22.〉

(26) 시키려고[시킬려고] 〈KBS2. 슈퍼 선데이. '95. 5. 7.〉

(27) 환기통을 지면 위로 높게 뽑아 설치하는 것이 필요[필료]할 것으로 보입니다. 〈SBS. 20시 뉴스. '95. 9. 18.〉

(28) 빠르게[빨르게] 〈KBS1. 심야토론. '95. 7. 1〉

(29) 하려면[할려면] 〈KBS1. 심야토론. '95. 7. 8.〉

또한, 모음을 제 음가대로 발음하지 못하는 이가 있다. 양성 모음을 음성 모음으로 발음하거나, 이중모음을 단모음으로 발음하거나, 단모음 'ㅐ'를 'ㅔ'로 발음하거나, 움라우트(umlaut) 현상이 나타날 수 없는 환경에서 움라우트화하여 발음한다.

(30) 프로그람 봤을 거 같아요〔가태요〕. 〈KBS2. 체험 삶의 현
     장. '95. 3. 6.〉
(31) 금요일〔겸요일〕〈MBC. 일요일 일요일 밤에 '95. 4.16.〉
(32) 내가 이러고〔이러구〕있으니까〔이쓰니께〕교주 같아〔가
     태〕〈SBS〉. 기쁜 우리 토요일. '95. 5. 6.〉
(33) 최선〔체선〕의 노력〈KBS1. 21시 뉴스. '95. 6.19.〉
(34) 매몰〔메몰〕현장〈KBS1. 심야 토론. '95. 7. 1.〉
(35) 재붕괴〔제붕괴〕〈KBS1. 심야 토론. '95. 7. 1.〉
(36) 재평가〔제평가〕〈KBS1. 심야 토론. '95. 7. 8.〉
(37) 보험 제도를 얻어 가지고〔가지구〕그런 것만 보더라도〔보
     더래도〕〈KBS1. 심야 토론. '95. 7. 1〉
(38) 같아요〔거태요〕〈KBS1. 심야 토론. '95. 7. 1.〉
(39) 같고요〔간꾸요〕〈KBS1. 심야 토론. '95. 7. 22.〉
(40) 증거〔징거〕〈KBS1. 심야 토론. '95. 7. 1.〉
(41) 기관〔기간〕〈KBS1. 21시 뉴스. '95. 9.11.〉
(42) 대관령〔대갈령〕〈KBS1. 21시 뉴스. '95. 9.11.〉

  또한 장음을 단음으로, 단음을 장음으로 잘못 발음하는 사례도
있다.

(43) 運轉者〔운전자〕〈SBS. 코미디 전망대. '95. 4. 4.〉
(44) 固定觀念〔고: 정관념〕〈 MBC.심리 분석 나. '95. 4.12.〉
(45) 擧論〔거론〕되고〈KBS1. 21시 뉴스. '95. 9.12.〉
(46) 防止〔방: 지〕차원〈KBS1. 심야 토론. '95. 7. 1.〉
(47) 視聽者〔시청자〕〈KBS1. 심야 토론. '95. 7.29.〉

  이와 같이 상당수의 방송 출연자들이 '표준 발음법(1988)'에 따
라 정확히 발음하지 못하는 것은 출연자들이 '표준 발음법'을 모르

거나, 초·중·고 각급 학교에서 발음 교육을 받지 않았거나, 국
어를 바르게 표현하려는 의식이 결여되어 있거나, 잘못 형성된 발
음 습관에서 기인한다.

　모든 방송 출연자가 발음을 정확히 할 수 있도록 하려면, 무엇
보다도 각급 학교에서 발음 교육을 철저히 하여야 한다. 특히 초
등 학교 1학년과 2학년 때 학생들에게 정확한 발음의 중요성을
인식시키고, 국어 음소의 발음 교육을 효과적으로 하여야 한다.
교사는 시각 보조 자료를 이용하여 조음법을 알기 쉽게 알려 주
고, 시범을 보인 뒤에 모든 학생이 정확히 발음할 수 있을 때까지
발음 훈련을 시킨다. 발음 훈련을 할 때 거울을 보면서 하도록 하
고, 발음한 것은 녹음하여 들어보고 잘못 발음한 것을 식별하여
정확히 발음할 때까지 연습시킨다. 교육부에서는 재직하고 있는
각급 학교 교사 중 발음을 정확히 하지 못하는 교사60)는 발음에
관한 재교육을 하여 정확히 발음할 수 있도록 하여야 한다. 그리
고 교사 양성 기관에서는 발음 교육을 철저히 하여야 한다. 또한
방송사의 프로그램 제작자(PD)는 전문 방송인이 발음을 부정확하
게 발음할 경우 주의를 주어야 하고, 주의를 주어도 정확하게 발
음하지 못할 경우에는 재교육을 시킨 뒤에 출연시켜야 한다.

18.2.2 단어의 사용

　방송 출연자의 언어 사용에서 가장 문제가 많은 부문은 단어의
사용면이다. 상당수의 출연자가 비표준어, 비어·속어, 유행어, 이
해하기 어려운 외래어·외국어·혼종어(混種語) 등을 사용하고 있
다. 이것은 방송위원회의 '방송심의에 관한 규정' 제59조61)에 위

---

60) 여기에서 '교사'는 모든 교과서를 뜻한다.
61) 방송위원외의 '방송 심의에 관한 규정' 제59조는 다음과 같다.
　　①방송은 바른 언어 생활을 해치는 억양·어조 및 비속어·은어·유
　　행어·조어·반말 등을 사용해서는 아니 되며, 사투리나 외국어 또
　　는 외래어를 사용할 때에는 국어 순화의 차원에서 신중하여야 한다.

배될 뿐만 아니라, 방송 언어의 속성인 순정성, 공식성, 공손성, 세련성 등이 결여된 언어를 구사하는 것이다.

방송 출연자 중에는 비표준어를 구사하는 이가 있다. 이것은 방송 언어의 공식성에 위배되는 것이다.

(1) 코디네이터는 코 딘 사람을 만져 주는 사람이예요. 〈KBS2. 슈퍼 선데이. '95. 3. 5.〉

(2) 아따, 누구여? 〈KBS2. 슈퍼 선데이. '95. 4. 2.〉

(3) 호랑말코 같은 놈은 와 이렇게 안 오는 거야?〈KBS2 슈퍼 선데이. '95. 4. 2.〉

(4) 주둥이접선을 하자구요. 〈KBS2. 슈퍼 선데이. '95. 4. 2.〉

(5) 좀도둑의 야그를 들려 드리겠습니다. 〈SBS. 코미디 전망대. '95. 4. 4.〉

(6) 앵겨보냐? 〈KBS2. 여러분 잠깐만. '95. 4.14.〉

(7) 엄니, 나 떨구 있어유. 〈SBS. 코미디 일요일은 있다. '95. 4.16.〉

(8) 이번 수상작이 워따 후지가 벼. 〈SBS. 코미디 일요일은 있다. '95. 4.16.〉

(9) 내가 여그 아니면 갈 데가 없는 줄 아냐? 〈KBS2. 톱스타 인생 극장. '95. 1.29.〉

(10) 이 자슥 놀새족이구만. 〈SBS. 웃으며 삽시다. '95. 4.22.〉

(11) 이 아새끼 에미나이새끼. 〈SBS. 웃으며 삽시다. '95. 5. 6.〉

(12) 아새끼들 따라오라우. 〈SBS.웃으며 삽시다. '95. 5. 6.〉

(13) 빨리 가랑께 뭐 하냐? 〈KBS2. 폭소 대작전. '95. 5. 5.〉

(14) 안 되예. 〈KBS2. 웃음은 행복을 싣고. '95. 5. 6.〉

(15) 나는 정말 밤이 무서버. 〈SBS. 기쁜 우리 토요일. '95. 5. 6.〉

(1)의 '딘', (2)의 '여', (7)의 '엄니', '있어유' 등은 충청도 방언이고, (3)의 '와', (14)의 '되예', (15)의 '무서버' 등은 경상도 방

---

②방송 언어는 원칙적으로 표준어를 사용하고, 특히 고정 진행자는 표준어를 사용하여야 하며 사투리를 사용하는 인물의 고정 유형을 조성하여서는 아니 된다.

언이다. (5)의 '야그', (6)의 '앵겨', '보냐', (8)의 '위따', (9)의 '여그', (13)의 '가랑께', '하냐' 등은 전라도 방언이다. 그리고, (4)의 '주둥이접선', (10)의 '자슥', '놀새족', (11)의 '아새끼', '에 미나이새끼', (12)의 '아새끼들', '따라오라우' 등은 평안도 방언이 다. 이와 같이 방송 출연자 중에는 경상도, 전라도, 충청도, 평안 도 방언 등을 구사하는 이가 있다. 비표준어를 사용하는 출연자가 많은 프로그램은 연예 오락 프로그램이다. 그들 중에는 극중인물 의 성격은 나타내기 위하여 비표준어인 지역 방언을 사용하기도 하지만, 일정한 목적 없이 자신의 고향 말을 거리낌없이 구사하는 경향이 있다. 방송사에서 후자와 같은 경우는 강력히 규제하여야 한다.

코미디, 쇼, 연속극 등과 같은 연예 오락 프로그램의 출연자 중 에는 비어나 속어를 사용하는 경우가 있다. 이것은 방송 언어의 공식성과 공손성의 원리에 위배된다. 비어와 속어를 사용해서 말 하면, 화자 자신이 하류 계층에 속함을 드러내는 것이고, 자신의 인격이 천박함을 나타내는 것이며, 상대방으로 하여금 불쾌감이나 모멸감을 느끼게 한다. 그 사례를 들어 보면 다음과 같다.

(1) 마누라한테 손 내밀어 봐요. 〈KBS2. 톱스타 인생극장. '95. 3. 2.〉
(2) 공부 못해서 짤렸어요. 〈KBS2. 슈퍼 선데이. '95. 3.26.〉
(4) 첫 대사를 씹으면 계속 씹어요. 〈MBC. 심리 분석 나. '95. 4.12.〉
(5) 미련 곰텡이 〈 KBS2. 여러분 잠깐만. '95. 4.14.〉
(6) 긴자에 걸치시지. 〈SBS. 코미디 일요일은 있다. '95. 4. 16.〉
(7) 니 놈들 사정 좀 봐 주면. 〈SBS. 코미디 일요일은 있다. '95. 4. 16.〉
(8) 원래 그렇게 푼수예요? 〈KBS2. 톱스타 인생 극장.'95. 1. 29.〉
(9) 난쟁이 똥자루… 〈KBS2. 웃음은 행복을 싣고. '95. 4. 19.〉
(10) 끝까지 개기는 애들 〈KBS2. 웃음은 행복을 싣고. '95. 4. 19.〉
(11) 요걸 가지구 날 꼬실려구? 〈SBS. 코미디 전망대. '95. 4. 4.〉

(12) 개뿔 뜯어 먹는 소리 하는구만. 〈SBS. 웃으며 삽시다. '95. 4.22.〉
(13) 요게 헤어지는데 쌀라쌀라네. 〈SBS. 웃으며 삽시다. '95. 5. 6.〉
(14) 이 짜식이 까불구 있어. 〈KBS2. 슈퍼 선데이. '95. 4. 2.〉
(15) 호랑말코 같은 놈은 와 이렇게 안 오는 거야? 〈KBS2. 슈퍼 선데이. '95. 4. 2.〉
(16) 멋대가리 없기는 정말 치… 〈KBS1. 바람은 불어도. '95. 7. 24.〉

위의 예문에서 보는 바와 같이 아무에게나 때와 장소를 고려하지 않고 비어와 속어를 거리낌없이 사용하는 것은 잘못된 언어 습관에서 기인한다. 이런 나쁜 습관이 들지 않도록 유아를 기르는 부모나 각급 학교 교육자들은 비속어(卑俗語) 사용의 나쁜 점을 자녀나 학생들에게 일깨워 주어야 한다. 그리하여 어려서부터 비속어를 사용하지 않도록 하여야 한다. 방송 출연자들은 비록 친숙한 사이라고 하더라도 방송에 출연해서는 품위 있는 말로 대화를 나누어야 한다. 방송사에서는 비속어를 섞어 말하는 출연자는 방송에 출연시키지 말아야 한다.

방송 출연자 중에는 이해하기 쉬운 고유어(固有語)나 한자어 대신에 난해한 영어 계통의 외래어를 남용하는 이가 있다. 이것은 방송 언어의 순정성과 용이성을 깨뜨리는 것으로 '방송위원회'의 '방송 심의에 관한 규정' 제59조 ①에 위배되는 것이다. 다음 예에서 보듯이 방송 출연자들이 사용하는 외래어를 품사별로 살펴보면 명사가 가장 많다. 그것은 품사 중에서 명사를 차용하기가 가장 쉽기 때문이다.

(1) 땐쓰 트로이카 무대였습니다. 〈KBS2. 톱스타 인생 극장 '95. 1.29.〉
(2) 그런 케이스를 볼 수 있어요. 〈MBC. 심리 분석 나. '95. 4. 12〉
(3) 오늘 스테이지를 마치겠습니다. 〈KBS2. 웃음은 행복을 싣고. '95. 4. 19.〉

(4) 와이프가 잠을 안 자고 기다리고 있더라구요. 〈KBS1. 아침 마당. '95. 8. 85.〉

(5) 계속 트라이를 하시면 자기 체격에 맞게 좋은 멋장이가 될 수 있습니다. 〈KBS1. 아침 마당. '95. 8. 5.〉

(6) 그 땅 속엔 무슨 레스토랑이라도 있는 줄 아냐? 〈KBS2. 요술망아지 브링크. '95. 8. 21.〉

(7) 이건 오디션이잖아요? 〈KBS2. 컴퓨터 용사 가디언. '95. 8. 22.〉

(8) 프라스 마이나스해서… 〈KBS1. 심야 토론. '95. 7. 1.〉

(9) 리스크 표가 나와요. 〈KBS1. 심야 토론. '95. 7. 1.〉

(10) 의식과 가치관도 문제가 있지만 하드웨어도 문제가 있습니다. 〈KBS1. 심야 토론. '95. 8. 19.〉

(11) 리더로서 역할을 하고 있느냐… 〈KBS1. 심야 토론. '95. 8. 19.〉

(12) 경쟁 룰이 다릅니다. 〈KBS1. 심야 토론. '95. 8. 19.〉

(13) 막강한 카리스마가 사라진… 〈KBS1. 심야 토론. '95. 7. 8.〉

(14) 레프리가 보지 않는… 이런 생각을 가져 봤습니다. 〈KBS1. 심야 토론. '95. 7. 22.〉

(15) 사회의 에너지를 모아서… 〈KBS1. 심야 토론. '95. 8. 19.〉

고유어나 이해하기 쉬운 한자어 대신에 외래어를 거리낌없이 사용하는 사람들은 연예 오락 프로그램을 진행하는 사람이나, 이 프로그램에 출연하는 연예인이다. 그린고 사회의 여러 분야에서 전문가로 활동하고 있는 지식인이다. 이들은 일반 국민에게 직접적으로 혹은 간접적으로 영향을 끼치는 사람들이라는 데 문제가 있다. 특히 예문 (6)과 (7)은 어린이 만화 영화에서 발췌한 것인데 일부 어린이가 이해하기 어려운 외래어 '레스토랑'. '오디션' 등을 사용하고 있다. 어린이가 즐겨 보는 만화 영화는 어린이의 의식 형성과 언어 습득에 매우 많이 영향을 끼친다. 문화와 언어에 대한 판단력이 결여되어 있는 어린이가 즐겨 시청하는 만화 영화를 외국에서 수입하여 방영하는 것도 문제이고 사용 빈도수가 높은 고유어나 한자어로 표현하면 더 많은 어린이들이 이해할 수 있는 단어 대신에 굳이 이해하기 어려운 인구어(印歐語) 계통의 외래어를 사용함으로써 시청하는 어린이가 작중 인물의 대사를 이해하지 못하게 하고, 은연중에 사대주의를 가지게 하는 것도 문제이다. 난해한 외래어를 사용해서 말하면 일부 시청자가 이해하지 못하므로, 텔레비전 방송 출연자는 가급적 모든 사람이 이해하기 쉬운 단어를 선택해서 사용하여야 한다.

방송 출연자의 언어 사용상 심각한 문제 중의 하나는 부끄럼 없이 우리말에 외국어를 섞어 말한다는 점이다. 이것은 방송 언어의 순정성과 용이성의 원리에 위배된다. 또한 이것은 의사 소통에 지장을 줄 뿐만 아니라 주체성이 없는 언어 생활을 조장하는 역기능도 하므로 매우 심각한 문제이다. 우리말에 외국어를 섞어 말하는 이는 대개 언어를 의사 소통의 도구로 인식하고 있지 않고, 언어를 현학적인 도구로 잘못 인식하고 있다. 그런 사람은 위세적(威勢的)인 욕구가 강한 사람이다. 다른 사람이 자신의 말을 어떻게 이해하든 상관하지 않고 자신이 외국어를 알고 있음을 뽐내려는 의식이 강하다. 이러한 사람이 많은 것은 우리 나라 사람들 가운데 상당수가 사대주의를 지니고 있기 때문이기도 하다.

출연자가 주로 사용하는 외국어는 영어이다. 간혹 프랑스어를 사용하기도 한다. 다음의 보기 가운데 (5)에는 프랑스어가 쓰였는데, 그 나머지에는 영어가 쓰였다.

(1) Yes, sir. 〈KBS. 슈퍼 선데이. '95. 3. 5.〉
(2) What´s your name? 〈MBC. 젊음의 여섯 마당. '95. 4. 2.〉
(3) His name is Kim Jin-su. 〈MBC. 젊음의 여섯 마당. '95. 4. 2.〉
(4) 나는 power man이다. 〈KBS2. 톱스타 인생극장. '95. 1. 29.〉
(5) 눈물 펑 콧물 펑 펑퍼르펑 mademoiselle[62]. 〈KBS2. 슈퍼

선테이. '95. 4. 2.〉

(6) yes라고만 대답합니다. 〈MBC. 코미디 채널 6000. '95. 4.22.〉

(7) Sit down please. 〈SBS. 기쁜 우리 토요일 '95. 5. 6.〉

(8) Shut up. 〈SBS. 기쁜 우리 토요일 '95. 5. 6.〉

(9) 제 wife입니다. 〈SBS. 연예가 화제. '95. 5.11.〉

(10) turn 한 번 보여 주세요. 〈MBC. '95 미스 코리아 전야제. '95. 5. 12.〉

(11) 오 honey, 여전히 예뻐. 〈KBS2. 여러분 잠깐만. '95. 4.14.〉

(12) one more time. 〈KBS2. 웃음은 행복을 싣고. '95. 4.19.〉

(13) 죽느냐 사느냐 이것이 문제로다. It's a problem. 〈MBC. 젊음의 여섯 마당. '95. 4. 2.〉

(14) military 의상이죠. 〈KBS1. 아침 마당. '95. 8. 5.〉

(15) my 손자야, 모르는 일이 있으면 anytime 뭐든지 이 할애비한테 물어 봐야요. 〈KBS2. 웃음은 행복을 싣고. '95. 5.31.〉

(16) 여러 가지 rumour와 같은 얘기가 전해 옵니다만… 〈KBS1. 심야 토론. '95. 7. 8.〉

(17) 급냉을 시키려면 그런 dusting phenomenon을 방지할 수 있습니다.〈KBS1. '95. 7. 1.〉

(18) 설계 변경하면 cost up되고…〈KBS1. 심야 토론. '95. 7. 1.〉

(19) 저는 거기에 대한 information이 없습니다. 〈KBS1. 심야 토론. '95. 7. 1.〉

(20) …count down 완전히 초 읽기에 들어갔더군요. 〈KBS1. 심야 토론. '95. 7. 8.〉

(21) 기업에서 technology를 사 올 수 있고… 〈KBS1. 심야 토론. '95. 8.19.〉

(22) 새로운 job이 주어지면… 〈KBS1. 심야 토론. '95. 8.19.〉

---

62) 일부 사전에서는 'mademoiselle'를 외래어로 간주하고 있으나, 여기에서는 외국어로 처리하기로 한다.

(23) force가 아니라 power가 아니라 〈KBS1. 심야 토론. '95. 8.19.〉
(24) 아직 set up이 안 됐고 〈KBS1. 심야 토론. '95. 8.19.〉
(25) 뒤에서 support해 주는… 〈KBS1. 심야 토론. '95. 8.19.〉
(26) 과학 기술처의 role을 다루지 않고… 〈KBS1. 심야 토론. '95. 8.19.〉
(27) Korean dream을 찾아오는데… 〈KBS1. 심야 토론. '95. 8.19.〉
(28) 화면 가득히 제 hip가 나오는 거예요. 〈KBS1. 아침 마당. '95. 8. 9.〉

　방송 출연자 중에도 인기 있는 연예인이나 지식인들 중에서 외국어를 사용하는 이가 많다. 위의 예문 중 (1), (2), (3), (7), (8) 등은 말 전체가 외국어로 구성되어 있다. 조선시대에 지식인들이 한문으로만 사상과 감정을 표현한 것과 같다. 이것은 외국언어의 단어를 우리말에 섞어 말하는 것보다 더욱 심각한 문제이다. 오래 전부터 중국에서 차용한 단어를 사용해 온 탓으로 오늘날 국어 어휘 중 한자어가 과반수 이상을 차지하고 있다. 이러한 사실을 통해 볼 때 오늘날과 같이 영어를 국어보다 더 즐겨 쓰면, 얼마 후에는 영어 계통의 외래어가 국어 어휘 중 50% 이상을 차지하게 될 것이다.
　방송에 출연하여 우리말로 말해도 충분히 의미를 전달할 수 있음에도 불구하고 외국어를 사용하는 것이 허용된다는 것은 우리 사회가 병들어 있음을 뒷받침하는 것이다. 또한 이것은 국어 정책의 부재를 뜻하고, 국어 교육이 제대로 이루어지고 있지 않음을 입증하는 것이다. 외국어로 말하면 그 외국어를 모르는 시청자는 그 말의 의미를 이해할 리가 없다. 방송 출연자는 이 점을 명심하여 외국어를 사용하지 않아야 한다. 국어를 지도하는 각급 학교의 교사는 우리말에 외국어를 섞어 말하는 행위는 주체성이 결여되고 경박한 것임을 학생들에게 철저하게 주지시켜 대상과 상황을 무시하고 외국어를 남용하지 않도록 하여야 한다. 방송사에서는 외국어를 남용하는 사람을 방송에 출연시키지 아니하여야 한다.

방송 출연자 중 연예 오락 프로그램에 출연하는 이들이 혼종어 (hybrid)를 많이 사용한다. 그들은 혼종어 가운데 고유어와 영어가 결합하여 이루어진 것을 주로 사용한다.

(1) 숏다리…〈MBC. 젊음의 여섯 마당. '95. 4. 2.〉
(2) 오성식 씨는 유머러스하구 재치있어요. 〈MBC. 젊음의 여섯 마당. '95. 4. 2.〉
(3) 썰렁맨예요. 〈KBS2. 슈퍼 선데이. '95. 3. 5.〉
(4) 로맨틱해. 〈SBS. 웃으며 삽시다. '95. 4.22.〉
(5) 환타직했어요. 〈SBS. 기쁜 우리 토요일. '95. 5. 6.〉
(6) 신성일 씨의 연기를 마스터한 것 아니겠어요? 〈SBS. 기쁜 우리 토요일. '95. 5. 6.〉
(7) 역시 별명이 개폼이예요. 〈SBS. 기쁜 우리 토요일. '95. 5. 6.〉
(8) 춤이 쇼킹해야 해. 〈SBS. 기쁜 우리 토요일. '95. 5. 6.〉

현대 국어 어휘 중에는 '공부하다. 복잡하다. 단순하다, 난해하다, 용이하다' 등과 같은 "한자어 + 고유어 '하다'"류 단어가 매우 많다. 이것은 기원전 2~3세기경부터 중국 문화를 수용·향유하는 과정에서 생성된 것이다. 그런데 8·15 광복 이후 오늘날에 이르기까지 우리 나라는 미국 문화의 영향을 지대하게 받아온 결과 국어 어휘 중에는 (2)의 '유머러스하다', (4)의 '로맨틱하다', (5)의 '환타직하다', (6)의 '마스터하다', (8)의 '쇼킹하다' 등과 같은 "영어 + 고유어 '하다'류 어휘가 날로 증가하고 있다. 혼종어의 생성은 국어 어휘를 풍부하게 하는 순기능도 하지만, 혼종어의 남용도 외국어의 남용과 같이 국어의 순수성을 해치는 역기능도 한다. 방송 출연자는 기존 어휘로 표현할 수 있는 것마저 새로운 혼종어를 만들어 사용하지 않아야 한다. 각급 학교에서는 국어 순화 교육을 통해 학생이 혼종어를 남용하지 않도록 하여야 한다.

　방송 출연자 중에는 유행어를 사용하여 말하는 이가 있다. 이들은 대부분 연예 오락 프로그램에 출연하는 사람들이다. 그들은 시청자한테서 인기를 얻기 위해서 유행어를 의도적으로 사용하는 경향이 농후하다. 방송에 출연하여 유행어를 사용하는 것도 '방송 심의에 관한 규정' 제59조 ①에 위배된다.

(1) 믿는 것이 최선의 길이다. 앗사라비아! 〈MBC. 젊음의 여섯 마 당. '95. 4. 2.〉
(2) 숏다리… 〈MBC. 젊음의 여섯 마당. '95. 4. 2.〉
(3) 아쭈구리! 〈MBC. 일요일 일요일 밤에. '95. 4.16.〉
(4) 너무 썰렁해. 〈MBC. 코미디 채널 6000. '95. 4.22.〉
(5) 저는 원조 튀는 여자, 오리지날 튀는 여자 이런 걸 붙이게 돼 요. 〈KBS1. 아침 마당. '95. 8. 9.〉

　유행어도 국어를 오염시키는 기능을 하므로 방송 출연자는 방송에 출연하여 유행어를 남용해서는 안 된다. 또한 각급 학교에서도 학생에게 공식적인 자리에서 유행어를 남용하지 않도록 지도하여야 한다.
　이상의 고찰을 통해 볼 때 우리 나라의 텔레비전 출연자 중 상당수가 단어를 효과적으로 선택하여 사용할 수 있는 능력이 결여되어 있음을 알 수 있다. 그 요인은 각급 학교에서 학생의 어휘력 신장을 위한 교육을 소홀히 하는 데 있다. 교육부는 성장 발달 단계에 따라 학생들의 능동적 어휘(active vocabulary)와 수동적 어휘(passive vocabulary)의 실태를 조사하여(Hammerly, 1982), 이것을 기초 자료로 삼아 국어 교재를 개발하여야 한다. 각급 학교에서는 여러 가지 어휘 지도법 — 연상법, 어휘 놀이법, 바꿔쓰기법, 단문 짓기 — 을 활용하여 지도하여야 한다. 한자어와 외래어는 어원 지도를 병용한다. 특히 새로운 한자어는 구성 한자의 음과 훈을 익힌 뒤에 각 한자와 결합하여 이루어진 여러 한자어를 함께 익히도록 한다. 예를 들면 한자어인 '大海(대해)'의 경우 우선 이 단어의 음이 '대해'이고, '大(대)'의 훈은 '크다'이며, '海(해)'의 훈은 '바다'임을 익히게 한 뒤에 '대' 자와 결합해서 이루어진 단어 중 사용 빈도수가 높은 한자어 '大義(대의), 大人(대인), 大學(대학) ; 廣大(광대), 莫大(막대), 最大(최대)' 등과 '海'자와 결합해서 이루어진 한자어 '海運(해운), 海難(해난), 海面(해면) ; 近海(근해), 深海(심해), 航海(항해)' 등을 함께 익히도록 한다. 또한 이와 같은 한자어의 동음이의어도 익히게 한다. 그리고 유사어와 상대어, 상의어와 하의어 등도 익히도록 한다. 교사는 학생에게 비속어와 외국어를 사용해서는 안 되는 이유를 의사 소통과 관련지어 지도한다. 또한 혼종어와 유행어를 공식적인 자리에서 남용하지 않아야 하는 이유를 학생에게 인식시킨다. 이러한 것을 지도할 적에는 상황을 구체적으로 제시하고, 다양한 실례를 들어 학생이 스스로 깨닫도록 하여야 한다.

　방송 출연자는 상황, 목적, 대상 등을 고려하여 최적의 단어를 선택하여 사용하기 위하여 노력하여야 한다. 그리고 방송사에서는 단어 사용에 문제가 있는 출연자에게 주의를 주어도 시정을 하지 않으면 재교육을 한 뒤에 출연시키거나, 그래도 시정이 안 되면 출연을 금지시켜야 한다.

18.2.3 문장의 사용

　방송 출연자 중에는 어법에 어긋나는 문장을 구사하거나, 이해하기 어려울 정도로 긴 문장을 사용하는 이가 있다.

　어법에 어긋난 말은 방송 언어의 세련성의 원리에 위배된 것이다. 이런 말로는 일정한 의미를 정확히 표현할 수가 없는 법이다. 그 보기를 들어 보면 다음과 같다.

(1) 홍 씨는 저런 푼수가 없는데. 〈KBS2. 톱스타 인생 극장. '95. 1.29.〉

(2) 웨이터 아저씨, 주문 받아 주세요. 〈KBS2. 웃음은 행복을 싣고. '95. 4.19.〉

(3) 제가 너보다 선밴데. 〈MBC. 코미디 채널 6000. '95. 4.22.〉

(4) 젊은 층 마인드로 가 줘야 하거든요. 〈KBS1. 아침 마당. '95. 8. 5.〉

(5) 이러한 일이 앞으로 일어나지 않을 수 있도록 대책을 강구해 보는 그런 프로를 마련해 보았습니다. 〈KBS1. 심야 토론. '95. 7. 1.〉

(6) 여러 가지 의문점 궁금한 것을 시청자 우리 국민이 가지고 있습니다. 〈KBS1. 심야 토론. '95. 7. 8.〉

(7) 루머와 같은 얘기가 전해 옵니다만… 〈KBS1. 심야 토론. '95. 7. 8.〉

(8) 짧은 지식으로 말씀을 들어보면… 〈KBS1. 심야 토론. '95. 8.19.〉

(9) 말씀이 계셨지만…〈KBS1. 심야 토론. '95. 8.19.〉

(10) 그런 취약점을 가지고 있습니다. 〈KBS1. 심야 토론. '95. 7. 1.〉

(11) 녀석들이 다 도망쳤다. 〈KBS2.요술망아지 브링크. '95. 8.21.〉

(12) 심술 솜씨가 뛰어난 단짝이군. 〈KBS2.요술망아지 브링크. '95. 8.21.〉

(13) 만약 그녀가 명령에 불복종하는 일이 일어나면 그 즉시 삭제해 버려라. 〈KBS2. 컴퓨터 용사 가디언. '95. 8.21.〉

(14) 6·29 선언이 바로 터지는 바로 그 시간이 제 시간이어서… 〈KBS1. 아침 마당. '95. 8. 9.〉

(15) 지금 방금 전에 정 교수님이 말씀하신… 〈KBS1. 심야 토론. '95. 7. 1.〉

(16) 정도의 차이는 있지만 이 같은 추세는 거의 모든 은행에 마찬가지여서… 〈KBS1. 21시 뉴스. '95. 9.11.〉

(17) 검찰은 그러나 경찰이 신청한 영장을 기각시켰습니다. 〈SBS. 20시 뉴스. '95. 9.18.〉

(18) 아주 위기 관리 능력에 대한 좋은 예시를 해 주셨는데… 〈KBS1. 심야 토론. '95. 7. 8.〉

　예문 (1)은 문장 성분 간에 호응이 되지 않는 비문이다. 그리고 (1)은 방송에 출연하여 상대방을 높여서 말하지 않고 반말로 속되게 말했다는 점도 심각한 문제이다. (3)과 (9)는 대우법에 어긋나게 표현하였기 때문에 어색한 말이 되었다. (3)은 "내가 너보다 선밴데." 혹은 "내가 당신보다 선밴데."로, (9)는 '말씀하셨지만'으로 바꿔야 자연스러운 우리말이 된다. (4), (6), (7), (10), (12), (13), (14) 등은 영어 번역투로, 어법에 어긋난 말이다. 이것들을 어법에 맞는 우리말로 바꿔 보면 다음과 같다.

(4)′ 젊은 사람들이 좋아하는 쪽으로 가 줘야 하거든요.
(6)′ 우리 국민이 여러 가지에 대하여 궁금해하고 있습니다.
(7)′ 여러 소문이 있습니다만…
(10)′ 그런 취약점이 있습니다.
(12)′ 심술을 잘 부리는 단짝이군.
(13)′ 만약 그녀가 명령에 불복종하면 그 즉시 죽여 버려라.
(14)′ 6·29 선언을 막 하려는 그 시간이 제가 방송하는 시간이어서…

　(2), (5), (8), (15) 등은 단어를 잘못 선택해서 사용하였기 때문에 어법에 어긋난 말이 되었다. 이것들을 어법에 맞게 바꾸어 보면 다음과 같다.

(2)′ 웨이터 아저씨, 주문받으세요.
(5)′ 이러한 일이 앞으로 일어나지 않도록 대책을 강구해 보는
　　　프로를 마련했습니다.
(8)′ 얕은 지식으로 말씀을 들어 보면…
(15)′ 방금 정 교수님께서 말씀하신…

　(11)의 '녀석'은 의존 명사이므로, 그 앞에 수식어가 놓여야 하

는데 그것을 생략하여 말하였기 때문에 (11)이 어법에 어긋난 말이 되었다. (16)은 격조사를 잘못 사용하여 어색한 문장이 되었다. '은행에'를 '은행이'라고 표현해야 어법에 맞는 말이 된다. (17)은 '기각시켰습니다'를 '기각했습니다'로 바꿔서 표현해야 어법에 맞는 말이 된다. 예문 (18)은 국어 어순 규칙에 따라 단어를 배열하지 않았기 때문에 어색한 문장이 되었다. 이것은 문두에 있는 '아주'를 이것의 피수식어인 '좋은'의 바로 앞에 놓아야 예문 (18)이 자연스러운 문장이 된다.

또한 문장 구조가 복잡하고, 이해하기 어려운 장문을 사용하는 사례도 있다.

(19) 아주 위기 관리 능력에 대한 좋은 예시를 해 주셨는데 우리가 왜 이렇게 몰랐는가 하면 김일성이 한번밖에 죽어 봤기 때문에 전에도 죽었으면요 다음 번에는 잘 할 수 있을 텐데 처음 당하는 일이기 때문에 이건지 저건지 갈피를 못 잡는 그런 게 있는데 엊그제부터 사망 1주기를 맞이하면서 전야제니 뭐니 해 가지고 김정일도 호칭도 달라지면서 곧 승계가 되는 것 같은 일련의 준비가 착실히 되고 있는 것 같은 언론 보도도 들었습니다만 김정일의 주석직 승계가 언제쯤 될 것인지 여러 말이 무성하고 있는데 그 얘기와 함께 그 안의 변화 조짐이라 할까 밑의 주민이 불만을 가지고 뭐 좀 반항하는 것은 없는지 김구섭 박사께서 어떻게 보십니까?〈KBS1. 심야 토론.'95. 7. 8.〉

(20) 그 때 이제 느낌이 물론 그것이 어 그 때 나이도 젊었고 그리고 뭐 또 미국에서 학위를 해 왔다니까 뭐 좀 건방진 생각이 좀 있었고 그랬는지 모르지만 그 때 생각에 일제 시대 때 소위 제국대학 제국 대학 속에 대학을 한 일본에 몇 있지 않습니까?〈KBS1. 심야 토론. '95. 8.19.〉

예문 (19)는 변호사이며, '심야 토론' 프로그램의 사회자인 유 모 씨가 한 말이다. 이것은 무려 253 음절이나 된다. 예문 (20)은 고려대 물리학과 명예 교수인 김 모 씨의 말이다. 이것도 94 음절이나 된다. 누구나 쉽게 이해할 수 있는 문장의 길이는 50 음절 이내이다. 예문 (19)와 (20)과 같이 장문으로 말하면 대학 이상을 졸업한 지식인이라고 하더라도 청해(聽解)하기가 어렵다. 더구나 이 두 문장은 비문법적인 문장이기 때문에 시청자가 그 의미를 이해할 수가 없다. (19), (20)과 같이 말하면 화자의 본의가 아니더라도 토론에 참석한 사람이나 시청자를 경시하게 되는 결과를 초래한다. 방송 출연자 중에서 이와 같이 난해한 문장을 구사하는 이는 대개 지적 수준이 높은 사람이다. 우리 나라의 지식인 중에 상당수는 언어를 의사 소통의 도구로 인식하기보다 현학적인 도구로 잘못 인식하고 상대방의 지적 수준을 고려하지 않고 사용하는 경향이 농후하다. 무엇보다도 언어를 현학적인 수단으로 사용하는 지식인은 하루바삐 언어의 본질을 정확히 파악하고, 언어를 효과적인 의사 소통의 도구로 사용하여야 한다.

어법에 어긋난 말은 엄밀한 의미에서 말이 아니다. 비문법적인 말을 무의식중에 하는 방송 출연자는 자신의 잘못 형성된 언어 습관을 분명히 인식하고, 언어 구사 능력을 갖추기 위하여 힘써야 한다. 특히 전문 방송 출연자는 어법에 맞는 말과 모든 시청자가 이해하기 쉬운, 50 음절 이내의 문장을 구사할 수 있도록 평소에 끊임없이 노력하여야 한다. 또한 각급 학교에서 국어를 가르치는 교사는 어법에 어긋난, 여러 실례를 들어 학생들에게 어법에 어긋난 말을 하면 의미를 정확히 전달하지 못한다는 사실을 인식시키고, 일상 언어 생활을 할 적에 어법에 맞는 말을 할 수 있도록 철저히 지도하여야 한다. 그리고 학생에게 말의 제1차적인 존재 의의가 화자와 청자 사이에 의사 소통이 효과적으로 이루어지게 하는 도구로 사용되는 데 있다는 사실을 인식시켜서 언어를 현학적인 도구로 악용하지 않도록 하여야 한다. 방송사에서는 전문 방송인 중에서 어법에 어긋나고, 시청자가 이해하기 어려운 50 음절 이상의 문장을 구사하는 이에게 문장 사용 교육을 하고, 그래도 시정이 안 되면 방송 출연을 금지시켜야 한다.

18.2.4. 화용(話用)

방송 출연자의 언어를 화용면에서 살펴보면 방송 언어의 속성인 '공식성, 공손성, 공정성'을 깨뜨리는 사례가 많다.

다음의 보기는 선정적인 표현으로 공식성의 원리에 위배되는 것이다.

(1) 한 대 더 때리고 껴안아 줘.〈KBS2. 슈퍼 선데이. '95. 3. 5.〉
(2) 키스할 때 어떤 느낌이었죠?〈KBS2. 슈퍼 선데이. '95. 3. 5.〉
(3) 누워 봐, 아이는 아직 초저녁인데.〈SBS. 코미디 전망대. '95. 4. 4.〉
(4) 낭자 이따 자시에 물레 방앗간에서 만납시다.〈SBS. 코미디 전망대. '95. 4. 4.〉
(5) 당신의 숨결 입맞춰요.〈SBS. 웃으며 삽시다. '95. 4.22.〉

다음 사례는 상대방의 인격이나 품위를 손상시키고, 능력을 무시하여 상대방으로 하여금 불쾌감이나 모멸감을 느끼게 하는 것이다. 이것은 공손성과 공정성을 깨뜨리는 언어이다.

(1) 김건모 씨는 하도 시꺼머서…〈KBS2. 슈퍼 선데이. '95. 3. 5.〉
(2) 사람은 사람을 좋아한다.〈KBS2. 슈퍼 선데이. '95. 3. 5.〉
(3) 월세 사는 주제에 무슨 돈?〈KBS2. 슈퍼 선데이. '95. 3.26.〉
(4) 무식한 놈이 힘이 쎄.〈MBC. 젊음의 여섯 마당. '95. 4. 2.〉
(5) 저 여자 다리 봐. 죽었구나.〈MBC. 젊음의 여섯 마당. '95. 4. 2.〉
(6) 가소로운 것들, 이쁜 것은 알아 가지구.〈KBS2.슈퍼 선데

이. '95. 4. 2.〉

(7) 너는 내 여자니까. 〈KBS2. 슈퍼 선데이. '95. 4. 2.〉

(9) 이렇게 증거가 있어. 불 거야? 〈SBS. 코미디 전망대. '95. 4. 4.〉

(10) 주제 파악 좀 해. 〈SBS. 코미디 전망대. '95. 4. 4.〉

(11) 사랑, 좋아하구 있네. 내 신세 망칠 일 있어. 〈SBS. 코미디 전망대. '95. 4. 4.〉

(12) 아니, 저 자식이. 〈SBS. 코미디 전망대. '95. 4. 4.〉

(13) 물사마귀 같은 놈아! 〈KBS2. 여러분 잠깐만. '95. 4.14〉

(14) 완전 찢어지는 게 아니구나! 〈KBS2. 톱스타 인생 극장. '95. 1. 29.〉

(15) 원래 그렇게 푼스예요? 〈KBS2. 톱스타 인생 극장. '95. 1. 29.〉

(16) 한 마디로 철딱서니 없어요. 〈MBC. '95. 4.22.〉

(17) 이쪽은 코가 완전히 없어지네요. 〈MBC. 코미디 채널 6000. '95. 4.22.〉

(18) 환국아, 내 머리 깎아라. 〈KBS2. '95. 5. 5.〉

(19) 고맙습니다. 환국 선상 짜식아! 〈KBS2. 폭소 대작전 '95. 5. 5.〉

(20) 고만해요, 고만해. 〈MBC. 세상 엿보기. '95. 4.21.〉

(21) 언니 좋아하네. 〈SBS. 기쁜 우리 토요일. '95. 5. 6.〉

(22) 의류 쪽 보다는 축산업 쪽이 나은 것 같아요. 〈KBS1. 아침 마당. '95. 8. 5.〉

(23) 정은아 씨가 관찰력이 없어요. 〈KBS1. 아침 마당. '95. 8. 5.〉

(1)과 (14)는 인터뷰 과정에서 고교 3학년에 재학중인 연하의 출연자가 연상의 출연자에게 무례하게 한 말이다. 이 말을 한 화자는 무례한 말을 하고도 당황해하지 않았다. 이것은 가정이나 각급 학교의 국어 교육에서 언어 예절에 관한 교육이 철저히 이루어지고 있지 않음을 뒷받침하는 것이다. (1), (5), (17), (22) 등은 상대방의 신체적·정신적 결함을 꼬집어 한 말이다. (2)는 "아무개는 너무 뚱뚱해서 사람이 아니기 때문에 싫어한다."라는 뜻을

나타내는 말이다. 이것은 상대방의 인격을 무시한 말이다. (8)과 (12)는 욕설이다. 그리고 (12)는 여성 출연자가 남성 출연자에게 한말이다. Chamber & Trudgill(1980 : 98)에서는 여성은 남성보다 바르고, 신중하며, 조용하고, 예의바른 언어를 구사한다고 한다.63) 그런데 오늘날 우리 나라의 여성들은 여성 본래의 아름다운 특성을 망각한 채 천박하고 품위 없는 언어를 구사하는 이들이 날로 증가하고 있다. 하루바삐 가정과 학교에서는 자녀나 학생들에게 언어 예절 교육을 철저히 시켜야 한다. (17)은 진행자가 코가 낮은 출연자에게 한 말이다. 그리고 (18)과 (19)는 제자역을 맡은 사람이 스승역을 맡은 사람에게 한 말이다. 아무리 쇼나 코미디 프로그램이라고 하더라도 상대방의 품위를 손상시키거나 인격을 모독하는 말을 해서는 안 된다. 연예인은 품위가 있는 유머나 재치 있는 말로 시청자를 웃기도록 하여야 한다. (19)와 (20)은 대우법(待遇法)의 연속 규칙을 무시한 말이다. 이렇게 말하는 것은 무례할 뿐만 아니라 상대방이 불쾌하게 생각하는 말이기도 하다. (23)은 동료 진행자의 관찰력이 결여되어 있음을 뜻하는 말이다. 이것도 방송 언어로서 부적절한 말이다.

앞에서 살펴본 바와 같이 우리 나라의 텔레비전 출연자 중에는

---

63) Chamber & Trudgill(1980 : 98)에서는 남성어와 여성어가 다른 요인으로 다음과 같이 네 가지를 들고 있다.
  (1) 여성은 그들이 하고 있는 일보다 외모나 행위(언어적 행위 포함)로 사회적 지위를 나타내려고 한다.
  (2) 여성은 남성보다 형식적인 상황에 처해 있는 자신을 인식하는 데 더 익숙해 있다. 그래서 격식적인 구어를 사용한다.
  (3) 아동의 사회화에 관한, 여성의 전통적인 구실은 여성으로 하여금 더욱 공인된 행동의 규범에 민감해지도록 한다.
  (4) 사람들은 남성이 거칠게 행동하고, 규칙을 위반하는 것을 여성이 그렇게 하는 것보다 호의적으로 간주한다. 그러나 여성은 사회로부터 남성보다 훨씬 더 바르고, 겸손하며, 조용하고, 공손하게 행동하도록 강요를 받는다. 그래서 여성은 '올바른' 언어를 사용하는 데 대한 압박감이 남성보다 더 크다.

선정적이고 퇴폐적이거나 무례하고 저속한 언어를 거리낌없이 구사하는 이가 있다. 방송 출연자는 이러한 언어를 구사하면 시청자에게 정서적으로 악영향을 끼친다는 사실을 유념하여 언어 선택 사용에 신중을 기하여야 한다. 또한 각급 학교의 국어 교사는 학생에게 이러한 말을 하면 화자의 인격이 형편없음을 스스로 드러내는 것이고, 상대방 역시 그렇게 인식할 뿐만 아니라 불쾌감, 모멸감, 혐오감 등을 가지게 된다는 사실을 주지시켜 품위가 있고 예의바른 언어를 사용하도록 실례를 들어 밀도 있게 지도를 하여야 한다. 그리고 방송사의 제작자는 퇴폐적이고 저속하며 무례한 언어를 구사하는 이를 방송에 출연시켜서는 안 된다.

18.2.5. 몸말과 사물 언어의 사용

몸말과 사물 언어도 의사 소통에서 매우 중요한 구실을 한다. 그런데 텔레비전에 출연하는 사람들 중에는 방송 위원회의 '방송 심의에 관한 규정' 제33조, 제34조, 제49조 등에 위배되는 몸말이나 사물 언어를 구사하는 이가 많다. 특히 연예 오락 프로그램에 출연하는 사람들의 몸말과 사물 언어 사용에 문제가 가장 많이 있는 실정이다.

어떤 말을 할 때마다 동일한 손짓을 반복해서 하거나, 선정적인 몸짓을 하는 사례가 있다. 남성 개그맨이 여장을 하고 연기를 함으로써 극적인 효과보다는 혐오감을 더욱 자아내는 사례도 있다. 그리고 뚜렷한 목적 없이 서양인으로 분장하여 연기하는 경우도 있다. 이것들의 구체적인 예를 들어보면 다음과 같다.

(1) 여성 출연자가 '예쁘게'라는 말을 할 때마다 오른 손짓을 함.
   〈MBC. 심리 분석나. '95. 4.12.〉
(2) 두 여성 출연자가 남성 출연자의 뺨을 세차게 때림. 〈KBS2. 웃음은 행복을 싣고. '95. 4.19.〉

(3) (남성 개그맨이 여장을 하고) "너희들은 나쁜 계집애들이야" 라고 말함. 〈KBS2. 웃음은 행복을 싣고. '95. 4.19.〉

(4) (남성 개그맨이 여장을 하고) "그게 아니구 말뚝박기예요."라 고 말함. 〈KBS2. 폭소 대작전. '95. 5. 5.〉

(5) 신혼 여행 첫날밤 신부가 목욕하는 동안 신랑이 혼자서 신부 를 안고 정열적으로 키스하는 모습을 연기함. 〈SBS. 기쁜 우 리 토요일. '95. 5. 6.〉

(6) 피로연에서 신혼 부부가 가슴을 맞대고 풍선을 터뜨림. 〈SBS. 웃으며 삽시다. '95. 5. 6.〉

(7) 치과에서 어린이가 고통스런 표정으로 이 치료를 받음. 〈SBS. 웃으며 삽시다. '95. 5. 6.〉

(8) 피로연에서 신랑이 신부의 구두에 부은 맥주를 마심. 〈SBS. 웃 으며 삽시다. '95. 5. 6.〉

(1)의 몸말은 화자의 의미 전달에 지장을 초래하는 역기능을 하 며, (2), (3), (4), (8) 등은 시청자로 하여금 혐오감을 느끼게 한 다. (5)는 선정적인 표현이다. (6)은 풍선이 터지면 신혼 부부가 다 치지 않을까 걱정하거나 초조해하게 하는 몸말이다. (7)은 어린이들 에게 이 치료에 대한 공포감을 가지게 하는 구실을 할 수 있는 것이 다. 이와 같이 역기능을 하는 몸말이나 사물 언어를 구사하는 이는 주로 연예 오락 프로그램에 출연하는 연예인이다.

방송 출연자가 몸말이나 사물 언어를 효과적으로 선택하여 사용하 지 못하는 것은 부모나 각급 학교의 교사가 몸말과 사물 언어에 대 한 교육을 철저히 하지 않는 데서 기인한다. 그리고 방송사의 제작 자와 출연자가 몸말과 사물 언어의 강력한 기능을 제대로 인식하고 있지 않기 때문이다. 따라서 모든 부모나 각급 학교의 교사는 어린 자녀나 학생에게 의사 소통을 할 적에 중요한 기능을 하는 몸말과 사물 언어에 관하여 체계적으로 지도하여야 한다. 또한 방송사의 제작자와 출연자는 몸말과 사물 언어가 역기능을 하지 않도록 그것들의 사용에 신중을 기하여야 한다. 그리고 방송사에서는 선정적이고 퇴폐적인 몸말이나 사물 언어를 구사하는 사람은 방송에 출연시키지 아니하여야 한다.

18.3 결 론

지금까지 이 글에서는 시청자의 의식 형성과 언어 생활에 직접적으로 혹은 간접적으로 영향을 끼치는 텔레비전 출연자의 언어 사용 실태와 개선 방안에 대하여 고찰하였다. 그 결과를 요약하여 적어 보면 다음과 같다.

(1) 우리 나라의 텔레비전 출연자 중 상당수가 방송에 출연하여 '표준 발음법(1988)'에 어긋나게 발음한다.

(2) 방송 언어로서 부적절한 단어와 문장, 몸말과 사물 언어를 선택하여 사용하는 이가 많다. 청소년에게 인기가 있는 연예 오락 프로그램을 진행하거나, 이 프로그램에 출연하는 연예인들 중에서 저속하고 퇴폐적이며 무례한 음성 언어·몸말·사물 언어를 구사하는 이가 있다. 그리고 사회 여러 분야에서 전문가로 활동하고 있는 지식인들이 이해하기 어려운 외래어와 외국어를 남용하는 경향이 농후하다.

방송 출연자의 언어 사용상의 문제점을 개선하려면 다음과 같이 하여야 한다.

(1) 각급 학교의 국어 교육 방법, 교육 시설, 학급 규모 등을 개선하여야 한다. 언어 지식보다 언어 사용에 관한 교육을 더욱 강화하여야 한다. 학생들의 성장 발달 단계에 따라 터득하는 능동적 어휘와 수동적 어휘, 문장 사용 실태를 조사하여 이것을 기초 자료로 삼아 국어

교육을 하여야 한다. 학급 규모는 20명 이내이어야 하고, 어학 실험과 시청각 교육을 효과적으로 실시할 수 있는 시설을 갖춘 교실에서 국어 수업을 하여야 한다. 초등 학교 저학년 때부터 발음 교육을 철저히 하여야 한다. 교사가 중심이 되어 이루어지는, 언어 생활을 경시한 주입식 위주의 교육을 지양하고, 직접 교수법(direct method)에 따라 학생이 다양한 목적·대상·상황에 알맞게 말할 수 있도록 국어 교육을 하여야 한다. 한편 교사 양성 기관에서는 언어 사용에 관한 교육을 철저히 하여 우수한 언어 능력을 가정 교사를 배출하여야 한다.

(2) 방송사에서는 일정한 방송 언어 구사 능력을 지니고 있는 사람만 방송에 출연시켜야 한다. 프로그램 제작자는 '방송 심의에 관한 규정'을 숙지하여 이 규정에 어긋나게 언동을 한 출연자에게는 주의를 주고, 주의를 주어도 시정을 하지 않으면 방송에 출연시키지 않아야 한다.

(3) 방송 출연자는 순정성·공식성·공정성·공손성·세련성·용이성 등의 속성을 지닌 방송 언어를 구사할 수 있도록 힘써야 한다. 특히 연예 오락 프로그램 진행자와 연예인은 방송에 출연하여 비속어·비표준어·외국어·유행어 등을 사용하여 말하거나, 퇴폐적이고 선정적이며 무례한 언동을 해서는 안 된다. 그리고 지식인은 이해하기 어려운 외래어와 외국어를 남용해서는 안 되고, 50 음절 이상의 장문을 구사하지 않도록 유의하여야 한다.

(4) 행정 당국과 방송위원회에서는 미국의 FCC·영국의 ITC·캐나다의 CRTC·프랑스의 CNCL·호주의 ABT 등과 같이 방송 면허 교부권, 방송 취소권, 방송 조사권 등을 가지고 시청자에게 역기능을 하는 방송 언어를 구사하는 방송 출연자나, 이러한 출연자를 출연시키는 방송사를 강력히 규제하여야 한다. 그리고 행정 당국에서는 국

민이 국어를 외국어보다 더 사랑하도록 '국어 사랑 운동'을 지속적으로 전개하여야 한다.

19. 방송 광고 언어에 관한 연구

이 주 행

19.1 서 론

이 연구의 목적은 우리 나라의 라디오와 텔레비전 방송 광고에 쓰인 언어의 문제점을 찾아보고 그 개선 방안에 관해서 고찰하는 데 있다.

방송 광고는 라디오와 텔레비전을 통해 청취자나 시청자에게 제품에 관한 정보를 제공하고 설득함으로써 광고주의 제품을 판매하려고 한다. 또한 방송 광고는 그 메시지를 통하여 우리 사회의 가치·규범·태도·행동 양식 등을 청취자와 시청자에게 은연중에 가르치고, 그들의 개성이나 생활 양식의 형성에 영향을 끼친다. 방송 광고 언어는 신문·잡지의 광고 언어보다 더 많은 사람—청취자와 시청자 —의 언어 습득에 직접적으로 혹은 간접적으로 영향을 끼친다.

방송위원회의 '방송 심의에 관한 규정(1997)' 제4장 광고 기준 제74조는 "방송용 광고는 기업간의 공정한 경쟁과 상도덕을 높이고 국민의 복지와 건전한 소비 생활에 편익을 주도록 하여야 한다."고 규정하고 있으나 방송 광고 중에는 이러한 구실을 다하지 못하는 것이 많다.

그 동안 이주행(1990, 1992), 박갑수(1992) 등에서 광고 언어의 문제에 관해 고찰한 바가 있으나, 개선은커녕 더욱 많은 문제를 야기하고 있다. 따라서 방송 광고 언어의 문제점 및 개선 방안에 관하여 연구하는 것은 매우 의의 있는 일이다.

이 연구에서는 라디오와 텔레비전으로 방송이 되는 광고 언어의 문제점을 발음, 단어, 문장, 의미, 활용, 몸말(body language), 표기 등으로 나누어 음성학, 음운론, 형태론, 통사론, 의미론, 활용론, 담화분석론, 문자론 등 여러 언어학적인 관점에서 광고의 주기능인 소비자의 설득과 관련지어 살펴보고, 그 개선 방안에 관하여 모색하고자 한다.

(1) '표준 발음법(1998)'에 어긋난 발음, 불명료한 발음, 외국어투 발음, 부적절한 악센트·속도·억양 구사 여부를 조사한다.

(2) 비표준어, 이해하기 어려운 외국어·외래어·약어, 혼종어, 유행어, 속어, 국어 조어법에 어긋나게 만든 단어 사용 여부를 살펴본다.

(3) 비문법적인 문장, 외국어 번역투 문장, 문어체 문장 등의 사용 여부를 살펴본다.

(4) 선정적이거나 퇴폐적인 표현, 과장된 표현, 허위적인 표현, 성 차별 표현, 사대주주의적인 표현, 배타적인 표현, 의미가 모호한 표현 여부 등을 살펴본다.

(5) 광고 모델의 몸말 구사의 적절성 여부를 조사한다.

(6) 텔레비전 자막에 쓰인 광고문 중 맞춤법·띄어Tm기·문장부호 사용 등 국어 어문 규정에 어긋나게 표기 된 사례를 조사 한다.

이 연구에서는 1996년 3월 1일부터 10월 1일까지 우리 나라의 라디오와 텔레비전을 통하여 방송된 광고 언어 및 1996년 3월, 1996년 5월 방송용 광고 심의 신청 자료를 연구 대상으로 삼고자 한다.

19.2 광고 언어의 문제 및 개선 방안

19.2.1 발음

발음이 정확하여야 메시지를 정확하고 명료하게 전달할 수 있다. 광고 언어는 발음상 여러 문제점을 지니고 있다. 이를테면, 1) 어두의 예사소리를 된소리로 발음하는 것, 2) '에'와 '애'를 〔E〕로 발음하는 것, 3) '오'를 '우'로 발음하는 것, 4) 'ㅣ 모음 순행동화'가 된 대로 발음하는 것, 5) 국어를 외국어처럼 발음하는 것, 7) 말의 속도가 지나치게 빠른 것 등이 그것이다. 이것들의 구체적인 보기를 각각 들어 논의해 보기로 한다.

1) 어두에서 오는 예사소리를 된소리로 발음하는 것
불필요하게 어두에 오는 예사소리를 된소리로 발음하면, 어색하고 거친 느낌을 줄 뿐만 아니라 전달하고자 하는 의미가 달라지는 경우가 있다.

(1) <u>짤라</u>〔짤라〕 피부가 옷을 벗는 시간
(2) 비트가 디 <u>세졌어요</u>〔쎄져써요〕. 비트가 세지<u>니까</u>〔쎄지니까〕
    남편이 더 깔끔해진 것있죠.
(3) 아침부터 힘이 <u>달리세요</u>〔딸리세요〕.

'잘라'를 '〔짤라〕'로 '세졌어요'를 〔쎄져써요〕로 발음하면 일부 청취자와 시청자는 삭막한 느낌을 받거나, 발음자가 무식한 사람이라고 인식할 수도 있다. 예문 (3)의 '달리세요'를 〔딸리세요〕로 발음하면 뜻이 달라진다. '달리다'의 뜻은 '① 힘에 부치다. ② 뒤

를 잇대지 못하게 모자라다'이다. '딸리다'는 '붙어 있다. 매이다' 등을 뜻한다. 예문 (3)은 '달리다'를 잘못 발음하여 광고문 작성자가 나타내고자 한 의미와 다른 의미를 표현하게 된 결과를 초래한 것이다. 어두 평음을 된소리로 발음하는 것은 우리말을 거칠게 하는 기능을 할 뿐만 아니라 메시지를 제대로 전달하지 못하게 하기도 한다. 광고하는 이는 불필요하게 어두 평음을 된소리로 발음하지 않아야 할 것이다.

2) '에'와 '애'를 〔E〕로 발음하는 것

'ㅔ'와 'ㅐ'를 구별하지 않고 이 두모음을 똑같이 〔E〕로 발음하는 곳은 경상도 일부 지역이다. 그런데 오늘날 전국의 20~30대 사람들 중 상당수가 이 두 모음을 분명히 구별하여 발음하지 못하고 〔E〕로 발음하는 경향이 농후하다. '애'를 '에'로 발음하는 것도 이러한 맥락에서 보아야 한다. "나는 짐승 중에 개를 좋아한다."라는 말에서 '개'를 〔gE〕로 발음하면 청취자는 '게'로 오인하게 된다. 따라서 '에'와 '애'를 구별하여 정확히 발음하여야 한다.

(4) <u>육개장</u>〔육게장〕 큰 사발 농심
(5) 자기 띠를 <u>새겨</u>〔세겨〕 입는 알로하 면티
(6) <u>매트리스</u>〔메트리스〕가 딱딱해서 레스토닉 RESTONIC

(4)의 '육개장'을 〔육게장〕으로 발음하면 청취자나 시청자는 '육계장(肉鷄장)으로 이해할 수 있다. 예문 (5)에 쓰인 '새겨'를 〔세겨〕로, (6)의 '매트리스'를 〔메트리스〕로 발음하면 각각 그 의미가 정확히 전달되지 않는다. 1988년 정부에서 공표한 '표준 발음법'과 규범 문법에서 'ㅐ'와 'ㅔ'를 각각 정확히 구별하여 발음하여야 한다. '에'와 '애'를 구별하지 못하고 두 모음을 똑같이 'E'로 발음하는 것이 습관화되어 있는 사람은 발성 연습과 발음 연습

을 통해 교정할 수 있다. 입의 크기에 따라 엄지손가락을 제외하고 그 나머지 손가락 중에서 세 개 내지 네 개를 포개어 입에 세로로 얹은 채로 후설저모음 '아'를 발음한 뒤에 '애'를 발음하고, 입에 넣은 손가락 가운데 한 개를 빼고 '에'를 발음한다. 이와 같이 반복해서 발음한다. 그리고 이 모음이 쓰인 단어를 발음한다. 이어서 그러한 단어가 사용된 문장을 말해 본다. '에'와 '애'를 정확히 발음할 때까지 이와 같은 연습을 되풀이한다.

3)'오'를 '우'로 발음하는 것

광고 방송 언어에서 모음 '오'를 [우]로 발음하는 예를 많이 찾아볼 수 있다. 다음의 예문 (7)~(12)에서 보는 바와 같이 보조사 '도'를 [두]로 발음하거나, 예문(13)~(15)에서와 같이 어미'-고'를 [구]로, 어미 '-다고'를 [다구]로 발음하는 것이 그 보기에 해당한다.

(7) <u>나도</u>[나두] 될까?
(8) <u>남자도</u>[남자두] 흔들려요.
(9) 오랫동안 앉았다 <u>일어났는데도</u>[이러난는데두] ....
(10) 박과장은 적금들고 월급 쪼개 살아도 아직 집 한 채 <u>없다고</u>[업따구]. <u>날씬해도</u>[날씬해두] 건강해 보여야죠.
(11) 대추의 힘이 몸안에 퍼지면 강한 느낌. 좀 비싸긴 <u>해도</u> [해두] 역시 100%로 마실 것 입니다.
(12) <u>작아</u>[자가두] 맛있다. 리틀 텐 아이스바.
(13) 집 구경 <u>가자고</u>[가자구].
(14) <u>날씬하고</u>[날씬하구] 건강해 <u>보이고</u>[보이구] 남자들이 좋아하는여자?
(15) 코끼리를 냉장고에 <u>넣는다고</u>[넌는다구] ?

보조사 '도'를 [두]로 발음하거나 어미 '-고'를 [구]로, 어미 '-다고'를 [다구]로 발음하는 것은 일반인들의 구어에서도 쉽게 찾아볼 수 있는 것이다. '오'를 [우]로 발음하면 '표준 발음법(1988)'에 어긋난다. '오'를 발음하는 것보다 '오'를 [우]로 음성고모음화하여 발음하는 것이 더욱 용이하다. 그러나 '오'를 [오]로 발음하여야 '표준 발음법(1988)'에 어긋나지 않는다.

4) 'ㅣ모음 순행 동화'가 된 대로 발음하는 것

오늘날 사람들 중 상당수가 일상 구어에서 'ㅣ 모음 순행 동화'가 된 대로 발음하는 경향이 농후한 실정이다. '표준 발음법 (1988)'에서는 용언의 어미 '-어'를 [여]로, '이오'를 [이요]로, '아니오'를 [아니요]로 발음하는 것을 허용하고 그 외의 것은 허용하지 않는다.64)

(16) 라면이 아닌 새로운 맛 뉴면 뉴뉴 뉴면<u>이어요</u>[이예요] .
(17) 그 작은 차이를 느껴 <u>보십시오</u>[보십씨요] .
(18) 엄선된 강사진. 완벽을 추구하는 시설에서 실전 경험을 <u>익히십시오</u>[이키십씨요].

예문 (16)의 '이어요'는 [이어요] 혹은 [이여요]로, 예문 (17)의 '보십시오'는 [보십씨오]로, 예문 (18)의 '익히십시오'는 [이키십씨오]로 발음하여야 '표준 발음법(1988)'에 맞는 발음이 된다. 광고 효과를 거두기 위하여 의도적으로 '표준 발음법'에 어긋

---

64) 표준 발음법(1988) 제22항에서는 "다음과 같은 용언의 어미는 [어]로 발음함을 원칙으로 하되, [여]로 발음함도 허용한다.
되어[되어/되여] 피어[피어/피여]
[붙임] '이오, 아니오'도 이에 준하여[이요, 아니요]로 발음함도 허용한다.

나게 발음하는 것을 문제시하는 것은 재고할 필요가 있으나, 예문 (16), (17), (18) 등과 같이 그렇지 않은 경우에는 문제시하여야 한다.

5) 국어를 외국어처럼 발음하는 것

국어를 발음할 때에는 국어의 음성적 특성을 살려서 발음하여야 자연스러운 느낌을 준다. 그런데 광고 모델이 국어를 외국어 발음하듯이 발음하는 경우도 있다. 광고주나 광고 제작자가 광고 효과를 내기 위하여 그렇게 발음하도록 시켰는지 모르나, 광고 효과를 거두지도 못할 뿐만 아니라 청취자나 시청자로 하여금 혐오감을 갖게 하거나, 사대주의를 갖게 할 우려가 있다.

방송용 광고 심의 신청 자료에는 '패션', '맨풀', '프리' 등으로 표기되어 있다. '패션'은 영어 'fashion'이 외래어로 바뀐 것이고, '맨풀'은 영어 'manful'을 '외래어 표기법(1986)'에 따라 한글로 표기한 것이며, '프리'는 영어 'free'를 한글로 표기한 것이다. 그런데 실제 방송에서는 다음의 예문에서 보는 바와 같이 'f'를 'ㅍ'이나 '프'로 발음하지 않고 외국어 원음대로 발음하고 있다.

(19) LG 패션〔홰션〕
(20) 맨풀(MANFUL)〔맨훌〕
(21) 예 써 프리〔후리〕
(22) 신세대 헤어패션〔홰션〕을 주도하는 미용실

예문 (19), (20), (21), (22) 등에 쓰인 '패션, 맨풀, 프리' 등은 외국어가 아니고 외래어이므로 글자 그대로 발음해야 한다. 원음주의에 따라 외래어를 외국어로 혼동하도록 원어로 발음하는 것은 사대주의에서 비롯된 것이므로 바람직하지 않다. 외래어도 국어의 일부분인데 외래어를 외국어로 발음하는 것은 일반 청취자나 시청자로 하여금 주체성이 없는 국어 생활을 하도록 유도하는 역기능을 한다. 따라서 외래어는 국어답게 발음하여야 한다.

　문장 전체를 외국어로 말하듯이 하는 경우가 있다. 다음 예문 (23)은 중국어를 구사하듯이 광고한 것이다. 국어는 국어답게 발음하여야 청취자와 시청자가 자연스러운 느낌을 받게 된다. 따라서 불필요하게 국어를 외국어와 같이 발음해서는 안 된다.

　(23) 과학 공원 구경 이번 여름 방학밖에 없어 해.

6) 장음과 단음을 구별하여 발음하지 못하는 것

　국어에서는 소리의 길이는 의미를 분화하는 구실을 한다. 따라서 의사 소통을 할 경우 장음과 단음을 정확히 구별해서 발음을 하여야 의미를 바르게 전달할 수 있다.

　(24) 우리 나라에는 없는〔엄는〕 광일 스위티
　(25) 우리 능금 주스〔쥬스〕
　(26) 안전 지상주의〔지 : 상주의〕
　(27) 뽀빠이 아저씨는 짜파게티 요리사〔요 : 리사〕
　(28) 이젠 3분의 일로 충분〔충 : 분〕해요. 샤프란
　(29) 진짜〔진 : 짜〕 나무 같죠.
　(30) 고객 성원〔성:원〕 27년
　(31) 여전〔여 : 전〕하시군요.
　(32) 말초 동맥〔동맥〕 경화 혈액순환장애에 징코민
　(33) 원자력 발전〔발: 쩐〕

　예문 (24)의 '없는', '(25)의 '주스', (32)의 '동맥' 등의 첫 음절 모음은 길게 발음되는 것인데 짧게 발음한 것이다. (26)의 '지상주의(至上主義)', (27)의 '요리사(料理師)', (28)의 충분(充分),

(29)의 '진짜', (30)의 '성원(聲援)', (31)의 '여전(如前), (33)의 '발전(發展)' 등의 첫 음절 모음은 짧게 발음되는 것인데 길게 잘 못 발음한 것이다. 이와 같이 장음과 단음을 정확히 구별하여 발음하지 못하면 의미를 정확히 전달하지 못하게 된다. 따라서 광고주는 발음을 정확히 할 줄 아는 광고 모델을 선발하여 광고하도록 하거나, 그렇지 않은 경우에는 광고 모델에게 발음 훈련을 시켜 발음을 정확히 하도록 하여야 한다.

7) 속도가 지나치게 빠른 것

상황·내용·대상 등에 적절한 속도로 말해야 의사 소통이 효율적으로 이루어진다. 그런데 우리 나라의 광고 방송 광고 언어 중에는 속도가 지나치게 빨라 전달되는 메시지를 정확히 파악하기 어려운 것이 있다.

(34) Play-Doh 플레이 도우
    아침 뷔페 식당
    패스트 푸드 식당
    햄버거 만들기
    빵 만들기
    쿠기 만들기
    케이크 만들기
    코끼리는 내 친국 영실업

위의 보기 (34)는 어린이 장난감 광고로, 13초 동안에 방송된 것이다. 이것은 청취자나 시청자에게는 말의 속도가 빨라서 이해하기 어려운 광고이다. 이와 같이 빠른 속도로 광고를 하는 것은 짧은 시간에 많은 메시지를 전달하려는 광고주나 광고 제작자의 의도 때문이다. 광고의 효과를 거두려면 광고주나 광고 제작자는 청취자나 시청자가 이해하는 데 적절한 속도로 광고를 하여야 한다.

19.2.2 단어 사용

광고 언어의 어휘상의 문제점으로는 비표준어, 이해하기 어려운 외국어·외래어·혼종어·약어, 유행어, 속어, 진부한 단어, 잘못 만든 단어 등의 사용을 들 수 있다.

1) 비표준어 사용

광고에 비표준어를 사용하는 경우가 있다. 비표준어로 말하면 공통성과 공용성이 결여되어 문제가 있다. 특히 일정한 지역 방언으로 광고를 하면 다른 지역의 청취자와 시청자는 그 광고의 메시지를 이해하지 못할 수도 있다. 우리 나라의 광고 중에는 전라도 방언이나 경상도 방언 혹은 충청도 방언이나 서울 방언으로 이루어진 것이 있다.

(35) 젊은 사람이 잘 <u>아는구먼</u>

(36) 어디가 맘에 <u>들었냐구요?</u>

(37) 번들거리는 게 <u>있냐구요.</u>

(38) 야 바이오탱크도 <u>없냐?</u>

(39) <u>뭐하노?</u> 진짜로 재밌다. <u>내도</u> 사달라 해야지.

(40) 이 소화제 봤수?

(41) 2단계 베아제 말유.

(42) 요리 박사가 왔다구?

　　　박사 딸 만하구만!

　　　박사님 계수?

예문 (35), (36), (37), (38) 등은 전라도 방언에 해당하고, 예문 (39)는 경상도 방언에 속한다. 예문 (40)은 서울 방언이고,

(41)과 (42)는 충청도 방언이다. 이러한 지역 방언을 모르는 청취자나 시청자는 그 광고의 메시지를 이해하지 못할 것이다. 또한 일정한 지역에 대하여 부정적인 인식을 하고 있는 이는 그 광고에 설득당하지 않을 것이다. 따라서 광고는 반드시 표준어로 작성하여야 한다.

다음의 예문 (43)~(46)에서 밑줄 친 단어는 1988년에 '표준어 사정 원칙'이 공표되기 전에는 표준어로 간주한 것이다. 그 이후에 '개구장이'는 '개구쟁이'로, '새로와'는 '새로워'로, '흥미로와야'는 '흥미로워야'로 그 형태가 바뀌었다.

(43) <u>개구장이</u> 행복 이제부터 한서주택입니다.
(44) 위스퍼 <u>새로워졌어요.</u>
(45) 한누리컴퓨터가 새로워집니다.
(46) <u>흥미로와야</u> 하죠.

다음의 광고 언어에서 밑줄 친 단어는 비표준어이므로 ( ) 속의 것과 같이 바꾸어 사용하여야 한다.

(47) 완도수협에서 광주에 개점한 <u>활어회센타</u>(활어회 센터)
(48) 신탁 제도가 <u>바꼈다는데</u>(바뀌었다는데).
(49) 원색의 교재와 현장감 있는 <u>테잎</u>(테이프)
(50) 눈을 <u>마추고</u>(맞추고) 마음으로 말하는 거죠.
(51) <u>웬지</u>(왠지) 약해 보이는 여잔 <u>싫드라구요</u>(싫더라고요).
(52) 동전 소리 내는 남편 <u>웬지</u>(왠지) 처량해 보이죠.
(53) 상큼한 봄김치요! 맛있게 <u>담궈</u>(담가) 볼게요.
(54) 대풍이 만들어 가는 <u>풍요로운</u>(풍요한) 삶의 공간
(55) 관절염엔 트라스트가 <u>좋드라</u>(좋더라).

비표준어 광고문을 작성하면 청취자와 시청자 중에는 그 광고문

의 메시지를 정확히 이해하지 못하는 이가 있다. 따라서 광고문 작성자는 표준어로 광고문을 작성하여야 한다. 광고주는 표준어 구사 능력이 있는 이를 광고문 작성자로 선발하여야 한다.

 2) 외국어 사용
  광고 언어의 어휘상 문제 중 가장 심각한 것은 외국어를 지나치게 많이 사용한다는 것이다. 외국어로 표현하면 그 외국어를 알지 못하는 사람은 광고 메시지를 완전히 이해하지 못한다.

(56) 와이드 TV에도 명품이 있다.
(57) 와이드 티비에도 명품이 있다.
(58) 핸들링에 감동한다.
(59) 신세대 헤어패션을 주도하는 미용실.

  예문 (56)의 '와이드 TV'와 (57)의 '와이드 티비'는 외국어이므로 '화면이 넓은 텔레비전'으로 바꾸어 써야 한다. (58)의 '핸들링(handling)'[65]은 '자동차 손잡이의 작동'으로 (59)의 '헤어 패션'은 '머리 유행'으로 순화하여 표현해야 한다. 그러면 한국인이면 누구나 그 광고를 이해할 것이다.
  다음의 (60)에서 보는 바와 같이 우리 나라 제품명의 상당수가 외국어로 되어 있는 것도 재고할 일이다. 제품명을 외국어로 명명하는 것은 광고주가 소비자로 하여금 은연중에 자사의 제품이 그

---

65) 1991년 국립국어 연구원에서 발간한 '외래어 사용 실태'에서는 '핸들링'을 외래어로 처리하고 있다. 신문이나 잡지에 쓰였다고 해서 외래어로 처리하는 것은 잘못이다. 보편성과 타당성이 있는 '외래어 처리 기준'을 마련하여 외국어와 외래어를 구별하도록 하여야 한다. 일반 외래어가 되려면 대부분의 한국인이 이해하는 것이되, 국어의 음운 체계와 어휘 체계에 동화된 것이어야 한다. 그런데 '핸들링'은 이러한 조건을 갖추지 않은 단어이므로 외국어로 처리하여야 한다.

외국어를 국어로 사용하는 나라의 제품으로 인식하도록 오도하고, 소비자에게 사대주의를 갖도록 하는 구실을 할 뿐만 아니라 국어를 오염시키는 역기능을 한다.

(60) 울트라 큐티 파워슬림, dent-Q, 로푸록스, 뉴 그레이스, 애니콜, double Rich, Inon, 커피메이트 gold, Galaxy, 크린 샷, 캐토톱, 모빌리아(MOBLIA)가구, 디올스웰트, 스톤아트 온돌침대, 롱매트 킬라, Kids Foto, 바로크 주방가구, Raid 레이드, hush puppies, 잔탁, Haggies, 싼타볼, 엘키토, 워시 wash 껌, cardinal, 젯트 싸이클66), 엘로드 Elord, 우드토픽 조립식 가구, IVY크래커, cool, Buffalo, 크린- 샷, 태미, 닥터위콤, 유공 zic, Techron, 티뷰론, 알바트로스 로봇, 파워건, 크리넥스 울트라 티슈, 홈 매트, 샤니팡 소프트(PAN SOFT), 한솔아이 비넷, 멜티 캠, LG 심포니 멀티넷, 라이크라 시스템, 인따르시아, 레니오에센스 샴푸, 코란도 쌍용자동차, 라이스크람(nice claup), 팸퍼스(pzmpers) 울트라, 큐티 팬츠, 스파크, 스위티(sweetie), LG아트비전, 일렘Ylem, 정철Interlab, Rycra, Sportage, 매직 주방세제, 콜디 어린이 감기약, 케노펜겔, 비피더스 매일유업, 파우어 레이서 투 금호 타이어, 명품 플러스 원(plus one), 롯데 Brain 껌

이와 같이 제소업사가 수많은 제품명을 외국어로 명명하는 요인 중의 하나는 소비자가 고유어로 명명한 제품보다 외국어로 명명한 것을 더 좋은 제품으로 인식하기 때문이다. 소비자는 하루바삐 이러한 사대주의를 버려야 한다. 모든 소비자는 제품명에 현혹되지 말고 제품의 질을 중시하되 고유어로 된 제품을 선호하여야 한다. 그러면 제조업자도 가급적 발음하기 쉽고 기억하기 쉬운 고유어로

---

66) '젯트 싸이클'은 '제트 사이클'로 바꿔 써야 외래어 표기법에 맞는다.

제품에 이름을 붙일 것이다. '방송 심의에 관한 규정(1994) 제 4장 광고 기준' 제 89조 ③에는 "광고는 불필요한 외국어를 사용하거나 외국어 및 외국인 어투를 남용하여서는 아니 된다."라고 규정하고 있다. 제조업자나 광고주도 우리 나라 사람에게 팔기 위하여 만든 상품에는 되도록 이해하기 쉽고 기억하기 용이한 고유어나 한자어로 이름을 붙이기 위해 힘써야 한다.

3) 난해한 외래어 사용

광고에서 어휘 사용상 문제로 심각한 것은 외국어 사용 다음으로 보편화되지 않은 외래어를 남용하는 것이다. 초등 학교 졸업생 중 매우 많은 사람이 이해하지 못하는 일반 외래어는 외국어라 해도 과언이 아니다. 이러한 외래어는 광고에서 사용하지 않아야 메시지를 청취자와 시청자에게 제대로 전달할 수 있다.

(61) 카네이션처럼 향기로운 <u>세일</u>
(62) 고객의 사랑에 감사드리며
　　실속 <u>쇼핑</u>. 특별 <u>이벤트</u>로
　　고객에게 더 가까이 다가갑니다.
(63) 유럽 명품 특별 초청 패션 대전 및 <u>캐주얼 패션</u> 3대 그룹
　　종합전
(64) 누구 <u>아이디어</u>지.
(65) 분위기를 바꾸고 싶다구?
　　시설 좋은 혜성 헤어 플러스로 가봐.
　　탁월한 감각을 소유한 <u>헤어 디자이너</u>들이 머리의 개성을
　　찾아준다구. 게다가 혜성은 신부 화장은 물론 <u>웨딩 드레스</u>
　　<u>부케</u>까지---결혼에 관한 모든 것은 혜성헤어플르스라구.
(66) 그녀의 <u>메이크업</u>엔 그녀만의 철학이 담겨 있다.
(67) 가전 제품 구입 어디서나 다 똑같다구.

천만의 말씀!

하이마트 용산전자에 한 번 와 봐.

국내외 유명 <u>브랜드</u>로 꽉찬 만족

가격은 군살을 쏙

(68) 야 고거 맛있네, 역시 <u>치킨</u>이야.

(69) 경방 필 봄 <u>바겐 세일</u> 경방필백화점

(70) 알뜰 쇼핑이 <u>카운트다운</u>

(71) 그가 창조하는 <u>헤어 스타일</u>의 역사는 오늘도 계속되고 있습니다. 비달사순 VIDALSASSON

이상의 예문에서 밑줄 친 외래어 중 '부케'는 프랑스어가 외래어로 바뀐 것이고, 그 나머지 것들은 영어가 외래어화한 것이므로, 영어나 프랑스어를 모르는 이는 이해하기 어려운 외래어이다. 이것들은 다음과 같이 바꾸어 사용하여야 한다.

(61) 세일→염가 매출, (62) 쇼핑(shopping)→장보기, 이벤트(event)→행사, (63) 패션→유행옷, 캐주얼 패션(casual fashion)→유행 평상복, (64) 아이디어(idea)→생각 혹은 착상, (65) 헤어 디자이너(hair designer)→머리 모양 연구가, 웨딩드레스(weddingdress)→서양 혼례복, 부케(bouquet)→(작은)꽃다발, (66) 메이크업(makeup)→화장, (67)브랜드(brand)→상표,(68)치킨(chicken)→닭고기, (69)바겐 세일(bargain sale)→싸게팔기 혹은 할인 판매, (70)카운트다운(countdown)→초읽기, (71) 헤어스타(hairstyle)→머리 모양

광고는 설득하는 데 목적이 있으므로 상대방이 모르는 단어로 광고를 하면 소기의 성과를 거둘 수 없는 법이다. 소비자의 사대주의에 호소하여 광고의 효과를 거두기 위하여 소비자가 이해하기

어려운 선진국의 언어를 일부러 사용하는 것은 사대주의와 상업주의의 발로이고, 부도덕한 행위이다. 또한 국어를 오염시키는 결과를 초래한다. 광고문 작성자는 가급적 모든 이가 이해하기 쉬운 고유어나 한자어를 선택해서 광고문을 작성하여야 한다.

4) 혼종어 사용

혼종어(혼종어, hybrid)란 어원이 다른 둘 이상의 언어가 결합하여 이루어진 단어이다. 이것을 '혼태어'라고 일컫기도 한다. 국어의 혼종어에는 고유어와 한자어, 고유어와 외래어, 한자어와 외래어, 또는 외래어와 외래어가 결합하여 이루어진 것 등이 있다. 광고 언어에도 이러한 혼종어가 쓰이고 있다. 국어 순화 차원에서 볼 때 혼종어를 사용하는 것은 바람직한 일이 되지 못한다.

(72) 모아방 프랑스가 <u>디자인한</u> 유아복
(73) 아직도 <u>컴맹</u>이 있다.
(74) 이제 경산에서 편안하게 <u>쇼핑하세요</u>.
(75) 1996년 봄을 <u>세일합니다.</u>

(72)의 '디자인한'은 영어 계통의 외래어 '디자인(design)'과 고유어 '하다'가 결합하여 이루어진 단어이다. (73)의 '컴맹'은 영어 계통의 외래어 '컴퓨터'의 '컴'과 '맹(盲)'을 결합하여 만든 단어이다. (74)의 '쇼핑하세요'는 영어 계통의 외래어 '쇼핑(shopping)'과 고유어 '하다'를 결합하여 만든 단어이고, (75)의 '세일합니다'는 영어 계통의 외래어 '세일(sail)'과 고유어 '하다'가 결합하여 이루어진 단어이다. 19세기말까지는 한자어에 '하다', '-스럽다', '-롭다' 등이 결합하여 생성된 단어가 매우 많았다. 이와 같은 조어가 국어의 어휘를 풍부하게 하는 구실을 하기도 하였지만, 국어의 순수성과 주체성을 잃게 하는 결과를 초래하게 하기도 하였다. 따

라서 광고문 작성자는 혼종어로 광고문을 작성해서는 안 된다.

5) 유행어와 속어 사용

광고의 효과를 거두기 위하여 일반 소비자가 흥미를 가지고 사용하는 저속한 유행어를 사용하는 경우가 있다. 품위성이 있는 유행어를 사용하는 것은 문제가 없지만, 저속한 유행어를 광고문에 사용하는 것은 바람직하지 못하다.

(76) 분위기 잡어, 분위기 띄워, 분위기 깔어.
(77) 분위기 잡는 조명, 분위기 띄우는 조명, 편안한 조명
(78) 세련이요? 너무 튀지 않으면서도 번쩍번쩍 꾸미지 않고 화장 요즘은 진하게들 안 하더라구요.
(79) 튀기만 하는 내 모습 이젠 싫어.
　　 튈 때 튀더라도 가끔은 분위기 만들어
　　 창원중앙동 동성올림픽 2층 머리만들기
(80) 유신학원의 따봉! 막강 선생을-
　　 실력이 뛰어나기에 따봉.
　　 타의 추종을 불허하기에 막강.

예문 (76)~(80)에 쓰인 '띄워, 튀지, 따봉' 등은 속된 유행어이다. 청소년의 언어 생활에 강력한 영향을 끼치는 광고문에 이러한 유행어를 사용해서는 안 된다. 청소년은 자신이 좋아하는 연예인이 하는 말이나 기이한 말을 그대로 사용하려는 경향이 농후하다. 광고문 작성자는 이러한 점에 유의하여 광고문에 유행어를 사용할 경우 신중을 기하여야 한다.

유행어 외에 속어를 사용하는 광고도 있다. 앞에서 언급한 바와 같이 광고 언어는 청소년의 언어 생활에 매우 많은 영향을 끼치므로 광고에 속어를 사용해서는 안 된다.

(81) 자네 요즘 혈색 좋은데, 똑똑한 <u>마누라</u> 덕이지. 정관장 홍
     삼을 먹거든.
(82) <u>마누라</u>는 똑똑해야 돼요. 아이슈타인 우유

　예문 (81)과 (82)에 쓰인 '마누라'는 남편이 아내를 속되게 이
르는 단어이다. 이 경우에는 '마누라' 대신 '아내'를 사용하여야 한다.

　6) 난해한 약어 사용
　이해하기 어려운 약어(略語)를 사용해서 광고를 하면, 일부 소
비자는 그 약어 때문에 메시지의 의미를 정확히 파악하지 못한다.
더구나 외국어 약어가 쓰인 광고는 이해하지 못하는 소비자가 많
다. 이와 같은 실정을 알면서도 짧은 광고문에 외국어 약어를 사
용하는 데는 사대주의에 호소하여 광고의 효과를 거두려는 나쁜
의도가 깔려 있는 것이다.

(83) <u>MSG</u>를 넣지 않고 좋은 양념으로 맛을 냈습니다. MSG를
     넣지 않습니다.
(84) 칼슘 <u>DNA</u>
(85) 다가스렌즈 가벼우며 얇고
     <u>UV</u>코팅으로 자외선을 차단

　예문 (83)의 'MSG'는 'monosodium glutamate'의 약어로 '글
루캄나트륨'을 뜻하고 'DNA'는 'deoxyribo-nucelic acid'의 약어
로, '디옥시리보 핵산(核酸)'을 뜻하는 말이다. (85)의 'UV'는
'ultraviolet rays'의 약어로, '자외선'을 뜻하는 말이다. (83)의
'MSG'는 '글루탐나트륨'으로, (84)의 'DNA'는 '디옥시리보 핵산'
으로, (85)의 'UV'는 '자외선'으로 바꿔 써야 더욱 많은 소비자가

광고의 의미를 이해할 수 있을 것이다. 비전문가인 청취자와 시청자가 이해하기 어려운 약어로 광고문을 작성하면 그것 때문에 광고의 의미를 이해하지 못하는 경우가 많다. 광고문 작성자는 모든 이가 이해하고 있는 약어를 사용하되, 어쩔 수 없이 난해한 약어를 사용할 경우에는 반드시 그 뜻을 풀이해 주어야 한다.

7) 진부한 단어 사용

사람은 새로운 것에 관심을 기울인다. 광고도 참신한 언어로 하여야 소기의 성과를 거둔다. 그런데 일부 광고에서는 진부한 단어를 사용하는 경우가 있다. 진부한 단어로 광고를 하면 소기의 성과를 거두지 못한다.

(86) 신가격 창조 상품 대축제
(87) 대전백화점 초여름특집 균일가 대전
(88) 피자 터치 여천점 대탄생
(89) 국내 유명 브랜드 의류 100여개 대축제전
　　　해운대 선프라자 초대형 매장에서----국내 정상급 브랜드
　　　총출동
(90) 제일모직 남녀 전 브랜드 대공개
　　　5월 13일부터 22일까지 10일간 로얄 쇼핑 4층 대행사장
　　　제일모직 남녀 전 브랜드 균일가전
(91) 신뢰의 기초 위에 21세기 건설 초강국의 꿈이 쌓여갑니다.
(92) 거평 프레야 대탄생
(93) 96리베라 봄 정기 大바겐세일
(94) 파워맥크로가 어린이날을 맞이하여 선물 대잔치를 실시합니다.
(95) 롯데 대바겐세일

우리 나라의 광고에서는 위의 예문에 쓰인 '대축제, 대전, 대탄

생, 대공개, 대행사장, 대잔치, 대바겐세일' 등과 같이 '대(大)'를 남용하는 경향이 있다. 그리고 '초(超)'를 접두사처럼 즐겨 사용하거나, 진부한 '균일가'라는 단어를 사용하기도 한다. 진부한 느낌을 주는 단어로 광고를 하면, 소기의 효과를 거둘 리가 없다. 광고문 작성자는 메시지 전달에 정확하고 참신한 단어를 선택하여 사용하여야 한다.

8) 잘못 만든 단어 사용

국어의 조어법에는 어근 창조법, 파생법, 합성법 등이 있다. 이 원리에 따라 단어를 만들어 사용하여야 국민이 수용하게 된다. 그런데 광고에는 국어의 조어법에 어긋나게 만든 단어가 사용되는 경우가 있다.

(96) 꾸러기철력

'꾸러기'는 '말썽꾸러기, 심술꾸러기, 욕심꾸러기, 잠꾸러기, 장난꾸러기' 등에서 보는 바와 같이 일부 명사에 붙어 '그 버릇이 많거나 그 일을 잘 버르집어 일으키는 사람'임을 나타내는 접미사이다. 국어에는 접미사나 접두사가 최소 자립 형태로 쓰인 예는 찾아볼 수 없다. 그런데 (96)의 '꾸러기철력'에서는 '꾸러기'가 접두사나 최소 자립 형태처럼 사용되었다. 국어의 조어법에 따라 단어를 만들어 써야 일반 국민이 그것을 수용하게 된다. 광고문 작성자는 가급적 기존의 단어로 광고문을 작성하되, 필요적인 동기로 새로운 단어를 만들어 쓸 경우에는 국어의 조어법을 정확히 이해한 뒤에 조어법에 따라 새로운 단어를 만들어 사용하여야 한다. 그렇게 하지 않으면 청취자나 시청자가 그 신조어를 어색한 것으로 인식하게 된다.

19.2.3 문장 사용

광고 언어의 문제 가운데 심각한 것은 부정확한 발음 및 난해하거나 진부한 단어 사용 외에 비문법적인 문장이나 외국어 번역투의 문장을 사용하거나, 외국어를 혼용하는 것이다. 문법에 맞지 않는 문장이나 외국어 번역투 문장으로 광고를 하면, 소비자가 그 의미를 정확하게 파악하지 못하거나 부자연스러운 느낌을 가지게 된다. 또한 그러한 문장이 문제가 있다는 것을 인지하지 못하는 청취자와 시청자는 그러한 문장을 익혀 사용할 수도 있다.

1) 비문법적인 문장

문법에 어긋난 문장은 문장이 아니다. 그래서 비문법적인 문장은 어떤 메시지도 정확히 전달할 수 없다. 광고문 중에는 비문법적인 문장으로 작성된 것이 많다. 다음에 든 예문은 부적절한 단어를 사용하여 비문법적인 문장이 된 것이다.

(87) 값싸고 푸짐하고 게다가 <u>딱 하면 오잖아</u>.
　　　야식 배달전문 출출할 때
　　　불러만 주십시오. 총알같이 달려갑니다.
(88) 걸면 <u>딱</u>예이요. 엘지 디지털 프리웨이
(89) 모시메리가 <u>딱</u>이예요.
(90) 달리고 싶은 욕망은 끝이 없다. <u>거침없는</u> 힘으로 노면을 제압한다.
(91) 이 <u>강인함으로</u>
　　　<u>아스타나</u>
　　　<u>아스타나가</u>
　　　<u>마침내 벤츠로 수출됩니다.</u>
(92) 내가 원하는 사이즈---
　　　30

       22

       33

       <u>들어갈 땐 들어가고</u>

       <u>나올 땐 나왔다.</u>

(93) 자연이 빚어낸 아름다움의 신비가 생에 첫 감동을 드릴 것입니다.

(94) <u>생활이 자라나는</u> 품질공간

       견본주택을 먼저 만나세요.

(95) 아침의 합창이 있는 <u>동화 속 같은 집</u>

(96) <u>고품격</u> 자양강장제

(97) 자녀에게 사랑의 팔찌를 <u>채워</u> 주세요.

(98) <u>편의 시설 속의 그린타운</u> 단지 안에 학교, 관공서, 백화점, 병원이 있습니다.

(99) 넓은 <u>매장에</u> 좋은 상품들로 가득합니다.

  예문 (87), (88), (89) 등은 '딱'이란 단어를 잘못 사용하여 비문이 된 것이다. '딱'은 부사로, 다음과 같이 세 개의 동음이의어(同音異義語)로 쓰인다.

딱¹ : 단단한 물건이 마주치거나 부러질 때 나는 소리. 뼈가 딱 부러지다.

딱² : ① 계속되던 것이 그치거나 멎는 모양. 아이가 울음을 딱 그쳤다. ② 말이나 행동을 과단성 있게 하거나 나타내는 모양. 그는 시치미를 딱 떼었다. 나는 담배를 딱 끊었다.

딱³ : ① 활짝 바라진 모양. 그는 어깨가 딱 바라졌다. ② 빈틈 없이 맞닿거나 들어맞는 모양. 네 말이 딱 맞다. ③ 굳세게 버티는 모양. ④ 태도가 매우 야무지거나 의젓한 모양. 그는 입을 딱 다물었다. ⑤ 물건이 단단히 달라붙은 모양. 찹쌀떡이 입천장에 딱 붙었다. ⑥몹시 싫거나 언짢은 모양. 목구멍이 보일 정도로 입을 크게 벌리고 웃는 사람은 딱 질색이다.

　예문 (87)의 '딱 하면 오잖아'는 '연락을 하면 이내 오잖아'라는 말을 잘못 표현한 것이므로, '딱'은 위의 세 단어 중 어느것 과도 대응하지 않는다. (88)과 (88)의 '딱'은 명사로 쓰인 것이다. (88)과 (89)의 '딱'은 원래 부사일 뿐만 아니라 딱¹, 딱², 딱³ 등과 대응하지 않으므로 예문 (88)과 (89)가 비문법적인 문장이 된 것이다.

　예문 (90)~(99)는 밑줄 친 어구(語句)를 다음과 같이 바꾸어 써야 문법에 맞는 문장이 된다.

　(90) 거침없는→강한, (91) 강인(强靭)함→견고(堅固)함67). (92) (들어갈) 땐→(들어갈) 덴, (나올) 땐→(나올) 덴, (93) 생(生)68)→삶, (94) 자라나는→풍요해지는, (95) 동화 속 같은 집 →동화에 나오는 집과 같은 집 혹은 동화의 집과 같은 집, (96) 고품격(高 品格)→고품질, (97) 채워→끼워, (98) 편의시설 속의 그린타운 →편의 시설을 갖춘 그린타운, (99) 매장에→매장은

　광고문 중에는 연결 어미를 잘못 사용하거나, 공기 관계를 맺을 수 없는 문장 성분이 공기 관계를 맺는 것으로 잘못 알고 문장을 구성하여 비문법적인 문장이 된 것이 있다.

　(100) 세계를 알아도 지역은 더 알아야 합니다.

---

67) '강인함'은 '질기고 억셈'을 뜻하고, '견고함'은 '굳고 튼튼함'을 뜻한다.
68) 한자어 '생(生)'은 자립성이 없는 말이므로 그 앞에 관형어가 와야 한다.

(101) 우유가 건강해집니다.
(102) 세제를 안 쓴다면 강에선 좀더 깨끗한 물이 흐릅니다.
(103) 수입 가전 제품이라면
　　　목포시 보건소 사거리
　　　월드하우스로 오십시오.

　이상의 예문 (100)~(103)은 다음과 같이 바꾸어 써야 문법에 맞는 문장이 된다.

(100)′ 세계보다 지역을 더 알아야 합니다.
(101)′ 우유를 마셔야 건강해집니다.
(102)′ 세제를 안 쓰면 강에는 좀더 깨끗한 물이 흐를 것입니다.
(103)′ 수입 가전 제품을 사시려면
　　　목포시 보건소 사거리
　　　월드하우스로 오십시오.

　2) 외국어 번역투 문장
　광고문 중에는 외국어를 직역한 듯한 인상을 주는 문장도 있다. 이러한 번역투 문장은 청취자가 시청자에게 이질감을 갖게 하고, 어색한 느낌을 주므로 광고의 효과를 거두기가 어렵다.

(104) 자연스럽게 <u>느낌이 와서</u> 오랫동안 기억에 남는 바로 그런 거죠.
(105) <u>좋은 아침</u> 배용준입니다.
(106) 쿠키는 당신과 같은 초감각파에 의해 만들어집니다. '쿠키'는 당신과 같은 소수 초감각파들에 의해 입혀집니다.
(107) 세계적 명품을 편안한 가격으로 만날 수 있습니다.
(108) 지금 동서벌꿀을 드신다면

정말 좋은 꿀을 드시는 겁니다.

(109) 났었는데 분명히 소리가 났었는데---

(110) 임산부들을 위한 무료 강좌로 서울 차병원 진료부장 재
      정용 박사님이 임신과 분만의 생리현상에 대한 강의를
      해드립니다.

(111) 다양한 상품을 큰 할인폭으로 모십니다.

(112) 축성 기술의 본보기 수원성
      둘 하나의 기록으로 넘겨져 있습니다.

(113) 달리수록 믿음이 간다. 뉴프린스

(114) 큰 정보 바른 신문 한국일보

(115) 김행 씨의 출연료는 유니세프 기금으로 쓰여집니다.

　이상의 예문 (104)~(105)는 모두 부자연스러운 문장이거나
비문법적이 문장이다. 이것들은 다음과 같이 바꾸어 자연스러운
문장이 된다.

(104)′ 자연스럽게 느껴져서 오랫동안 기억에 남는 바로 그런 거죠.

(105)′ 안녕하십까? 배용준입니다.

(106)′ 쿠키는 당신과 같은 초감각파가 만듭니다. '쿠키'는 당신
      과 같은 소수 초감각파들이 입습니다.

(107)′ 세계 명품을 싼 가격으로 사실 수 있습니다. 혹은 세계
      명품을 싼 가격으로 팝니다.

(108)′ 지금 동서벌꿀을 잡수시면 정말 좋은 꿀을 잡수시는 겁니다.

(109)′ 났는데 분명히 소리가 났는데 ....

(110)′ 임산부들을 위하여 서울 차병원 진료부장 계정웅 박사님
      이 임신과 분만의 생리현상에 관해 무료 강의를 합니다.

(111)′ 다양한 상품을 크게 할인하여 모십니다.

(112)′ 축성 기술의 본보기 수원성

돌 하나의 위치까지 기록하여 전하고 있습니다.
(113)′ 달리수록 미더워진다. 뉴프린스.
(114)′ 많은 정보 바른 신문 한국일보.
(115)′ 김행 씨의 출연료는 유니세프 기금을 쓰입니다. 혹은 김
        행 씨의 출연료는 유니세프 기금으로 씁니다.

 3) 외국어를 혼용한 문장
   광고문 중에는 외국어를 섞어 쓴 것도 있다. 그 외국어를 이해
하지 못하는 사람은 그 광고의 내용을 완전히 파악하지 못한다.

 (116) <u>웰컴 투 인터넷</u>
        안녕하세요. 멀티넷입니다.
        <u>하이 봉쥬르</u>
        팬티엄프로세서 넷스케이프로 인터넷을 쉽고 빠르게
        인터넷에 강한 PC
        엘지 심포니 멀티넷
        인터넷?
        멀티넷.

   이상의 예문 (116)에서 '웰컴 투 인터넷(Welcome to Interne
t)'은 영어이며, '하이(?)'는 일본어이고 '봉쥬르(bonjour)'는 프랑
스어이다. 이와 같은 외국어로 광고를 할 경우 그 언어를 모르면
광고의 메시지를 완전히 파악하지 못한다. 따라서 우리 나라 사람
을 대상으로 하는 광고는 반드시 국어로 하여야 한다.

 19.2.4 의미 표현
   방송 광고 언어의 의미 표현상 문제점으로는 선정적(煽情的)이
거나, 과장되거나, 허위적이거나, 모호하거나, 저속하거나, 사대주

의적(事大主義的)이거나, 혐오감을 주는 것 등을 들 수 있다.

1) 선정적인 것

우리 나라의 광고 중에 메시지의 의미가 선정적(煽情的)인 것이 있다. 광고문이 선정적인 의미를 나타낼 경우에는 소비자의 호기심을 자극하여 광고의 효과를 거둘지 모르지만 정서적인 면에서는 역기능을 한다. 특히 이성에 호기심이 많은 10대에게 악영향을 끼칠 수 있다.

(117) 전, 마른 남자가 좋아요.
   잘 먹는 남잔 더 좋드라.69)
(118) 역시 쌕쌕은 포도도 탱글탱글해. 쌕쌕 포도 마지막 한 알
   까지 탱글탱글해요.
(119) 내 품에서 향기가 되는 여인
(120) 너를 마시고 싶다.

이상의 예문 (117)～(120)은 모두 선정적인 의미를 함유하고 있다. '방송 심의에 관한 규정(1994) 제4장 광고 기준' 제87조와 제94조 ①에는 다음과 같이 규정하고 있다.

제87조(품위) 광고는 시청자의 정서를 해치거나 광고의 품위를
   손상하는 다음의 표현을 하여서는 아니 된다.
 1. 반사회적 행동을 조장하는 내용
 2. 음란하거나 선정적인 내용
 3. 신체적 결함, 약점 등을 조롱 또는 회화화하는 내용
 4. 시청자의 정서를 지나치게 불안정하게 하는 내용
 제94조(어린이·청소년) ① 광고는 어린이 및 청소년의 품성과

---

69) '좋드라'는 비표준어이므로 표준어인 '좋더라'를 사용해야 한다.

정서, 가치관을 해치는 표현을 하여서는 아니 된다.
    광고문 작성자는 이상의 광고 규정을 지켜 선정적인 의미를 나타내는 광고문이 되지 않도록 유의하여야 한다.

 2) 과장되거나 허위적인 것
    광고가 설득 커뮤니케이션의 일종이라 하더라도 사실을 사실대로 전달하여야 한다. 그런데 광고문 중에는 과장되거나 허위적인 것이 있다. 이것은 소비자를 속이는 행위이므로 바람직한 것이 못 된다.

 (121) 또 하나의 신화
        제임스 딘 란제리
 (122) 5초만 행궈도 세제가 남지 않아요
 (123) 세계가 주목하는 바로 그 영화
        장선우 감독의 꽃잎
 (124) 세상을 흔들자. 진가 미숫가루
 (125) 인터넷 교육은 빠를수록 좋습니다.

    예문 (121)은 '제임스 딘 란제리' 제품을 신화에 빗대어 표현하고 있다. 예문 (122)는 세제의 효능을 과장해서 표현하고 있다. 예문 (123)은 세계인이 주목하는지 확실하지 않은 영화 작품을 마치 주목하고 있는 것처럼 표현하고 있다. (124)는 미숫가루 상품을 '세상'에 빗대어 표현하고 있다. 이것들은 모두 과장된 표현이다. 인터넷 교육을 빨리 실시하는 것이 좋기만 한 것은 아닌데, 예문 (125)는 인터넷 교육을 빨리 실시하는 것이 좋기만 한 것으로 표현하고 있다. 이와 같이 실제와 달리 과장하거나 거짓되게 광고하는 것은 상도덕에 어긋나는 것이다. '방송 심의에 관한 규정 (1994)' 제80조에도 "광고는 진실하여야 하며 허위 또는 기만적이어서는 아니 된다."라고 규정하고 있다. 따라서 광고주와 광고문 작성자는 상품을 가급적 과정하거나 허위적으로 광고하지 말고, 사실대로 광고하여야 한다.

3) 모호한 것

광고문 중에는 의미가 모호한 것이 있다. 소비자는 광고 언어의 의미가 불분명하면 메시지를 분명히 파악할 리가 없다.

(126) 건영—

　　우주가 있어 자연이 있고

　　자연과 더불어 풍요로운70) 미래를!

　　더 큰 세계로—

　　지금 건영이 그 꿈을

　　건설하고 있습니다.

　　건영!

(127) 에넥스로 한 단계 높이세요.

(128) 아내 같은 아파트 쌍용아파트

(129) 생명 보험은 생활입니다.

예문 (126)은 '풍요로운 미래를 더 큰 세계로……'로 어떻게 한다는 말인지 의미가 분명하지 않다. (127)은 무엇을 한 단계 높이라는 것인지 불분명하다. (128)은 '아내 같은 아파트'는 과연 어떤 아파트인지 의미가 또렷하지 않다. (129)는 생활을 할 적에 생명 보험은 누구나 반드시 들어 두어야 하는 것이라는 메시지를 전달하기 위하여 작성한 광고이지만, (129)는 이러한 의미를 분명히 나타내지 못하고 있다. 광고문 작성자는 광고의 의미가 분명하도록 광고문을 작성하여야 한다. 이렇게 하려면 광고문 작성자

---

70) '풍요로운'은 비표준어이다. 표준어인 '풍요한'으로 바꾸어 써야 한다.

는 부단히 의미 감각을 가질 수 있도록 스스로 힘써야 한다.

4) 저속한 것

어떤 사람이 저속한 언어를 구사하면 듣는 이는 그 사람을 품위 없는 사람으로 인식한다. 광고도 마찬가지이다. 저속한 언어로 광고를 하면, 소비자는 그 광고를 속된 것으로 인식할 뿐만 아니라 청소년들은 은연중에 속된 말을 배워 사용하게 된다.

(130) 맛도 좋고 몸에도 좋은 오뚜기 바몬드 카레 <u>한번에 뚝딱 해치울 거예요.</u>
(131) 전국 서점에 <u>쫙 깔려 있습니다.</u>
(132) 너 요사이 잘 나간다며?
(133) 냄새 먹는 하마가 <u>끝내 줍니다.</u>
(134) 요즘 <u>잘 나간다는 것 아닙니까?</u>

이상의 예문 (130)~(134)는 모두 속된 의미를 함유하고 있다. (130)의 "한번에 뚝딱 해치울 거예요."는 "단번에 다 먹을 거예요."로, (131)의 "쫙 깔려 있습니다."는 '진열되어 있습니다' 혹은 '있습니다'로 바꾸어 써야 한다. (132)는 "너 요사이 인기가 매우 많다며?"로, (133)의 "끝내 줍니다"는 "완전히 해결해 줍니다"로, (134)는 "요즘 매우 인기가 있다는 것 아닙니까?"로 바꾸어 써야 한다. '나가다'와 같은 저속한 유행어를 사용하면 속된 의미를 나타내는 광고가 되므로 그러한 단어를 사용해서는 안 된다.

5) 사대주의적인 것

광고 가운데는 외국 상품의 우월성을 드러내거나, 국산품을 외국 상품으로 오인하게 하여 사게 하려는 것이 있다. 다음 예문 중에서 (135), (135), (137), (138) 등이 전자에 속하고, (139)

가 후자에 속한다. 이러한 광고는 사대주의적인 것으로 주체성을 상실하게 하며, 소비자에게 열등 의식을 심어 주게 된다(박갑수, 1993 : 12~13).

(135) 독일형 삼익피아노는 현이 길어
　　　소리가 깊고 부드럽습니다.
(136) 이태리식 스파게티
(137) 뉴욕 맛 그대로, 뉴욕풍 그대로
(138) 이태리 감각의 비즈니스 정장
(139) 이태리 패션 진

'방송 심의에 관한 규정(1997)' 제7조에는 "광고는 국민의 자존심과 감정을 해치지 않도록 하여야 한다."라고 되어 있다. 사대주의적인 광고는 이 규정에도 위배되므로, 광고주나 광고문 작성자는 주체성이 있는 광고를 하여야 한다.

6) 혐오감을 주는 것
방송 광고 언어 중에는 청취자나 시청자에게 혐오감을 주는 것도 있다. 우리 나라 국민은 일상 대화에서도 '죽음'에 관한 화제를 꺼리는 경향이 있다. 공적인 성격을 띠는 광고에서 '죽음'에 관해 표현하는 것은 가급적 피하는 것이 바람직하다.

(140) 제임스 딘은 <u>죽었다</u>. FERRE 페레 한일합섬

예문 (140)은 오래 전에 죽은 미국의 영화 배우인 제임스 딘 (James Dean)의 죽은 사실을 뜻한다. 한편 '제임스 딘'은 미국 영화 배우를 뜻하기도 하고, 우리 나라 모 회사의 의류 제품의 이름을 지시하기도 한다. 후술하겠지만 이와 같이 다른 회사의 이름

을 폄하(貶下)하는 것은 바람직하지 못하다.

19.2.5 화용·담화 분석

방송 광고 언어의 화용·담화 분석상 문제점으로는 성 차별 또는 성에 대한 편견, 소비자의 허영심을 자극하는 것, 선정적인 것, 지역 감정을 유발하는 것, 불신을 조장하는 것, 배타적인 것, 대우법의 연속 규칙에 어긋나는 것, 응집성이 결여되어 있는 것 등을 들 수 있다.

1) 성 차별, 성에 대한 편견

방송 광고 언어 중에는 남성과 여성을 차별하거나, 성에 대한 편견을 함의하고 있는 것이 있다. 이와 같은 광고는 청취자나 시청자에게 성을 차별하게 하고, 성에 대한 편견을 갖도록 하는 역기능을 한다.

다음의 예문 (141)은 주부만이 이사 준비를 하는 것처럼 표현하고 있다. 이것은 성에 대한 차별을 함의하고 있다. 예문 (142), (143), (144) 등은 남편 건강은 남편 스스로 돌보는 것이 아니라 아내가 돌보아야 하는 것으로 표현하고 있다. 또한 (142)는 남편의 건강을 돌보지 않는 아내는 똑똑하지 않은 사람이라는 의미를 함유하고 있다. 그리고 '아내'를 '마누라'라고 속되게 일컫고 있다. 예문 (145)는 남자는 아직도 순수한데 여자는 순수하지 않다는 의미를 함유하고 있다. 이렇듯 예문 (141), (142), (143), (144), (145) 등은 성을 차별하거나, 성에 대한 편견을 함의하고 있다.

(141) 힘들고 짜증나는 이사
　　　주부는 탈출하고 싶다.
(142) 자네 요즘 혈색 좋은데.

똑똑한 마누라 덕이지. 정관장 홍삼을 먹거든.
남편의 마음 속 피로까지 풀어 주세요.

(143) 남편 건강, 주부 하기 나름 아니겠어요?

(144) 남편 활력 이제 문제없어요. 용삼겔이 있잖아요? 이제 피
곤한 남편에게 활기를 찾아 주셔야죠?

(145) 남자는 아직도 순수하다. 트뤄젠.

방송위원회의 '방송 심의에 관한 규정(1997)' 제93조에는 "광고
는 특징 인종, 성별, 종교, 지역, 연령, 계층을 차별하는 편견을
조장하여서는 아니 된다."라고 되어 있다. 광고주나 광고문 작성자
는 위의 예문과 같이 성을 차별하거나 성에 대한 편견을 조장하는
광고를 하지 않아야 한다.

2) 허영심을 자극하는 것

청취자나 시청자에게 허례허식(虛禮虛飾)이나 사치 및 낭비 풍
조를 조장하여서는 아니 되는데, 방송 광고 중에는 소비자의 허영
심을 자극하는 것이 있다. 다음의 예문 (146)은 은연중에 여성
소비자를 자극하여 자기 회사의 제품을 사도록 유인하고 있다. 광
고는 이와 같이 소비자의 허영심을 자극하여 과소비를 하도록 해
서는 안 된다.

(146) 태양은 가늑히 자외선은 멀리
라네즈 유브이 그린 스킨 소프너
여름이 하얘져요.
영화처럼 사는 여자
아모레 라네즈 유브이(UV) 그린

3) 선정적인 것

방송 광고 언어 중에는 선정적인 것이 있다. '방송 심의에 관한 규정(1997)' 제49조에는 "①방송은 불건전하고 부도덕한 남녀 관계를 주된 내용으로 다루어서는 아니 된다. ②방송은 성과 관련된 내용을 지나치게 선정적으로 묘사하여서는 아니 되며, 성을 상품화하는 표현을 하여서는 아니 된다."라고 규정되어 있다.

(147) 전 마른 남자가 좋아요. 오우 그래요? 혀짧은 소리, 귀엽 다아—.

(148) 여자는 촉촉하면 안 되나요?

예문 (147)은 남성을, (148)은 여성을 상품화하여 선정적으로 표현하고 있다. 광고주나 광고문 작성자는 청취자나 시청자의 정서를 해치거나 광고의 품위를 손상하는 광고를 해서는 안 된다.

4) 지역 감정을 유발하는 것

방송 광고 언어 가운데는 지역 감정을 유발하여 광고의 효과를 거두려는 것이 있다. 이러한 광고는 지역 갈등을 조장하므로 매우 문제가 많다. 다음 예문 (148)은 호남인에게 호소함으로써 광고의 효과를 거두려는 데 목적이 있는 것이다. 이와 같이 지역 감정을 자극하는 광고를 해서는 안 된다.

(149) 벌써 반이 넘게 지어졌다는데요. 호남기업이잖아요.

5) 불신을 조장하는 것

광고에 등장하는 인물 간에 상대방을 불신하는 대화를 나누는 것이 있다. 이러한 것은 광고의 효과를 거둘지 모르지만, 간접적으로 청취자나 시청자에게 불신을 조장하는 역기능을 한다. 다음 예문 (150)에서는 광고에 등장하는 인물인 '김희선'이 화장을 했다고 말하는데도, '女'가 그 말을 믿지 않고 세 번에 걸쳐 반문하고 있다. 이 광고를 청취하거나 시청한 사람은 타인을 은연중에 불신하게 될 수도 있다. 광고문 작성자는 국민 정신이나 정서에 미치는 영향을 고려하여 광고문을 작성하여야 한다.

(150) 女 : 아하~안 한 것 같은데
　　　김희선 : 했어.
　　　女 : 에이 안 했지?
　　　김희선 : 했어!
　　　女 : 정말 했어?
　　　끄레앙 B.I 트윈케이크
　　　얇게 바르고 투명하게 표현한다.
　　　얇으니까 안 한 것 같지?
　　　라피네 끄레앙

　6) 배타적인 것
　방송 광고 언어 중에는 자기 회사와 다른 회사, 자기 회사에서 만든 상품과 다른 회사에서 만든 상품 등을 객관적으로 비교하지 않고, 자기 회사가 만든 상품이나 자기 회사가 더 우수함을 표현한 것이 있다.

(151) 더우시죠? 에어컨 켜십시오. 그래도 더우시다고요? 대우 차로 바꾸십시오.
(152) 유명 브랜드가 월등히 많은 롯데의 세일을 놓치지 마십시오.
(153) 잠깐, 우드름을 꼭 확인하세요.
(154) 삼성이 만들면 다릅니다.
(155) 더 좋은 건축 자제 금강
(156) 더 좋은 페인트 고려 페인트
(157) 커피다운 커피, 맥심, 다른 커피는 커피다운 커피가 아님

니다.

예문 (151)은 다른 차의 에어컨에 비하여 대우차의 에어컨이 가장 우수함을 나타낸 광고이다. (152)는 백화점들 중에서 유명 브랜드가 가장 많은 롯데 백화점에서 세일을 실시하니 롯데 백화점에 와서 물건을 사라는 광고이다. 예문 (153)은 우드름의 품질이 가장 우수하니 우드름 상표를 확인하고 사라는 것이다. (154)는 삼성은 다른 기업에 비해 상품을 가장 잘 만든다는 메시지를 전달하는 광고이다. (155)는 금강의 건축 자재가 다른 회사의 제품보다 더 우수함을 내세운 광고이다. (156)도 고려 페인트가 다른 회사의 페인트보다 더 좋다는 것이다. (157)은 다른 회사의 커피는 커피다운 커피라고 하기 어려운데, 자기 회사 제품인 맥심 커피는 커피다운 커피라는 것이다. 예문 (151), (152), (153), (154), (155), (156), (157) 중에서 가장 배타적으로 광고한 것은 (157)이다. 이와 같이 다른 회사나 상품을 직설적으로 비방하는 것은 상도의에 어긋나는 것이다. 광고주나 광고문 작성자는 자신의 회사나 자사 제품을 다른 회사나 다른 회사의 상품과 공정하게 비교하여 우수함이 드러나도록 광고문을 작성하여야 한다.

7) 대우법의 연속 규칙에 어긋난 것
두 사람간에 대화를 나누는 형식으로 이루어진 광고는 대우법 (待遇法)에 맞게 표현하여야 한다. 그런데 일부 광고문 중에는 대우법에 어긋나게 작성된 것이 있다.

(158) 엄마! 일기 써 줘.
　　　 일기는 스스로 써야지.
　　　 딴 애들도 엄마가 써 준단 말야.
　　　 뭐라구?

지금 '글쓰기 나라'를 찾아 주세요.

일기에서 논술까지 혼자서 술술술

글쓰기 습관을 길러 줍니다.

(159) 김) 참기름 차게 두고 쓰면 더 고소하죠.

　　　NA) 급속 냉각 방식으로 만들어 고소합니다. 백설 진한

　　　참기름

　　　김) 음, 금방 짠 거 같네.

　　　NA) 백설 진한 참기름

　　　김) 진해요.

　예문 (158)은 어머니와 자녀가 대화를 하는 형식으로 이루어진 광고이다. 이 광고는 자녀가 그의 어머니에게 '해체'와 '하세요체'를 섞어서 말하는 것으로 되어 있기 때문에 대우법의 연속 규칙에 어긋나게 작성된 것이다. 예문 (159)는 '김'이라는 사람과 'NA'가 나누는 형식으로 되어 있는 광고이다. 이 광고에서 '김'은 '해체'와 '해요체'를 섞어서 말하고, 'NA'는 '하십시오체'와 '해체'로 말하고 있어서 대우법의 연속 규칙에 어긋난다. 상대방에게 말할 적에는 일정한 화계(話階)로 대우법의 연속 규칙에 맞게 하여야 한다.

　8) 응집성이 결여된 것

　접속어나 연결 어미를 정확히 사용하여야 응집성이 있는 글이 된다. 다음 예문 (160)은 밑줄 친 접속어 '그러나'를 잘못 써서 응집성이 결여된 광고문이 되었다. '그러나'를 '그리고'나 '또한'으로 바꾸어야 예문 (160)이 응집성이 있는 광고문이 된다.

(160) 제 자동차요? 호호

　　　지금 사랑에 빠졌어요. 모빌원하구요. 시동은 강력하고[71],

---

71) '시동은 강력하고'는 부자연그러운 표현이다. 이것은 '시동은 강력하게

운전중에 힘이 넘치구요. <u>그러나</u> 승차감은 아주 부드럽게
사랑에 빠질 만하다구요?

19.2.6 몸말 사용

광고의 기능 중 하나는 소비자에게 유익한 정보를 알려 주는 데
있다. 그런데, 어떤 광고는 선정적인 몸말을 구사하여 청소년에게
백해무익(百害無益)한 것도 있다.

(161) 세상이 점점 뜨러워진다. 라헬.
(162) 함께 즐겨요, 피자헛.
(163) 여자의 가슴이 바뀐다. 마이스킨 브라.
(164) 비너스 메이크업 티브라.
(165) 비비안 volume up
(166) Mi-Skin Bra 마이스킨 브라.
(167) 크리스챤 디올.

광고 (161)은 "세상이 점점 뜨거워진다."는 문자 언어와 함께
모델이 아무 말 없이 입술을 루주로 붉게 칠한 채 선정적으로 움
직이고, (162)는 어린이가 젊은이의 키스하는 모습을 가리키는
장면과 더불어 "함께 즐겨요, 피자헛."이라고 말한다. (163),
(164), (165), (166) 등은 여자의 브래지어(brassiere)에 관한
광고이다. (163)과 (164)는 모델이 브래지어만을 한 채 아무 말
없이 브래지어 주위를 돌아가면서 만짐으로써 시청자의 시선을 끌
려고 한다. (165)는 모델이 자신의 브래지어 주위를 만지면서
"난 비바안 volume up이다. 모아 주고 받쳐 주니까."라고 말한
다. (166)은 모델이 브래지어만 한 채 왼손은 오른팔을, 오른손
은 왼팔을 매만진다. (167)은 모델의 엉덩이를 보여 주면서 문자

걸리고'로 바꾸어야 문법에 맞는 발이 된다.

언어로 "여자의 선이 드러난다."라고 표현한다. (161)～(167)은 모두 선정적인 느낌을 주는 광고이다. 이와 같은 광고는 청소년에게 나쁜 영향을 끼치므로 바람직하지 않다.

19.2.7 문자 사용과 표기

텔레비전 자막(字幕)에 쓰인 광고 언어의 문자 사용과 표기상 문제점으로는 일부 시청자가 이해하기 어려운 문자 사용, '한글맞춤법'과 '외래어 표기법'에 어긋나게 표기한 것, 띄어쓰기 규정에 어긋나게 띄어 쓴 것 등을 들 수 있다.

1) 문자

한국인을 대상으로 하는 텔레비전 자막을 통해 광고를 할 경우 한글로 표기하여야 대부분의 시청자가 그 광고 언어를 읽을 수 있을 것이다. 그런데, 광고 중에는 어려운 문자를 사용한 것이 있다. 즉 로마자로만 쓰거나, 한글과 로마자를 병기하거나, 한글과 한자를 혼용하거나, 로마자와 한자를 병기한 것 등이 있다.

'방송 심의에 관한 규정, 제 4장 광고 기준' 제 89조 ④에는 "광고는 그 화면에 상품명 및 기업명(기업 표어 포함)을 외국어로 표현할 때에는 전체적으로 균형을 맞추어 한글을 병기하여야 한다."라고 규정하고 있는데 다음의 보기 (168)～(173)에서는 로마자로만 표기하고 있다. 이것은 방송 심의 규정에 위배되는 것이다. 또한 보기 (174)는 로마자와 한자를 병기하고 있어 방송 심의 규정을 어기고 있다.

(168) PHILIPSHAVE
(169) KID′S PHOTO
(170) TOMBOY
(171) PANASHAVE
(172) WORD ACE

(173) Think Big

(174) Live 生

보기 (175)~(186)은 상품명이나 기업명을 한글과 로마자로 병기하고 있다. 이것은 방송 심의 규정에 어긋나지는 않지만, 한국인을 대상으로 하는 광고에서 굳이 로마자를 사용하는 것은 바람직하지 않다. 왜냐하면 이렇게 표기하는 것은 사대주의의 발로라고 할 수 있거나, 일부 시청자가 그 로마자를 별개의 의미를 나타내는 것으로 오해할 수 있기 때문이다.

(175) KCC 고려화학 KOREA CHEMICAL CO. LTD.

(176) ISTANA 이스타나

(177) Esquire 에스콰이아

(178) 영에이지 YOUNG AGE, SIMPLET 심플리트, Myneline 미네라인

(179) 선우드가구SUNWOOD NETOFIS 네오피스

(180) 제일제당 CHEILJEDANG

(181) IVYNET 아이비네트

(182) HANSOL 한솔

(183) 파워 뱅크 power bank 주택은행

(184) 버팔로 BUFFALO

(185) 랜드로바 LANDROVER

(186) 화이트업 WHITE UP

다음의 보기 (187)~(190)은 한글과 한자를 혼용한 것이다. 한자를 모르는 시청자는 표기된 광고의 의미를 완전히 파악하지 못한다. 가급적이면 한글로 표기하여야 더욱 많은 시청자가 광고를 이해할 수 있다.

(187) 線이 매혹적인 구두 비제바노
(188) 非열처리 맥주
(189) 無限挑戰 달릴수록 믿음이 간다. 뉴프린스.
(190) 新·현모양처

　광고주나 광고문 작성자는 불필요하게 한글 이외의 문자를 사용해서는 안 된다. 메시지의 정확한 전달을 위해 다른 문자를 사용할 경우에는 한글을 반드시 병기하여야 한다.

　2) 맞춤법
　'맞춤법'에 어긋나게 표기하면 일부 시청자가 광고의 의미를 정확히 파악하지 못한다. 다음의 보기 (191)~(193)은 '한글 맞춤법(1988)'에 어긋나게 표기한 것이다.

(191) 다시는 이런 기회 없을 <u>꺼야</u>. 세진 컴퓨터
(192) <u>군산회집</u>
(193) 당신 <u>꺼야</u>. 에센스 샴푸.

　(191)과 (193)의 '꺼야'는 '거야'로, (192)의 '군산회집'은 '군산횟집'으로 바꾸어 표기해야 한다. '거야'는 '것이야'의 준말이다. '횟집'은 한자어 '회(膾)'와 고유어 '집'이 결합하여 이루어진 합성어이다. '한글 맞춤법' 제 30항에는 순 우리말과 한자어로 된 합성어로서 앞말이 모음으로 끝난 경우 뒷말의 첫소리가 된소리로 나는 것은 사이시옷을 받치어 적도록 규정되어 있다. '횟집'은 이 조건에 부합되므로 사이시옷을 앞말 '회'에 받치어 적어야 한다.
다음의 보기 (194)~(200)은 '외래어 표기법(1986)'에 어긋나게 표기한 것이다.

(194) 쌍용 제지 울트라 <u>화인</u>
(195) 크린터치 <u>크린랲</u>
(196) 레모나 파이팅
(197) 대원 스텐레스 보일러
(198) 화이브 미니 FIVE MINI
(199) 썬키스트 훼미리 주스
(200) LG <u>아트비젼</u> 와이드
(201) 두원 빙고 <u>에어콘</u>
(202) 우리능금쥬스

'외래어 표기법(1986)'의 〈표 1〉국제 음성 기호와 한글 대조 표'에는 'f'가 모음 앞에 쓰인 경우 'ㅍ'으로, 자음 앞이나 어말에 쓰인 경우 'ㅍ'로 표기하게 되어 있다. (184)의 '화인'은 '파인'으로, (186)의 '화이팅'은 '파이팅'으로, (188)의 '화이브'는 '파이브'로, '썬키스트 훼미리'는 '선키스트 패밀리'로 표기하여야 한다. (195)의 '크린랲'은 '크린랩'으로 표기하여야 한다. '외래어 표기법' 제4항에는 " 받침에는 'ㄱ, ㄴ, ㄹ, ㅁ, ㅂ, ㅅ, ㅇ'만을 쓴다." 라고 규정하고 있다. 따라서 외해어를 한글로 표기할 때 받침에 'ㄱ, ㄴ, ㄹ, ㅁ, ㅂ, ㅅ, ㅇ' 이외의 자음을 사용해서는 안 된다. (200)의 '아트비젼'은 '아트비전'으로 표기하여야 한다. '비전'은 영어 'vision'을 차용한 외래어이다. 이 단어의 발음 기호는 〔víʒən〕이다. '외래어 표기법' 제 3장 표기 세칙5 제 3항 (3)에는 "어말 또는 자음 앞의 〔ʒ〕는 '지'로 적고, 모음 앞의 〔ʒ〕는 'ㅈ'으로 적는 다."라고 규정하고 있다. 따라서 〔viʒən〕은 '비전'으로 표기해야 한다. (201)의 '에어콘'은 '에어컨'으로 표기하여야 한다. '어어컨'은 영어 'airconditioner'가 왜래어화한 것이다. 'airconditioner'의 발음 기호는 〔ɛəkəndíʃənə〕이다. 이 발음 기호를 '외래어 표기법'에 따라 한글로 표기하면 '에어컨디셔너'이다. '에어컨디셔녀'의 준말은 '에어컨'이다. (202)의 '쥬스'는 '주스'로 적어야 한다. 이 단어는 영어 'juice'가 외래어로 바뀐 것이다. 'juice'의 발음 기호는[dʒuːs]이다. 이것은 '외래어 표기법'에 따라 한글로 표기하면 '주스'이다72)

3) 띄어쓰기

텔레비전 자막에 쓰인 광고 언어 중에는 '띄어쓰기' 규정에 어긋나게 띄어 쓴 것이 있다. 띄어쓰기를 잘못하면 의미가 정확히 전달되지 않는다.

(203) Free Lancer
(204) 비교할수록 자신있다. 포트폴리오 에스콰이아
(205) 100% 우리사과로 만든 농협 우리능금쥬스
(206) 부라운제화(주) 창립기념 고객감사세일
(207) 구포 자유 아파트 1600세대 분양 예정
(208) 아내같은 아파트 쌍용아파트
(209) 영화처럼 사는 여자
(210) 오렌지외에는 아무것도 넣지 않았습니다. 썬키스트 훼미리주스
(211) 포항제철이 세운 포스코 개발은 세계적인 엔지니어링 회사로 발돋움 하고자 합니다.
(212) 경향을 보면 미래가 보인다.
(213) 난 내가 하얗게 지킬거야.
(214) 피부가 원하는 모든 것 NIVEA
(215) 하얀것에도 차이가 있다.
(216) 이-오 한단계 높은 요구루트

---

72) '외래어 표기법' 제 3장 표기 세칙 제 7항에는 "장모음의 장음은 따로 표기하지 않는다."라고 규정되어 있기 때문에 '주우스'라고 적지 않고 '주스'라고 표기하는 것이다.

(217) <u>애인같은</u> 내의 Jockey

(218) 햇볕에 <u>탄데</u>

(219) 옷 <u>잘입는</u> 남자 트류젠

(220) <u>생명중심의</u> 건설 기산

(221) <u>놓칠 수 없는</u> 한국맛 비락식혜

(222) 우리는 <u>숲속으로</u> 간다. LG에어컨

(223) <u>한차원</u> 높은 <u>고객사랑의</u> 실천 매혹의 스포츠카 티뷰론

(224) 세상에 있어서는 <u>안될 일</u>

(225) 다릴땐 다리오

(226) <u>한분주인이면 평생주인</u>

(227) <u>컴맹없는</u> 나라 세진이 만듭니다.

　(203)~(227)을 띄어쓰기 규정에 맞게 띄어 쓰면 다음의 (203)′~(227)′와 같다.

(203)′ Free Lancer→Freelancer

(204)′ 비교할수록 자신있다. →비교할수록 자신 있다.

(205)′ 우리사과→우리 사과

(206)′ 창립기념 고객감사세일→창립 기념 고객 감사 세일

(207)′ 분양예정→분양 예정

(208)′ 아내같은 →아내 같은

(209)′ 영화 처럼 →영화처럼

(210)′ 오렌지외에는→오렌지 외에는

(211)′ 발돋움 하고자 →발돋움하고자

(212)′ 경향을보면 미래가 보인다.→경향을 보면 미래가 보인다.

(213)′ 지킬거야.→지킬 거야.

(214)′ 모든것 →모든 것

(215)′ 하얀것에도→ 하얀 것에도

(216)′ 한단계 →한 단계

(217)′ 애인같은 →애인 같은

(218)′ 탄데→탄 데

(219)′ 잘입는→ 잘 입는

(220)′ 생명중심→생명 중심

(221)′ 놓칠수없는→ 놓칠 수 없는

(222)′ 숲속→숲 속

(223)′ 한차원→한 차원   고객사랑→고객 사랑

(224)′ 안될→안 될

(225)′ 다릴땐→다릴 땐

(226)′ 한번주인이면→한 번 주인이면, 혹은 한번 주인이면[73],
     평생주인→평생 주인

(227)′ 컴맹없는 →컴맹 없는

띄어쓰기를 제대로 하지 않으면 소비자가 의미 파악에 어려움을 겪거나, '띄어쓰기' 규정을 모르는 시청자에게 띄어쓰기를 잘못 가르쳐 주는 역기능도 하게 된다. 따라서 광고문 작성자는 띄어쓰기 규정을 정확히 이해하여 바르게 띄어 써야 한다.

19.2.8 문장 부호 사용

문장 부호도 문자와 같이 의미를 나타내는 상징 기호이다. 그런데 광고 중에는 문장 부호를 잘못 사용한 것이 있다.

(228)「헤어모델」

낫표(「」)는 세로쓰기에 사용하는 문장 부호이다. 가로쓰기에

---

73) '한글 맞춤법' 제 46항에는 "단음절로 된 단어가 연이어 나타날 적에는 붙여 쓸수 잇다."라고 규정되어 있기 때문에 '한 번'을 '한번'으로 붙여 쓸 수 있다.

는 낫표 대신에 작음따옴표(' ')를 사용하여야 한다. 그래서 보기 (228)은 '헤어모델'로 표기하여야 한다. 텔레비전 자막에 표기된 광고 언어는 정보 전달 외에 교육의 기능도 한다. 광고문 작성자는 이러한 점을 유의하여 문장 부호도 바르게 사용하여야 한다.

19.3 결 론

지금까지 이 글에서는 텔레비전과 라디오 방송 광고 언어의 문제점과 해결 방안에 관하여 발음, 단어, 문장, 의미, 화용, 담화, 몸말, 표기 등으로 나누어 음성학, 음운론, 형태론, 통사론, 의미론, 화용론, 담화분석론, 문자론 등 여러 언어학적인 관점에서 고찰하였다.

방송 광고 언어 중에는 다음과 같은 문제를 지닌 것이 있다.

(1) 발음상의 문제점으로 어두에 오는 예사소리를 된소리로 발음하는 것, '에'와 '애'를 똑같이 [E]로 발음하는 것, '오'를 '우'로 발음하는 것, 'ㅣ모음 순행동화'가 된 대로 발음하는 것, 국어를 외국어처럼 발음하는 것, 장음을 단음으로 발음하거나 단음을 장음으로 발음하는 것, 말의 속도가 지나치게 빠른 것 등을 들 수 있다.

(2) 어휘상의 문제점으로는 비표준어 사용, 난해한 외국어·외래어·혼종어·약어의 사용, 유행어와 속어 사용, 진부한 단어 사용, 잘못 만든 단어 사용 등을 들 수 있다.

(3) 문장상의 문제점으로는 비문법적인 문장이나 외국어 번역투 문장을 사용하거나, 외국어를 혼용하는 것이다.

(4) 의미 표현상의 문제점으로는 선정적이거나, 과장되거나, 허위적이거나, 모호하거나, 저속하거나, 사대주의적이거나, 혐오감을 주는 것 등을 들 수 있다.

(5) 화용·담화 분석상의 문제점으로는 성 차별 또는 성에 대한 편견, 소비자의 허영심을 자극하는 것, 선정적인 것, 지역감정을 유발하는 것, 불신을 조장하는 것, 배타적인 것, 대우법의 연속 규칙에 어긋나는 것, 응집성이 결여되어 있는 것 등을 들 수 있다.

(6) 몸말 사용상의 문제점으로는 선정적인 몸말을 구사하는 것이다.

(7) 문자 사용과 표기상의 문제점으로는 일부 시청자가 이해하기 어려운 문자를 사용하거나, '한글 맞춤법'과 '외래어 표기법'에 어긋나게 표기하는 것, 띄어쓰기 규정에 어긋나게 띄어 쓴 것 등을 들 수 있다.

(8) 문장 부호를 잘못 사용하는 것이다.

광고 언어의 여러 문제를 해결할 수 있는 방안은 다음과 같다.

(1) 광고주는 올바른 상도덕을 지키고, 바람직한 국어관을 지녀야 한다. 상업주의에만 빠져 수단과 방법을 가리지 않고 소비자를 설득하여 제품을 팔기 이전에 주체성이 있고 바른 국어로 광고하는 데 심혈을 기울여야 한다. 광고주는 외국어나 모델의 선정적인 몸말 구사로 소비자를 설득하려 하지 말고, 우수한 물품을 생산하여 이해하기 쉽고 품위 있는 우리말로 광고를 하기 위해 힘써야 한다.

(2) 광고문 작성자(copywriter)는 국어의 음운, 어휘, 문법, 화용, 담화, 규칙, 여러 어문 규범—한글 맞춤법. 외래어 표기법, 표준어 사정 원칙, 표준 발음법, 국어의 로마자 표기법—등에 대하여 정확히 알고, 효과적인 광고문(copy)을 작성할 수 있는 사람을 광고문 작성 사원으로 채용하여야 한다. 그리고 표준어를 구사하는 사람을 광고 모델로 삼아야 한다. 광고주와 광고문 작성자는 '방송 심의에 관한 규정(1997) 제4장 광고 기준'에 어긋나지 않는 광고를 하려고 힘써야 한다.

(3) 광고 심의 위원회에서는 더욱 철저히 광고 심의를 하여야 한다. 일정한 심의 기준에 미달하는 언어로 방송 광고를 하지 못하도록 제재(制裁)를 가하여야 한다. 국어학과 광고학에 대한 전문 지식을 갖춘 이를 광고 심의 위원으로 임명하여야 한다.

(4) 일반 소비자인 청취자와 시청자도 문제가 있는 광고 언어를 접할 때마다 간과해 버리지 말고 해당 회사와 방송위원회에 문제점을 지적해 주어야 한다. 이렇게 하면 광고주나 광고문 작성자는 바람직한 광고 제작에 더욱 심혈을 기울일 것이다.

(5) 국회에서는 문제가 있는 광고를 강력히 제재할 수 있는 방송법을 만들어 실행할 수 있도록 하여야 한다. 방송사에서도 문제가 많은 광고는 방송하지 않는 장치를 만들어 실행하여야 한다.

이 연구에서는 청취자와 시청자를 사회 변인—사회 계층, 성별, 세대—에 따라 나누어 방송 광고에 대한 인지(認知) 실태를 고찰하지 않았다. 앞으로 이것에 관한 연구가 이루어져야 방송 광고의 순기능(順機能)과 역기능(逆機能)이 밝혀질 것이다.

참고 문헌

구현정(1997), 대화의 기법, 한국문화사.

김광옥(1997), 동아시아의 방송과 문화, 경인문화사.

김문환(2000), TV 뉴스의 이론과 제작, 다인미디어.

김상준(1986), 방송과 우리말, 정음사.

김상준(1992), 방송 언어 연구, 홍원.

김상준(1996), "고쳐야 할 기사 문장 사례—방송", 신문 방송 기
　　　　　사 문장, 한국언론연구원.

김상준(1997), 방송 언어 연구, 커뮤니케이션북스.

김성길(1998), 방송 진행 소프트, 한울.

김승현(1997), 미디어사회와 투명성, 한울. Gianni Vattimo(1992).
　　　　　The Transparent Society. Policy Press.

김원용(1993), 방송 보도론, 나남.

김인규(1995), 방송 핸드북, 한울.

김주환(1991), "방송에서의 질문 요령", 아나운서 교본, KBS문
　　　　　화사업단.

김택환 외 7인(1994), 취재와 보도, 한국언론연구원.

민현식(1995), 국어 오용 어법의 예방적 지도법 연구(1), 국어교
　　　　　육 89, 한국국어교육연구회.

민현식(1996), 국어 오용 이법의 예방적 지도법 연구(2), 고어교
　　　　　육 91, 한국국어교육연구회.

민현식(1997), 국어 남녀 언어의 사회언어학적 특성 연구, 사회
　　　　　언어학 5-2, 한국사회언어학회.

민현식(1999), "방송언어론", 화법 연구 1, 한국화법학회.

박갑수(1983), 국어의 표현과 순화론, 지학사.

박갑수(1989), "방송 언어의 오용 사례", 아나운서 방송 교본, 한
　　　　　국방송공사.

박갑수(1993). 광고 언어 사용의 기준, 공보처 연구 보고서.

박갑수(1996). 한국 방송 언어론, 집문당.

박갑수(1996). 우리말 바로 써야 한다 (1) (2) (3), 집문당.

박경현(1997). 리더의 화법, 대한문화사.

박소웅(1998). 방송 실무 소프트, 한울.

방송문화진흥회(1997). 다매체 시대의 방송 윤리, 한울아카데미.

방송위원회(1997). 시청자 불만 처리 보고서.

방송위원회(1997). 방송 심의 사례집.

백선기(1997). 텔레비전 뉴스, 한국방송개발원.

부경희(1995). TV 뉴스 보도의 국제 비교 연구, 연구 보고95-
　　　　　10, 한국방송개발원.

서울 YMCA 시청자 시민운동본부(1998). TV 모니터 과정 자료
　　　　　집, 서울 YMCA.

서재원(1991). 뉴스 문장의 이해와 음성 표현, 아나운서 교본,
　　　　　KBS문화사업단.

서재원(1992). 바로 쓰는 우리말 아름다운 우리말, 한길사.

서정섭(1999). 언론과 언어, 북스힐.

심길중(1996). 텔레비전 제작론, 한울아카데미.

이경자·이인희(1997). 방송 보도 실무, 한울.

이석주(1996). "기사 문장의 구성과 표현—방송", 신문 방송 기사
　　　　　문장, 한국언론연구원.

이은희(1998). "말하기 평가 방안에 관한 연구", 논문집 64, 한
　　　　　국국어교육연구회.

이응백(1988). 방송과 언어, 일조각.

이응백·이주행(1997). 말을 어떻게 할 것인가, 현대문학사.

이재경(1996). "뉴미디어 시대의 기사 문장", 신문 방송 기사 문
　　　　　장, 한국언론연구원.

이정숙(1998). 준비된 말이 성공을 부른다, 가야미디어.

이주행(1983), 화법의 원리와 실제, 경문사.

이주행 외(1985), 글을 어떻게 쓸 것인가, 경문사. Hartwell & Bently(1982), *Open to Language*, Indiana University Press.

이주행(1986), 화법의 교수-학습론, 유아출판사.

이주행(1986), "방송 화법의 문제점과 개선 방안", KBS 한국어 연구논문집 11, KBS한국어연구회.

이주행(1987), "방송국에서의 효율적인 화법 교육", 방송 언어 변천사, KBS한국어연구회.

이주행(1988), "스포츠 보도문의 문제점과 개선 방안에 관한 고찰", KBS한국어연구 논문집 19, KBS한국어연구회.

이주행(1988), 한국어 의존명사의 통시적 연구, 한샘출판사.

이주행(1990), "기사의 문제점과 개선 방안", 신문 기사의 문체, 한국언론연구원.

이주행(1992), "신문 기사의 문장", 새국어생활 제5권 제4호, 국립국어연구원.

이주행(1992), 현대국어 문법론, 대한교과서주식회사.

이주행 외(1995), 화법, 금성출판사.

이주행(1995), "방송 출연자의 언어 사용 양상", 국어교육 89, 한국국어교육연구회.

이주행(1996), "기사 문장의 구성과 표현—신문", 신문 방송 기사 문장, 한국언론연구원.

이주행(1996), "문법에 벗어나는 우리말의 용례", 한글사랑 창간호, 한글사.

이주행(1996), 한국어 문법 연구, 중앙대학교 출판부.

이주행(1997), 방송 광고 언어에 관한 연구, 국어교육 94, 한국국어교육연구회.

이주행(1998), "낭독 평가 방안에 관한 연구", 논문집 64, 한국
　　　국어교육연구회.

이주행 ·이규항·김상준(1998), 표준 한국어 발음 사전, 지구문
　　　화사.

이주행(1999), "한국 사회 계층별 언어 특성에 관한 연구", 사회
　　　언어학 7-1, 한국사회언어학회.

이주행(1999), "텔레비전 자막에 쓰인 언어에 관한 연구", 화법
　　　연구1, 한국화법학회.

전영우(1987), 국어화법론, 집문당.

전영우(1996), 토의 토론과 회의, 집문당.

전영우(1997), 대화의 미학, 집문당.

전영우(1998), 신국어화법론, 태학사.

전정례(1999), 언어와 문화, 박이정.

정희자(1999), 대화와 문법, 한신문화사.

한국방송공사 아나운서실(1995), 길라잡이 KBS 한국어, 한국방
　　　송공사.

한국언론연구원(1996), 인터뷰 전문가 19인이 밝히는 인터뷰 기법.

Jack Huber & Dean Diggins(1991). *Interviewing
　　　America's Top Interviewers : Nineteen
　　　Top Interviewers tell all about what they
　　　do*. Carol Publishing Group, Inc.

한정선(1999), 프리젠테이션 오! 프리젠테이션, 김영사.

황경신(1999), 나는 정말 그를 만난 것일까, 소담.

Axtell, Roger E.(1991), *Gestures : Do's and Taboo's of
　　　Body Language around the World*, John
　　　Wiley & Sons, Inc.

Bedrosian, Maggie(1995), *How to Make a Large Group
　　　Presentation*, American Society for Training

and Development, Alexandria, VA.

Bell, A.(1992), *The Language of News Media*, Blackwell.

Carl W. Downs(1986), *Professional Interviewing*, University of Kansas.

Catsis, John R.(1996), *Sports Broadcasting*, Chicago : Nelson-Hall Publishing.

Cohen, Akiba A.(1987), *The Television News Interview*, Newbury Park, Calif : Sage Publications.

Cumings, Bruce(1992), *War and Television*, London : Verso.

Bryan, M.(1962), *Dynamic Speaking*, The Macmillan Company.

Fang, I. E.(1968), *Television News : Writing, Editing, Filming, Broadcasting*, New York, Hastings House.

Gronbeck, B. E., et. al(1995), *Principles of Speech Communication*, HarperCollins College Publishers.

Lester, Paul Martin(1995), *Visual Communication : Image with Messages*, Wadsworth Publishing Company.

O'Conner, J. R.(1981), *Speech*, Prentice-Hall.

Ross, R. S.(1986), *Speech Communication*, Prentice-Hall.

Stewart, J. & Logan, C. E.(1998), *Together : Communicating Interpersonlly*, The McGraw -Hill Companies.

Tannen, D.(1986), *That's not what I meant ! How*

Conversational   Style   Makes   Breaks Relationships, Ballantine Books.

Tanur, Judith M. ed(1992), *Questions about Questions : Inquiries   into   the   Cognitive   Bases   of Surveys*, New   York   :   Russell   Sage Foundation.

방송 심의에 관한 규정

재　　　정 1988년 10월 18일 방송위원회 규칙 제3호
전면개정 1992년 3월 27 방송위원회 규칙 제70호
개　　　정 1994년 12월 23일 방송위원회 규칙 제95호
개　　　정 1995년 10월 27일 방송위원회 규칙 제107호
개　　　정 1995년 12월 22일 방송위원회 규칙 제109호
개　　　정 1997년　9월 10일 방송위원회 규칙 제135호

제1장 총칙

제1조(목적) 이 규정은 방송 법(이하 "법"이라 한다) 제20조에 따라 동법 제17조 제2항 및 제3항 각호의 사항을 정함을 목적으로 한다.

제2조(정의) 이 규정에서 사용하는 용어의 정의는 다음과 같다.

　1. "어린이"라 함은 14세 미만의 자를 말한다.

　2. "청소년"이라 함은 18세 미만의 자를 말한다.

　3. "가족시청시간대"라 함은 19시부터 22시까지를 말한다.

제3조(심의의 범위) ① 방송위원회(이하 '위원회'라 한다)는 방송국이 방송한 다음의 사항을 심의한다.

　1. 방송국이 방송한 내용이 법 제4조가 규정한 방송의 공적 책임을 다하고 있는지의 여부

　2. 방송국이 반송한 내용이 법 제5조가 규정한 방송의 공정성과 공공성을 유지하고 있는지의 여부

② 위원회는 방송국이 방송할 다음의 사항을 심의한다.

　1. 방송용 극영화와 만화영화(비디오물 등 포함).
　　다만, 방송국이 직접 제작하였거나 방송국이 기획하여 제작하게 한 것은 제외한다.

2. 외국에서 수입한 방송물

　다만, 운동 경기 등의 중계물, 보도 관련 방송물, 라디오 방송물은 제외한다.

3. 한국방송광고공사법 제15조의 규정에 의하여 한국방송광고공사가 방송국에 위탁하여 방송하고자 하는 광고물

제2장 기본 원칙

제4조(심의의 기본 정신) ① 위원회가 이 규정에 따라 심의를 할 때에는 방송의 창의성. 자율성. 독립성을 존중하여야 한다.

　② 위원회가 이 규정을 적용할 때에는 사회 통념을 존중하여야 한다.

제5조(공정성의 원칙) ① 방송은 공정하고 객관적이어야 한다.

　② 방송이 사회적인 쟁점이나 이해 관계가 첨예하게 대립된 사안을 다룰 때에는 관련된 집단이나 개인의 의견을 균형 있게 다루어야 한다.

　③ 방송은 특정한 정당이나 집단의 이익·신념 또는 사상을 지지하거나 옹호할 수 없다. 다만, 종교의 선교를 목적으로 허가 받은 방송이, 허가 받은 내용에 따라 방송할 때에는 그러하지 아니하다.

　④ 방송은 계층간. 지역간의 갈등을 의도적으로 조장하여서는 아니 된다.

제6조(공공성의 원칙) ① 방송은 국민이 필요로 하고 관심을 갖는 내용을 다룸으로써 공적 매체로서의 본분을 다하여야 한다.

　② 방송은 국민의 윤리 의식과 건전한 정서를 해치지 않도록 하여야 한다.

제7조(공익성의 원칙) ① 방송은 공공의 이익 증진과 국민의 화합 및 조화로운 국가 발전에 이바지하여야 한다.

　② 방송은 사회적으로 유익한 정보를 제공하고 국민 문화 생활

의 질을 높이는 데 이바지하여야 한다.

제8조(다양성의 제고) ① 방송은 다양한 의견과 사상을 적극적으로 다루어 사회의 다원화에 기여하도록 한다.

② 방송은 국민의 다양한 문화적 관심을 수렴하여야 하며 연령, 성별, 사회 계층 등의 편향된 내용을 전하여서는 아니 된다.

제9조(국민의 알 권리 및 표현의 자유 존중) 방송은 국민의 알 권리와 표현의 자유를 존중하여야 한다.

제10조(자유민주주의의 신장) 방송은 자유민주주의를 신장하고 민주적 기본 질서를 유지하는 데 이바지하여야 한다.

제11조(준법 정신의 고취 등) 방송은 제작·편성에 있어 관계법령을 준수하고 시청자의 준법 정신을 고취하며 위법 행위를 고무 또는 방조하여서는 아니 된다.

제12조(인권의 존중) 방송은 인간의 생명과 존엄성을 존중하고 국민의 기본권을 옹호하며 성별, 직업, 학력, 종교, 연령, 국적 등 모든 면에서 차별 없이 모든 사람의 권리와 명예를 존중하여야 한다.

제13조(민족 주체성의 함양) ① 방송은 민족의 주체성을 함양하고 민족 문화의 창조와 계승, 발전에 이바지하여야 한다.

② 방송은 민족의 존엄성과 긍지를 손상하지 않도록 하여야 한다.

제14조(인류 보편적 가치의 함양) ① 방송은 인류 보편적 가치와 인류 문화의 다양성을 존중하며 종교, 인종, 민족, 국가 등에 관한 편견을 조장하여서는 아니 된다. 특히 타민족이나 타문화 등을 모독하거나 조롱하는 내용을 다루어서는 아니 된다.

② 방송은 국제 친선과 이해의 증진에 이바지하여야 하며 국민이 국제화 시대에 능동적으로 대처하는 데 도움을 주도록 하여야 한다.

제15조(어린이 및 청소년 선도) ① 방송은 어린이와 청소년들이 좋은 품성을 지니고 건전한 인격을 형성하도록 힘써야 한다.

② 방송은 어린이와 청소년의 균형 있는 성장을 해치는 환경으로 부터 그들을 보호하고 유익한 환경의 조성을 위하여 노력하여야 한다.

③ 방송은 어린이와 청소년에 대한 사회의 관심과 이해의 폭을 넓히는 데 이바지하여야 하며, 특히 경제적·사회적·문화적·정신적·신체적으로 어려운 처지에 있는 어린이와 청소년에 대해 지속적인 관심을 갖도록 노력하여야 한다.

제16조(가정 생활의 존중) 방송은 혼인의 신성함과 건전한 가족의 가치를 존중하여야 한다.

제17조(사회 윤리의 신장 및 국민 정서의 존중) ① 방송은 국민의 올바른 가치관과 규범의 정립, 사회 윤리 및 공중 도덕의 신장에 이바지하여야 한다.

② 방송은 건전한 시민 정신과 생활 기풍의 조성에 힘써야 하며 음란, 퇴폐, 폭력, 마약, 음주, 흡연, 미신, 사행 행위 등의 내용을 다룰 때에는 국민의 정서와 생활에 해가 되지 않도록 신중을 기하여야 한다.

제18조(바른 언어 생활) 방송은 바른 말을 사용하여 국민의 바른 언어 생활에 이바지하여야 한다.

제19조(환경 보호) 방송은 환경 보호에 힘써야 하며 자연 보호 의식을 고취하여야 한다.

제20조(시청자 보호) ① 방송은 시청자의 생활 시간대를 고려하여 방송 순서에 적정을 기하여야 한다. 특히 가족 시청 시간대에는 가족 구성원간의 정서와 윤리의 수준 차이를 고려하여야 한다.

② 어린이 및 청소년 시청 시간대에는 시청 대상자의 정서 발달 과정을 고려하여야 한다.

③ 방송은 시청자의 반론권을 존중하고 방송 제작 등에 시청자의 의견을 반영하는 등 시청자의 참여 확대를 위하여 노력하여

야 한다.

제3장 방송 순서 기준

제21조(공정성) ① 방송은 민주적 여론 형성에 이바지하여야 하며 사회 각계각층의 의견을 균형 있게 다루어야 한다.

② 방송은 진실을 왜곡하지 아니하고 사실을 객관적으로 공정하게 다루어야 한다.

③ 방송은 대립되고 있는 정치, 경제, 사회, 문화 등에 관한 문제를 공정하게 다루어야 하며, 특정 단체나 개인에 편향되지 않도록 하여야 한다.

④ 방송은 편집 과정에서 의도적인 방법으로 사실을 왜곡 표현하여서는 아니 된다.

제22조(재판이 계속 중인 사건) 방송은 재판이 계속중인 사건을 다룰 때에는 판결에 영향을 주지 않도록 하여야 하며, 이와 관련된 심층 취재는 공공의 이익을 해치지 않도록 하여야 한다.

제23조(사실 보도와 해설 등의 구별) 방송은 사실 보도와 해설·논평 등을 구별하여야 하고, 해설이나 논평 등에 있어서도 사실의 설명과 개인의 견해를 명백히 구분하여야 하며, 해설자 또는 논평자의 이름을 밝혀야 한다.

제24조(출처 명시) 방송은 확인되지 않은 사실을 보도하거나 다른 매체의 보도를 인용할 때에는 그 출처를 밝혀야 한다.

제25조(보관 자료 명시) 방송은 보도 내용의 설명을 위하여 보관 자료를 사용할 때에는 그것이 제작된 시기와 보관 자료임을 밝혀야 한다. 다만, 일반적으로 시청자들이 보관 자료임과 제작 시기 등을 명백히 알 수 있는 경우는 예외로 한다.

제26조(생방송과 녹음 녹화방송의 구별) 시사·보도·토론·운동 경기 중계 등의 프로그램 또는 그 내용 중에서 사전 녹음·녹화

방송일 때에는 생방송으로 오인되지 않도록 하여야 한다.

제27조(통계 인용 보도) 방송은 통계를 인용하여 보도할 때에는 조사 기관, 의뢰 기관, 조사 방법, 조사 기간 및 오차 한계 등을 밝혀야 한다.

제28조(오보 정정) 방송은 보도한 내용이 오보로 판명되었을 때에는 지체 없이 정정방송을 하여야 한다.

제29조(선거 방송) 선거방송에 관한 사항은 선거방송심의에 관한 특별 규정에 의한다.

제30조(정치인 출연) ① 방송은 공직선거 및 선거부정방지법의 규정에 의하여 선출된 자와 정당 간부(이하 '정치인'이라 한다.)를 출연시킬 때에는 공정성의 원칙에 따라 균형을 유지하여야 한다.

② 방송은 정치인을 보도프로그램이나 토론 프로그램의 진행자, 또는 연속되는 프로그램의 고정 진행자로 출연시켜서는 아니 된다.

제31조(토론프로그램) ① 토론프로그램은 출연자에게 발언의 기회를 공평하게 부여하고, 의견이 충분하게 개진될 수 있도록 하여야 한다.

② 토론프로그램은 토론의 결론을 의도적으로 유도하여서는 아니되며, 예고된 토론 참가자가 불참하였을 때에는 그 사유를 밝혀야 한다.

제32조(사생활 보호) ① 방송은 개인의 사생활이 침해되지 않도록 하여야 한다.

② 방송은 개인의 초상권이 침해되지 않도록 신중을 기하여야 한다.

제33조(명예 훼손 금지) ① 방송은 개인 또는 단체의 명예를 손상하여서는 아니 된다.

② 방송은 죽은 사람의 명예도 존중하여야 한다.

③ 제1항 및 제2항의 경우에 그 내용이 사실로서 공공의 이익

을 위하는 것일 때에는 예외로 한다.

제34조(인명의 존중) 방송은 살인, 고문, 폭력, 사형(私刑), 부녀자 및 어린이의 학대, 인신 매매, 유괴 등 인명을 경시하는 잔혹한 행위를 긍정적으로 다루어서는 아니 되며, 육체나 정신상의 고통을 상세하게 자극적으로 묘사하여서도 아니 된다.

제35조(노동의 가치 존중) 방송은 노동의 가치와 직업의 존귀함을 부정적으로 다루어서는 아니 된다.

제36조(장애인 등 보호) 방송은 심신장애인 또는 사회적으로 소외받는 사람들을 다룰 때에는 인권이 최대한 보호되도록 표현에 유의하여야 한다.

제37조(인권 침해 금지) ① 방송은 사회고발성 내용을 다룰 때에는 부당하게 인권 등을 침해하여서는 아니 되며, 강제 수색, 답변 강요, 유도 신문 등을 하여서는 아니 된다.

② 방송은 공개적인 방법으로 취재하는 것을 원칙으로 하며, 그러하지 못할 경우에는 공공목적에 부합되어야 한다.

③ 방송은 피고인, 피의자, 범죄 혐의자에 관한 내용을 다루거나 면담 등을 할 때에는 공익상 필요한 경우에 한하여야 하며, 이를 다룰 때에도 범죄 행위가 과장되거나 정당화되지 않도록 하여야 한다.

제38조(공개 금지 사항) ① 방송은 다음 사항을 공개하여서는 아니 된다.

1.미성년이 피고인, 피의자, 또는 혐의자의 이름, 주소, 얼굴 화면 등 본인임을 알 수 있는 내용

2.성폭행을 당한 부녀자의 이름, 주소, 얼굴 화면 등 본인임을 알 수 있는 내용

3.범죄 등 명예스럽지 못한 사건에 직접 관계되지 않은 개인 또는 단체의 이름

4.피고인, 피의자 또는 혐의자의 보호자 및 친·인척의 인적 사항

5.범죄 용의자의 인적 사항

② 방송은 범죄 사건의 제보자, 신고자, 고소·고발인 및 증인 등의 이름, 주소, 얼굴 화면 등 본인임을 알 수 있는 내용을 본인의 동의 없이 다루어서는 아니 된다.

③ 제1항 제3호 내지 제5호와 제2항의 경우에 그 내용이 공익상 필요하다고 인정될 때에는 예외로 한다.

제39조(범죄 사건) ① 방송은 범죄의 피고인 또는 피의자에 대하여 법원의 확정판결이 있기까지는 범인으로 단정하는 표현을 하여서는 아니 된다.

② 방송은 범죄의 피고인 또는 피의자에 대하여 보도할 때에는 수갑 등에 묶이거나 수의복 등을 입은 상태가 정면으로 근접촬영된 장면을 방송하여서는 아니 된다.

방송은 시효가 만료된 범죄 사건을 다룰 때에는 당사자의 사회 활동에 지장을 주지 않도록 유의하여야 한다.

제40조(신앙의 자유 존중) 방송은 신앙의 자유를 존중하여야 하며 특정 종교 및 종파를 비방하거나 종교 의식을 조롱 또는 모독하여서는 아니 된다.

제41조(역사물) 방송은 역사적 사실을 소재로 다룰 때에는 고증에 철저를 기하여 역사적 사실이 왜곡되지 않도록 유의하여야 한다.

제42조(공경심과 우애심) 방송은 어린이와 청소년이 어른을 공경하고 가족과 이웃을 사랑하는 마음을 배양할 수 있도록 하여야 한다.

제43조(청소년의 정서 보호) 방송은 청소년의 정서를 해치는 괴성이나 지나치게 소란스런 행위 등의 화면이나 음향을 억제하여야 한다.

제44조(생활 수준의 표현) 방송은 어린이와 청소년에게 생활 수준 등의 격차로 빚어지는 열등감을 갖지 않도록 유의하여야 한다.

제45조(모방성·사행심) ① 방송은 초인적 행위, 심령술 등 어린이가 흉내내어서는 아니 될 내용은 되도록 삼가야 한다.

② 방송은 어린이에게 경품이나 상품을 주게 될 때에는 사행심이 조장되지 않도록 유의하여야 한다.

제46조(어린이 수용 수준) ① 어린이의 교육적 효과를 위한 방송에서는 진행자의 전문성을 고려하여야 한다.

② 방송은 어린이 시청 시간대에는 어린이의 수용 수준에 적합한 내용을 방송하도록 유의하여야 한다.

제47조(어린이 출연) 방송은 어린이를 그 품성과 정서를 해치는 배역에 출연시켜서는 아니 된다.

제48조(고지) 방송은 어린이와 청소년의 정서를 해칠 우려가 있는 성, 폭력, 범죄 등과 관련된 내용을 다룰 때에는 그들이 시청하기에는 부적합하다는 내용을 사전에 알려야 한다.

제49조(성 규범) ① 방송은 불건전하고 부도덕한 남녀관계를 주된 내용으로 다루어서는 아니 된다.

② 방송은 성과 관련된 내용을 지나치게 선정적으로 묘사하여서는 아니 되며 성을 상품화하는 표현을 하여서도 아니 된다.

제50조(폭력 및 폭력 묘사) ① 방송은 시청자에게 지나친 충격 또는 불안감을 주어서는 아니 되며, 잔인하거나 비참한 내용 및 미성년자의 범죄를 다룰 때에는 신중을 기하여야 한다.

② 방송은 폭력 행위 등을 지나치게 묘사하거나 범죄의 결과를 긍정적으로 표현하여서도 아니 된다.

제51조(전개상의 표현) ① 방송은 그 결말이 권선징악의 내용이라 하더라도 그 전개 과정에서 퇴폐, 비리, 폭력, 선정, 약물 복용 등을 긍정적으로 묘사하여서는 아니 된다.

② 방송은 음주 또는 흡연 행위를 다룰 때에는 그 표현에 신중을 기하여야 하며, 내용 전개상 필요한 경우라 하더라도 이를 지나치게 묘사하여서는 아니 된다.

제52조(범죄 수법 묘사) 방송은 범죄의 수단과 흉기의 사용 방법 또는 약물 사용의 묘사에 신중을 기하여야 하며, 이 같은 방법이 모방되거나 동기가 유발되지 않도록 유의하여야 한다.

제53조(사건, 사고 등에 관한 방송) 방송은 사건, 사고, 재난, 등과 관련된 내용을 다룰 때에는 그 역기능을 고려하여 시청자에게 지나친 충격이나 불안감을 주지 않도록 하여야 하며, 퇴폐적이거나 선정적인 내용은 그 표현에 유의하여야 한다.

제54조(허례와 사치) 방송은 허례허식이나 사치 및 낭비 풍조를 조장하여서는 아니 된다.

제55조(비과학적 생활 태도 조장 금지) 방송은 미신 또는 비과학적 생활 태도를 조장하여서는 아니 되며 사주, 점술, 관상, 수상 등을 다룰 때에는 이것이 인생을 예측하는 보편적인 방법으로 인식되지 않도록 하여야 한다.

제56조(잡담, 사담 등) 방송은 공공의 질서와 선량한 풍속을 해칠 우려가 있는 잡담이나 공중에게 유익하지 않은 사담을 하지 않도록 유의하여야 한다.

제57조(성기, 성병 등의 표현) 방송은 성기, 성병 또는 피임 등에 관한 내용을 다룰 때에는 저속한 표현 등으로 혐오감을 주어서는 아니 된다.

제58조(의료 행위 등에 관한 방송) ① 의료 행위나 약품에 관한 방송은 과학적 근거를 가지고 다루어야 한다.

② 방송은 의료 목적 이외의 환각제, 각성제, 마약 등의 사용을 긍정적으로 다루어서는 아니 된다.

③ 방송은 편지, 엽서, 전화 등의 방법으로 의학 상담을 할 때에는 시청자가 증상에 대한 오해를 하지 않도록 하여야 한다.

④ 방송은 의료 행위나 약품 등과 관련한 사항을 다룰 때에는 시청자를 불안하게 하거나 과신하게 하는 단정적인 진단이나 처방을 하여서는 아니 된다.

제59조(언어 생활) ① 방송은 바른 언어 생활을 해치는 억양·어조 및 비속어·은어·유행어·조어·반말 등을 사용하여서는 아니 되며, 사투리나 외국어 또는 외래어를 사용할 때에는 국어 순화의 차원에서 신중하여야 한다.

② 방송 언어는 원칙적으로 표준어를 사용하고, 특히 고정 진행자는 표준어를 사용하여야 하며, 사투리를 사용하는 인물의 고정 유형을 조성하여서는 아니 된다.

제60조(모방 금지) 방송은 타 작품을 표절하거나 현저하게 모방하여서는 아니 된다.

제61조(출연자 등에 대한 예의) 방송은 출연자나 시청자에게 품위와 예의를 지켜야 한다.

제62조(뉴스 형식의 표현) 방송은 극중효과를 위해 뉴스형식이나 각종 자료를 사용할 때에는 보도방송으로 오인되지 않도록 하여야 한다.

제63조(간접광고 등 금지) ① 방송은 특정 상품이나 기업, 영업 장소 또는 공연 내용 등에 관한 사항을 구체적으로 소개하거나 의 도적으로 부각시켜 광고 효과를 주어서는 아니 된다.

② 방송은 정보의 전달을 목적으로 특정 업체 또는 특정 상품을 소개할 때에는 경쟁 업체나 경쟁 상품에 불이익을 주지 않도록 하여야 한다.

③ 방송은 신업종 또는 신상품에 관한 생활 정보를 소개할 때에는 관련 업체를 필요 이상으로 부각시켜서는 아니 되며, 신업종 또는 신상품에 관한 일반적인 정보에 한하여야 한다.

④ 중계 방송을 할 때에는 특정 업체나 상품의 로고 또는 현수막 등 광고 효과를 주는 내용을 의도적으로 반복하여 보여 주어서는 아니 된다.

⑤ 방송은 광고 효과가 날 수 있는 광고물을 방송 내용에 사용하여서는 아니 되며, 특정 상품의 상업광고문 또는 광고노래를

연상시키는 표현을 하여서도 아니 된다.

제64조(사행 행위) 방송은 사행 행위를 조장하거나 과다한 상금 또는 상품으로 요행심을 자극하여서는 아니 된다. 위원회는 필요한 경우 현상금품의 금액과 수량의 범위를 정할 수 있다.

제65조(시상품) ① 방송은 출연자, 방청인 및 시청자에게 주는 상품 등에 대한 액수가 과도하지 않도록 하여야 한다. 위원회는 필요한 경우 상품 등에 대한 액수의 범위를 정할 수 있다.

② 방송 내용에서 시상품 등을 소개할 때에는 해당 상품에 광고 효과를 주는 수식어를 사용하여서는 아니 된다.

제66조(스포츠 방송) ① 스포츠 방송은 특정 팀이나 선수 개인을 편파적으로 다루어서는 아니 되며 선수 등 개인의 인격과 팀의 명예 등을 훼손하여서는 아니 된다.

② 스포츠 방송은 사행심이나 배금사상을 조장하여서는 아니 되며, 국민 정서에 반하여 선정적인 내용을 방송하여서는 아니 된다.

③ 방송은 운동 경기를 중계할 때에는 되도록 우리말 용어를 사용하도록 하여야 한다.

제67조(오락물) ① 방송은 비속한 소재를 주된 내용으로 삼아서는 아니 된다.

② 방송은 내용 전개상 필요한 경우라 하더라도 동물을 학대하거나 살상하는 장면을 다룰 때에는 그 표현에 신중하여야 한다.

③ 방송은 성적 충동을 유발하는 불건전한 내용의 게임이나 쇼를 구성하여서는 아니 된다.

제68조(제작 국가 등의 표시) 방송은 영상으로 제작된 국내·외의 각종 기록물과 영화에는 제작 국가·제작사 및 제작년도를 밝히는 것을 원칙으로 한다.

제69조(음악 방송) 음악 방송은 건전한 문화 환경을 저해하는 내용이어서는 아니 된다.

제70조(예고 방송) ① 예고 방송은 본 프로그램을 대표할 수 있는 것이어야 하며 전체 이야기가 오인될 수 있는 내용으로 구성하여서는 아니 된다.

② 방송은 프로그램을 예고할 때에는 그 시청 시간대에 적합한 윤리적 수준을 고려하여야 한다.

③ 방송은 방송으로 예고한 프로그램을 방송하지 못하거나 못하였을 때 또는 예고한 내용과 다르게 방송하거나 하였을 때에는 그 사유를 밝혀야 한다.

제71조(어린이 대상 광고 제한) ① 방송은 어린이 프로그램의 진행자나 인물 주인공 또는 만화 주인공을 이용한 광고를 당해 방송 순서 광고 시간이나 그 전후 토막 광고 시간에 방송하여 어린이에게 프로그램과 혼동하게 하여서는 아니 된다.

② 어린이를 대상으로 하는 방송 순서의 광고 시간이나 그 전후 토막광고 시간에는 어린이 의약품의 광고를 하여서는 아니 된다.

제72조(광고 시간대 제한) ① 방송은 미성년자 관람 불가 영화, 비디오물 및 공연물의 광고 등 어린이 · 청소년에게 부적합한 광고를 어린이 · 청소년 프로그램의 전후에 방송하여서는 아니 된다.

② 주류의 광고는 다음 각 호의 기간에 방송할 수 있다.

1. 텔레비전 광고 : 22시 이후

2. 라디오 광고 : 13시 이후. 다만, 13시 이후라도 어린이 · 청소년 프로그램의 전후에는 방송할 수 없다.

제73조(심의 미필 등 방송물 방송 금지) 방송국은 제121조 제1항 제1호의 결정을 받지 아니한 방송물, 결정을 받은 내용과는 다른 내용 및 제124조 제4항에서 정한 유효 기간이 지난 방송물을 방송하여서는 아니 된다. 영화 예고 방송의 경우에도 또한 같다.

제 4장 광고 기준

제74조(공공성) 방송용 광고 (이하 '광고'라 한다)는 기업간의 공정한 경쟁과 상도덕을 높이고 국민의 복지와 건전한 소비 생활에 편익을 주도록 하여야 한다.

제75조(합법성과 상호 합의 존중) ① 광고는 법령을 준수하여야 하며 합법적이어야 한다.

② 광고는 법령에서 광고를 금지하고 있는 경우 또는 법령에서 금지된 내용을 다루어서는 아니 된다.

③ 광고는 위법 행위를 조장하여서는 아니 된다.

④ 광고는 기업과 사회단체 또는 국제단체간의 합의를 존중하여야 한다.

제76조(국민 감정) 광고는 국민의 자존심과 감정을 해치지 않도록 하여야 한다.

제77조(광고주 표시) ① 광고는 광고주를 밝혀야 한다.

② 국내에서 일반적으로 인지되고 있는 상품명을 밝힌 경우에는 제1항의 광고주를 밝힌 것으로 본다.

제78조 (광고 형태) 한 건의 광고 시간을 분할하여 광고할 수 없다.

제79조 (방송 순서와의 구별) ① 광고는 방송 순서와 명확히 구별되어야 한다.

② 방송 순서의 주요 고정 출연자를 등장시킨 광고는 방송중인 해당 방송 순서의 상황과 흡사하게 표현하여서는 아니 된다.

제80조 (진실성) ① 광고는 진실하여야 하며 허위 또는 기만적이어서는 아니 된다.

② 광고는 소비자가 오인할 다음의 표현을 하여서는 아니 된다.

1.사실이 아니거나 근거가 불확실한 표현.

2.성분, 재료, 함량, 규격, 효능 등에 대하여 소비자가 오인할

우려가 있는 표현.

3.난해한 전문용어 등을 이용하여 소비자를 현혹하는 표현.

4.부분적으로는 사실이지만 전체적으로 소비자가 오인할 우려가 있는 표현.

③ 광고는 중요한 정보를 생략함으로써 소비자를 오도하여서는 아니 된다.

④ 광고는 외국제품을 국내제품으로 또는 국내제품을 외국제품으로 오인하게 하는 표현을 하여서는 아니 된다.

제81조(입증) ① 광고에서 소비자에게 중요한 영향을 끼치는 객관적 주장은 입증되어야 한다.

② 입증은 공신력 있는 자료로써 하여야 하며 신뢰성과 타당성이 있어야 한다.

제82조 (실연 · 실험 · 조사) ① 실연, 실험, 조사 등을 이용한 광고는 객관적 타당성이 있어야 한다.

② 실연, 실험, 조사 등을 이용한 광고에서는 연출이나 재연 등을 할 경우 그것이 연출이나 재연 등임을 밝혀야 한다. 다만, 소비자가 연출이나 재연 등임을 명백히 알 수 있는 경우에는 그러하지 아니한다.

제83조 (상품 등 비교) ① 경쟁 관계에 있는 상품 · 용역 또는 기업을 비교하는 광고는 진실하고 공정하여야 한다.

② 광고는 경쟁 관계에 있는 상품 · 용역 또는 기업을 비교의 목적으로만 밝히아 하며 부당하게 비방하거나 배척하여서는 아니 된다.

③ 경쟁 관계에 있는 상품 · 용역 또는 기업을 비교하는 광고는 비교의 기준을 정확히 밝혀야 하며 부분적인 비교로써 전체적인 우위를 주장하여서는 아니 된다.

제84조(모방 · 표절) 광고는 다른 광고를 현저하게 모방하거나 표절하여서는 아니 된다.

제85조(성명·초상) 다른 사람의 이름이나 초상을 사용한 광고는 그 사용에 동의가 있음을 증명하여야 한다. 다만, 역사적 인물인 경우에는 그러하지 아니하다.

제86조(추천·보증) ① 광고에 사용되는 추천이나 보증은 전체적으로 진실되어야 한다.

② 추천이나 보증에 담긴 주장은 그것을 뒷받침할 만한 객관적 자료를 제시할 수 있어야 한다.

③ 전문인의 그 전문 분야에 관한 추천이나 보증은 그 집단의 대표성을 입증하여야 한다.

제87조 (품위) 광고는 시청자의 정서를 해치거나 광고의 품위를 손상하는 다음의 표현을 하여서는 아니 된다.

1. 반사회적 행동을 조장하는 내용
2. 음란하거나 선정적인 내용
3. 신체적 결함, 약점 등을 조롱 또는 희화화하는 내용
4. 시청자의 정서를 지나치게 불안정하게 하는 내용

제88조(안전) 광고는 정상적인 안전을 해치는 표현을 하여서는 아니 된다.

제89조(언어) ① 광고는 우리말의 표준어를 사용하는 것을 원칙으로 하며, 한글 맞춤법 및 외래어 표기법을 준수하여야 한다.

② 광고는 바른 언어 생활을 해치는 비속어·은어·조어를 사용하여서는 아니 된다.

③ 광고는 불필요한 외국어를 사용하거나 외국어 및 외국인 어투를 남용하여서는 아니 된다.

④ 광고는 그 화면에 상품명 및 기업명(기업표어 포함)을 외국어로 표현할 때에는 전체적으로 균형을 맞춰 한글을 병기하여야 한다.

제90조 (음악) ① 광고에서는 외국어로 된 광고 노래를 사용할 수 없다.

② 광고에서는 외국어 가사가 붙은 배경음악을 사용할 때에는 상업문 없이 그 외국어 가사가 계속적으로 크게 들리도록 하여서는 아니 된다.

③ 광고는 동요 또는 민요를 개사하거나 편곡하여 사용하여서는 아니 된다.

제91조(국가 등의 존엄성) ① 광고는 국기, 국가 등 국가적 존엄성을 유지할 필요가 있는 상징이나 인물을 모독하여서는 아니 된다.

② 공기관의 명칭 또는 시설 등을 이용한 광고는 그 사용에 동의가 있음을 증명하여야 한다.

제92조(출연 제한) 국가 공무원법 또는 지방 공무원법에 의한 공무원은 광고에 출연할 수 없다. 다만, 다음 각 호의 1에 해당하는 경우에는 그러하지 아니하다.

1. 공익을 목적으로 한 광고에 출연하는 경우
2. 법령 또는 선거관리위원회의 결정에 따른 정치광고에 출연하는 경우
3. 공무소의 홍보를 위하여 제작한 광고에 출연하는 경우

제93조(편견) 광고는 특정 인종, 성별, 종교, 지역, 연령, 계층을 차별하는 편견을 조장하여서는 아니 된다.

제94조(어린이·청소년) ① 광고는 어린이 및 청소년의 품성과 정서, 가치관을 해치는 표현을 하여서는 아니 된다.

② 광고는 어린이 보호를 위하여 다음의 표현을 하여서는 아니 된다.

1. 어린이가 상품과 관련된 상업문 또는 광고노래를 전달하는 표현
2. 어린이의 건강과 바른 식생활을 해치는 표현
3. 어린이가 그 상품을 갖지 못하면 열등감을 갖거나 다른 어린이로부터 조롱의 대상이 된다는 표현
4. 어린이가 상품을 구입하도록 충동하거나 부모 또는 다른 사람

에게 상품을 사 달라고 요구하도록 자극하는 표현

5. 어린이의 사행심을 조장하는 표현

6. 어린이를 위험한 장소에 있게 하거나 위험한 행동을 취하게 하는 표현

③ 장난감, 게임기 기타 어린이를 대상으로 하는 광고는 어린이 의 판단력과 경험을 고려하여 다음의 표현을 하여서는 아니 된다.

1. 장난감이 기계적으로 움직이는지, 수동적으로 움직이는지 분명하지 않은 표현

2. 장난감과 실제 물건(예. 장난감 자동차와 실물 자동차)이 혼동될 수 있는 소리나 표현

제95조 (자연 보호) ① 광고에서 "무공해", "저공해" 등 환경적 효능에 관한 표현을 할 때에는 이를 구체적이고 정확하게 표시하여야 한다.

② 광고는 동물을 살상하거나 학대하는 표현을 하여서는 아니 된다.

제96조(경품류 및 할인 특매) 경품류 및 할인 특매에 관한 광고는 시행 기간 및 내용을 명시하여 소비자에게 구체적인 정보를 제공할 수 있어야 한다.

제97조(미끼 제공) 광고는 판매의 목적이 아닌 상품이나 용역을 제공함으로써 더욱 고가의 상품이나 용역을 구매하도록 유인하여서는 아니 된다.

제98조 (통신 판매) ① 통신 판매로 상행위가 이루어지는 상품이나 용역의 광고에서는 광고주의 소재지를 정확하게 밝혀야 한다.

② 통신 판매의 광고에서는 배달에 소요되는 기간 및 비용 등을 정확하게 밝혀야 한다.

제99조 (식품) ① 식품(특수영양식품, 건강보조식품을 포함한다. 이하 같다.) 광고는 국민의 건강을 위하여 소비자를 기만하거나

오인하게 하는 다음의 표현을 하여서는 아니 된다.

1. 제품 품목 또는 성분에 관하여 허가를 받거나 신고한 사항과 다른 표현

2. 질병의 예방이나 치료에 효능이 있다거나 의약품으로 오인하게 하는 표현

3. 각종의 감사장·상장이나 체험기 등을 이용하거나 "구입·주문 쇄도", "단체 추천" 또는 이와 유사한 표현

4. "최고", "가장 좋은", 또는 "특" 등의 표현이나 "특수제품" 등의 모호한 표현으로 소비자를 현혹시키거나 현혹시킬 우려가 있는 표현, 이 경우 외국어 중 "베스트", "모스트", "스페셜" 등도 같다.

5. 화학적 합성품의 경우 그 원료의 명칭 등을 사용하여 화학적 합성품이 아닌 것으로 오인하게 하는 표현

6. 보건복지부 장관이 정하는 기준 미만의 원료를 함유하고 있는 식품에 대하여 그 원료를 표시하는 도안이나 사진을 사용하여 소비자가 제품의 성분을 오인하도록 하는 표현

7. 판매 사례품 또는 경품 판매 등 사행심을 조장하는 표현. 다만, 독점 규제 및 공정 거래에 관한 법률에 의하여 허용되는 경우는 그러하지 아니하다.

② 어린이를 대상으로 하는 가공식품의 광고에서는 그 상품이 정상적인 식사를 대신할 수 있다는 표현을 하여서는 아니 된다.

③ 어린이를 대상으로 하는 식품광고에서는 그 상품이 모유를 대체할 수 있다는 표현을 하여서는 아니 된다.

제100조(의약품 등) ① 의약품·의약부외품·화장품·의료용구 또는 위생용품(이하 "의약품 등"이라 한다)의 광고는 국민의 건강을 위하여 효능이나 성능을 과장하거나 그 오용과 남용을 조장하여서는 아니 된다.

② 의약품 등의 광고는 효능과 성능을 오인하게 할 다음의 표현을 하여서는 아니 된다.

1. 효능이나 성능에 관하여 허가를 받거나 신고한 사항 외의 표현. 다만, 보건복지부장관이 인정하는 공정서 또는 의약품집에 실려 있는 내용이나 의학적, 약학적으로 공인된 임상 결과 등 근거 문헌을 인용하는 경우에는 그러하지 아니하다.

2. 사용 전·후의 비교 등으로 그 사용 결과를 표시 또는 암시하는 표현

3. 사용자의 감사장이나 체험담을 이용하는 표현 또는 "구입·주문 쇄도" 기타 이와 유사한 표현

4. 의사, 치과의사, 한의사, 약사 또는 기타 이와 유사한 자가 이를 지정·공인·추천·지도 또는 사용하고 있다는 표현

5. 의약품이 아닌 제품을 의학적·약학적인 치료 효과가 있는 것처럼 표현하거나 의약품으로 오인하게 하는 표현

6. "확실히 보증한다"라는 내용 등의 표현이나 "최고", "가장 좋은" 등의 표현

7. 주성분이 아닌 성분의 효능·효과에 관한 표현

③ 의약품 등의 광고는 오용과 남용을 조장할 다음의 표현을 하여서는 아니 된다.

1. 부작용이 있는 의약품에서 그 부작용을 부정하는 표현 또는 부당하게 안전성을 강조하는 표현

2. 광고 대상을 효능·효과와 무관하게 특정 대상자에게 한정하는 표현

3. 의약품을 의약품이 아닌 것으로 오인하게 하는 표현

4. 의약품의 효능·효과와 관련되는 병증상이나 수술 장면의 위협적인 표현

④ 의약품 등의 광고는 다음의 표현을 하여서는 아니 된다.

1. 제품명을 사용한 노래

2. 제품명의 연호

3. 현상품·사은품 등 경품류의 제공

⑤ 의약품 등의 광고에서는 의사·치과의사·한의사·약사·간호사 및 보조인 또는 기타 이와 유사한 자(모델의 분장 포함)를 광고 모델로 사용할 수 없다.

⑥ 다음의 의약품 등의 광고는 하여서는 아니 된다.

1.성병,성기 및 부인과 질환에 관한 의약품과 기구

2.피임기구 및 약품

3.별표의 의약품

⑦ 의약품의 광고는 표준소매가격과 보건복지부 장관이 정하는 사항을 표시하여야 한다.

제101조(농약) ① 농약 광고는 농약의 오용과 남용을 방지하고 생활 환경을 보존하기 위하여 다음의 표현을 하여서는 아니 된다.

1.농약의 명칭,제조 방법에 관하여 오해를 가져올 수 있는 표현

2.농약의 사용을 직접적으로 강요하는 표현

3.농약의 오용과 남용을 조장할 우려가 있는 표현

4.농촌진흥청(소속시험장,연구소 및 도농촌진흥원 포함) 및 농업에 관한 시험연구기관 또는 검사기관에서 추천·지도 또는 선용하고 있다는 등의 표현

5."구입·주문 쇄도" 등의 표현

6.사은품 또는 현상품의 제공 표현

7.위험성을 부정하거나 안전을 강조하는 표현

8.농약의 사용이 농사에 필수적이라고 주장하는 표현

② 농약 광고는 농약 사용시의 안전 사용 기준을 확인 후 사용할 것을 밝혀야 한다.

제102조(건강 보조 기구 등) 건강 보조 기구와 건강 보조 제품의 광고는 의료 기구로 오인하게 하거나 효능, 효과를 과신하게 하여서는 아니 된다.

제103조(주류) ① 주류 광고는 건전한 사회 질서와 국민 건강, 청소년의 건실한 생활을 해치는 다음의 표현을 하여서는 아니 된

다.

1. 지나친 음주 분위기를 묘사하는 표현
2. 음주가 사회적 인정이나 성공에 필요하다고 주장하거나 이를 암시하는 표현
3. 적당한 음주가 건강에 좋다는 표현
4. 음주가 문제를 해결한다거나 치료에 도움이 된다는 표현
5. 운동, 등산, 작업 중에 음주하는 것을 묘사하는 표현
6. 음주를 운전이나 위험한 일에 긍정적으로 연결하는 표현

② 주류 광고에 등장하는 인물은 20세 이상이어야 한다.

③ 주류 광고는 광고노래, 경품류의 제공 및 할인특매에 관한 표현을 하여서는 아니 된다.

④ 주류 광고가 아닌 광고에서도 제1항 각 호에 금지된 내용의 표현을 하여서는 아니 된다.

⑤ 알콜성분 17도 이상의 주류 광고는 이를 할 수 없다.

제104조(영화, 비디오물 및 공연물) ① 영화, 비디오물 및 공연물 등의 광고는 시청자의 정서를 해치는 다음의 표현을 하여서는 아니 된다

1. 잔인한 폭력, 살인, 고문 등의 표현
2. 과도한 신체부위의 노출이나 선정적 또는 음란한 표현
3. 전쟁, 폭력 또는 비윤리적인 애정 관계를 긍정적으로 묘사하는 표현

② 영화, 비디오물 및 공연물의 광고는 관람 기준을 구체적으로 밝혀야 한다. 다만 학습용 교재에 관하여는 그러하지 아니할 수 있다.

제105조(부동산) 토지, 건물 등 부동산에 관한 광고는 소비자를 기만할 우려가 있는 다음의 표현을 하여서는 아니 된다.

1. 근거 없이 투자 수익을 보장하거나 투기를 조장하는 표현
2. "장기 저리 융자" 등 모호한 금융 혜택에 관한 표현

   3."근거리", "도보 통학 가능", "시내 10분 거리" 등 거리나 위치
     에 관한 불명확한 표현

제106조(학교, 학원, 강습소) 학교, 학원 강습소 등의 광고는 소
  비자를 기만할 우려가 있는 다음의 표현을 하여서는 아니 된다.

   1.근거 없이 취업을 약속하거나 과정 이수 이후 급여를 과장하는 표현

   2.공인되지 않은 학위나 자격증을 수여한다는 표현

   3.근거 없이 대학·학교 등 법적 교육 기관의 명칭을 사용하는
     표현

제107조(여행, 관광 등) ① 여행, 관광 등의 광고는 요금 및 서비
  스 등을 표시한 경우에 추가 비용의 유무와 서비스의 내용을 밝
  혀야 한다.

  ② 여행, 관광 등의 광고는 일부에만 적용되는 최저가격을 일반
  가격으로 오인하게 하는 표현을 하여서는 아니 된다.

제108조(음성 정보 서비스) 음성 정보 서비스의 광고는 서비스의
  내역, 전화 번호, 정보 제공업자명을 밝혀야 한다.

제109조(정치) 광고는 정당의 행사 안내, 행사 고지, 정책 홍보,
  당원 모집 공고 등 정치 활동에 관한 내용을 다루어서는 아니 된
  다. 다만, 관계법령 또는 선거 관리 위원회의 결정에 따른 경우
  에는 그러하지 아니하다.

제110조(종교) 광고는 종교 단체의 행사를 고지하는 내용이나 종교
  관련 제품의 판매에 관한 내용을 다루어서는 아니 된다. 다만, 선
  교를 목적으로 설립된 방송국의 경우에는 그러하지 아니하다.

제111조(잠재의식 광고) 광고는 사람이 의식할 수 없는 음향이나
  화면을 사용하여서는 아니 된다.

제112조(음향·화면) 광고는 시청자의 정서를 불안하게 하거나
  상황을 오인하게 할 우려가 있는 다음의 음향과 화면을 사용하
  여서는 아니 된다.

   1. 방송 사고로 오인하게 할 정도의 음향·화면이나 무음향·무

영상 상태

2. 재난 사고로 오인하게 할 정도의 각종 재난 신호

제113조(라디오 광고에 대한 특칙) 위원회는 라디오 광고에 대하여 위원회의 결정으로 이 규정의 일부를 적용하지 아니할 수 있다.

제114조(방송 금지 광고)① 다음의 경우에 해당하는 상품 및 용역들의 광고는 이를 방송할 수 없다.

1.식품 위생법에 의한 유흥 주점 영업

2.사설 비밀 조사, 사설 탐정 및 신변 보호업

3.혼인 매개, 이성 교제 소개, 편지 교환 소개

4.장의업, 묘지업

5.점술, 심령술, 사주, 관상 등의 감정 및 미신과 관련된 내용

6.무기, 폭약류 및 이와 식별이 어려운 모조품

7.도박 및 이와 유사한 사행 행위

8.담배 및 흡연과 관련된 광고

9.조제 분유, 조제 우유, 젖병, 젖꼭지

10.음란한 간행물, 영화 및 비디오물

11.허가받지 않은 금융업

12.기부금품 모집 광고

13.안마시술소

② 광고는 심의 신청 당시 소송 등 쟁송이 계류중인 사건에 대한 주장이나 설명을 내세우는 내용을 다루어서는 아니 된다.

③ 광고에서 이 규정이 금지하고 있는 상품·용역 등을 다루어서는 아니 된다. 다만, 소비자에게 광고 효과를 주지 아니하는 경우에는 그러하지 아니하다.

제5장 심의 절차

제115조(심의의 종류) 심의는 법 제17조 제2항에서 규정한 심의

와 동조 제3항에서 규정한 심의로 구분한다.

제116조(법 제17조 제2항의 심의) ① 위원회는 법 제17조 제2항에 의한 심의를 한 결과 이 규정을 위반한 방송국에 대하여 법 제21조 제1항에 따라 다음 각 호에 해당하는 결정을 할 수 있다.

1.시청자에 대한 사과

2.해당 방송 내용의 정정·해명 또는 취소

3.해당 방송 순서의 책임자나 관계자에 대한 징계 또는 1년이내의 범위 안에서의 출연 또는 연출의 정지

② 위원회는 이 규정을 위반한 정도가 경미하다고 판단되는 방송국 또는 해당 방송 순서의 책임자나 관에 대하여는 법 제21조 제1항에도 불구하고 다음 각 호에 해당하는 결정을 할 수 있다.

1.주의

2.경고

③ 위원회는 제2항 제1호의 결정을 3회 이상 받은 방송국, 또는 해당 방송 순서의 책임자나 관계자에 대하여 제2항 제2호의 결정을 할 수 있으며, 제2항 제2호의 결정을 받고도 반복하여 이 규정을 위반한 방송국 또는 해당 방송순서의 책임자나 관계자에 대하여는 제1항의 결정을 할 수 있다.

④ 위원회는 심의에 필요한 경우 방송국에 대하여 자료 제출을 요구할 수 있다.

⑤ 위원회가 심의 의결한 사항은 해당 방송국에 통지함으로써 효력을 발생한다.

제117조(일반 권고) 위원회는 심의에 필요한 경우 방송국에 대하여 자료 제출을 요구할 수 있다.

제118조(방송 금지 위반) 위원회는 제73조에 위반하여 방송한 방송국에 대하여도 법 제21조 제1항에 따른 이 규정 제116조 제1항 및 제2항의 결정을 할 수 있다.

제119조(방송국의 조치) ① 방송국은 법 제21조 제1항에 따른 이

규정 제116조 제1항이 명령을 받은 때에는 지체 없이 그 명령 내용에 관한 위원회의 심의 결정 사항 전문을 방송하고, 명령을 받은 날로부터 7일 이내에 그 명령을 이행한 후 그 결과를 위원회에 보고하여야 한다.

② 방송국은 제116조 제2호의 결정을 받은 경우에는 그 결정을 통보받은 날로부터 7일 이내에 조치를 한 후 그 조치 결과를 위원회에 통보하여야 한다.

제120조(당사자 등의 의견 진술) ① 위원회는 법 제21조 제1항에 따른 이 규정 제116조 제1항의 결정을 하고자 할 때에는 미리 당사자 또는 그 대리인(이하 '당사자 등'이라 한다.)에게 의견을 진술할 기회를 주어야 한다.

② 위원회는 제 116조 제1항 제3호의 결정을 하고자 할 때에는 제1항의 의견 진술의 기회를 주는 외에 그 징계 대상자 또는 출연 정지 및 연출 정지 해당자에게도 의견을 진술할 기회를 주어야 한다.

③ 위원회는 제1항 및 제2항의 경우에 당사자 등에게 적어도 의견 진술 지정일 7일 전에 서면으로 통지하여야 한다.

④ 제3항의 통지를 받은 당사자 등이 위원회가 인정하는 부득이한 사유로 의견 진술 지정일에 출석하지 못할 경우에는 그 지정일 전에 1회에 한하여 서면으로 지정일의 변경을 요청할 수 있다.

⑤ 위원회는 당사자 등으로부터 제4항의 의견 진술 지정일의 변경 요청을 받은 때에는 다시 의견 진술일을 지정하여 7일 전에 당사자 등에게 서면으로 통지하여야 한다.

⑥ 위원회는 당사자 등이 출석하여 의견을 진술하였을 때에는 그 진술의 요지를 서면으로 작성하여 진술자가 확인한 후 서명 날인하게 하여야 한다.

⑦ 제3항 및 제5항의 규정에 의한 통지를 하는 경우에 당사자 등이 정당한 이유 없이 출석하지 아니한 때에는 의견 진술을 포

기한 것으로 본다는 뜻을 기재하여야 한다.

⑧ 의견 진술을 대리할 대리인은 대리인임을 증명하는 서면을 제시하여야 한다.

⑨ 당사자 등이 심의위원회에 출석하여 의견을 진술하였을 때에는 위원회에서 진술한 것으로 본다.

제121조(법 제17조 제3항의 심의) ① 위원회는 제3조 제2항의 방송물에 관하여 다음 각 호의 1에 해당하는 결정을 하여야 한다.

1.방송 가

2.방송 불가

② 위원회는 제1항 제1호의 결정에 있어 필요한 경우 방송국이나 방송 시간대를 제한할 수 있다.

③ 위원회는 제3조 제2항의 방송물이 법령 및 이 규정에 위반되지 아니한 경우에는 방송을 허가하여야 한다.

④ 위원회는 다음의 경우에 조건을 붙여 제1항 제1호의 결정을 할 수 있다.

1.경미한 자료의 확인 또는 입증이 필요할 때

2.방송물의 부분적인 수정이 필요할 때

⑤ 제4항의 경우에 해당하는 제3조 제2항 제3호의 광고물은 그 조건의 이행이 확인된 후가 아니면 방송을 할 수 없다.

⑥ 위원회는 심의에 필요한 경우 신청인에게 자료의 제출을 요구하거나 관계자의 의견을 청취할 수 있다.

⑦ 위원회는 신청인이 신청서에 기재한 내용과 방송물의 내용이 서로 다를 경우에 심의 신청을 반환할 수 있다.

제122조(심의 신청) ① 제3조 제2항 제1호 및 제2호의 심의를 받고자 하는 자는 별지 제1호의 서식에 의한 심의신청서에 다음 자료를 첨부하여야 한다.

1.영화 프린트 1편

2. 녹음용 또는 자막용 우리말 대본 2부

   다만, 국산 영화는 녹음용 우리말 대본 대신 영화 개요서 첨부
② 제3조 제2항 제1호 및 제2호의 방송물 중 제121조 제1항
제2호의 결정을 받은 방송물을 그 내용의 일부를 수정하고 다
시 심의를 신청하고자 하는 자는 별지 제1호의 서식에 의한 심
의 재신청서에 제1항 제1호 및 제2호의 자료를 첨부하여야 한
다. 이 경우의 심의 재신청은 1회에 한한다.
③ 제3조 제2항 제3호의 심의를 받고자 하는 자는 별지 제2호
의 서식에 의한 심의신청서 2부에 광고물을 첨부하여야 한다.
④ 제1항 내지 제3항의 심의 신청은 인편 또는 우편으로 하여야
한다. 다만, 서울특별시에 소재하지 아니한 신청인이 서울특별
시, 인천광역시 또는 경기도에 소재하지 아니한 방송국을 통하
여 방송하고자 하는 슬라이드 광고물과 라디오 광고물 및 위원
장이 정하는 일정 범위의 광고물에 한하여는 팩시밀리를 이용하
여 송부한 심의신청서(슬라이드 광고물의 경우 그 화면 내용 포
함)만으로 제3항의 신청에 갈음할 수 있다.

제123조(처리 기간) ① 제122조에 의한 심의 신청의 처리 기간
은 접수한 날로부터 10일 이내로 한다.
② 위원회가 제1항의 기간 내에 심의 신청을 처리할 수 없을 때
에는 미리 신청인에게 문서 또는 기타 적절한 방법으로 그 사유
와 처리 가능한 기간을 명시하여 통지하여야 한다.

제124조(심의 의결 사항의 통지 및 효력) ① 위원회는 제122조
에 의한 심의 결과를 문서로써 통지하여야 한다.
② 위원회는 제122조 제3항의 규정에 의한 심의 신청서에 심의
결과를 기재하여 교부함으로써 제1항의 통지에 갈음할 수 있다.
③ 위원회는 제122조 제4항 단서 규정에 따라 심의를 신청한 자
와 서울 특별시에 소재하지 아니한 신청인에게는 팩시밀리를 이
용하여 심의 결과를 통지할 수 있다.

④ 제121조 제1항 각 호의 심의 결정은 제3조 제2항 제1호 및 제2호의 방송물에 대하여는 3년간, 제3호의 광고물에 대하여는 2년간 효력이 있다.

제125조(재심의) ① 제121조 제1항 제2호의 방송 불가 결정을 받거나 제121조 제2항 및 제4항의 결정에 이의가 있는 신청인은 위원회에 재심의를 청구할 수 있다.

② 위원회 위원장은 이미 방송이 허가된 방송물이 법령 또는 이 규정에 위반된 것이 명백하다고 인정되는 때에는 재심의에 부의할 수 있다.

③ 재심의에 관하여 필요한 사항은 따로 정한다.

제6장 보칙

제126조(시행 세칙) 이 규정을 시행하는 데 필요한 세부 사항은 따로 정한다.

부 칙

이 규정은 1988년 10월 18일부터 시행한다.

부 칙

제1조(시행일) 이 규정은 1992년 7월 1일부터 시행한다.

제2조 (경과 조치) ① 이 규정 시행일 이전에 위원회가 심의 의결한 사항은 이 규정에 의해 심의 의결한 것으로 본다. 다만 제177조 각 호에 규정된 방송 금지 광고는 1992년 7월 1일부터 방송할 수 없다.

② 위원회가 이 규정에 위반되는 것으로 지적한 것은 지적한 날

로부터 3개월 이내에 다시 위원회의 심의를 받아야 한다.

③ 위원회의 지적을 받고서도 제2항의 심의를 받지 아니한 것은 제124조 제1항 제2호의 방송 불가 결정이 있는 것으로 본다.

부 칙

제1조 (시행일) 이 규정은 1995년 1월 1일부터 시행한다.

제2조(경과 조치) ① 이 규정 시행일 이전에 위원회가 심의 의결한 사항은 이 규정에 의하여 심의 의결한 것으로 본다. 다만 제92조의 규정에 의하여 출연 제한된 자가 출연한 광고와 제114조의 방송 금지 광고는 1995년 1월 1일부터, 제100조 제6항 제3호의 의약품의 광고는 1995년 4월 1일부터 방송할 수 없다.

② 위원회가 이 규정에 위반되는 것으로 지적한 것은 지적한 날로부터 3개월 이내에 다시 위원회의 심의를 받아야 한다. 이 경우에는 제125조의 규정을 적용하지 아니한다.

③ 위원회의 지적을 받고서도 제2항의 심의를 받지 아니한 것은 제121조 제1항 제2호의 방송 불가 결정이 있는 것으로 본다.

④ 이 규정 시행일 이전에 이미 허가된 방송물과 광고물의 유효 기간은 제124조 제4항의 규정에 불구하고 이 규정 시행일부터 기산한다.

부 칙

이 규정은 1995년 11월 1일부터 시행한다.

부 칙

이 규정은 1996년 1월 1일부터 시행한다.

부 칙

이 규정은 공포한 날부터 시행한다.

방송 광고 금지 의약품(제100조 제6항 제3호 관련)

의약품 분류 번호	약효 분류	비고
211	강심제	
212	부정맥용제	
213	이뇨제	
214	혈압강하제	
215	혈관보강제	
216	혈관수축제	
217	혈관확장제	
218	동맥경화용제	
236	이담제	실리마린 함유제에 한함.
259	기타의 생식기관 및 항문	
391	간자질환용제	
392	해독제	

(주: 위 표는 보건복지부의 '의약품 등 분류 번호에 관한 규정'에 따른 분류임.)

선거방송심의에 관한 특별규정

개 정 1995년 12월 22일 방송위원회 규칙 제108호
개 정 1996년 1월 25일 방송위원회 규칙 제116호
개 정 1997 9월 10일 방송위원회 규칙 제136호

※ 별지 서식은 생략

제1장 총칙

제1조(목적) 이 규정은 방송법 제20조에 따라 공직선거 및 선거
부정방지법(이하 "선거법"이라 한다)이 정한 선거방송, 기타선거
에 관련한 내용이 포함된 프로그램의 방송(이하 "선거방송"이라
한다)을 심의하기 위하여 필요한 사항을 정함으로 목적으로 한다.
제2조(법규정의 준수) 방송은 선거방송에 관한 사항으로서 이 규
정에 정하지 아니한 것은 방송법, 선거법, 방송심의에 관한 규
정 및 중앙선거관리위원회의 공직선거관리규칙 등 관련 법규정
을 준수하여야 한다.
제3조(심의 절차) 이 규정을 위반한 방송국에 대한 시정 및 제재
등의 조치에 관하여는 방송심의에 관한 규정을 적용한다.
제3조의 2(적용 범위) ① 이 규정은 선거법 제2조 소정의 선거(이
하 "선거"라 한다)에 입후보할 후보자의 선출과 관련된 내용의
프로그램을 방송하는 경우에도 이를 적용한다.
② 이 규정은 선거법 소정의 선거기간에 행하지 않는 때의 방송
에 대하여도 명백히 선거와 관련된 경우에는 이를 적용한다.
제2장 심의 기준
제4조 (정치적 중립) ① 방송은 선거의 후보자(입후보예정자를 포
함한다. 이하 "후보자"라 한다)와 선거에 참여하는 정당(이하
"정당"이라 한다)에 대하여 정치적 중립을 지켜야 한다.

② 방송은 특정한 후보자나 정당의 주의·주장 또는 이익을 지지·대변하거나 옹호하여서는 아니 된다.

제5조 (공정성) ① 방송은 선거에 관한 사항을 공정하게 다루어야 한다.

② 방송은 방송순서의 배열과 그 내용의 구성에 있어서 특정한 후보자나 정당에게 유리하거나 불리하지 않도록 하여야 한다.

제6조(형평성)① 방송은 선거방송에서 후보자와 정당에 대하여 실질적 형평의 원칙에 따라 공평한 관심과 처우를 제공하여야 한다.

② 방송은 선거방송에서 선거가 실시되는 방송구역내의 각 지역을 균형 있게 다루어야 하며, 여러 종류의 선거를 다룸에 있어서 적절한 균형을 유지하여야 한다.

제7조(객관성) ① 방송은 선거에 관련된 사실을 객관적으로 정확히 보도하여야 하며, 자극적이거나 선동적인 보도 또는 흥미 위주의 보도를 하여서는 아니 된다.

② 방송은 선거의 쟁점이 된 사안에 대한 여러 종류의 상이한 관점이나 견해를 객관적으로 다루어야 한다.

제8조(특집기획프로그램의 편성) 방송은 선거기간 중에는 선거와 직접 관련이 없는 경에도 특정한 후보자나 정당에 유리 또는 불리한 영향을 미칠 우려가 있는 특집기획 프로그램을 편성하여서는 아니 된다.

제9조(시사정보 프로그램) 선거법에 외한 선거방송을 제익한 다른 선거 관련 대담·토론, 인터뷰, 다큐멘터리 등 시사정보 프로그램은 선거쟁점에 관한 논의가 균형을 이루도록 출연자의 선정, 발언 횟수, 발언 시간 등에서 형평을 유지하여야 한다.

제10조(제작 기술상의 균형) 선거에 관련된 모든 프로그램을 음향과 음성, 촬영, 화면 구성, 조명 등의 기술적 측면에서 후보자나 정당에 대하여 가능한 한 동등한 조건으로 제작하여야 한다.

제11조(사실 보도) ① 방송은 선거방송에서 유권자의 판단에 영향을 미칠 수 있는 중요한 사실을 과장·부각 또는 축소·은폐하는 등으로 왜곡하여 보도하여서는 아니 된다.

② 방송은 선거 결과와 관련한 보도에서 감정 또는 편견이 개입된 용어를 사용하여서는 아니 된다.

제12조(대담·토론의 중계) 방송은 선거와 관련하여 다른 언론기관 또는 단체 등이 개최하는 대담·토론 등을 다룰 때에는 형평을 유지하여야 한다.

제13조(균등한 기회 부여)

① 방송은 편견 없는 뉴스가치 판단에 따른 순수뉴스의 보도에 있어서도 전체적인 형평을 유지하여야 한다. 이 경우 순수뉴스라 함은 방송사가 편성한 정규뉴스 및 종합 구성 형식 등의 프로그램에서 방송되는 진실성 있는 보도기사를 말한다.

② 방송은 후보자를 초청하는 대담·토론 프로그램의 경우 모든 후보자가 참여할 수 있도록 유의하여야 한다.

제14조(계층, 종교, 지역에 따른 보도) 방송은 선거와 관련하여 계층, 종교 지역에 따른 지지 또는 반대를 조장하는 내용을 방송하여서는 아니 된다.

제15조(사실과 의견의 구별) 방송은 선거방송에서 사실 보도와 해설·논평 등을 구별하여야 하며, 해설이나 논평 등에 있어서도 사실의 전달과 의견을 명백히 구분하여야 한다.

제16조(출처 명시) 방송은 선거와 관련하여 확인되지 않은 내용을 보도하여서는 아니 되며, 특정 개인이나 집단의 의견 또는 다른 매체의 보도 내용을 인용할 때에는 그 출처를 밝혀야 한다.

제16조의 2(여론 조사의 보도) ① 방송은 선거와 관련된 여론 조사(이하 "여론 조사"라 한다)의 결과를 보도할 경우, 그 조사의 공정성이나 정확성에 상당한 의심이 있을 때에는 이를 방송하여서

는 아니 된다.

② 방송은 여론 조사의 결과를 보도할 경우에는 조사 기관, 의뢰 기관, 조사 대상, 조사 기간, 조사 방법, 오차 한계 등을 밝혀야 한다.

③ 방송이 영상기술과 도표(그래프, 그림, 표 등)를 이용하여 여론 조사의 결과를 보도할 경우에는 경쟁자나 경쟁 집단 사이의 차이가 과장 또는 축소되지 아니하도록 하여야 한다.

④ 방송이 여론 조사의 결과를 해설하는 경우에는 그 조사의 전제 여건과 현저히 다른 여건을 가진 상황에 대하여 그 조사 결과를 임의로 적용하여서는 아니 된다.

제17조(연예오락 프로그램) 방송은 연예오락 프로그램에서 후보자 또는 선거 관련 내용을 소재로 다룰 경우에는 후보자나 정당의 품위를 손상하거나 선거에 대하여 부정적으로 표현하여서는 아니 된다.

제18조(정당 등에 의한 협찬 방송의 금지) 방송은 정당 또는 후보자에 의한 협찬 방송을 하여서는 아니 된다.

제19조(후보자 출연 방송 제한 등) ① 방송은 선거일 전 90일부터 선거일까지 선거법의 규정에 의한 방송 및 보도·토론 방송을 제외한 프로그램에 후보자를 출연시키거나 후보자의 음성·영상 등 실질적인 출현 효과를 주는 내용을 방송하여서는 아니 된다. 다만, 선거에 특별한 영향을 미칠 우려가 없거나 프로그램의 성질상 다른 것으로 변경 또는 대체하는 것이 현저히 곤란한 경우에는 그러하지 아니하다.

② 방송은 제1항에서 규정한 기간 중 후보자를 보도·토론 프로그램의 진행자로 출연시켜서는 아니 된다.

③ 방송은 특정한 후보자나 정당에 대한 지지를 공표한 자 및 정당의 당원을 선거기간중 시사 정보 프로그램의 진행자로 출연시켜서는 아니 된다.

제20조(광고 방송의 제한) 방송은 선거일 전 90일부터 선거일까지 후보자 모델이 된 광고를 방송하여서는 아니 된다. 후보자의 성명, 경력, 사진, 음성 또는 상징을 이용하는 등 후보자에게 선거 운동 효과를 주는 광고 또한 같다.

제21조(방송 사고 등) ① 방송은 선거와 관련한 방송의 과실 송출이나 일시적인 방송 중단 등의 사고 또는 과실로 혼란을 일으키게 하거나 특정한 후보자 또는 정당 등에 피해를 주어서는 아니 된다.

② 방송은 제1항의 방송 사고 등에 대하여는 지체 없이 그 사유를 밝히거나 정정 방송을 하여야 한다.

③ 방송은 선거방송의 내용이 사실과 다른 내용으로 판명된 때에는 지체 없이 이를 정정하여야 한다.

제3장 보 칙

제22조(유용성·다양성) ① 방송은 유권자에게 그 의사 결정에 도움이 될 풍부하고 깊이 있는 정보를 제공할 다양한 프로그램의 개발을 위하여 노력한다.

② 선거에 관련된 프로그램은 생활 시간대를 고려하여 많은 사람들이 시청취할 수 있도록 편성한다.

③ 방송은 방송국이 주관하여 그 부담으로 실시할 수 있는 후보자의 방송연설 및 경력 방송과 대담·토론 방송 등을 능동적으로 방송한다.

제23조(계도와 감시) ① 방송은 선거의 의의와 중요성을 계도하여 국민의 선거 참여에 기여한다.

② 방송은 선거운동의 불법·탈법 및 타락을 방지하기 위하여 힘쓴다. 다만, 그로 인하여 다른 사람의 권리를 침해하거나 선거에 대한 유권자의 불신감을 조성하거나 또는 주요 쟁점이 흐려

제24조(반론권) 방송은 특정한 후보자나 정당이 명백한 인식 공격 또는 사실로 확인되지 않은 내용의 방송으로 피해를 입었다고 주장하는 경우 이를 검토하여 합당한 반론의 기회를 제공한다.

제25조(의견 진술의 특례) 위원회는 방송심의에 관한 규정 제120조 제3항의 통지를 함에 있어서 필요하다고 인정하는 경우에는 당사자 등의 명시한 의사에 반하지 아니하는 한 위 조항에서 정한 기간의 여유를 두지 아니하고 의견진술일을 정할 수 있으며, 그 통지도 구두 등의 방법으로 할 수 있다.

부 칙

① (시행일)이 규정은 공포한 날부터 시행한다.
② (다른 규정의 폐지) 선거방송에 관한 기준 및 선거방송에 관한 심의 세칙은 이를 폐지한다.

부 칙

이 규정은 공포한 날부터 시행한다.

부 칙

이 규정은 공포한 날부터 시행한다.

저자 약력

이주행 (李周行)
충남 광천 출생. 문학 박사.
서울대학교 사범대학 및 대학원 국어과 졸업.
방송위원회 특별위원 역임.
방송위원회 언어정책 연구위원 역임.
현재 중앙대학교 문과대학 국어국문학과 교수.
　　　KBS 한국어연구회 자문위원.

저서

화법의 원리와 실제
화법의 교수-학습론
현대국어문법론
한국어 문법 연구
한국어 의존명사의 통시적 연구
국어학개론(공저)
국어의미론(공저)
신문 기사의 문체(공저)
신문 방송 기사 문장(공저)
비교-역사언어학(공역)
말을 어떻게 할 것인가(공저)
글을 어떻게 쓸 것인가(공역)
고등학교 화법(공저)
고등학교 작문(공저)
표준 한국어 발음 사전(공저)

방송 화법

초판 2쇄 인쇄
2000년 1월 25일
초판 2쇄 발행
2000년 1월 30일

엮은이
이 주 행
펴낸이
이 대 현
펴낸곳
圖書出版 亦樂
서울 특별시 중구 필동3가 28-19
(진성빌딩 306호) ㉾100-273
TEL: 02)2268-8656
FAX: 02)2264-2774

등록
제2-2803호(1999. 4.19)

ISBN 89-950571-6-5-93710

정가 12,000원